E. von Czikak

Schlesische Gläser

Eine Studie über die schlesische Glasindustrie früherer Zeit

E. von Czikak

Schlesische Gläser
Eine Studie über die schlesische Glasindustrie früherer Zeit

ISBN/EAN: 9783743395152

Hergestellt in Europa, USA, Kanada, Australien, Japan

Cover: Foto ©ninafisch / pixelio.de

Manufactured and distributed by brebook publishing software (www.brebook.com)

E. von Czikak

Schlesische Gläser

Einleitung.

Mehrfach ist es von Schriftstellern, welche sich mit kunstgewerblichen Untersuchungen über das Glas und seine Geschichte befasst haben, ausgesprochen worden, dass über diesen Gegenstand noch eine grosse Reihe von Studien nötig seien [1]. Insbesondere ist der Wunsch verlautet, dass über die schlesische Glasindustrie vergangener Jahrhunderte Forschungen angestellt werden möchten. Namentlich Friedrich hat in seinen „Altdeutschen Gläsern“, gestützt auf einige Stellen in des J. Matthesins Predigt über das Glasmachen [2] die Meinung vertreten, dass Schlesien eine nicht unbedeutende Rolle innerhalb der deutschen Glasmacherkunst gespielt habe und dass gewisse Verzierungsweisen der Hohlgläser im XVI. Jahrhundert diesem Nebenlande der Krone Böhmen eigentümlich gewesen seien oder von dort ihren Ursprung genommen haben [3]. Da das böhmische Erzgebirge, in welchem Matthesius lebte, räumlich nicht allzuweit von der schlesischen Gebirgsgrenze entfernt ist und der Verkehr der wandernden Glasmacher von dort nach den nordböhmischen Schlesien benachbarten Glasdistrikten ein lebhafter war, so dürfen wir den Angaben des bergkundigen Joachimsthalschen

---

[1] Essenwein im Anz. d. Germ. Mus. 1879. Sp. 33

[2] Johann Matthesius. Sarepta oder Bergpostill sampt der Joachimsthalischen kurtzen Chroniken. Johann Matthesy. Psalm CXLVIII Berg und Thal lobet den Herrn. Nürnberg 1562. In neuerer Zeit mehrfach wieder abgedruckt, z. B. in den Mitteilungen des Nordböhm. Gewerbemuseums. Märznummer 1889 ff.

[3] Die altdeutschen Gläser, Nürnberg 1884, S. 28, 31, 167.

Predigers immerhin einiges Vertrauen entgegenbringen, wenn auch solche enge Beziehungen zwischen dem schlesischen Gebirge und dem böhmischen und sächsischen Erzgebirge, wie sie Friedrich vorauszusetzen scheint, nicht nachzuweisen sind und wohl auch niemals geherrscht haben.

Im Ganzen bewegte sich die Glasindustrie in Schlesien, wenigstens bis zum Beginn der preussischen Herrschaft in einem der böhmischen parallelen Entwicklungsgange, was bei der benachbarten Lage der beiderseitigen Sitze der Glasfabrikation, dem ständigen Austausch von Gesellen, Hüttenmeistern und Handwerkserfahrungen nicht Wunder nehmen kann. Von der Mitte des achtzehnten Jahrhunderts an nahm die böhmische Glasindustrie infolge der staunenswerten und vorzüglichen Organisation des Glashandels, welcher durch die Regierung in jeder Weise gefördert wurde, einen ungeheuren Aufschwung und entwickelte sich zu einer Weltindustrie, während das nunmehr isolierte Schlesien, das von seinen bisherigen Verbindungen abgeschnitten war, zurückblieb und diesen Vorsprung nie wieder eingeholt hat. Wenn schon die Güte des Materials und die Fabrikate auch später nicht wesentlich hinter den böhmischen zurückstanden, so haben sie sich doch nie im Ausland einen Namen zu erwerben gewusst. Teils war an diesem Umstand der mangelnde Unternehmungsgeist der Bewohner des Landes, teils aber auch die Handelspolitik Friedrich II. schuld, welcher nicht nur die Einfuhr des böhmischen Glases untersagte, sondern auch dem schlesischen Glase den Eintritt in die älteren preussischen Länder verweigerte und seinen Verbrauch auf die heimische Provinz beschränkte.

Es erklärt sich hierdurch, dass alte schlesische Gläser sich fast nur in Schlesien finden, so dass das Studium an den Gegenständen selbst mit wenigen Ausnahmen fast nur an Ort und Stelle gemacht werden kann. Eine grosse Glassammlung besitzt das Museum schlesischer Altertümer zu Breslau; mehreres befindet sich im Besitz einzelner schlesischer Städte [1]), sowie in einigen einheimischen Privatsammlungen. Von auswärtigen Museen besitzt das Kunstgewerbemuseum zu Berlin verschiedene schlesische Stücke. Wenn es auf diese Weise für den heimischen Forscher verhältnismässig bequem gemacht ist und er die Überbleibsel der Er-

---

[1]) Hier ist namentlich das Rathaus zu Neisse und das städtische Altertums-museum zu Görlitz zu nennen.

zeugnisse der schlesischen Glasindustrie sozusagen an einem Punkte vereinigt findet, so lässt sich natürlich nicht von allen vorhandenen Stücken
deren schlesischer Ursprung mit Bestimmtheit erweisen. Die Werke der
Glasmacher und der Glasschneider sind nur mit verschwindenden Ausnahmen bezeichnet. Wenn wir daher einzelne Verzierungstechniken als
eigentümlich schlesisch anzusprechen imstande sein sollen, so muss uns,
neben deren häufigerem Vorkommen in den Sammlungen, ein urkundlicher
oder literarischer Nachweis zu Hilfe kommen. Für die ältere Zeit sind
archivalische Nachrichten über die schlesische Glasfabrikation, wie auch
in anderen deutschen Ländern, spärlich. Es kommen hier, neben ver-
einzelten Angaben, namentlich Nachlassaufnahmen des XVI. und XVII.
Jahrhunderts in Betracht, von denen sich mehrere, welche Glasgegenstände enthalten, im Königlichen Staatsarchiv zu Breslau befinden. Erst
vom Beginn der preussischen Herrschaft an sind ausführliche Akten
über die Glasfabrikation erhalten, da Friedrich der Grosse ihr ein besonderes Interesse zuwandte und sie gern zur Rivalin der böhmischen entwickelt gesehen hätte. Eine zusammenhängende Geschichte der schlesischen Glasindustrie ist daher erst von der Mitte des XVIII. Jahrhunderts
an möglich, wo sich dieselbe, als Kunstindustrie betrachtet, bereits
im Niedergang befand. Die zu umfangreichen Konvoluten angeschwollenen
Akten über diese leider nicht von Erfolg gekrönten Bestrebungen des
grossen Königs finden sich in dem Breslauer Staatsarchiv unter den Sig-
naturen M. R. VI, 52 und D. 300, ferner P. A. VIII, 301 f, 375, 245 b.

Auch ohne literarische Zeugnisse wären wir zu der Vermutung berechtigt, dass in Schlesien, wie überall, wo die natürlichen Vorbedingungen
für die Glasbereitung gegeben waren, sich also Holz und reiner Quarzsand vorfanden, während des Mittelalters Glashütten einfachster und ur-
sprünglichster Art inmitten der ausgedehnten Gebirgswälder, an welchen
das Land so reich ist, entstanden sind. Diese leicht gebauten Hütten
erzeugten ein stark verunreinigtes, wenig durchsichtiges Glas und verarbeiteten es zu Scheiben und Hohlglasgegenständen, namentlich Schalen
und Trinkgefässen für den täglichen Bedarf. Essenwein sagt sehr
richtig: „Das einheimische, da Feld- dort Waldglas genannte Produkt
suchte im Mittelalter wohl den Weg zur Kunstform nicht[1])“. Zu

---

[1]) Anz. d. germ. Mus. 1879. Sp. 35.

1*

dieser haben sich die Leistungen der Glashütten überall in Deutschland erst durch den Einfluss der venetianischen Industrie und kaum vor dem Beginn des XVI. Jahrhunderts emporgeschwungen.

Durchsichtige Scheiben- und Trinkgläser für die Tafel der Bemittelteren bezog man in Schlesien noch im XV. Jahrhundert aus Venedig. Das einheimische Glas oder Waldglas *(vitrum silvestre sive montanum)* wird in den aus dem XV. Jahrhundert stammenden Baurechnungen des Adalbertklosters zu Breslau häufig im Gegensatz zu dem venetianischen *(fenestrae vitreae, ytanee, vitra veneciana venecialia* [1]*)* genannt. Noch 1468 bezahlte der Breslauer Rat „Venedisch Glas zur Stube und zum Hause der Schöppennotarien [2]". Die lebhaften Handelsbeziehungen zwischen Venedig und Breslau erklären die häufige Erwähnung des Venedischen Glases zur Genüge. In Görlitz gab es eine Niederlage von venetianischem Glase, aus welcher 1511 der Bedarf für die Pfarrkirche zu Löwenberg bezogen wurde [3]). In Öls verleiht 1592 Herzog Karl von Münsterberg-Öls einem Glashändler mit dem griechischen (oder in's Griechische übersetzten?) Namen Johannes Paläophilus das Recht, eine freie Glasbaude mit fremdem und einheimischem Glas aufzurichten [4]). Ja selbst noch im XVII. Jahrhundert verkaufen die Krämer in Bunzlau venedische und andere Gläser [5]).

Andererseits werden wir aber auch darauf hingewiesen, dass das einheimische Glas bereits zu Anfang des XIV. Jahrhunderts als allgemeiner Bedarfsartikel und gewöhnliche Marktware betrachtet wurde. Als Herzog Boleslaus III. 1317, Juli 14, der Stadt Liegnitz um 500 Mark alle seine Erbzinsen samt dem Marktrecht verkaufte, werden die Gläser ausdrücklich erwähnt [6]); dasselbe erfolgt 1328 gelegentlich einer Bestätigung der Zollgerechtigkeit zu Liegnitz durch denselben Herzog [7]).

---

[1]) S. Luchs, Baurechnungen des chemaligen Dominikanerconvents zu St. Adalbert in Breslau, Zeitschr. d. Ver. f. Gesch. u. Altert. Schles. II. 1859. S. 245, 286, 305, 322, 328.

[2]) Stenzel, Scr. rer. Silesiae III. S 276.

[3]) Anz. f. d. Kunde der deutschen Vorzeit, Bd. 29, 1882, Sp. 174.

[4]) St. Arch. Dep. Oels. Confirm. III. 22. p. f. 298 a.

[5]) Wernicke, Chronik der St. Bunzlau, S. 369, 394.

[6]) Schirrmacher, Urkundenb. d. St. Liegnitz. 1866 S. 38. .... *in vitris* ....

[7]) Ebenda, *Furit ein man .... allirleye gevesse, glas vnde muldin etc.* ....

Ferner setzt das frühe Vorkommen von Glasmalern, welche namentlich die Kirchen mit Glasgemälden versehen, das Vorhandensein einer Glasindustrie voraus, die sich schon auf die Erzeugung farbiger Gläser verstand. Denn die Glasmalerei des XII. bis XV. Jahrhunderts war im wesentlichen eine Glasmosaik, welche nur in geringem Masse — zur Andeutung der Modellierung und der Schatten — die Bemalung mit Pinsel und Schwarzlot zu Hilfe nahm. Bezeichnender Weise heisst ein Glasmaler 1496 in Breslau daher auch „Maler oder Glassetzer[1])". Dieselbe Benennung findet sich 1511 in Görlitz[2]). Im Konvent der Augustiner zu Sagan werden 1333 Glasfenster erwähnt[3]). 1374 kommt ein Conradus glaser, alias moler de Legnicz vor[4]). 1387 bezahlt die Stadt Breslau 1 *sco. pro vitro pingendo*[5]). 1394 bestellen die Mönche von Brieg bei dem Maler Konrad 12 Tafeln Glasewerks[6]). 1416 liefert ein Maler Peter ein gemaltes Glasfenster für die Nicolaikirche in Brieg[7]). Herzog Hans von Glogau zerbrach am 18. Mai 1480 in seiner Stube eine schöne Glasscheibe, „darauf Christus am Kreuz gemahlet war"[8]).

Wir haben jedoch auch unmittelbare Zeugnisse, welche über das Vorhandensein von Glashütten in Schlesien im XIV. Jahrhundert keinen Zweifel aufkommen lassen. Es giebt wenig Gegenden in Deutschland, wo sich die Glasfabrikation schon in so früher Zeit urkundlich nachweisen lässt. Insbesondere gilt dies von dem benachbarten Böhmen,

---

[1]) A. Schultz, Urkundl. Geschichte der Breslauer Malerinnung in d. J. 1345 bis 1526. Bresl. 1866. S. 83. *Wilhelm von Oehe, moler oder glasesetzer.*

[2]) Anz. f. d. Kunde d. d. Vorzeit. 1882. Sp. 173: *„mit dem ernsthafftigen meister Hanssen Schwantenern glaszesetziru".*

[3]) Staatsarchiv. Augustiner in Sagan. No. 60.

[4]) Schultz a. a. O. S. 44.

[5]) Schultz a. a. O. S. 12; Henricus pauper. Cod. dipl. Siles. 3. Bd. Rechnungsbücher d. St. Breslau. S. 139, 140.

[6]) Schultz a. a. O. S. 44. Vgl. auch Luchs, bildende Künstler in Schlesien. Ztschr. d. V. f. Gesch. u. Altert. Schles. V, 9.

[7]) Schultz a. a. O. S. 50.

[8]) Pohl, Jahrb. d. St. Breslau, hsg. v. Büsching. Breslau. 1813. II. p. 133. Vgl. auch Knoblich, Schlesiens Anteil an der Verbreitung der Glasmalerei im Mittelalter, Schlesiens Vorzeit in Bild u. Schrift. Bd. I. Bericht 9. S. 104 ff. A. Schultz, Dokumente zur Baugeschichte der Nikolaikirche in Brieg und die Breslauer Maler d. XVI. Jahrb. Zeitschr. d. Ver. f. Gesch. u. Altert. Schles. VIII, 173 u. 391.

in welchem um die Mitte des XV. Jahrhunderts die angeblich erste
böhmische Glasfabrik von Peter Berka von Duba und Lipa unter dem
Tannenberg bei St. Georgenthal errichtet worden sein soll [1]). Diese
Angabe ist nicht belegt, ebensowenig wie die aus derselben Zeit ge-
meldeten Glashütten zu Daubitz 1442, Falkenau und Steinschönau 1443 [2]).
Schon ein Jahrhundert früher muss eine Glashütte im Riesengebirge, bei
Schreiberhau, bestanden haben, denn 1360 finden wir bereits einen
Verkauf derselben in den Landbüchern beurkundet [3]).

[1]) Schebek, Böhmens Glasindustrie u. Glashandel, Prag 1878. S. IX. Lobmeyr,
   Ilg und Böheim, die Glasindustrie. Stuttgart, 1874. S. 131. Hofmann im
   Kunstgewerbebl. Neue Folge, I. Bd. 1889. S. 5.

[2]) Schebek, Lobmeyr, Hofmann a. a. O.

[3]) St. Archiv. Bresl. Landbuch A. Schweidn. Jauer. f. 7b. zuerst veröffentl.
   von E. Wernicke im „Wanderer a. d. Riesengebirge" 1885, lfd.
   No. 44. S. 8 und nach einer Abschr. auf der Bresl. Stadtbibl. (Hs. R. 627)
   zitiert bei E. Malende: Über Benennung und Einteilung der Sudeten in
   früheren Zeiten. Bresl. 1888. Programmabhandl.; abgedr. bei G. Lange,
   die Glasindustrie des Hirschberger Thales. Leipz. 1889. S. 111. Vgl. das. S. 4.

I. Die Stätten der Glaserzeugung.

Entsprechend den politischen Schicksalen Schlesiens sind diejenigen Landesteile, welche vor Beginn der preussischen Herrschaft zu Schlesien gehörten, in den Kreis der Betrachtung gezogen. Es ist also bis 1740 auch auf denjenigen Teil von Schlesien Rücksicht genommen, welcher jetzt als östreichisch Schlesien bezeichnet wird und in kirchlicher Beziehung noch heute zur Diözese Breslau gehört. Ebenso ist die als Nebenland zu Schlesien gehörige Grafschaft Glatz und die heute administrativ mit ihm verbundene, früher kursächsische Oberlausitz mitbehandelt worden.

Die natürlichen Erfordernisse für die Anlage von Glashütten: ausgedehnte, holzreiche Wälder und das Vorkommen der für die Glasbereitung notwendigen Materialien, namentlich eines reinen Quarzsandes, fanden sich in Schlesien an verschiedenen Orten, besonders aber in den südlichen Grenzgebirgen gegen Böhmen und Mähren hin. Es ist der grosse Zug der Sudeten, im Westen beginnend mit dem Iser- und Riesengebirge, an deren südlicher Abdachung die böhmische Glasindustrie bis auf den heutigen Tag ihre Hauptstätte gefunden hat, während die schlesische sich in den nach Norden laufenden Thälern, namentlich dem Zackenthale, festgesetzt hat; in weiterer Fortsetzung der südliche Teil des an Böhmen grenzenden Glatzer Gebirges sowie die östlichen Ausläufer der Sudeten, das Reichensteiner und Altvatergebirge. Jedoch nicht bloss in den Gebirgsgegenden hat sich die schlesische Glasindustrie heimisch gemacht; bei dem grossen Reichtum des Landes an Wäldern, der früher auch in den Ebenen noch viel bedeutender war, wurden, allerdings kaum vor dem XVII. Jahrhundert, Glashütten auch in anderen Landesteilen angelegt. So in dem noch bis ins letzte Jahrhundert mit Wäldern überdeckten Oberschlesien (dem heutigen Industriebezirke) sowie dem östlichen nach Polen gelegenen Teil Mittelschlesiens und in den haideartigen, mit Nadelholz bestandenen Distrikten Niederschlesiens, welche an die Oberlausitz und die Mark grenzen.

Im übrigen deutet das häufige Vorkommen der Ortsnamen Glashütte, Gläsen, Gläsendorf, Gläsersdorf auf eine ehemalige weite Verbreitung der Glasindustrie in Schlesien. Nach dem Gemeindelexikon

für Schlesien (herausgegeben vom Königl. Pr. statist. Büreau) kommt
der Name Gläsen einmal im Kr. Leobschütz, Glashütte im Kr. Militsch
bei Podasch und im Kreise Sprottau bei Dittersdorf, Gläsendorf 6 mal,
davon 3 mal im Kreise Habelschwerdt, je 1 mal in den Kreisen Frankenstein, Glatz und Grottkau vor. Gläsersdorf findet sich 4 mal in den
Kreisen Lüben und Sprottau. In den polnisch redenden Gegenden erinnern
die Namen Sklarnia oder Sklarka, häufig bei Wüstungen oder abge-
gangenen Orten, an ehemalige Glashütten. Zweimal findet sich Sklarnia
im Kreise Lublinitz (bei Kochczütz und Wendzin), einmal im Kreise Tost-
Gleiwitz bei Ellguth - Tost. Desgl. im Kreise Rosenberg bei Bodland.
Sklarka und Sklarke kommen im Kreise Wartenberg (Wohnplätze zu
Kunzendorf und Karlowitz gehörig) vor.

Eine Schätzung des Umfangs und der Bedeutung der schlesischen
Glasindustrie lässt sich am besten gewinnen, wenn man die Entwickelung
derselben vom XIV. Jahrhundert an bis auf den heutigen Tag verfolgt.
Im XIV. Jahrhundert lässt sich eine Glashütte nachweisen, im fünf-
zehnten mindestens 3 ; ebenso viele im XVI. Jahrhundert. Das XVII. Jahrhundert erhöht die Zahl auf mindestens 7. Im XVIII. Jahrhundert sind
vor dem ersten schlesischen Krieg bis 1740 11 Glashütten in allen
Teilen des Landes; die Zahl der neu zugekommenen Hüttenanlagen
betrug zur Zeit der Beendigung des siebenjährigen Krieges 1763 6,
während von den vorher bestandenen 3 Hütten in Abgang kommen.
Ende 1763 bestanden im preussischen Schlesien 12 Glashütten; dazu
kommen je eine Hütte im östreichischen Anteil und in der Oberlausitz.
Unter Friedrich dem Grossen vermehrten sich namentlich die oberschlesischen Hütten sehr stark, so dass in den 1780er und 90er Jahren die
Gesamtzahl mit 30, allerdings nur vorübergehend, nicht zu hoch ge-
griffen ist. Noch 1795 befanden sich allein im Breslauer Departement
(dem heutigen Mittel- und Oberschlesien) 17 Glashütten; 1805 betrug
ihre Zahl in demselben Gebiete noch 16.

Das schlesische Handels- und Fabriken - Adressbuch von 1801 führt
20 Glashütten auf.

Als die Liegnitzer Regierung 1811 durch den Regierungsassessor
Krüger eine Untersuchung über den Zustand der Glashütten anordnete,
bereiste dieser Beamte 14 im Betrieb befindliche Glashütten im Breslauischen und 4 im Liegnitzischen Departement.

1837 bestanden nach Dieterici in Schlesien 25 Glashütten und zwar:

5 im Regierungsbezirk Breslau mit 42 Arbeitern

| 13 | = | = | Oppeln | = | 65 | = |
| 7 | = | = | Liegnitz | = | 153 | = |

Nach der Gewerbetabelle von 1843 war die Zahl derselben auf 29 hin-
aufgegangen (nach Knie); es bestanden damals

6 Hütten im Regierungsbezirk Breslau,
12 = = = Oppeln,
11 = = = Liegnitz.

Nach den statistischen Nachweisungen für den preussischen Staat bestanden 1849 im ganzen 27 Glashütten in Schlesien mit einer Arbeiterzahl von 746 und 45 Öfen;

auf den Regierungsbezirk Breslau entfielen 5 Hütten,
= = = Oppeln = 11 =
= = = Liegnitz = 11 =

In den letzten 40 Jahren hat sich die Glasindustrie Schlesiens bedeutend gesteigert. Gegenwärtig bestehn in Schlesien 56 Glashütten mit 6024 Arbeitern.

Davon entfallen auf:

den Regierungsbezirk Breslau 9 Hütten mit 1258 Arbeitern.
= = Oppeln 11 = = 484 =
= = Liegnitz 36 = = 4282 =

Einschliesslich der Glasveredelungsgewerbe befinden sich gegenwärtig 87 Betriebe, welche sich mit Glas befassen, in der Provinz.

Die Zahl der Öfen betrug 1888, bei insgesamt 48 Hütten 170 mit je 8 bis 12 Häfen, deren Besatz sehr niedrig mit nur 200 kg. angenommen, bei zehnmonatlicher Betriebszeit und 25 Arbeitstagen im Monat gerechnet, einem Verbrauch an Rohmaterial von 35 000 000 kg. jährlich entsprechen würde. Rechnet man, dass hieraus 75 pct. fertige Ware entstehn, so ergiebt sich eine Gesamtproduktion von 26 250 000 kg.[1]).

Nach der oben gegebenen Darlegung können wir sechs Hauptmittelpunkte für die schlesische Glasindustrie unterscheiden:

A. Das Riesen- und Isergebirge mit seinen Ausläufern, namentlich dem Waldenburger Gebirge.

B. Die Grafschaft Glatz.

C. Das Reichensteiner- und Altvatergebirge.

D. Oberschlesien.

E. Die au Oberschlesien und Polen grenzenden östlichen Distrikte Mittelschlesiens (Fürstentum Öls-Wohlau).

F. Den nördlichen und nordwestlichen Teil Niederschlesiens nebst der Oberlausitz.

Seit der Einführung der Steinkohlenfeuerung, also etwa seit Beginn dieses Jahrhunderts hat sich die Glaserzeugung von diesen Zentren aus nach entfernter liegenden Teilen des Landes verbreitet, so dass sie heutzutage in der ganzen Provinz verteilt erscheint und die ursprünglichen Ausgangspunkte nicht mehr so hervortreten.

---

[1]) Nach „Festschr. zur Feier der XXIX. Hauptversammlung des Vereins deutscher Ingenieure am 20. August 1888 in Breslau". Breslau 1888. S. 92.

A. Das Iser- und Riesengebirge[1]) mit seinen Ausläufern, namentlich dem Waldenburger-Gebirge.

1. Der älteste Sitz der schlesischen Glasindustrie im Riesengebirge ist das Zackenthal, im südlichwestlichsten Teil Niederschlesiens, im Kreise Hirschberg, in der Nähe der böhmischen Grenze gelegen. Ohne Zweifel haben die reichen Quarzlager zwischen dem Bober und dem Zackenthal, auf der weissen Steinrücke, der sehr reine Quarzsand (Flins) des Isergebirges und der ausgedehnte Bestand an Nadelholz diese Gegend zu einer für die Anlage einer Glashütte sehr geeigneten gemacht. Nach Lange soll auch das Vorkommen des Arseniks auf dem Landeshuter Kamm bei Altenberg und Rothenzechau nicht unwesentlich für die Anlage der Hütten gewesen sein. Der für diese noch unentbehrlichere Braunstein dagegen wurde, wie wir aus späterer Zeit wissen, aus Böhmen und nach der Abtrennung Schlesiens von diesem, aus Breslau bezogen. Die ursprünglich in der Nähe des heutigen Dorfes Schreiberhau gelegene und nach ihm benannte Hütte erfuhr verschiedene Ortsveränderungen und wanderte im Laufe der Zeit dem Isergebirge zu. Es kann also im Allgemeinen die Gegend, wo der Hauptkamm des Riesengebirges und das Isergebirge zusammenstossen, als ihr Standort angegeben werden. 1360 war die Hütte im Besitz eines gewissen Sydil Molstein, der sie im genannten Jahr an den Glaser Kunz Kone aus Hirschberg verkaufte. (Landb. Schweidn.-Jauer. A. fol. 7 b.) *Sydil Molsteyn hat vorkouffet alden Cunczen glaser die glasehutte in dem Schribirshau mit allim rechte, alz er sy selbir gehabt hat vnd die do lyt in dem wichbilde zu Hirsberg, im, syne erbin vnd nachkomen. Do hat der herzoge (Bolko II.) zynen willen zu gegebin. Gegebin zu Stritisvorwerk am vritage vor Sente Lorencen tak, noch Gottes gebort anno Dom. 1366 (7. August).* Folgen die Zeugen. 1371 wird abermals von einem Hüttenverkauf berichtet. (Landb. C. fol. 24 a.) *Bekennen . . . . . daz wir von vnsin furstlichen gnaden die glaschutte zum Schreibershow yn dem wichbilde zu Hirschberg gelein mit allin zogetanem rechte, nucze, geniesse vnd fruchtberkeit, alz sie von aldirs gelein hat Thomasen Kegil vnd seinen*

---

[1]) Vgl. G. Lange, Die Glasindustrie im Hirschberger Thal. Staats- und socialwissenschaftl. Forschungen. Hsg. v. G. Schmoller. 9. Bd. 2. H. Leipzig 1889. Vgl. auch Eisenmänger, der Kreis Hirschberg. Hirschberg 1879 und Winkler, Schreiberhau, seine Geschichte, Natur und Beschreibung. Warmbrunn 1884.

erben gelegin vnd gelanget haben . . . . . . gegebin zue Scwidnicz anno
Dom. 1371 in die Sanctae Trinitatis (1. Juni). Folgen die Zeugen.
Schon im folgenden Jahre wurde die letztere Hütte von dem Vorbesitzer
zurückerworben. Das Landbuch C. berichtet über diesen Verkauf fol. 41 a.
Thomas Kegel hat verkaufft dem alden Cunczen gleser von Hirsberg
vnd seinen erben die glaschütte yn dem Schreibershow yn dem weichbilde
zu Hirsberg gelegen mit allen iren zugehor alz sie von aldirs gelegen
ist vnd leit vnd mit allem rechte nucze vnd geniesze zu besiczen etc. . . . . . .
Dat. Sweidnicz vigilia conversionis Sancti Pauli anno Dom. 1372
(24. Januar).

Der in den Verkaufsformeln wiederholt gebrauchte Ausdruck „*alz sie*
von aldirs gelein ist" weist auf eine Entstehung der Hütte hin, die
mindestens um ein Menschenalter zurückliegt, und diese kann darum wohl
mit Grund in den Anfang des XIV. Jahrhunderts verlegt werden.

Die nächste Kunde über die Hütte erhalten wir durch die italienischen
Gold- und Edelsteinsucher, welche während des Mittelalters vielfach die
deutschen Gebirge durchstreiften. Wie in anderen Gebirgsländern, so
suchten auch in Schlesien Welsche, im Volksmunde als W a h l e n bezeichnet, als überall umherspürende Schatzgräber das Gebirge ab. Sie
werden auch an anderen Orten vielfach mit den Glasbrennern in Verbindung gebracht [1]). Aber nicht nur sagenhaft, wie im Thüringer- und
Böhmerwald, im Erzgebirge, im Harz und Spessart, den Tiroler und
steirischen Bergen treten die Venedigermännlein im Riesengebirge auf,
auch als reiche Kaufleute liessen sie sich in Breslau nieder, erwarben
dort Haus und Hof und Bürgerrecht und machten von dort aus ihre Aus-
flüge zur Entdeckung von Schätzen ins Gebirge. Einer derselben, ein
geborener Florentiner und Breslauer Bürger, Antonio von Medici, gewöhnlich als Anton Wale bezeichnet, hat eine etwa um die Mitte des XV. Jahrhunderts verfasste Anweisung zur Schatzgräberei im Gebirge hinterlassen,
welche sich — in einem als „Chrysopocie" betitelten Sammelbande — auf
der Breslauer Stadtbibliothek [2]) befindet. Neben vielen alchymistischen
und kabbalistischen Thorheiten enthält die für die Topographie des Gebirges sehr wichtige Handschrift die Erwähnung der Schreiberhauer Glashütte mit genauer Ortsbezeichnung [3]). Die Hütte befand sich demzu-

[1]) L o b m e y r, a. a. O. S. 107.   [2]) Hs. R. 454.

[3]) Daselbst 2. Pgthl. b. *Item ezu Hirspergk froge nach cynem dorffe daz heyssit*
Petirsdorf, dornoch keyn (gegen) Seymershawe, do gehe obene den obir vegk
kegin dem swartczyn berge vor dy glaschütte, zo komestu zcu dem weissin wassir
adir zcu der weissin bach, zo findistu zcu waschen gold vnd ametisten . . . .
Vgl. hierzu Klose bei S t e n z e l. Scr. rer. Silesiae. III. S. 393 u. Wanderer
a. ' Riesengeb.: Organ des Riesengebirgsvereins No. 3, S. 6 (1881), Aufs.
von Dr. P e i p e r; Lange a. a. O. S. 5.

folge zwischen Seiffershau und der Weissbach, also in der Nähe der Bibersteine, wo dieselbe auch später, im XVII. Jahrhundert ihren Standort
hatte. Ob die wälschen Schatzgräber in Schlesien oder sonst in Deutschland der Glasfabrikation durch Belehrungen oder Verbesserungen förderlich
gewesen sind, muss zur Zeit noch als offene Frage betrachtet werden.

Im XVI. Jahrhundert finden wir eine Angabe, die sich nur auf die
Schreiberhauer Hütte beziehen kann. d. d. Neisse 1587, März 9, schreibt
der Breslauer Bischof Andreas v. Jerin an Sebastian Renisch [1]): *„Wollen
Euch nicht vorenthalten, dass wir uns gerne etliche Gläser bestellen
und fertigen lassen wollen. Wann wir denn wissen, dass nahe bei
dem Stift Grüssau eine Glashütte, allda sauber Glas gemacht wird,
als haben wir Eurer Zuthat hierzu gebrauchen wollen, inmassen die
Abriss und Modell (hiebeiliegend) zu befinden; wollet uns demselben
nach in die Anzahl, wie auf jede Manier gezeichnet, fertigen lassen
und darnach zuschicken."*

Wenn auch die Ortsbezeichnung nicht allzu genau ist (Kloster Grüssau
liegt auf dem Landeshuter Kamm), so kann doch keine andere schlesische
Hütte als die Schreiberhauer gemeint sein. Es ist dies um so wahrscheinlicher, als die in der Nähe von Schreiberhau gelegene Propstei
Warmbrunn zu dem Kloster Grüssau gehörte.

Von Grüssau benachbarten böhmischen Hütten könnte nur vielleicht
Kriesdorf bei Schatzlar in Frage kommen [2]). Auch sonst fehlt es
im XVI. und Anfang des XVII. Jahrhunderts nicht an Hinweisen auf
die schlesische Glasfabrikation des Riesengebirges, namentlich in den
Schriften des Hirschberger Arztes Caspar Schwenkfeldt (1563—1609),
so in dem 1600 zu Leipzig erschienenen „Stirpium et Fossilium Silesiac Catalogus [3])" und in seiner Beschreibung des Bades zu Warmbrunn [4]);
ferner in der 1613 verfassten Silesiographie des Henelius (1582—1656) [5])

---

[1]) Br. Staatsarchiv. F. Neisse. IX. 7 g.

[2]) Vgl. Kunstgewerbebl. N. Folge. A. Hofmann, Nordböhm. Kunstindustrieen,
1. Bd. S. 5. — Das Riesengebirge in Wort und Bild, Org. d. böhm. Riesen-
gebirgsver. 1887. S. 75; Schickfus, schles. Chronik. Jena 1625. IV. 92.

[3]) S. 407. *In Schreiberau supra Zacum fluvium; probantur vitra maxime quae
candida et pellucida sunt".*

[4]) Warmen Bades Beschreibung, Hirschberg 1607, S. 39.

[5]) Nic. Henelii Silesiographia. Francofurti 1613, p. 15. *Nec vitriariae desunt
fornaces et officinae in quibus assiduis artificum operis omnis generis vasa in
varias species figurantur etc. etc.*; in der Silesiographia renovata. Lips.
et Wratisl. 1704 e. Scholiis Mich. Jos. Fibiger. Bd. 1. Cap. III. S. 369
heisst die Stelle erweitert: *„Caeterum ut gemmae et uniones naturae, sic artis
pyrotechnicae opus Vitrum, unicum fragilitatis humanae exemplum: cui artificis
spiritu inhalitus plurimos formando, qui vix diligenti manu effingerentur,*

und in der „Schlesischen Chronika" des Kaiserlichen Rates und Kammer-Fiskals in Oberschlesien Schickfus (1574—1637)[1]).

Wenn durch diese Zeugnisse sicher gestellt ist, dass die Glasbrennerei im Zackenthale bei Schreiberhau vom vierzehnten bis zum siebzehnten Jahrhundert niemals geruht hat, so tritt dieselbe doch erst am Anfang des letzteren in ein helleres Licht. Es ist dieselbe Zeit, um welche sich auch in den südlichen Ausläufern des Riesen- und Isergebirges die böhmische Glasfabrikation festsetzt. Es ist interessant, den Verlauf der Besiedelung Nordböhmens mit Glashütten und die Verbreitung der dortigen Glasindustrie zu verfolgen, da diese ihre Verzweigungen nach Schlesien hin entsendet und dort ihren Endpunkt findet. Ihre Träger waren Deutsche aus dem sächsischen Erzgebirge. In den Ausläufern des letzteren gründete Paul Schürer, dessen Eltern aus der Gegend von Marienberg in Sachsen stammten, 1530 eine Glashütte zu Falkenau, Kr. Leitmeritz, Dominium Bürgstein[2]). Um diese entwickelte sich das heute hochbedeutende Industriecentrum Haida-Steinschönau, Bürgstein nebst einigen benachbarten Orten. In weiterem Fortschreiten nach Osten gelangte schon die nächste Generation der dortigen Glashüttenmeister in die Gablonzer Gegend, dem anderen Mittelpunkt der nordböhmischen Glasindustrie und somit an den Fuss des Isergebirges. Ein Sohn Paul Schürers, Johann, gründete 1558 die Hütte von Labau bei Gablonz[3]), ein Enkel des ersteren, Bartholomäus Schürer, war im ersten Jahrzehnt des XVII. Jahrhunderts Hüttenmeister auf Grünwald[4]) bei Gablonz, welches 1548 durch einen gewissen Franz Kunz erbaut worden war[5]).

Die Familie Schürer hat alsdann in ununterbrochener Geschlechtsfolge bis ins XVIII. Jahrhundert hinein die Grünwalder Hütte besessen.

Um 1600 wurde auf Geheiss des Freiherrn Melchior von Redern († 1600, von welchem das schöne Denkmal in der Dekanalkirche zu Friedland vorhanden ist) oder dessen Witwe Katharina am Ursprung des Lautschneibaches bei Reichenberg eine Glashütte erbaut, um die sich

---

fornaces atque officinae minime desunt: in Schreiberhaw praesertim supra Zacum fluvium . . . ."

[1]) A. a. O. IV. 34. „*Es mangelt in Schlesien auch nicht an Glashütten, darinnen Gläser von allerley Arten und Manieren erdacht und gemacht werden . . .*", ebenda, S. 20 ff. „*Es sind darumb (um Warmbrunn) auch viel Dörfer . . . . Schreiberaw, dabey es in den Gebirgen eine Glasehütte hat.*"

[2]) Schebek a. a. O. S. 26.

[3]) Riesengeb. i. W. u. Bild. 1882, S. 23.

[4]) 1615 erwähnt bei Schebek a. a. O. S. 29.

[5]) Schebek a. a. O. S. 36; anders Hofmann, Kunstgewerbebl. 1889, S. 5 f. mit Bez. auf Benda, Gesch. d. St. Gablonz und ihre Umgebung, Gablonz 1877.

schon im Jahre 1604 ein ganzes Dorf Friedrichswald ausbreitete[1]).
Auf ihr sassen namentlich die Hüttenmeister Hanisch (Henisch, Heinesch[2]).
Bei der Ausbreitung in der Gablonzer Gegend finden wir schon die zweit-
folgende Generation der Familie Schürer in den Ausläufern des Riesengebirges, zumal in der Herrschaft Starkenbach, welche im XVI. Jahrhundert den Herrn von Ujezdec und Kunic und später (von 1701 an)
den Grafen Harrach gehörte. Dort war zu Nieder-Rochlitz 1550 von
einem gewissen Donath eine Glashütte erbaut worden, welche sich am
Ende des Jahrhunderts im Besitz eines Kaspar Schürer, Sohn des
Labauer Johann Schürer und Enkel des Gründers von Falkenau befand.
Dieser verkaufte sie 1599, nachdem er sich eine andere Glashütte am
oberen Hüttenbach, in dem Orte Sahlenbach erbaut hatte. Der Nachfolger Schürers war sein Schwiegersohn Paul Ehwaldt, auf welchen die
Hüttenmeister Preussler folgten[3]). Die Hütte rückte mit abnehmendem
Walde immer mehr dem Gebirge zu, in der Richtung nach der schle-
sischen Grenze. Von Sahlenbach aus wurde zunächst die Glashütte zu
Seifenbach gegründet; an demselben Ort entstand später (am Anfang
des XVIII. Jahrh.) eine zweite Hütte, aus welcher die Niederlassung
Neuwald sich entwickelte, mit welcher wir an der schlesischen Grenze
bei der heutigen gräflich Harrach'schen Hütte Neuwelt (Harrachsdorf)
angelangt sind.

Es war dieser kleine Überblick über die Geschichte der nordböhmischen
Glasindustrie nicht zu umgehen, denn diese ist in ihren Anfängen am
Ende des XVI. und am Anfang des XVII. Jahrhunderts von der schle-

---

[1]) Kunstgewerbebl. a. a. O. 1889, S. 6. Die Hütte bestand bis 1807; in diesem
Jahre wurde sie wegen zunehmenden Holzbedarfs der Stadt Reichenberg
kassiert. Schebek a. a. O. S. XIV nach Sommers Topographie v. Böhmen.
Das Museum schlesischer Altertümer zu Breslau besitzt ein hübsch gemaltes
Bierglas (sog. Kuffe), Kat.-No. 104'80, welches den Namen des Glasmalers
Georg Wander auf Friedrichswald und die Jahreszahl 1617 trägt. Fig. 26.
Es scheint dieser identisch zu sein mit dem sagenhaften Schweden Georg
Wander, der Grünwald gegründet haben soll. Vgl. Kunstgewerbebl. a. a. O.
S. 5., Lobmeyr a. a. O. S. 134, Hallwich, Nordböhmen auf die Weltaus-
stellung in Wien 1873, V. II., S. 31, Anm. Diese angeblich im Jahre 1536
erfolgte Gründung stimmt weder mit der oben angegebenen Nachricht, noch
mit der Entwickelung Kunstgewerbebl. a. a. O. S. 5. Dagegen scheint dieser
Georg Wander eine und dieselbe Person zu sein mit dem bei Schebek
S. 30 u. 31 vorkommenden „ehrbaren, kunstreichen G. W.", welcher nicht
Hüttenmeister zu Grünwald gewesen sein kann. Dagegen passt jenes Epitheton
sehr wohl auf einen Glasmaler.

[2]) Schebek a. a. O. S. 34, 35, 36, 38, 39.

[3]) Riesengebirge in Wort und Bild 1882, S. 23; ihr letzter Besitzer war
Johann Carl Preussler. Schebek S. 46.

sischen nicht zu trennen. So wie die Besiedelung mit Glashütten auf beiden Seiten des Gebirgskammes ursächlich zusammenhängt und weder vor der natürlichen Grenze des Gebirgskammes, noch an der politischen Grenze Halt machte, so gehören auch die dabei beteiligten Personen hüben und drüben denselben, durch Heirat vielfach mit einander verschwägerten Glasmeister-Familien an. Ein Glied der auf der Herrschaft Starkenbach in Sahlenbach und Reiditz ansässigen Familie Preussler, Wolfgang, wandte sich nach Schlesien und erbaute 1617 bei Schreiberhau an der Weissbach, also an der Stelle, wo von alters her die Glasfabrikation betrieben wurde, eine neue Hütte. Es ist möglich, dass die alte Glashütte kurz vorher eingegangen war oder damals ruhte; jedoch kann dieser Zeitraum mit Rücksicht auf die oben (S. 12) mitgeteilten Zeugnisse aus jener Zeit, nicht lange gedauert haben. Als Wolfgang Preusslers Heimat wird Witkowitz in Böhmen bezeichnet [1]. Es ist dies derselbe Ort, in welchem 1654 sein Sohn Johann von Schlesien aus eine Glashütte gründete [2]. Der Grund, auf welchem die Schreiberhauer Hütte errichtet wurde, gehörte zu dem Besitz der freistandesherrlichen, später reichsgräflichen Familie Schaffgotsch. Der Bau erfolgte mit Bewilligung des durch sein tragisches Ende infolge der Wallenstein-Katastrophe bekannten kaiserlichen Generals Hans Ulrich von Schaffgotsch, jedoch auf eigene Kosten des Wolfgang Preussler; um Martini desselben Jahres wurde angefangen zu brennen. Der Erbauer war bei seiner Ankunft in Schlesien bereits ein betagter Mann, welcher erwachsene Söhne mitbrachte und drei Jahre später 1620, im siebzigsten Lebensjahre starb. Die Hütte ging auf seinen Sohn Johann (Hans, geb. 1596) über, welchem 1644 ein kaiserliches Privileg zur Erbauung einer Mühle, Brauerei und Bödnerei erteilt wurde [3].

Die Glashütte selbst wurde als „Hütte an der Weissbach" bezeichnet und wird auf einem noch erhaltenen gemalten Glase [4] von 1626 so genannt; sie kommt als solche noch 1725 [5] vor. Nach ihrem ersten

---

[1] Staatsarchiv M. R. VI. 52. Vol. 4. Witkowitz, Bidschower Kreis, Dominium Starkenbach.

[2] Dieselbe bestand bis 1791. Schebek a. a. O. S. XIV nach Sommer. Vgl. Winkler a. a. O. Anhang.

[3] Das Vorstehende nach einer im Museum schles. Altertümer befindlichen Abschrift der Preusslerschen Familienpapiere, welche Anfangs der 80er Jahre durch Herrn Hüttendirektor Pohl-Josephinenhütte dem verstorbenen Kustos des Museums, Direktor Luchs, mitgeteilt wurde. Das Privileg abgedr. bei Winkler a. a. O. S. 45 ff. u. 91 ff., Lange a. a. O. S. 6, 115 ff.

[4] Im Besitz des Hüttendirektors Pohl jun. Josephinenhütte. Siehe unter Abschn. VII, B. Veredelung durch Malerei.

[5] Staatsarchiv. Grüssau. 828.

Standorte heisst sie auch „Hütte am Kratzbusch"[1]). Von hier aus soll
dieselbe nach dem Niederdorf, wo jetzt das Bauergut No. 3 steht, verlegt worden sein; es soll im Ganzen eine siebenmalige Ortsveränderung
der Hütte stattgefunden haben[2]). Als spätere Standorte werden von
Winkler der Garten No. 20 und das Haus No. 66 auf der Hüttstadt[3])
bezeichnet. Der böhmische Glashändler Georg Franz Kreybich, welcher
1686 nach Schreiberhau kam, erzählt, dass er in den „Hunder-
hütten" beim Herrn Preussler Glas geladen habe[4]). Nach einem um
1700 abgefassten amtlichen Bericht soll eine Glashütte auch am „böhmischen Furte" gestanden haben[5]). Hans Preussler starb 1668 im
72. Lebensjahre. Von seinen Kindern folgte ihm sein jüngster Sohn
Johann Christoph (geb. 1630) im Besitz der Schreiberhauer Hütte nach.
Dieser legte weiter aufwärts am rechten Ufer des Zacken, unter dem
Weiberberge eine zweite Hütte an[6]) und betrieb dieselbe abwechselnd
mit der älteren Hütte an der Weissbach. Johann Christoph Preussler
starb 1706; ihm folgte sein gleichnamiger Sohn, Johann Christoph
(geb. 1673), welcher die Hütte 1738 oder 1740 freiwillig seinem ältesten
Sohne Georg Sigmund abtrat. Der früh (1751) erfolgte Tod dieses
Mannes fiel in eine schwierige Zeit, die des Überganges an die preussische
Herrschaft. Unter seiner hinterlassenen Witwe Katharina geb. Gallein,
welche von schlechten Verwaltern übel beraten war, geriet die Hütte
in eine bedrängte Lage und lief Gefahr, an den Meistbietenden verstei-
gert zu werden. Im Jahre 1752 musste die Hütte an der Weissbach,

---

1) Zwischen Petersdorf und Kaiserswaldau, unterhalb der Bibersteine. Vgl.
J. Tralles, Stemmatographia Schaff-Gotschiana. Leipzig 1621. p. 8; hieraus
übernommen bei Theod. Krause. Miscellanea gentis Schaffgotschianae. Striegau. 1715. pag. 42. Ferner Winkler a. a. O. S. 2.

2) F. W. Martiny, Handbuch für Reisende nach dem Riesengebirge, Breslau
und Leipzig. Korn. S. 228.

3) Wohnplatz der Gemeinde Schreiberhau. Vgl. Winkler a. a. O.

4) Schebek a. a. O. S. XIX ff. Winkler giebt S. 35 an, dass die Häuser im
Weissbachthal „hinter der Hütte" geheissen haben, weil sie oberhalb (hinter)
der dort befindlichen Glashütte lagen. Ein „Hinderberg" wird bei Ch.
Gottfr. Assmann, Reise ins Riesengebirge, Leipzig 1798, S. 221 genannt.

5) Winkler a. a. O. S. 22. Vgl. die dem Werkchen beigegebene Karte von
Schreiberhau.

6) Beim „Vordersten Gläser", in der Nähe der Gläserbaude. Die sehr ausgedehnte
Ortschaft Schreiberhau erstreckt sich über eine Wegstrecke von über 6 Stunden
Länge und zerfällt in eine Landgemeinde, einen Gutsbezirk und den Forst-
gutsbezirk Karlsthal mit einer grossen Zahl (gegen 30 besonders benannten
Wohnplätzen). Vgl. das Gemeindelexikon für Schlesien. Hsg. vom Kgl.
Preuss. Statist. Bureau, Berlin 1888.

da die nächste Umgebung bereits ganz abgeholzt war, auf Verlangen der gräflich Schaffgotschschen Verwaltung verlegt werden; die neue Hütte Karlsthal kam 3 Stunden weiter aufwärts in das an der böhmischen Grenze gelegene „Babelsbruch" zu stehen; sie wurde 1754 in Betrieb genommen. Gleichzeitig mit der Hütte an der Weissbach ging auch die zweite Hütte am Weiberberge ein.

Im Jahre 1783 übernahm der Sohn Georg Sigmund Preusslers, Carl Christian, nach dem Tode seiner Mutter die Karlsthaler Hütte, nachdem zuvor eine Auseinandersetzung mit den Gläubigern stattgefunden hatte. Nach einem vergeblichen Versuch die Erlaubnis zum Wieder aufbau der alten Hütte an der Weissbach — in deren Umgebung das Holz wieder herangewachsen war — zu erlangen, wurde 1796 in der sogenannten Martins-Heide, eine Stunde von Karlsthal entfernt, eine neue Hütte erbaut und in Betrieb genommen, welche — wegen der Hoffnungen, die man auf sie setzte — den Namen Hoffnungsthal erhielt[1]. Carl Christian Preussler starb 1804. Ihm folgte sein 1776 geborener Sohn Christian Benjamin. Die Karlsthaler Hütte brannte 1808 ab, wurde aber bald wieder aufgebaut. Dasselbe Unglück widerfuhr 1821 der Hoffnungsthaler Hütte. Christian Benjamin Pr. starb 1848 als letzter Träger des Namens dieser in der schlesischen Glasindustrie eine hervorragende Rolle spielenden Familie, nachdem er 1840 die Karlsthaler Hütte seinem Schwiegersohn Franz Pohl abgetreten hatte. Im Jahre 1841 liess Graf Leopold Schaffgotsch durch diesen tüchtigen und strebsamen Glaskünstler die Josephinenhütte oberhalb Schreiberhau erbauen und einrichten, und übertrug ihm zugleich die Leitung des durch seine Erfindungen und Wiederentdeckungen nachmals zu grossem Rufe gelangten Werkes. Die beiden anderen Hütten wurden später von dem Grafen in Pacht übernommen; Karlsthal wird noch heutzutage in dieser Weise betrieben, während Hoffnungsthal seit 1868, hauptsächlich seiner ungünstigen Lage und Betriebsverhältnisse halber, eingegangen ist.

2. Auf dem Isergebirge bei Schwarzbach, Kr. Lauban, am Dresslerberge entstand nach dem dreissigjährigen Kriege durch böhmische Protestanten, welche infolge der Massregeln der Gegenreformation aus dem Lande getrieben waren, 1651 eine Glashütte. Die Herrschaft zu Gebhardsdorf nahm die Vertriebenen auf und gewährte ihnen Platz zur Ansiedelung. Der Erbauer der Glashütte war Martin Scholze, ein vertriebener Glasmeister. Aus 'der um die Hütte entstandenen Ansiedelung entwickelte sich das Dorf Schwarzbach[2]. Die Hütte scheint nicht lange,

---

[1] Vgl. Lange a. a. O. S. 1—4 ff. Schles. Provinzialbl. XXIII. 179 ff.
[2] Vgl. Frietzsche, Von dem Anbau des Queiskreises, Lauban 1787, S. 17.

höchstens bis zum Anfang des XVIII. Jahrhunderts betrieben worden zu sein; sie musste wegen der zunehmenden Bebauung der Gegend und des infolge dessen abnehmenden Waldbestandes das Brennen einstellen. Im letzten Viertel des XVII. Jahrhunderts scheinen auf ihr ebenfalls Mitglieder der Preusslerschen Familie als Glasmeister gesessen zu haben. 1676 wird Christian Preussler als Glasmeister zu Schwarzbach in Meffersdorfer Kirchenbüchern genannt.

3. Vom Hauptkamm des Riesengebirges gelangte die Glasindustrie durch ein Mitglied der Familie Preussler in das mit ihm in Zusammenhang stehende Waldenburger Gebirge. Ein Enkel des ersten schlesischen Preussler und älterer Sohn von Hans Pr., Johann Georg, erwarb 1661 von der gräflich Hochbergischen Standesherrschaft Fürstenstein eine Waldparzelle nebst einem Stück Wiese auf dem Gebiet des im dreissigjährigen Kriege gänzlich zerstörten und nicht wieder aufgebauten Dorfes Ullersdorf oder Olbersdorf. Er erbaute daselbst eine Glashütte; sein Unternehmen wurde von der Grundherrschaft unterstützt und es bildete sich um die Hütte bald eine ansehnliche Kolonie, welche nach einer benachbarten Burg den Namen Freudenburg (Kr. Waldenburg) erhielt [1]). Johann Georg Preussler starb 1691, am Tage Aegidi (1. September). Ihm folgte sein Sohn Chr. (Christian oder Christoph), der noch 1617 vorkommt [2]). 1722 ist die Freudenburger Hütte im Besitz des Georg Friedrich Preussler, desgleichen 1737, 1742 und 1749 [3]). In den schlesischen Kriegen litt die hart an der Grenze gelegene Hütte sehr, namentlich aber im siebenjährigen Kriege, da in ihrer unmittelbaren

---

Derselbe, Das Schicksal der Wigandsthal-Meffersdorfer Kirchfahrt, 5. kleiner Beitrag zur besonderen Geschichte der Oberlausitz, 1763, S. 24, wo als die ersten „Fabrikanten" genannt werden: Fabian Kaulfuss, Christoph Vater, des jetzigen Pfarrers in Tzscheln Grossgrossvater, Elias Glogner, Hans Preussler, Jeremias Schürer, Geo. Seidel, Schraubenmacher und Glasmahler, Johann Gringmuth, Glasmahler, Daniel Büchner. Vgl. auch Wanderer a. d. Riesengeb. No. 11, 1882, S. 6. Ferner findet sich im Meffersdorfer Kirchenbuch eine mit den vorstehenden Angaben übereinstimmende Eintragung von 1651. Diese, sowie die die Familie Preussler betreffenden Auszüge aus den Meffersdorfer Kirchenbüchern sind mir in liebenswürdigster Weise durch Herrn Oberpfarrer Hildebrand daselbst mitgeteilt worden.

1) Vgl. P. Kerber. Geschichte des Schlosses und der freien Standesherrschaft Fürstenstein i. Schl. Breslau 1885. S. 69. A. Werner, Chronik von Friedland und Umgebung. Friedland o. J. S. 180. Namentlich in Bezug auf die Preusslersche Genealogie wichtig ist ein Auszug aus der alten Familienbibel, deren Angaben sich als durchweg richtig erwiesen haben.

2) A. Werner a. a. O. S. 180.

3) Bresl. Staatsarchiv. Orts-Akt. Freudenburg; P. A. VIII. 375 b.

Nähe Verhacke angelegt wurden. 1750 ging sie durch Verkauf seitens des Georg Friedrich Pr. in den Besitz der Standesherrschaft über. Seit 1758 hat ihr Betrieb vollständig aufgehört[1]); sie zerfiel in den darauf folgenden Kriegsjahren. Noch 1763 ist mehrfach von ihrer Wiederherstellung die Rede und die gräflich Hochbergische Verwaltung zeigte sich auch geneigt dazu; sie ist jedoch nicht zu Stande gekommen[2]).

4. In unserem Jahrhundert entstand, als rasch vorübergegangene Gründung auf dem Landeshuter Kamm eine vornehmlich zur Herstellung von Arzneigläsern bestimmte Glasfabrik zu Görtelsdorf (Kr. Landeshut). Die Konzession zu derselben wurde 1802 dem Bolkenhainer Kreisphysikus Dr. Weidlinger erteilt; sie erscheint nach 1808 nicht mehr im Betrieb.

Gegenwärtig weist der Landeshuter Kreis zwei Glasfabriken auf, die eine in der Nähe von Gottesberg am Hochwald belegene und auch nach diesem benannte Glasfabrik Liebersdorf (Ewald Guttmann, früher H. Ohm) 1826 gegründet und eine zweite zu Liebau (Berthold Boser früher Jähde, Gebert & Cie.) gegr. 1873. Der benachbarte Waldenburger Kreis, in welchem die Glasindustrie erst 1810 durch die von Hilgert begründete Glasfabrik Königswalde — auch unter dem Namen Hohenwald, Weissstein oder Waldenburgische Hütte (jetzige F. Weihrauch und Zimmer) vorkommend — festen Fuss fasste, besitzt heute ausser dieser noch zwei Anlagen, die 1851 gegründete Fabrik von Riedel & Ostmann zu Waldenburg und die hochbedeutende Schlesische Spiegelmanufaktur (Carl Tielsch) zu Obersalzbrunn, in den sechziger Jahren entstanden.

5. Röhrsdorf, Kr. Bolkenhain (Bober-Katzbachgebirge). 1781 hatte der Königliche Kammerherr Graf Schlabrendorf die Absicht, auf seinem Gute Lauterbach Kr. Bolkenhain eine Glashütte mit Steinkohlenfeuerung anzulegen. Der Provinzialminister v. Hoym wollte zuerst die Anlage nicht gestatten, erteilte jedoch auf Verwendung des Oberbergrats v. Reden 1782 die Konzession zum Bau der Hütte in Röhrsdorf, unter der Bedingung, dass nur Steinkohle gebrannt und die Potasche nicht am Orte gefertigt würde, lediglich um zur Vermehrung der Steinkohlenfeuerung beizutragen. Es ist nicht bekannt, ob die Anlage ausgeführt worden ist[3]).

B. Die Grafschaft Glatz.

1. Über die ältesten Erzeugungsstätten des Glases in der Grafschaft Glatz ist nichts Genaues bekannt. Jedoch ist durch die Baurechnungen des St. Adalbertklosters zu Breslau festgestellt, dass im XVI. Jahrhundert

---

[1]) Ebendas. P. A. VIII. 375 a. Vol. I. Bericht v. 25. Mai 1763.
[2]) Ebendas. M. R. IV. 52. Vol. I. Ber. v. 1763.
[3]) Ebendas. M. R. VI. 52. Vol. IV.

bezw. 1501 sog. „Waldglas" aus Glatz bezogen und dafür Zahlung an die *„domini de glotz"* geleistet wurde[1]). Es wird durch diese urkundliche Angabe der Glasfabrikation der Grafschaft ein ziemlich hohes Alter zugewiesen.

2. Die erste mit Namen bezeichnete Hütte ist die zu Kaiserswalde, Kr. Habelschwerdt, im Thale der schnellen Adler oder Erlitz, in der Nähe der Grenze gelegen. Sie soll 1656 von Peter Hansel gegründet worden sein[2]). Nach einer anderen Angabe ist die Anlage 1663 erfolgt[3]). Dieselbe wird zuweilen fälschlicherweise Königswalde genannt; auch wird die Bezeichnung Crohnstädter Hütte[4]), welche eigentlich der benachbarten, zu Schwarzwasser in Böhmen gelegenen Glasfabrik Friedrichswald zukam, auf sie übertragen[5]). Zur Zeit der schlesischen Kriege erscheint die Hütte im Besitz des Grafen Wallis, später in dem des Grafen Schlabrendorf, von welchem sie die Eigentümer der Friedrichsgrunder Hütte, Gebrüder Rohrbach 1783 zunächst pachtweise übernahmen und später kauften. Nach dem 1792 erfolgten Tode des Erbauers von Friedrichsgrund, Ignaz Rohrbach, übernahm Christoph Rohrbach die Kaiserswalder Hütte.

Die Fabrik besteht noch heute unter der Firma W. C. Pangratz und gehört zu den bedeutendsten der Grafschaft. (149 Arb.)

3. Schreckendorf, auch Seitenberger Hütte genannt, 1 Meile von Landeck im Kreise Habelschwerdt gelegen. Sie wurde 1756 durch den Grafen Wallis angelegt, erscheint jedoch um 1799 nicht mehr im Betriebe. Obschon sie in dem 1801 erschienenen Handlungs- und Fabriken-Adressbuch für Schlesien[6]) erwähnt wird, scheint sie doch um diese Zeit eingegangen zu sein.

In den fünfziger Jahren wurde durch einen ehemaligen Pächter der Glashütte Waldstein, Losky, an demselben Orte eine neue Glashütte, die Oranienhütte erbaut[7]), welche heute als bedeutendster Glasbetrieb in der Grafschaft erscheint und die grösste Personenzahl (324) beschäftigt.

4. Friedrichsgrund, Kr. Glatz, bei Rückers, 1770 auf Anregung Friedrichs des Grossen und mit Unterstützung der Breslauischen Kriegs- und Domänenkammer durch drei Gebrüder Rohrbach ge-

---

[1]) Luchs, Baurechn. d. ehem. Dominik. Conv. zu St. Adalbert. Ztschr. d. V. f. Gesch. u. Altert. Schles. II, 1859, S. 286, 305.

[2]) Festschrift zur 29. Hauptversamml. des Vereins deutscher Ingenieure zu Breslau, 1888, S. 87.

[3]) Br. Staatsarchiv M. R. VI. 52. Vol. I. Ber. v. 6. Okt. 1763.   [4]) Ebenda.

[5]) Vgl. im Homannschen Atlas (1747) die Karte der Grafschaft Glatz.   [6]) S. 166.

[7]) Festschr. des Ver. deutscher Ing. S. 87.

gründet. Zwei von ihnen waren Glasmacher aus der gräflich Wallis'schen Hütte zu Kaiserswalde; als die Seele des Unternehmens wird Ignaz Rohrbach bezeichnet. 1770 wurde mit dem Bau begonnen, im Juli 1771 zu brennen angefangen. Ignaz Rohrbach starb 1792; nach ihm übernahm sein Sohn Carl die Fabrik[1]), deren Erzeugnisse zu jener Zeit sich eines bedeutenden Rufes erfreuten und die übrigen schlesischen Fabriken, insbesondere Karlsthal (Schreiberhau) und Wiesau überflügelt hatten. 1830 werden zu Friedrichsgrund zwei Hütten genannt[2]).

Die noch jetzt bedeutende Fabrik befindet sich noch im Besitz der Familie Rohrbach (Firma Clemens Rohrbach) und beschäftigt 181 Arbeiter.

5. Als gegen Ende des XVIII. Jahrhunderts die Steinkohlenfeuerung für Glasöfen aufkam, wurden im Jahre 1796 gleichzeitig drei Konzessionen zur Anlage von Glashütten erbeten:

a. Zu Volpersdorf (Kr. Neurode) durch den Grafen Joseph von Stillfried zu Neurode. Die Hütte wird 1805 noch erwähnt.

b. Zu Eckersdorf (Kr. Neurode) durch den Grafen Magnus; es ist fraglich, ob diese Konzession zu einer wirklichen Anlage geführt hat.

c. Zu Hausdorf (Kr. Neurode) durch Baron Friedrich von Stillfried.

Diese Fabrik scheint von den dreien die bedeutendste gewesen zu sein; sie wurde mehrfach als Musteranlage für Steinkohlenbetrieb bezeichnet. Sie wird 1806 erwähnt und erscheint 1810 im Besitz eines v. Johnston.

Von den im laufenden Jahrhundert entstandenen Fabriken ist zunächst die 1840 durch den Major v. Hochberg auf Waldstein gegründete Glashütte Waldstein bei Rückers zu nennen, welche später in den Besitz der Rohrbach überging (heutiger Besitzer: H. Klein i. Firma F. Rohrbach's Erben). Zu Anfang der sechziger Jahre wurde die Johannishütte bei Schlegel durch den Grafen Pilati erbaut[3]). (Jetzige Firma: Loegel & Co. 165 Arb.) Ferner besteht in Reinerz eine in neuerer Zeit entstandene Glasraffinerie (B. Arnade).

Nach Umfang und Zahl der beschäftigten Personen nimmt die Grafschaft Glatz heutzutage in der schlesischen Glasfabrikation die zweite Stelle ein.

---

[1]) Nach den Ministerialakten im Bresl. Staatsarchiv M. R. VI. 52, Vol. II—VII. Vgl. über die Gründung von Friedrichsgrund unten, Abschnitt VIII, Gesch. d. schles. Glasindustrie seit 1740.

[2]) Bei Knie und Melcher, Alphab. statist. topogr. Übersicht aller Dörfer, Städte etc. Schlesiens, Bresl. 1830.

[3]) Festschr. d. Ver. deutsch. Ing. S. 88.

C. Das Reichensteiner- und Altvater-Gebirge.

Die erste Kunde über diese Gegend erhalten wir durch die schon erwähnte, etwa um 1430 entstandene Anleitung zum Goldsuchen des Antonius Walc [1]):

Wiltu aber off eynen seyffen gehen in das hoche gebirge, so froge von dem Reyhensteyne [2]) off Fredebergk [3]), doselbist ist alleyne eyn wegk, dy iij meylen off den Goldensteyn [4]), wen du wirst komen bey iij firtil wegis von Fredebergk, do seyn czwe glaschuttin gewest, dornoch ge abir j firtil wegis vnd sieh dich denne vmbe off beyde seyten, zo findistu eyne wortczel . . . . dornoch gehe obir den Bobinbergk, bas du komest an dy strosse, dy von Freyenwalde [5]) off den Guldensteyn gehet . . . .

Diese Ortsbestimmung lässt ziemlich genau die Lage der Hütten erkennen, dieselben befanden sich demnach in der Nähe von Friedeberg und Johannisberg, in dem einen uralten Besitz der Bischöfe von Breslau bildenden Strich des Neisse-Ottmachauer Berglandes. Es sind offenbar dieselben Hütten, welche wir etwas später bei Gurschdorf wieder finden und von welchen die eine den Namen „krumme Hütte" führte. Es geht dies aus der diesen Ort betreffenden, weiter unten (S. 25) angeführten Urkunde von 1536 hervor.

Die erste urkundlich genannte Hütte ist die von

1. Jungferndorf [6]). An diesem sehr alten, schon in dem *Liber fundationis episcopatus Vratislaviensis* [7]) im 13. Jahrhundert unter dem Namen Kobula aufgeführten Orte bestätigte Bischof Johannes Thurzo von Breslau (1506—1520) in einer zu Neisse 1509 am Lucastage (18. Oktober) ausgestellten Urkunde [8]) dem Hans Flössig, Glaser, das Eigentum

---

[1]) Breslauer Stadtbibliothek, Sammelband Chrysopoeie Hs. R. 454, Pergam. Bl. 4b.

[2]) Reichenstein, Stadt in pr. Schlesien, Kr. Frankenstein.

[3]) Friedeberg, Städtchen in östr. Schlesien, Kr. Troppau.

[4]) Stadt in Mähren, an der schles. Grenze.

[5]) Freiwaldau, Bergstädtchen im Fürstentum Neisse, Kr. Troppau.

[6]) Dorf bei Friedeberg, östr. Schlesien.

[7]) Codex diplomat. Silesiae. Hsg. v. Ver. f. Gesch. u. Altert. Schlesiens, 14. Bd. 1889. Registrum Nissense. S. 17.

[8]) Br. Staatsarchiv, Neisser Lagerbuch, F. Neisse III, 21 L. 1506—18, S. 176. Da diese kulturgeschichtlich und insbesondere für die Geschichte der schlesi-

von drei Huben Erbes aus väterlichem Anfall zu Jungferndorf zur Errichtung einer Glashütte und stattet diese mit zwei wüsten Gütern aus. Der Bischof erlaubt dem Hans Flessig und seinen Nachkommen, die Glasbrenner sind, auf den genannten Gütern und den benachbarten, bischöf-

---

schen Glasindustrie wichtige Urkunde noch nicht veröffentlicht ist, so sei sie nachstehend mitgeteilt:

In dem namen des Herrn amen. Wir Johannes von gotis genaden bischoff zcu Breslaw etc. thun kunt vor idermeniglichen die disen briff sehen adir horen lesen. Noch deme uns unser liber getrawer Hans Flessig ein glaser erczalt wie drey huben erbes zcu Junckfrawendorff etwan zcum Kaldinstein gehorende von seinem veterlichen gutte en angeerbet die er zcu fruchtbarlicher gebrauchung zcu brengen bedocht vnd doruff vnserem vnd vnser Kirchen Lande zcu gutte eine glasehutte offzurichten vnd zcu bawen von uns erworben hat, domit aber dieselbige glasehutte zcu bestendigem wesen komen vnd gehalden mochte werden, hat er vns demutiglichen gebeten zcum gemelten dreyen huben ander meher gutter, nemlich zwo wuste erbe, eins das etwan Hofmans vnd das ander das etwan Lochs erbe gewest vnd itzund genant seyen, daselbst zcu Junckfrawendorff gelegen zcu zcueignen vnd zcusamen zcu schloen en och vnd seynen nochkomenden gleser domit sie dester fuglicher vnd muczborlicher den handel mit dem glase getreiben vnd vben mochten, mit eczlichen Begnadung, freiheiten vnd priuilegien aus furstlicher mildickeit begaben, dieselbige glasehutte vffzurichten gestatten vorgonnen vnd in angeczeiger weise bestätigen genedichlichen gerukten.

Dieweil wir vnd vnser kirchen Land besserung vnd gewislichen frommen alleczeit zcu fordern geneiget sein, haben wir soliche bite sam czimlich angesehen och seine trawe dienste die er vns gethon vnd noch thuen sal vnd wirt zcu gemute genomen vnd haben gemelte glasehutte mit den dreyen huben erbes aus veterlichem anfal vnd den wusten guttern, nemlich Hufmanns vnd Lochs erbe genant obinbemelt mit iren zcugehorungen zcu genanter glase hutten nucz vnd gebrauchung obgenantem Hans Flessig seinen erben vnd ehlichen nochkommen aus furstlicher mildickeit vorligen vnd vorreicht, leyen vnd vorreichen hiemit vnd in crafft dises briues mit disen nochgeschriben begnadung, freiheiten vnd priuilegien.

Erstlichen das er, seine erben vnd nochkomen glasern doselbest czu Junckfrawendorff mogen vff obgedochten guttern vnd erben och in vnsern welden in dem kaldinsteynischen gebirge des holczes das vmbgefallen oder sunst gebrechlich oder zcubawen vntoglich seye doruws asche zcu bornen vnd sunst zcu anderen der glase hutten notturft ane mergliche des waldes vorterbnis gebrauchen vnd genissen moge. Es sal och nymandes dan alleine gemeltem Hans Flessig vnd seinen nochkomen glesern in obgemelten stellen asche czu bornen frey sein ader czymen das wir och hiemit bey geborlicher straff voreboten haben wellen. Alleine ausgenommen, so wir ader vnser nochkomen Bischoue zcu Breszlaw bey sant Johannesberg wie vor alders gewest eine glashutten vffrichten vnd bawen lissen. In welchem falle wir vnd vnser Kirche vnuerstricket in ire freyheit allinthalben vorbehalten. Wir begnoden och gemelten Hans Flessig vnd seine nochkommen gleser also das die genante erbe vnd gutter zcu Glase-

lichen Wäldern um Kaltenstein, das Bruch- und zu Bauzwecken untaug-
liche Holz für die Glashütte, insbesondere auch zum Aschebrennen (Börnen)
zu verwenden, soweit dies ohne erhebliche Schädigung des Waldes möglich ist. Es soll niemandem ausser dem Flessig gestattet sein an den
genannten Orten Asche zu brennen, es sei denn, dass der Bischof selbst
oder seine Nachfolger sich entschlössen, die vor Alters bei Johannisberg
vorhandenen Glashütten wieder aufzurichten.

Aus der letzteren Stelle geht hervor, dass die vorher genannten
bischöflichen Glashütten in der Nähe von Johannisberg am Anfang des
XVI. Jahrhunderts eingegangen waren; es muss die Erbauung einer Glashütte, deren Nutzen für das Land ausdrücklich in der Urkunde hervorgehoben wird, in der That ein Bedürfnis gewesen sein.

Über die weitere Geschichte der Glashütte zu Jungferndorf haben
sich keine Nachrichten erhalten; dagegen scheinen die früher erwähnten
Hütten bei Johannisberg und Friedeberg später wieder aufgebaut und
in Betrieb gesetzt worden zu sein; denn wir hören von einer Glashütte zu:

*hutten geschlagen vor freye gutter von menigliche sullen gehalden vnd geachtet
werden vnd derwegen sie zcu sampt irem gesinde vor das erberichte zcu
Junckfrawendorff nicht sullen gefordert werden, sunder zcu unserm und unsren
amptlewte gerichte allenthalbe wie in freyen guttern in unser Kirchen lande
gewonheit ist, gehoren. Alleine der vihe trifft halben, der sie mit der gemeinen
zcu Junckfrawendorff zcu gebrauchen macht haben sullen, sich och mit der
gemeynen noch alder gewonheit halden vnd mit ir gleiche gemeine rechte
vnd Burde zcu dolden vnd tragen vorpflicht seyn. Es mogen och gem(e)lter
Hans Flessig vnd seine nachkomen gleser in der glasehutten hier das im lande
gebrawen ist vngehindert schencken vnd ap sie zcu zceitten ire glas vnd wahre
vmb bereit gelt nicht mochten anwerden vnd dofur in wechsels weise fremede
Bier, nemlich Breszlisches oder Schweidniczer mussen annehmen, sal en och in
der glasehutten, so es nicht offtmals vnd vbirmessig geschiet, vmbs geldt zcuuor-
thuen vngehindert frey seyn. Doch also das sie kein frembde bier in kauffs-
weisze zcu schencken fueren sullen. Wir gebin em vnd nochkommenden glesern
och desz freyheit das sie des wassers vnd fischerey von friedeberger grenitz bis
an folkels fort nohen bey dem Gretzschem (Kretscham = Wirthshaus) gelegen
vngehindert genüssen mogen Sunder die gemeine dergleichen mag, och alder
gewonheit doselbst alleine czwene tag in der wochen mittwoch vnd freytag vor
der molczeit zcu hewster (höchster) notturft vnd nicht zcuuorkeuffe och nicht
obir gemelte zceit fischen mit einem iage hamen. Der iagt halben sullen gemelter
Hans Flessig vnd seine erben ader nochkomen glaser vnsre ampleut vff Sanct
Johanniszberg die zcu zceit sein werden, so offt malen sie die gebrauchen wellen
ersuchen vnd was sie von en erlangen fri halden: darobir nicht vnderwinden .....*

Es folgt nun die Aufzählung der Gegenleistungen des Hans Flessig,
bestehend in einem jährlichen Zins von 5 Mark, welcher zur Hälfte auf
Georgii (23. April), zur Hälfte auf Michaelis (29. September) bezahlt werden
soll. *Neisse am Tage des hl. Lucas Evangelisten (18. Oktober) 1509.*

2. Gurschdorf[1]). 1536 am Jakobstage (25. Juli) bestätigt Barbara, die nachgelassene Witwe des Nickel Kotulinsky[2]), Erbfrau auf Friedeberg den Verkauf der Glashütte zu Gurschdorf, welchen Merten Rüdiger und Ernst Unger, letzterer als Käufer, beide Mitbewohner ihres Dorfes Gurschdorf mit einander abschliessen. Sie giebt als Grundherrschaft ihre Einwilligung zu dem Verkauf. Die Hütte ging später in andere Hände über; 1557 verkaufte Hans Kreiselwitz von Münchhoff dieselbe an den bischöflichen Amtmann auf Friedeberg Hans Schwetlig von Gesess[3]). — Über die weiteren Schicksale dieser Hütte und die Dauer ihres Bestandes ist nichts bekannt.

---

[1]) Dorf im Fürstentum Neisse, Troppauer Kreises, unweit des Städtchens Friedeberg, zum fürstbischöflichen Amt Friedeberg und dem Johannisberger Archipresbyterate gehörig. R. Kneifel, Topographie des K. K. Anteils von Schlesien, Brünn 1805. S. 210.

[2]) Breslauer Domarchiv Lit. H. Gursdorf 8—14. Fasciculus ubi diversae literae ratione boni Girssdorff in districtu Fridbergensi et maxime ratione fornacis pro coquendis vitris.

„Also habe ich obgenante fraw Barbara Erbfraw vff Fridbergk mit sampt meynen erben, erbnehmen vnnd negstenn nochkommen solichen bemelten kauff auf beider part fleissigenn bett willen zugelossen gestattet vnnde vergunst, zulosse gestatte vorginne denselben hiemit vnd inn krafft disz brifs, vorreiche vnnd vbergebe obgedachtem Ernst Vnngernn vnnd Barbara seinem ehweibe jrer beiden erbenn vnnd ehlichen nachkömligen soliche glasehütten, mit allem vnnd jden derselben ein vnnd czugehörungen, also das Ehr seine erbenn vnd ehliche nochkommlige besitzer solicher glasehütten auf alle den gebirgenn vnd welden zue dem Schloss Friedebergk gehorende, Holcz abhawen, asche czu brennen frey habenn sol zcu seiner notturft vnd arbeitt seiner hutten. Und so den noch eine glasehütte, die kromme hutte genandt anffgericht vnnd gebrauchet ist, Sal soliche hutte gancz vnnd gar abgethon sein, vnnd forthinbas mher czue ewigenn czeitten keine, den aleine die glasehutte czue Gursdorff gehalden vnnd gebraucht werden" . . . .

Es wird ihm die Jagd auf Hasen und Niederwild, desgleichen die Fischerei in dem Gurschdorfer und Petersdorfer Wasser zu seinem Tisch bewilligt; auch soll er und seine Erben mit den andern gemeinen Leuten zur Hofarbeit und Gebot nicht herangezogen werden. Dafür soll er einen jährlichen erblichen Zins entrichten von sechs Mark, acht und vierzig weisse Groschen für eine Mark und zwölf Heller für einen Groschen gerechnet, „auch, so die hohe not erfordert, so vil man bedorfft glas zue dem Schlos Friedebergk zu geben". Schloss Friedeberg, am Tage des hl. Jakobus 1536. Zwei Zeugen, drei Siegel. Pgmt.

[3]) Urk. Bresl. Domarchiv. Lit. II. Gursdorf. Balthasar (von Promnitz 1539—1562) von Gottes Gnaden Bischof zu Breslau, Freiherr zu Pless, oberster Hauptmann in Ober- und Niederschlesien bekennt dass Hans Kreiselwitz von Munchoffe die Glashütte zu Gurschdorf mit allen Rechten an seinen Amtmann auf Friedeberg, Hans Schwetlig von Gesess verkauft hat. Neisse,

3. Einsiedel[1]) bei Würbenthal in der Nähe des Altvater. 1636 gestattete der Bischof von Breslau Karl (K. Ferdinand Prinz v. Polen 1625—1655) dem Elias Wilhelm, „Glaser" und Bürger zu Neisse den Aufbau einer Glashütte auf dem Einsiedel im Ottmachauischen[2]) und deren Betrieb auf sechs Jahre gegen einen Zins von 100 Thalern zu 36 Gr. zu 12 Hellern, eine Truhe Glas und 9 Schock Wein- und Biergläser. Dagegen soll ihm nicht allein freies Holz, drei Aschenbrenner, ein Stück Acker, welches zuvor 11 Thaler gezinset, erlaubt, sondern er soll auch frei sein von jeder ihm von der Stadt Neisse etwa auferlegten Vormundschaft. Wilhelm starb schon 1638; seine Witwe begab sich 1647, nachdem sie die von ihrem Manne hinterlassene Pachtschuld bezahlt, der Hütte, welcher sie nicht mehr vorstehen konnte[3]). Später finden wir eine Glasmacherfamilie Reich auf derselben; nach dem Tode des Mannes führte die Witwe Margaretha Reich das Geschäft fort; sie erneuert 1657 den Miethskontrakt auf ein Jahr; ausser drei Aschenbrennern in den anliegenden hochfürstlichen Wäldern war ihr das Recht des Bierschanks und der Viehhütung zugestanden; dafür hatte sie u. a. eine Truhe durchsichtiger Spiegelscheiben zu liefern[4]). Margaretha Reich starb 1660; nach ihrem Tode richtete ihr Eidam, Hans Barthel, der 19 Jahre bei seinen Schwiegereltern in Arbeit gestanden hatte, 1661 wiederholte Bittschriften an Bischof Karl, ihm die Hütte unter gleichen Bedingungen zu übertragen und ihn bei seiner Religion zu belassen. Es wurden ihm, als Protestanten, Schwierigkeiten gemacht und seine erste Bittschrift war nicht beantwortet worden. Da ihm jedoch das Zeugnis ausgestellt wurde, dass er „*ein kunsterfahrener Glaser, wol qualificiert und ein gutter, ehrlicher aufrichtiger deutscher Mann sei*", so wurde er am 27. Mai 1661 nach Neisse beschieden, und ihm die Glashütte auf drei Jahre vermietet, „*jedoch mit diesem Beding, dass er wegen der religion kein ärgernis gebe, noch die lutherischen Postillen oder andere Bücher, wie vor diesem geschehen, vorlese, sondern sich dergleichen gantz enthalte*[5]).

Sonnabend vor Cantate 1557. Abschrift dieser Urkunde im Bresl. Staatsarchiv. Neisser Lagerbuch U. fol. 101 b.

[1]) Dorf an der Oppa (Goldfluss) im Fürstentum Neisse, Troppauer Kreises, zum bischöflichen Amt Zuckmantel gehörig. Kneifel a. a. O. S. 126, Bd. II, S. 229.

[2]) Br. Staatsarchiv. Neiss. Lagerb. III, 21. U. U. 587.

[3]) Br. Staatsarch. Neiss. Lagerb. Y. Y. 231.

[4]) Ebenda, III, 21. B. B. B. 1655—57. Datum Neisse, 3. August 1657.

[5]) Br. Staatsarchiv. Acta betr. die Glashütte zum Einsiedel 1656—1736. Neisse I, 239.

Die Hütte lieferte in jener Zeit, wie wir aus verschiedenen Bestellungen ersehen, Hohlglas, Flaschen- und Trinkgläser, gewöhnliches Scheibenglas, aber auch Spiegelscheiben, meist nach Neisse. So die sämtlichen Spiegelscheiben für das Jesuiten-Seminar oder Alumnat ad S. Annam daselbst [1]).

Von Hans Barthel hören wir noch 1666 gelegentlich von Bestellungen. Die Glashütte blieb weiter in bischöflichem Besitz und wurde verpachtet. Der letzte Pächter war ein Glasmeister Elias Zenker, der schlecht wirtschaftete und 1723 seine Zinsen nicht bezahlen konnte. Er machte alsdann ein Kaufangebot für die Glashütte und ein Stück Wald; der Verkauf scheint auch zu stande gekommen zu sein. Doch auch so nahm das Unternehmen für seinen Besitzer keinen glücklichen Fortgang, denn 1735 wird die fürstbischöfliche Regierung zu Neisse von Breslau aus angewiesen, die Glashütte sub hasta zu verkaufen und von dem Kaufpreis die rückständigen Zinsen einzuziehen. Im folgenden Jahre 1736 wird alsdann angefragt, ob der Verkauf bewerkstelligt sei [2]). Noch 1774 will sich ein Glasschleifer, Anton Pohl aus Einsiedel in Friedrichsgrund ansässig machen, der angiebt, dass er von Jugend auf in der dortigen Glashütte gearbeitet habe [3]).

Gegenwärtig findet sich am Orte eine Schleiferei, zu Würbenthal gehörig (Firma F. Adolf Richter), die grünes, halbweisses, weisses und Krystallglas arbeitet [4]).

Die sämtlichen vorgenannten Orte gehören heutzutage zu östreichisch-Schlesien.

D. Oberschlesien.

Urkundlich lässt sich der Anfang der oberschlesischen Glasfabrikation nicht erweisen; derselbe ist jedoch mit ziemlicher Sicherheit an das Ende des siebzehnten Jahrhunderts zu setzen. Im Breslauer Staatsarchiv befindet sich eine Notiz, nach welcher Akten über Glashütten, aus dem ehemaligen Stift Rauden stammend, bei der herzoglichen Kammer in Ratibor aufbewahrt wurden. Dieselben konnten jedoch auf Anfrage bei der herzoglichen Kammer weder dort, noch in Rauden selbst ermittelt werden. Die angezogenen, vom Anfang des XVIII. Jahrhunderts stammenden Akten enthielten u. a. Glashüttenberechnungen von 1716 und Angaben über bereits kassierte Hütten. Die betreffenden Hütten gehörten zur Herrschaft Ratibor, befanden sich also in den heutigen

---

[1]) Ebenda. [2]) Ebenda, Neisse I, 23 g. [3]) Staatsarchiv. M. R. 52. VI.
[4]) Lobmeyr, Ilg u. Böhmen, a. a. O.

Kreisen Ratibor und Rybnik; jedoch auch auf der Herrschaft Pless scheinen um dieselbe Zeit Glashütten bestanden zu haben. Die ältesten oberschlesischen Hütten dürften die von Mokrau und Orzesche, Kr. Pless und Myslowitz, im Kreise Kattowitz sein. Die Untersuchungen über die oberschlesischen Hütten werden häufig dadurch erschwert, dass dieselben bei den durch die Abnahme des Holzes an einer Stelle bedingten Ortsveränderungen oft auch den Namen wechselten, so dass es zuweilen nicht leicht ist, unter den verschiedenen Benennungen die nämliche Hütte zu erkennen. Zuweilen wurden auch, ehe die Hütten ihren Standort ganz änderten und dem Walde nachrückten, kleinere Nebenhütten oder „fliegende" Hütten an passender Stelle gegründet und in diesen gleichzeitig oder auch abwechselnd mit der Haupthütte die Fabrikation betrieben. Die Czarnowanzer Glashütte (Kr. Oppeln) zum Beispiel führt ausser dem Namen des in ihrem Besitz befindlichen Frauenklosters Czarnowanz noch die Namen Brinnitzer und Murower Hütte nach zwei in der Nähe befindlichen Ortschaften. Als dazu gehörige Filialhütten werden Grabczok und Alt-Kupp bezeichnet. Ferner kommt um die Wende des achtzehnten Jahrhunderts eine Glashütte bei der Kolonie Horst (Schwirkle) vor, welche ihrer Lage nach wohl auch zur Czarnowanzer Hütte gehört hat.

Im Lublinitzer Kreise wird eine und dieselbe Hütte nach Gwosdziau, Brzinitz und Skrzidlowitz, eine andere nach Guttentag, Rendzin und Zwoos benannt. Im Kreise Pless sind Gardawitz und Moscisk identisch, ebenso Wessola und Krassow, im Kreuzburger Kreise Thule (Tuly) und Marienfelde.

Die sämtlichen oberschlesischen Hütten treten erst mit der Zeit Friedrichs des Grossen in ein helleres Licht; ihre Anlage ist zumteil auf Anregungen dieses Herrschers zurückzuführen. Ihre Blütezeit war das Ende des achtzehnten Jahrhunderts, wo sie zahlreich auftreten. Es lassen sich gegen 25 oberschlesische Hütten sicher nachweisen, nicht eingerechnet die konzessionierten, von welchen sich keine Nachrichten über das thatsächliche Bestehen erhalten haben. Jedoch haben die meisten nur ein verhältnismässig kurzes Dasein gefristet und der grossen Zahl entspricht keineswegs ihre Bedeutung, noch weniger die ihrer Leistungen. Die meisten waren vorübergehende Schöpfungen, oft angelegt, um das damals in einzelnen Strichen noch reichlich verhandene Holz zu verwerten. Nur einzelne wie Wessola, Brinnitz und zeitweise Gardawitz, Nieder-Schwirklau und Bujakow erhoben sich zu grösserer Leistungsfähigkeit und führten ihre Waren über Oberschlesien hinaus in andere preussische Provinzen. Die übrigen Hütten fabrizierten nur grünes, geringwertiges Glas. Die Glasindustrie hat in Oberschlesien stetig abgenommen; von der grossen Zahl zu Ende des XVIII. Jahrhunderts war sie 1837 auf 13[1]), 1843 auf 12 (Knie), 1849 auf 11[2]) und 1852 sogar auf 9[3]) gefallen; gegenwärtig (1890) besitzt der Regierungsbezirk Oppeln 10 Glasbetriebe. Wir beginnen mit den Kreisen, in denen sich die ältesten Anlagen befinden.

1. **Myslowitz**, Kr. Kattowitz, in späterer Zeit auch nach dem nahe gelegenen **Janow** benannt. 1763 wird von ihr berichtet, dass sie vor alten Zeiten bestanden habe und 1755 wieder neu aufgebaut worden sei[4]). Sie gehörte damals einem Herrn von Mieroschowski. 1799 wird die Janower Hütte als eingegangen bezeichnet[5]).

2. **Mokrau**, Kr. Pless, wird ebenfalls in dem angeführten Bericht[6]) als eine alte Anlage bezeichnet, die Ende der fünfziger Jahre des XVIII. Jahrhunderts „retabliert" wurde. 1763 gehörte sie der Witwe von Kochenhausen, 1764 dem polnischen General von Guretzki. 1795 stand sie aus Mangel an Holz still und wird 1799 als eingegangen bezeichnet[7]). 1805 dagegen wird sie wieder betrieben. Die Hütte verfertigte 1763 allerhand Sorten von Glas und Tafelscheiben, nicht in bedeutendem Umfang und vertrieb das Fabrikat meist nach Polen. Ihr Zustand war nicht der beste, ständige Arbeiter wurden nicht gehalten; auch war das Holz nicht im Überfluss vorhanden.

3. **Orzesche**, Kr. Pless, um 1719 gegründet[8]), gehörte 1763 einem Herrn von Woisky. Sie war damals ein kleines Werk, welches nur vier Schmelztiegel, einen Glasmeister und 3 Gesellen besass. Die Hütte kommt noch 1810 im Besitz der Familie vor und scheint fortwährend betrieben worden zu sein; sie wird 1805, 1806 und 1812 ebenso 1830[9]) als im Gange befindlich genannt.

Der Ort und die Umgegend ist seitdem stets der Sitz von Glasfabriken gewesen. Eine 1838 gegründete Fabrik hat bis in die achtziger Jahre unter der Firma F. Carl Greiner bestanden. Gegenwärtig sind in Orzesche zwei Firmen (Moritz Jacobowitz und Adolf Sonnenfeld), in dem in der Nähe belegenen **Ornontowitz** eine (J. Pollak & Co., 17 Arbeiter).

---

[1]) **Dieterici**, statistische Übersicht über die wichtigsten Gegenstände des Verkehrs und Verbrauchs im Preuss. Staate. 1842. S. 393.

[2]) Derselbe, Tabellen u. amtl. Nachr. f. d. Preuss. Staat f. d. Jahr 1849. Berlin 1852, VI, S. 1291.

[3]) Festschr. d. Ver. deutscher Ingenieure, S.

[4]) Br. Staatsarch. M. R. VI, 52. Vol. I, Bericht v. 6. Okt. 1763 weg. d. Zust. der Glashütten.

[5]) Ebenda, M. R. VI, 52. Vol. VI.   [6]) Ebenda Vol. I.   [7]) Ebenda Vol. VI.

[8]) M. R. VI, 52. Vol. I. Ber. d. Bresl. Kammer v. 6. Okt. 1763.

[9]) Knie und Melcher, a. a. O.

4. **Gardawitz oder Moscisk**, Kr. Pless, um 1753 [1]) angelegt und Herrn von Zborowsky gehörig; der Name „Mosczysker Hütte"
kommt schon 1764 vor. Um diese Zeit (1764) gelangte die Hütte in
den Besitz der gräflich von Henkelschen Erben, Neudecker Linie und
stand unter der Administration eines Herrn von Goschitzki. 1810 war
die Besitzerin ein Fräulein von Sawatzki.

Die Hütte wird zuletzt 1830 bei Knie und Melcher erwähnt. Sie besass 1763 ausser dem Glasmeister 3 „kunsterfahrene Leute" aus Böhmen
oder Mähren und lieferte dem mährischen gleiches Krystallglas, Hohlglas,
grosse Tafelscheiben, auch Kronleuchter.

5. **Wessola** nebst dem dazu gehörigen **Krassow** [2]), Kr. Pless,
scheint auf der Stelle einer älteren Anlage in den 1780er Jahren erneuert
worden zu sein. Der Name Wessola kommt zuerst 1788 vor. In diesem
Jahre heisst es von der Hütte, dass sie „zu vieler Vollkommenheit gebracht worden sei". Sie gehörte dem Fürsten von Anhalt-Köthen und
führte auch die Benennung: „**Pless'sche Hütte im Freudenthale**[3]);
sie liegt der Myslowitzer Hütte räumlich so nahe, dass wir es mög-
licher Weise auch hier mit einem abgesonderten Betrieb oder derselben
Hütte zu thun haben[4]). 1795 musste die Hütte aus Mangel an Brennmaterial die Feuer löschen, richtete sich jedoch, als eine der ersten Hütten
in Schlesien, auf den Steinkohlenbrand ein und gehörte um die Wende
des Jahrhunderts zu den leistungsfähigsten schlesischen Hütten. Sie wird
1801, 1806 und 1812 erwähnt; um 1800 hatte sie zwei Öfen und fabri-
zierte jährlich für ca. 8000 Gulden an verschiedenen Glasartikeln, die
meist nach Berlin und Warschau gingen[5]). Es ist dies für die damalige
Zeit ein nicht unbedeutender Betrag. 1825 erscheint die Glashütte ausser
Betrieb[6]).

Dagegen wurde in den 1870er Jahren zu Wessola die Tafelglasfabrikation
durch eine Firma W. Podgorski betrieben.

Von dem Umfang der Glasindustrie in diesem Teile Oberschlesiens
giebt der Umstand Zeugnis, dass Zimmermann[7]) auf der Standesherrschaft Pless **zehn** Glasfabriken angiebt, ohne sie zu nennen.

1) Staatsarch. M. R. VI, 52. Vol. I. Ber. v. 6. Okt. 1763.

2) Zusammen erwähnt. Bresl. Staatsarch. P. A. VIII, 375. Vol. VI. 1806.

3) Bericht des Regierungs-Assessors Krüger über seine Bereisung der schlesischen Glashütten, 1811. Staatsarch. P. A. VIII, 301 b. vol. I u. II; P. A.
VIII, 375 c.

4) Die Myslowitzer Hütte selbst gehörte 1763 zum Kreise Pless.

5) Handlungs- und Fabriken-Adressbuch für Schlesien. 1801. S. 158.

6) Knie und Melcher a. a. O.

7) Beiträge zur Beschreibung von Schlesien, Brieg 1796. II, 75.

6. **Leschczin**, Kr. Rybnik, 1740 angelegt [1]), gehörte 1763 einem Herrn von Laschowsky, 1764 dem Acciseeinnehmer Fellner aus Rybnik, wurde mit drei Tafel- und einem Scheibenmacher betrieben und lieferte namentlich feines Tafelglas, nach Polen, Oberungarn und Breslau. Sie wird damals als in gutem Stand befindlich geschildert.

7. **Stein** oder **Kamin** (polnische Benennung), Kr. Rybnik. 1745 gegründet und 1763 einem Herrn von Guretzki gehörig [2]). 1806 und 1808 ruhte der Betrieb, wohl infolge Holzmangels. 1811 erscheint sie als „für immer gelöscht". Die Hütte war 1763 in schlechtem Zustande, wurde von einem Hüttenmeister mit seinen Söhnen betrieben und lieferte gewöhnliches Tafel- und Scheibenglas.

Im Jahre 1850 wurde am gleichen Orte wieder eine Glasfabrik errichtet, welche gegenwärtig noch besteht (Firma August Spendel).

8. **Nieder-Schwirklan**, Kr. Rybnik. 1793 März 13. bittet Herr von Zimietzky auf Ruptau um die Konzession zur Anlegung einer Glashütte, um das Holz zu verwerten. Die Konzessionsertheilung wurde damals abgelehnt [3]). Die Hütte erscheint jedoch 1795 [4]). 1801 ist sie im Besitz eines Michael Schmauss [5]). Von 1805 bis 1808 ruht der Betrieb und 1810 ist sie für immer gelöscht.

9. **Skrzischow**, Kr. Rybnik. 1790 bittet Graf Reichenbach auf Loslau um die Konzession zur Anlegung einer Glashütte in den „Skrzissower" Forsten. Es ist nicht bekannt, ob die Hütte zu Stande gekommen ist.

In **Sohrau**, Kr. Rybnik, war Anfang der 1880er Jahre eine Glasfabrik (J. Panowski) [6]).

10. **Czarnowanzer** Hütte, Kr. Oppeln 1755, angelegt, hat ihren Namen von dem zwei Meilen von ihr gelegenen Prämonstratenser-Frauenkloster **Czarnowanz**, welchem sie gehörte, wurde jedoch im vorigen und zu Anfang des laufenden Jahrhunderts nach **Brinnitz** (Brinice, 1810 und 1811 Brennitz) genannt und heisst gegenwärtig **Murower** Hütte. Der letztere Name findet sich bereits 1830; damals bestanden zwei Hütten [7]). Eine Filialhütte Grabczok kommt 1806 und 1810 vor.

Gegenwärtig ist ausser der Haupthütte bei Murow eine zweite zu Alt Kupp, gegründet 1813 in Betrieb.

---

[1]) Staatsarch. M. R. VI, 52. Ber. v. 6. Okt. 1763 a. a. O.   [2]) Ebenda.

[3]) Staatsarch. M. R. VI, 52. Vol. IV.   [4]) Ebenda Vol. V.

[5]) Handl.- u. Fabriken-Adressb. für Schlesien.

[6]) Handb. f. d. Prov. Schlesien.   [7]) Knie und Melcher a. a. O.

Ausserdem erwähnt Zimmermann[1]) sowie das schlesische Fabriken-
Adressbuch von 1801[2]) eine Glashütte unweit der Kolonie Horst (Schwirkle), welche wahrscheinlich auch zu diesem Hüttenkomplex zu rechnen ist.

Nach der Aufhebung der Klöster ging die Hütte in Staatsverwaltung über, von
welcher sie die Firma H. Ebstein Söhne übernahm und noch besitzt. Nach F. Triest,
topogr. Handbuch v. Oberschlesien (Breslau 1865). S. 71 verkaufte der Fiscus
erst 1834 die Hütte an die Firma Ebstein. Das Werk ist gegenwärtig der grösste
Glasbetrieb Oberschlesiens und beschäftigt 194 Arbeiter; es wird hauptsächlich
Tafelglas gemacht. Die von Meissner[3]) erwähnte Glashütte Friedrichsthal
oder Kreuzburger Hütte, welche auch zu Kloster Czarnowanz gehörte, war
ein Eisenwerk[4]).

11. Brzinitz (Brzenitz, Brzienic, Bzenitz, nicht zu verwechseln
mit Brinnitz) oft auch nach Gwosdzian benannt, Kr. Lublinitz, eine
Meile von der Kreisstadt an der Guttentager Strasse auf Skrzidlowitzer
Grund gelegen[5]) und daher auch mit dem Namen Skrzidlowitzer
Hütte vorkommend, wurde 1761 auf nachgesuchte Konzession von der
damaligen Besitzerin, verwitweten Oberstlieutenant von Podewils angelegt[6]). 1763 ist sie im Besitz eines Herrn von Frankenberg, welcher
sie an 2 Brüder, Glasmacher aus Mähren, verpachtet hatte; es wurde
jedoch damals nur gemeines Glas fabriziert. 1773 gehört sie dem Oberst
von Boyen, 1796 ist Herr von Sobottendorf Eigentümer der stillstehenden
Hütte. 1805 wird die Hütte zu Skrzidlowitz wieder betrieben. In der
Nähe dieser Hütte entstand

12. Die nach Guttentag, Rendzin (Rędzina) oder Zwoos, Kr.
Lublinitz, benannte Hütte. 1788 Dezember 2. suchte der Rittmeister von
Stümer eine Konzession nach für eine in den Radziner Forsten anzu-
legende Glashütte[7]). Nach 1789 ging dieselbe in den Besitz des Her-
zogs von Braunschweig-Oels über. Die Hütte wird im schlesischen
Fabrikenadressbuch von 1801[8]), 1806, 1810 in den Ministerialakten und
1811 gelegentlich der Bereisung der schlesischen Glashütten durch den
Assessor Krüger und noch 1830 bei Knie und Melcher erwähnt.

13. Wendzin, Kr. Lublinitz, am Ende des 18. Jahrhunderts ent-

---

[1]) Beitr. zur Beschr. v. Schlesien. 1796. III, S. 39.

[2]) S. 214. Vgl. J. g. Meissner, Kurze Beschr. v. Schlesien, Liegnitz 1797,
2. Aufl. S. 105; J. Ad. v. Weigels Geogr. naturhist. u. technol. Beschr.
des souveränen Herzogth. Schlesiens, Berlin 1802. VIII. T. S. 70.

[3]) A. a. O. S. 105.   [4]) Knie und Melcher a. a. O.

[5]) Die Bestimmung der Lage nach M. R. VI, 52 u. Vol. I. Ber. v. 6. Okt. 1763.

[6]) Ebenda.   [7]) Staatsarch. M. R. VI, 52. Vol. IV.

[8]) Handl.- und Fabriken-Adressbuch f. Schlesien 1801. S. 222, Zwas.

standen[1]). 1799 wird sie als eingegangen bezeichnet[2]). 1830 „Sklarnia" bei Wendzin als Ort einer alten Glashütte erwähnt[3]).

14. Dembowagora, Kr. Lublinitz, zu Boronow gehörig. 1796 erwähnt[4]). Identisch mit dieser Hütte ist wohl die von Ollschin[5]). Ein „Sklarnia" bei Boronow wird 1830, als Ort der alten Hütte genannt[6]).

15. Kochczütz, Kr. Lublinitz, wird 1815 genannt, ruhte alsdann und wurde in den 1830 er Jahren durch Herrn von Aulock wieder in Betrieb gesetzt[7]), scheint aber nicht lange bestanden zu haben, denn 1848 erscheint sie eingegangen[8]). Den Ort der früheren Hütte bezeichnet eine Ausiedelung „Sklarnia."

16. Bujakow, Kr. Zabrze. Das Dominium Bujakow bewirbt sich am 3. März 1792 um die Konzession zu einer Glashütte mit Holzfeuerung. Gleichzeitig bittet am nämlichen Tage das Dominium Zabrze, dem Prinzen Karl E. v. Kurland gehörig, um die Konzession zu einer Glashütte mit Steinkohlenfeuerung. Es scheint nur die eine der Konzessionen, die Bujakower Hütte und zwar mit Steinkohlenfeuerung zur Ausführung gekommen zu sein. Die Hütte bestand nur bis in den Anfang des XVIII. Jahrhunderts und lieferte gutes Tafelglas. Zuletzt wird sie 1801 im schlesischen Fabrikenadressbuch erwähnt[9]). Als die schlesischen Hütten 1811 im Auftrage der Liegnitzer Regierung durch den Assessor Krüger bereist wurden, gehörte die seit langen Jahren ruhende Hütte dem Kgl. Generalpächter Oberamtmann Priebsch zu Kosel.

Gegenwärtig befindet sich in Klein-Zabrze eine Glasfabrik für Tafel- und Hohlglas (Firma Wilh. Eisner)

17. Ellguth-Tost, Kr. Tost-Gleiwitz, wird 1792 erwähnt[10]), 1795 als stillstehend[11]) und 1799[12]) als eingegangen bezeichnet. Eine Wüstung „Sklarnia" an diesem Orte (bei Gross-Kottulin) wird bei Knie und Melcher genannt. Im Zusammenhang mit dieser Hütte scheint

18. Slupsko, Kr. Tost-Gleiwitz, gestanden zu haben, falls es nicht identisch mit ihr ist. Es wird 1795 als eingegangen bezeichnet[13]). In demselben Jahre wird eine Hütte zu

---

[1]) Meissner a. a. O. mit Berufung auf Leonhardi.

[2]) Staatsarch. M. R. VI, 52. Vol. VI.   [3]) Knie und Melcher a. a. O.

[4]) Zimmermann a. a. O. II, 139; Meissner a. a. O. 105 macht daraus zwei Glashütten: Dembowa und gura!

[5]) Meissner a. a. O.   [6]) Knie und Melcher a. a. O.

[7]) Knie und Melcher a. a. O.   [8]) Knie, topogr. Wörterbuch 1848.

[9]) a. a. O. S. 212.   [10]) Staatsarch. M. R. VI, 52. Vol. IV.

[11]) Ebenda Vol. V.   [12]) Ebenda Vol. VI.   [13]) Ebenda VI, 52. Vol. V.

19. Radun, Kr. Tost-Gleiwitz, 1792 erwähnt [1]**.**

In neuerer Zeit sind im Kreise Gleiwitz einige Glasfabriken entstanden, eine 1843 zu Gleiwitz gegründete, inzwischen wieder eingegangene Tafelglashütte (Salo Blumenreich) — ferner eine Glasfabrik zu Neudorf bei Gleiwitz [2]) und die 1863 gegründete und noch bestehende Hohlglasfabrik (F. C. Scharff) ebendaselbst mit 102 Arbeitern, welche Flaschen, Tafel- und Hohlglas macht.

20. Ferdinandshof zu Simmenau gehörig, poln. Sklarnia Szymonkowska, auch Ferdinandshütte genannt, Kr. Kreuzburg; erwähnt 1830 bei Knie und Melcher.

21. Polnisch-Würbitz, Kr. Kreuzburg, 1806 und 1811 in den Ministerialakten erwähnt, dem Grafen Reichenbach auf Zessel bei Öls gehörig, kommt noch 1830 bei Knie und Melcher vor.

22. Bodland, Kr. Rosenberg. Graf Schlegenberg sucht 1746 die Konzession zur Anlegung einer Glashütte nach [3]). Falls die Hütte damals zu Stande gekommen ist, so hat sie nicht lange bestanden, denn 1763 macht der durch die Regierung zur Errichtung von Glashütten aufgeforderte Herzog von Braunschweig-Öls geltend, dass die Bodländer Wälder bei weitem nicht mehr so holzreich seien als 1746, wo Graf Schlegenberg die Konzession nachgesucht. 1785 wurde dort eine Glashütte errichtet, welche 1790 unter der Königl. Amts-Administration Loslau stand und 1799 als eingegangen bezeichnet wird. 1830 ist bei Knie und Melcher wieder von einer im Bau begriffenen Glashütte die Rede; desgleichen wird ein Anteil, „Sklarnia" oder „Glashütte" erwähnt.

23. Thule (Tuły) oder Marienfelde, Kr. Rosenberg, ca. 1774 angelegt [4]), Herrn von Blacha gehörig [5]); 1790 und 1796, ferner 1811 in den Ministerialakten erwähnt, findet sich noch 1830 bei Knie und Melcher. Nach Zöllner a. a. O. arbeitete dort um 1790 ein Glasmacher aus Linz mit 4 Gesellen hauptsächlich grünes Scheibenglas.

24. Koselwitz (Koslowice), Kr. Rosenberg, 1792 und 1806 erwähnt, gehörte 1810 Herrn von Paczenski und Tenczin, stand 1808 still, arbeitete jedoch 1811. Die Glashütte war 1830 noch vorhanden,

---

1) Ebenda Vol. IV.   2) Festschr. d. Ver. D. Ingen. S. 7.

3) Br. Staatsarch. Beabsichtigte Anlegung einer Glashütte in der Herrschaft Bodland. Konzession für den Geh. Rat und Ritter des schwarzen Adler-Ordens Joseph Graf von Schlegenberg. Breslau 15. Okt. 1746.

4) Zöllner, Briefe über Schlesien 1792. S. 205.

5) Nach dem Bericht des Assessor Krüger von 1812. Staatsarch. P. A. VIII, 301h. Vol. I u. II. v. Blochow auf Tully.

wurde jedoch nicht betrieben [1]). An dieselbe erinnert gegenwärtig noch ein Gemeindeanteil „Glashütte".

25. Busow (Budzow), Kr. Rosenberg, kommt 1790, dem Grafen Pückler gehörig, vor; ruhte 1799, wird dagegen im schlesischen Fabriken-Adressbuch 1801 erwähnt [2]) und 1805, 1806 und 1808 betrieben. 1810 ist die Hütte für immer gelöscht.

26. Radow, Kr. Rosenberg. Eine Glashütte Radau wird in den Ministerialakten 1799 als eingegangen erwähnt.

27. Wendrin Kr. Rosenberg. 1798 hatte das Dominium Wendrin gebeten, die erteilte Konzession zur Anlegung eines Frischfeuers in eine solche zur Anlage einer Glashütte umzuwandeln. Die Konzession wurde zur Vollziehung vorgelegt, ob jedoch die Anlage zur Ausführung gekommen ist, ist ungewiss. Dasselbe gilt von einer zu

28. Jamm, Kr. Rosenberg; 1812 oder 1813 von einem Kaufmann Klopsch erworbene Konzession, welche nachgesucht worden war, um das Holz zu verwerten.

Zimmermann, in seinen Beiträgen zu einer Beschreibung von Schlesien, führt im Rosenberger Kreise fünf Glashütten auf [3]); gegenwärtig besitzt dieser Kreis keinen Glasbetrieb.

Von neueren oberschlesischen Glashütten in anderen als den genannten Kreisen sind zu nennen:

Kr. Kattowitz. Rosdzin (Schulz & Demski, 12 Arb.); früher in Königshütte, Kr. Beuthen.

Kr. Beuthen. Neu-Heiduk (Gehring & Müller, 9 Arb.).

Kr. Leobschütz. Leobschütz (C. Schnurpfeil, gegr. 1859.

Kr. Ratibor. Die Stadt Ratibor besass Anfang der 70er Jahre zwei Glasfabriken (Viktor Franke vorm. A. Kiefer, 1858 in Betrieb gesetzt, und C. Greiner); die noch vorhandene einzige Fabrik (Alb. Schmieder) ist 1890 eingegangen, seit das Grundstück vom Eisenbahnfiscus erworben wurde.

E. Die an Polen grenzenden östlichen Teile Mittelschlesiens.
(Fürstentum Öls-Wohlau.)

Im ehemaligen Herzogtum Öls und zwar in dem waldreichen Wartenberger Kreise haben schon in der zweiten Hälfte des siebzehnten Jahrhunderts Glashütten bestanden. Ihr Standort war die Umgegend der heutigen Stadt Neumittelwalde (bis in die neueste Zeit Medzibor genannt).

---

[1]) Knie und Melcher a. a. O.   [2]) S. 212.   [3]) II, 168.

1. Medziborsche Hütte (poln. Sklarka Międzyborska oder Medziborzka), um 1670 in den Medziborschen Wäldern bestehend, nachher nach Neurode (Kr. Wartenberg) verlegt. Nachdem die Hütte an diesem Ort einige Jahr betrieben worden war, wurde sie nach einer Ruhepause zu Kottowsky 1715 wieder aufgebaut[1]). Diese Hütte hat bis um die Mitte des Jahrhunderts bestanden; die Homannsche Karte von 1750 verzeichnet sie. Dagegen waren zur Zeit des Überganges an die preussische Herrschaft in diesem Teil des Landes keine Glashütten. Die vorstehenden Angaben wurden 1764 von dem zur Anlage solcher in seinem Gebiet aufgeforderten Herzog von Württemberg-Öls gemacht. Jedoch kam es damals nicht zu einem Wiederaufbau. Die herzoglich Württemberg-Ölsnische Kammer stellte 1765 in einem Schreiben an den König vor, dass die Anlage einer Glashütte im Medziborschen Walde ohne dessen Ruin nicht angängig sei. Erst 1803 erklärte sie sich bereit, die „ehemals bestandenen Glashütten in den Forsten der Herrschaft Medzibor zu retablieren"[2]). Dies geschah; die neue Hütte wurde als herzogliche Glashütte, Wilhelmshütte, poln. Sklana Hut bezeichnet. Dieselbe war um 1830 im Besitz eines gewissen J. R. Klette aus Breslau[3]) und hat bis in die 70er Jahre gearbeitet. (Firma C. Mittelstädt)[4]).

Eine zweite Glashütte bestand im Tscheschener Halt:

2. Tscheschener Hütte poln. Sklarka Czeszyńka genannt. Dieselbe kommt schon zu Ende des XVII. Jahrhunderts und auf der Homannschen Karte von 1750 vor. Sie wird neben der Medziborschen Hütte von Meissner[5]) 1797 und Weigel[6]) 1802 erwähnt. Sie scheint alsdann längere Zeit geruht zu haben, jedoch in unserem Jahrhundert zeitweilig wieder in Betrieb gewesen zu sein, da sie in dem topographischen Lexikon von Knie erwähnt wird. Dass die Glasfabrikation in diesen Gegenden ehemals einen grösseren Umfang hatte oder zum mindesten öfter den Ort wechselte, ergiebt sich aus dem zweimaligen Vorkommen des Namens Sklarka und Sklarke im Kreise Wartenberg, als Wohnplätze zu Kunzendorf bezw. Karlowitz gehörig[7]).

3. Podasch, Kr. Militsch; 1830 bei Knie und Melcher angeführt.

---

[1]) M. R. VI. 52. Vol. I. Ber. v. 6. Okt. 1763.   [2]) Ebenda Vol. VI.

[3]) Knie und Melcher a. a. O.

[4]) Lobmeyr, Ilg und Boeheim. a. a. O. S. 1.

[5]) Kurze Beschreibung von Schlesien. S. 105.

[6]) Geogr. naturhist. u. technol. Beschreib. des souver. Herzogthum Schlesien. VII. Thl. S. 18.

[7]) Gemeindelexikon für Schlesien. Herausgegeben vom Königl. statist. Büreau. Berlin 1888. S. 10. S. oben S. 8.

F. Niederschlesien und die Oberlausitz.

Von Niederschlesien kommen in alter Zeit hauptsächlich die nördlichen und nordwestlichen Bezirke an der Grenze der Mark sowie der ehemals kursächsischen Oberlausitz, eine haideartige flache Gegend mit ausgedehnten Kieferwaldungen in Betracht. Ausser reichlichem Holzbestande zur Feuerung und zum Brennen der Asche findet sich dort in der Gegend von Hohenbocka ein sehr reiner, zur Glasbereitung vorzüglich geeigneter Sand. Wiewohl die Glasindustrie heutzutage auch in anderen Teilen des Regierungsbezirks Liegnitz festen Fuss gefasst hat, so ist doch auch jetzt noch dessen westlicher und nordwestlicher Teil nicht nur der Hauptsitz derselben geblieben, sondern es hat seit den fünfziger Jahren dieses Jahrhunderts die Glasfabrikation in diesem Landesteil sich so entwickelt, dass sie, was Zahl und Umfang der Betriebe anbelangt, die bedeutendste Schlesiens ist. Es muss jedoch hervorgehoben werden, dass es sich hier in erster Linie um die fabrikmässige Erzeugung von Massenartikeln handelt, welche erst in letzter Zeit angefangen hat, kunstgewerblichen Bestrebungen Raum zu geben. Die älteste Anlage ist die Hütte von

1. Wiesau unweit Priebus, Kr. Sagan. Sie wurde nach dem dreissigjährigen Kriege durch den Besitzer des Herzogtums Sagan, den Fürsten Wenzel Eusebius von Lobkowitz (1646—1677) erbaut. Das Jahr der Gründung wird verschieden mit 1657[1]) oder 1677[2]) angegeben. Die Wiesauer Fabrik stand neben der Schreiberhauer im XVII. und XVIII. Jahrhundert an der Spitze der schlesischen Glasfabrikation. Ihre Glanzperiode fällt in die Mitte des XVIII. Jahrhunderts, wo sie die in ihren Leistungen zurückgehenden Hütten des Riesengebirgs bedeutend überflügelte. 1763 arbeiteten daselbst 53 Personen; verfertigt wurde, ausser ordinärem grünem oder weissem Kreide-, sogen. Wirtschaftsglase in Fenstertafeln und Hohlglas, ganz feines weisses Glas, Pokale, Wein- und Biergläser, Karafinen, zumteil vergoldete und geschliffene Dessert-Aufsätze, Platmenagen, Kredenzteller und Kronleuchter. Die Hütte wurde nicht ständig betrieben und stand während des Sommers still.

---

[1]) Bresl. Staatsarch. M. R. VI, 52. Vol. IV, und Zimmermann a. a. O. VII, 12.

[2]) M. R. VI, 52. Vol. I. Ber. v. 6. Okt. 1763 u. P. A. VIII, 375a. Ber. v. Priebus v. 22. Apr. 1763. Vgl. A. Leipelt, Gesch. d. Herzogthums Sagan. S. 141.

Vom April bis Martini waren ihre Arbeiter auf der nahegelegenen Hütte zu Rauscha thätig. Auch nach dem 1785 erfolgten Verkauf des Herzogtums Sagan seitens der Lobkowitze blieb die Hütte in herrschaftlichem Besitz. Sie wird 1801 im schlesischen Fabrikenadressbuch[1]) und in dem Bericht des Regierungsassessors Krüger von 1812 erwähnt; von diesem jedoch hinsichtlich ihrer Leistungen damals in die zweite Linie gestellt[2]).

Gegenwärtig finden sich in Wiesau drei Glashütten. Franz Barth in Firma A. Klein, (Mediziugläser), Wild & Wessel (Beleuchtungsartikel) und E. Grosse, welcher als Spezialität farbige Tafelgläser und Kathedralglas verfertigt. Von da aus hat sich die Glasindustrie nach dem benachbarten Nieder-Hartmannsdorf (Müller & Rothenburger, Medizinalgläser) und nach Halbau (beides Kr. Sagan) verpflanzt. An letzterem Orte die Firma Gebr. Kleinert, Beleuchtungsartikel, Hohlglas.

2. Rauscha, Landkr. Görlitz.

Die Zeit der Gründung der Hütte lässt sich urkundlich nicht nachweisen, fällt aber vermutlich in das Ende des XVII. oder den Anfang des XVIII. Jahrhunderts. Sie findet sich zuerst bei Kundmann[3]) 1724 erwähnt.

1763 wurde sie, wie schon oben erwähnt, im Wechsel mit der nahe gelegenen Hütte zu Wiesau betrieben. 1801 wird auf ihr ein Pächter Jens Joh. Meerbach genannt[4]); auch 1830 kommt sie bei Knie und Melcher vor.

Bis in die fünfziger Jahre hinein war ihr Betrieb nicht besonders ausgedehnt und der Verkauf ihrer Erzeugnisse auf die nächste Umgebung, die Oberlausitz bis Görlitz hin, beschränkt. Da an diesem Orte sich zuweilen Mangel an gutem Tafelglase fühlbar machte, so fasste ein dort ansässiger Glasermeister, Behnisch, den Plan, in der Nähe der Görlitzer Haide eine neue Glashütte zu erbauen. Er gewann einen in Rauscha arbeitenden Tafelglasmacher Namens Reinhard Menzel für das Unternehmen; dieser wurde die Seele des letzteren und eröffnete die neue Fabrik für Tafelglas 1858 zu Penzig. Neben dieser wurde einige Jahre später eine zweite, eine Hohlglashütte errichtet. Menzel war ein einsichtsvoller und unternehmender Mann, der, durch Berliner Fabrikanten veranlasst, sich das durch die Einführung des amerikanischen Petroleums herbeigeführte Bedürfnis neuer Beleuchtungsartikel zu Nutz zu machen wusste. Er führte die Fabrikation der Cylinder, Ölbehälter und schliesslich der Lampenschirme oder Glocken aus Milchglas ein und vergrösserte dieselbe mit der stets wachsenden Nachfrage, so dass er sie zuletzt in fünf Öfen betrieb. 1872 verkaufte Menzel seine Anlagen an die Penziger Glashütten-Aktiengesellschaft, blieb

---

[1]) a. a. O. S. 222.   [2]) P. A. VIII, 375c. und 301 b. u. c.

[3]) J. Ch. Kundmann, Rariora naturae et artis item in re medica oder Seltenheiten der Natur und Kunst des Kundmannschen Naturalien-Cabinets. Breslau und Leipzig 1737. S. 655.

[4]) Handlungs- und Fabriken-Adressbuch. S. 35.

jedoch bis 1878 an der Spitze des Unternehmens [1]. Ausser diesem grössten Betrieb bestehen am Orte heute noch 8 Fabriken mit im ganzen 1300 Arbeitern, welche Tafel- und Hohlglas, Beleuchtungsartikel, farbiges Glas, Pressglas, Flaschen, Medizinglas und Stöpselware fertigen, und sich zum Teil auch neuerdings der Glasdekoration mittelst Malerei und des Sandgebläses zugewandt haben. Die Namen der betreffenden Firmen sind: 1) Penziger Glashütten-Actien-Gesellschaft (früher Behnisch, Menzel & Cie.; 283 Arbeiter), 2) Gebr. Putzler gegr. 1868, 3) Theodor Roeder (200 Arbeiter), 4) Hoffmann & Schmidt gegr. 1872 (198 Arbeiter), 5) Meissner, Kleinert & Cie. (105 Arbeiter), 6) Glasfabrik Annahütte C. H. Schubert & Cie. (99 Arbeiter), 7) Rodowé & Cie. (86 Arbeiter), 8) Glashüttenwerk Adlerhütte (H. Meyer & Cie.; 82 Arbeiter), 9) Th. Kopf (40 Arbeiter).

Von Penzig aus hatte sich auch in Rauscha Ende der fünfziger Jahre die Fabrikation von Beleuchtungsartikeln eingeführt; Obgleich die Fabrik ungünstiger Verhältnisse halber in den 1870 er Jahren ausser Betrieb kam, so blüht doch gegenwärtig die dortige Glasindustrie in drei Firmen, den Rauschaer Glashüttenwerken (H. W. Röhlich) mit 127 Arbeitern, Hirsch u. Greiner (94 Arb.) und A. Hentschel (80 Arb.). Auch in dem nahe gelegenen ebenfalls dem Gebiet der Görlitzer Haide zugehörigen Kohlfurth hat die Glasfabrikation sich festgesetzt: Paulinenhütte, gegr. von Schneider und Hirsch, später Hirsch & Cie., gegenwärtige Firma Beyer & Cie. (96 Arbeiter).

An dem grossen Aufschwunge, den die Glasindustrie der Oberlausitz, hauptsächlich durch das Geschäft in Lampenartikeln erfuhr, beteiligten sich auch die dem Landkreise Görlitz zunächst liegenden Kreise Rothenburg O/L. und Hoyerswerda. In ersterem finden sich drei bedeutende Anlagen zu Weisswasser: 1) Gelsdorf, Neubauer & Cie. (240 Arbeiter, vormals Zwahr, Neubauer & Cie.), 2) Hirsch, Janke & Cie. (230 Arbeiter) und 3) Oberlausitzer Glashüttenwerk (J. Schweig & Cie., 86 Arbeiter); ferner bei Rietschen die Herminenhütte, gegr. 1873 mit 177 Arbeitern (R. Greiner & Cie., vormals Gebr. Schober & Cie.) und zu Muskau die beiden Glasfabriken von Raetsch, Schier & Cie. (106 Arbeiter) und die Muskauer Glashüttenwerke (Raetsch & Cie., 50 Arbeiter), welche sich hauptsächlich mit der Anfertigung von Medizinglas und physikalischen Apparaten befassen. Anfangs der 70er Jahre wird in diesem Kreise auch eine Glashütte bei Leippa (Firma Carl Teubert) erwähnt [2], welche jedoch später nicht mehr vorkommt.

Der westlichste der schlesischen Kreise, der ganz von Brandenburg und Sachsen umschlossene Hoyerswerdaer, besitzt in dem bei Hohenbocka sich findenden reinen Quarzsande ein bereits erwähntes, für die Glasfabrikation äusserst schätzbares Rohmaterial. Dieses ist nicht nur seitens der in der Nähe der Fundstätte gelegenen Fabriken begehrt, sondern wird, nachdem ihm eine sorgfältige Aufbereitung zu teil geworden ist, weithin, selbst über die Grenzen der Provinz hinaus zur Glasbereitung ausgeführt. In diesem Kreise liegt die grosse und bedeutende Glasfabrik zu Bernsdorf (Gebr. Hoffmann mit 365 Arbeitern), welche auch Glasdekoration, Malerei und Schliff fertigt; in der Nähe des genannten Ortes ausserdem eine zweite, zuweilen auch nach dem Wohnplatz Johannisthal benannte (jetzt Schlesische Tafelglashüttenwerke, Pieschel & Hoffmann, 36 Arbeiter).

[1] Nach Festschr. d. Ver. Deutscher Ingenieure, S. 90.
[2] Lobmeyr a. a. O. S. 250.

3. **Kolzig**, Kr. Grünberg, nachdem 1763 bereits Verhandlungen über die Anlage gepflogen waren, 1764 als neu durch Herrn von
Gersdorf angelegt, bezeichnet [1]). Die Hütte stand auf „Grünwalder Ter-
rain, nahe bei dem sog. Tartar-Walde". Sie ging bald darauf in die
Pacht eines Kaufmanns Nofock aus Stettin über. Die Fabrik war eine
der ersten in Schlesien, welche spanische Soda als Rohmaterial verwandte.
1765 wird eine zweite Hütte, **Grünwald**, zu Kolzig gehörig, erwähnt.
Beide haben 1801 noch nebeneinander bestanden [2]). Dagegen wird in
dem Bericht des Assessors Krüger über die schlesischen Glashütten von
1812 nur Kolzig genannt, mit dem Zusatz „eigentlich Grünwald". 1765
gehörte die Hütte einem Herrn v. Arnold auf Loessgen, 1811 dem in
Paris sich aufhaltenden Grafen Schlabrendorf. Sie findet sich noch 1830
bei Knie und Melcher.

Jetzt besteht im Grünberger Kreise, bei **Wittgenau**, die 1859 gegründete
Almahütte, ehemals Fr. Förster & Cie., seit 1873 v. Fritsche; gegenwärtig
W. Hein (35 Arbeiter).

4. **Wehrau** bei Klitschdorf, Kr. Bunzlau. **Andreashütte**, gräflich zu
Solms'sche Glasfabrik; auch nach dem Wohnplatz **Mühlbock** benannt, wurde in
den 1820er Jahren durch den Grafen zu Solms und Tecklenburg gegründet. Jedoch wird schon 1744 eine Glashütte in dem ganz nahen, hart an der Kreisgrenze
in der Oberlausitz liegenden **Tiefenfurt** erwähnt [3]). Möglicherweise haben wir
aber hierin eine Filialhütte zu dem ebenfalls nicht sehr weit entfernten Rauscha
zu erblicken. Andreashütte gehört mit 105 Arbeitern heute zu den grösseren
Betrieben. In demselben Kreise befinden sich noch bei der Stadt Bunzlau die
Amalienhütte (Firma **Adolf Hirsch** mit 44 Arbeitern) und **Karlswerk**
(Lippert & Sohn mit 122 Arbeitern), früher auch eine **Christinenhütte** Aktien-
gesellschaft, vorm. W. Nitschke, gegr. 1866 [4]).

---

1) Staatsarch. M. R. VI, 52. Vol. II. Ber. v. 2. Febr. 1764.
2) Handl. u. Fabriken-Adressbuch S. 214 u. 215.
3) M. R. 52. Vol. 1. 5. März 1744.   4) Lobmeyr a. a. O.

II. Die Träger der Glasindustrie.

In den ältesten Glashütten-Urkunden werden die Besitzer derselben, die Hüttenmeister als „glaser" oder „gleser" bezeichnet [1]); derselbe Name wurde auch den Händlern und Glasmalern beigelegt [2]). Wir ersehen hieraus, das der gesamte Umfang der mit dem Glase in Verbindung stehenden Gewerbe so bezeichnet wurde. Die alten Glasmeister erscheinen als freie Leute, welche ihre Hütten entweder auf eigenen Boden oder dem Besitztum einer Herrschaft gegen einen zu entrichtenden Grundzins auf eigene Rechnung aufbauen und betreiben; bei dem grossen Holzbedarf zum Glasmachen musste wohl in den meisten Fällen ein Waldbestand in Anspruch genommen werden, wie er sich nur in den Händen grosser Grundbesitzer befand. Neben dem Recht des freien Holzschlags zum Betrieb der Glasöfen und zum Brennen oder „Börnen" der Asche wurde ihnen nicht selten auch unter gewissen Einschränkungen freier Fischfang und freie Jagd für den eigenen Tisch in dem zugewiesenen Revier zugestanden — ein Vorrecht, welches nach damaliger Anschauung nur freien, ritterbürtigen Leuten zukam. Der Hüttenmeister sass als ein Mann von beneidenswerter Selbständigkeit auf seiner Hütte inmitten der ausgedehnten, menschenleeren Waldgebiete. Wenn auch Schlesien zu keiner Zeit „*gentilshommes verriers*" aufzuweisen hatte, so waren doch die Glasmeister im Besitz mannichfacher Nutzungen und Rechte und angesehene Leute. Mit Anerkennung wird in der Jungferndorfer Urkunde von 1509 des Nutzens gedacht, welchen der Bischof aus den Glashütten für sein Land erhofft.

In die Städte wurde das Glas namentlich zu Mess- und Jahrmarktszeiten gebracht, auch sonst von den Glasern in Läden oder Buden (Bauden) feil gehalten. Es kam auch vor, dass in Städten (Hirschberg, Neisse) wohnende Glaser eine Glashütte pachteten und die erzeugten Glaswaren verarbeiteten oder verkauften. Jedoch waren die eigentlichen Glaser *(slechten gloser)*, die Glasmaler und Glashändler so wenig zahlreich, selbst in den grössten Städten des Landes, wie Breslau, dass die-

---

[1]) Vgl. die oben S. 10 ff. u. 23 ff. angeführten Urkunden von Schreiberhau und Jungferndorf.

[2]) Vgl. A. Schultz a. a. O. S. 44. S. a. die Litteraturangabe S. 43, Anm. 1.

selben bei der Bildung der Innungen und Handwerksverbände im vierzehnten Jahrhundert es nirgends zu einer selbständigen Zunft brachten.
Die geringe Zahl der Zunftgenossen ist erklärlich, wenn man in Betracht
zieht, dass die Verwendung von Glasfenstern, ausser an Kirchen und Rat-
häusern keineswegs allgemein, an Privathäusern noch selten war. Noch
1469 wurden beim Einzug König Matthias die Fenster der königlichen
Burg zu Breslau mit Fenstern *(fenestralia)* aus Pergament versehen [1]).
Am Anfang des XVII. Jahrhunderts war in Schlesien der Ausdruck „Glase-
fenster" geläufig. Im alten schlesischen Bauernhause waren die sämtlichen Fenster des Oberstocks (mit Ausnahme des sogenannten Ober-
stübels) nur mit engen Holzgittern, ohne Glas geschlossen [2]). Übrigens
kommen selbst in dem hochkultivierten Frankreich, in der Schweiz und
England Gewebe, Flechtwerk, ölgetränktes Pergament zum Verschluss
der Fenster im XV. Jahrhundert noch vielfach und vereinzelt bis ins
XVIII. Jahrhundert vor.

Die Glaser schlossen sich anderen Zunftverbänden an; in Breslau
waren sie mit den Tischlern, Malern und Goldschlägern zu einer Genossenschaft verbunden, werden jedoch in der ältesten Bestätigung der
Zunftprivilegien durch König Wenzel 1390 nicht genannt. Mit Namen
werden sie erst in der Bestätigung durch Kaiser Sigismund 1420 als
mit den aufgeführten Handwerken verbunden bezeichnet. Diese Vereini-
gung bestand bis um die Mitte des XVIII. Jahrhunderts und war eine
nie versiegende Quelle von Streitigkeiten unter den beteiligten Zünften,
welche viele Rechtssprüche und Entscheidungen des Magistrats nicht aus der
Welt zu schaffen vermochten. 1533 erhielten die Tischler, Maler, Gold-
schläger und Glaser eine gemeinsame Zunftordnung [3]); jedoch erst 1578
wurde eine besondere Ordnung für die Zeche der Glaser festgesetzt [4]).

Während in Nürnberg die Glaser kein Meisterstück hatten, aber
eine zwölfjährige Thätigkeit beim Handwerk zur Erlangung des Meister-
rechts verlangten, bestimmte die Breslauer Zunftordnung eine dreijährige
Lehrzeit; nachdem diese überstanden war, musste der Geselle zwei Jahre
als solcher arbeiten, ehe er zum Meisterstück zugelassen wurde. Die
Anforderungen, welchen hierbei genügt werden musste, bestanden in
folgendem:

—. *so soll ehr mackenn einn Rautenstugk von Taffelglass einer
Bressischen ehlenn langk vnd breit, vier Rautenn in der Höhe mit*

---

[1]) Luchs, Die ehemalige kaiserliche Burg zu Breslau, Programm 1863. S. 12.
[2]) K. Weinhold, Die Verbreitung und die Herkunft der Deutschen in Schlesien.
Stuttg. 1887. S. 236.
[3]) Bresl. Stadtarch. Liber definitionum Vol. I. 1510. No. 59. Bl. 154.
[4]) Ebenda Vol. III. Fol. 17. No. 54.

*vier Quartiern an eckenn, ann vier Wingkeln, dem Wingkelmass nach,
vnnd dass das Bley vnnd Schnitte dem Richtscheit oder der schnurenn
gerade nachgehenn, eine Raute der andern gleich auf beidenn seiten
mit gleichen bindenn, doch dass keiner ober dass bley aussgezogenn
werde, vnd keiner lenger alss der ander sey, zugeknüpft sein soll.
Mehr soll ehr machen ein Scheibennstugk vonn zwey vnd vierzigk
scheibenn, Sechs in die breit, so in einer Bressischen Elenn solenn
gebracht werden. Die höhe siebenn scheiben lang, mit einer vngeferenn
höhe, doch mit vier gleichenn wingkeln durchauss voll vnd mit allem
vleiss verzieret oder verküttet. Welchess scheibennstugk mit vier orthenn[1]
soll aufgehengket vnnd Wasser darauf gegossen werdenn. Wofern ess
nuhn durchlieffe, soll ehr damit nicht bestehenn Vnnd zum Andern
vnd dritten mahl obberierte stugk verfertigen."* —

Es haben sich entsprechend der nicht grossen Zahl der Zunftgenossen nur wenige Namen von Angehörigen der Glaserzeche und Glasmalern erhalten. Die letzteren sind von A. Schultz zusammengestellt
worden[2]. Ausser den, bereits oben (S. 5) genannten Glasmalern des
XIV. Jahrhunderts finden wir

1496 Wilhelm von Oche (Aachen), *moler oder glasesetzer.*

1564 Johann Meiser, Glasmaler.

1605 Lucas Rohde, Glaser und Glasmaler.

1581 Lucas Seidel, Glasmaler und Glaser.

1564 Johann Weyhl, Glasmaler.

1570 Abraham Warmer, Glaser und Glasmaler zu Brieg, welcher
in diesem Jahre für die neue Kanzlei des Brieger Rathauses
arbeitete.

1611—1618 Daniel Schneider, Glasmaler, Amalierer und Glashändler, welcher wegen des Glasmalens in einen Streit mit der Glaser-
zunft geriet. Da er 1618 vor dem Rat die Erklärung abgab,
dass er das Emaillieren betreibe und durch eine Probe darthat,
dass dieses nicht identisch sei mit dem Glasmalen, so wurde
ihm gestattet, seine Kunst ungehindert auszuüben[3], dagegen
wurde ihm das Glas- und Pinselmalen gänzlich verboten.

1619 Heinrich Heintze, Glasmaler.

[1] d. i. Ecken. [2] A. Schultz, a. a. O. S. 83, 97. — Ders. die Breslauer Maler
d. XVI. Jhdrts. Ztschr. d. Ver. f. Gesch. u. A. Schl. Bd. VIII, S. 389, 391.
— Ders. Unters. zur Gesch. d. schles. Maler 1500—1800. Bresl. 1882. S. 72,
105, 128, 139, 147, 168, 170.

[3] Bresl. Stadtarchiv. Lib. definit. Vol. V. (1616) No. 56, S. 52. Vgl. Luchs,
bildende Künstler, Ztschr. d. Ver. f. Gesch. u. Altert. Schl. Bd. V, S. 35.

Nach der Reformation nahm in Schlesien die Herstellung der farbigen Kirchenfenster, wie im übrigen Deutschland allmählig ab und beschränkte sich auf die Herstellung einzelner mit Wappen- oder Zunftemblemen geschmückter Widmungsscheiben. Dafür wurde die Kunst zum Schmuck der Innungsstuben und Bürgerhäuser herangezogen und .fand in jener trunkfesten Zeit auch ein reiches Feld der Thätigkeit in der Bemalung und Schmückung der geräumigen und nicht blos zum Zierrat dienenden Humpen und Willkommgläser. In der zweiten Hälfte des XVII. Jahrhunderts hatte der Geschmack an Glasmalereien bereits derart abgenommen, dass sich selbst in dem reichen und gewerbthätigen Nürnberg, in welchem alle Künste vertreten waren, nur ein wirklicher Glasmaler befand; aber auch dieser eine fand nicht genügend Beschäftigung, sondern musste sich ausserhalb nach solcher umsehen [1]. Viel trug hierzu das Eindringen des Barock- und Jesnitenstils bei, welcher in Schlesien durch die Gegenreformation rasch verbreitet wurde. Wir besitzen ein klassisches Zeugnis über die Wandelung des Geschmacks in der Chronik der Äbte des Sandstiftes zu Breslau. Diese berichtet zum Jahre 1666, dass einem Schweidnitzer Glaser die Entfernung der alten bunten Glasfenster und ihr Ersatz durch helle Rundscheiben verdingt worden sei; damit Hand in Hand ging, ganz der Stilrichtung entsprechend, eine Ausweissung der Kirche [2].

Nicht blos in den Städten wurde die Glasmalerei von zünftigen Handwerkern betrieben; Maler befanden sich auch, wie wir wissen, an den Orten der Glasfabrikation, bei den Hütten, wo sie deren Erzeugnisse veredelten [3]. Es haben sich mehrere auf der Schreiberhauer Hütte gemalte Gläser erhalten; ebenso besitzt das Museum schlesischer Altertümer ein auf der böhmischen Hütte Friedrichswalde 1617 von Georg Wander gemaltes Bierglas. — *Kat. No. 104'80.* Fig. 26.

Die aufstrebende Bewegung, in welche die deutsche Glasindustrie überhaupt und die böhmische insbesondere im XVI. und am Anfange des

---

[1] Nürnberger Stadtarchiv. Norica. No. 215. Handwerker in Nürnberg. *„Die Glassmahler, so im Feuer mahlen und nicht mit Spick- oder andern Oehl, ist nur einer alhier, Nahmens Georg Unverdorben, allein ist bey uns Evangelischen kein Geld zu solcher Arbeit, derowegen Er sich nicht mit nehren, sondern an andere Orten ausreisen muss.*

[2] Stenzel, Script. rer. Siles. II, 277. Chronicon abb. B. M. V. in arena. *Sub hoc praesule (Georgius Pohl) etiam anno 1666, 2. Febr., facta est conventio cum vitrario Schwidnicensi Severino Ulrich, nam cum fenestrae ecclesiae juxta antiquum morem constarent ex figuris variorum vitri colorum, ut has eximeret novasque ex orbiculis lucidi vitri conficeret promissi et soluti sunt ei 521 thal. 12. gl. 1xr. simulque dealbata fuit ecclesia pro 110 Rthl. 36 gl.*

[3] Vgl. oben S. 18 das Namenverzeichnis der Hütte zu Schwarzbach.

XVII. Jahrhunderts in den Ausläufern des Erzgebirges, Iser- und Riesengebirges eintrat, warf ihre Wellen auch nach Schlesien herüber. Von den dort auftretenden grossen Glasmacherfamilien, welche, vielfach unter einander verschwägert, die Industrie beherrschten, ist es e i n e, welche für Schlesien dieselbe Bedeutung hat, wie die bekannte Familie S c h ü r e r v o n W a l d h e i m für Böhmen. Es ist die schon genannte Familie P r e u s s l e r oder P r e i s s l e r, welche wir am Anfange des XVII. Jahrhunderts in vielfachen Verzweigungen in Böhmen und Schlesien als Glasmacher antreffen. Woher dieselbe stammt, lässt sich nicht erweisen; jedoch deutet der Weg, auf welchem sie sich ausbreitete, auf eine Herkunft aus westlichen Gegenden. Also entweder, wie die Schürer, aus Sachsen oder vielleicht aus Franken. Nach den Aufzeichnungen des um 1627 geborenen, in Nürnberg lebenden Malers und Stechers Daniel Preisler, lag die Heimat seiner Vorfahren in Böhmen[1]. Dieselben waren Glasbläser; ein gläserner Krug, welchen Georg Preisler 1471 fertigte, erbte sich als Wahrzeichen ihrer Abstammung von Kind zu Kind fort. Am Anfange des XVII. Jahrhunderts sassen die Preussler gleichzeitig an drei verschiedenen Orten als Glashüttenmeister. Im Böhmerwald, zu Seewiesen[2], finden wir um diese Zeit einen A n d r e a s P r e u s s l e r[3]. Noch 1682 ist die Seewiesener Hütte im Besitz eines Preussler[4]. In weiter Entfernung von diesem Gebiete tritt die Familie gleichfalls um die angegebene Zeit im Isergebirge auf, wo wir auf der bei T a n n w a l d gelegenen Hütte zu R e i d i t z, welche schon vor 1577 bestand[5], 1623 einem Hüttenmeister Hans Preussler begegnen[6]. Auch in der nahen, in den südlichen Abhängen des Riesengebirges belegenen Herrschaft S t a r k e n b a c h mögen sich Glieder der Familie um diese Zeit ansässig gemacht haben; denn die Nachrichten des vorigen Jahrhunderts[7] lassen aus dem zu dieser Herrschaft gehörigen Orte W i t k o w i t z den ersten Preussler nach Schlesien kommen, wo, wie oben mitgeteilt, 1617 Wolfgang Preussler die schon vorher vorhandene Hütte an der W e i s s b a c h,

---

[1] F. Leitschuh, Die Familie Preissler und Marcus Tuscher. Beitr. zur Kunstgesch. Neue Folge. III. 1886, S. 5, wo auch die Quellen angegeben sind.

[2] Im Königlichen Waldhwozd oder Gebiet der königlichen Freibauern, Prachiner Kreises. [3] In dem Buche: „Norischer Christen Freydhöfe Gedächtnis. Nürnberg 1682. Richtige Vorstellung und Verzeichnung aller derjenigen Monumenten, so von Metall oder Messing auf den Leichsteinen des neuen oder St. Rochs Kirchhoffs befindlich" ist unter No. 443 verzeichnet: *In Messing. Anno 1621 den 8. November verschied in Gott Georg Preissler des Erbarn und Kunstreichen A n d r e a s P r e i s s l e r s, Glasmachers und Hüttenmeisters ehlicher Sohn von der Seewissin in Böheim, dem Gott gnädig sein wolle.*

[4] Schebek a. a. O. S. XXII. [5] Kunstgewerbebl. 1889. S. 5.

[6] Schebek a. a. O. S. 30. [7] Staatsarch. M. R. VI, 52. Vol. IV.

bei Schreiberhau auf dem Grund und Boden der den Reichsfreiherrn von Schaffgotsch gehörigen Herrschaft Kynast neu erbaute. Wenn auch eine Hütte (ob die erste?) zu Witkowitz erst 1654 durch den Sohn des genannten Preussler, Johann, erbaut wurde, so erscheint doch jene Nachricht über die Herkunft des ersten schlesischen Preussler zutreffend, da die ebenfalls zur Herrschaft Starkenbach gehörige Hütte zu Sahlenbach, die Vorläuferin der Hütte zu Neuwelt, mindestens von 1625 an bis um die Mitte des XVIII. Jahrhunderts [1]) der Familie Preussler gehörte.

1684 waren bei der Einweihung der Elbquelle auf dem Krokonosch durch den Bischof von Königgrätz, Freiherrn Johann von Talemberg zugegen aus der Gemeinde Rochlitz (Sahlenbach) Paul Preissler, Glasmeister, Georg Pr. und der später ebenfalls als Sahlenbacher Hüttenmeister vorkommende Elias Preissler [2]). 1699 erwarben Christian und Gottfried Preussler vom Grafen Desfours ein Stück Wald zur Erbauung einer Hütte bei Polaun, noch jetzt einem Hauptsitze der Glasindustrie des Isergebirges [3]).

Wenn Vermutungen gestattet sind, so möchte ich in dem Erbauer der schlesischen Hütte an der Weisbach einen Bruder des Reiditzer Glasmeisters, Johann Preussler (1623) erblicken. Was den, nach den Preusslerschen Familienpapieren bereits 67jährigen Mann veranlasste, in so vorgerücktem Alter auszuwandern und ein neues Unternehmen zu beginnen, ob ihm in Böhmen der Erfolg mangelte, oder ob es die Absicht war, seinem zwanzigjährigen (jüngsten?) Sohne, etwa nach Versorgung der übrigen Kinder, auch eine Existenz zu gründen, wissen wir nicht. Als nach seinem 1620 erfolgten Tode dieser Sohn Johann die Hütte übernahm, stand er im vierundzwanzigsten Lebensjahre. Beide Preussler gehörten dem katholischen Glauben an. Es ist daher eine irrige Annahme, wenn man in ihnen um des Glaubens willen verfolgte Protestanten hat erblicken wollen. Erst die folgende Generation wandte sich der lutherischen Lehre zu. Gegen die Mitte des XVII. Jahrhunderts haben Rückwanderungen von Mitgliedern der Familie Preussler aus Schlesien nach Böhmen stattgefunden (vielleicht zwischen 1640 und 1650). 1654 gründete Johann Preussler die Glashütte zu Witkowitz, dem Orte, von welchem aus sein Vater nach Schlesien gekommen war. Da er auf der Schreiberhauer Hütte verblieb, so scheint er diese Hütte einem seiner älteren Söhne übergeben zu haben. Um dieselbe Zeit mögen auch die beiden Preussler, Christoph und Matthias, der letztere Glasmaler, nach Blotten-

---

[1]) Riesengeb. in Wort u. Bild 1882. S. 23. Schebek a. a. O. S. 31.

[2]) Riesengeb. i. W. u. Bild, 1881, S. 61. Schebek a. a. O. S. 42.

[3]) Kunstgewerbebl. 1889, S. 10, nach Hallwich, Nordböhmen auf der Wiener Weltausstellung S. 31, Anm.

dorf[1]) im Haidaer Industriebezirk gekommen sein. Von ihnen berichtet das bei Schebek mitgeteilte, vom Ende des XVIII. Jahrhunderts stammende Tagebuch des Anton Vinzenz Preissler ausdrücklich, dass sie aus Schlesien gekommen seien[2]). Die Berechnung der Geschlechtsfolgen nach dem dort gegebenen Verzeichnis ergiebt, dass dieselben zwischen 1620 und 1630 geboren, also Söhne des Johann Preussler oder eines seiner Brüder gewesen sein können[3]). Damit stimmt auch überein, dass der eine der beiden Genannten, Matthias, ein Prädikant für die Blottendorfer Evangelischen war. Ein Gleiches wird von einem anderen in Schlesien gebliebenen Sohne Johanns, Joh. George, dem Gründer der Freudenburger Glashütte berichtet: *„Diese Hütte war Ende des XVII. und Anfang des XVIII. Jahrhunderts der Hort der protestantisch Gesinnten der Umgegend und das Standquartier der sogenannten „„Puschprediger"", welche von den Behörden und katholischen Geistlichen verfolgt, von dem für den Protestantismus aufs höchste begeisterten Besitzer nach Kräften in Schutz genommen wurden. Die Verstecktheit der Hütte im tiefen Walde und Gebirge erleichterte dies. Viele Kinder von Friedland und Umgegend taufte Preussler selbst; er war ein Dorn dem hiesigen späteren katholischen Pfarrer Fietz[4])."*

Auf die Konfession ist bei der Zeitbestimmung für die Auswanderung der Blottendorfer Preussler um so mehr Gewicht zu legen, als die beiden ersten schlesischen Preussler, wie schon erwähnt, noch katholisch waren und sich erst in der dritten Generation der Religionswechsel vollzog. So war der jüngste Sohn Johann Preusslers, Hans Christoph, geb. 1630, der erste evangelische Besitzer der Schreiberhauer Hütte. Es ist bemerkenswert, dass in der Preusslerschen Familie die

---

[1]) Dorf im Leitmeritzer Kreis, Herrschaft Bürgstein.   [2]) a. a. O. S. 94 ff.

[3]) Der früheste, bei Schebek a. a. O. sicher datierte Blottendorfer Preussler ist (S. 95) der 1706 geborene Anton Preussler. Dessen Urgrossvater war Christoph, der eine der beiden aus Schlesien gekommenen Brüder. Rechnet man für diese drei Generationen einen Durchschnitt von 25 bis 30 Jahren, also im Ganzen etwa 80 bis 85 Jahre, so fällt die Geburtszeit Christoph Preusslers zwischen 1620—1626. Er kann also sehr wohl ein Sohn Johann Preusslers gewesen sein, dessen jüngster Sohn Hans Christoph 1630 geboren war. Ich kann daher der von G. Lange (Glasindustrie im Hirschberger Thale) S. 5, Anm. 5 geäusserten Ansicht nicht beistimmen, welcher Wolfgang Preussler, den Gründer der Schreiberhauer Hütte, von dem zweiten der aus Schlesien nach Blottendorf ausgewanderten Brüder, Matthias, abstammen lässt. Die Zeitberechnung lässt diese Annahme nicht zu; ausserdem würde dies ja eine nochmalige Einwanderung nach Schlesien der erst aus Schlesien Gekommenen voraussetzen, von welcher nichts bekannt ist. Der um 1550 geborene Wolfgang Preussler wäre, nach Langes Annahme, ein Altersgenosse seines angeblichen Vetters Georg Preissler (Schebek S. 95) gewesen, eines Mannes, dessen Enkel Anton 1705 geboren wurde!

Aug. Werner, Chronik von Friedland und Umg. S. 180.

meist zu hohem Alter gelangenden Familienhäupter fast durchgängig bis
aus Ende ihrer Tage Hüttenmeister blieben. Die älteren, mündig gewordenen Söhne, welche meist auch Glasmacher wurden, waren hierdurch
genötigt, sich an anderen Orten selbständig zu machen, während die
väterliche Hütte zu Schreiberhau sich in der Regel auf den jüngsten Sohn
vererbte. Bei der Bedeutung der Familie Preussler für die schlesische
Glasindustrie erschien es nicht ungerechtfertigt, eine Stammtafel des schlesischen Zweiges, soweit diese zu ermitteln war, nach den Preusslerschen
Familienpapieren, den Akten des Bresl. Staatsarchivs und den Meffersdorfer Kirchenbüchern aufzustellen.

Wolfgang Preussler

geb. ca. 1550, kathol., gründet 1617 die Hütte an der Weissbach, † 1620, 70 Jahre alt.

Johann (Hans)

geb. 1597, † 1668, 72 Jahre alt, kath., erbaut 1654 die Glashütte zu Witkowitz,
h. Margaretha Mönch aus Ullersdorf.

Hans George, evang. † 1691, gründet 1662 die Hütte zu Freudenburg, h. eine Hielscher a. Seifershan.	**? Hans Heinrich**, Glasschneider 1679 in Grenzdorf-Bergstrass.	**? Anna Maria** h. Martin Scholz, den Gründer der Hütte zu Schwarzbach.	**? Christian** 1677. Hüttenmeister zu Schwarzbach.	**Johann Christoph** geb. 1630, † 1706, evangel., h. ca. 1663 Eva Klose, Tochter des Erbscholzen David Klose zu Faulbrück († 1703). Aus dieser Ehe gingen 3 Söhne und 5 Töchter hervor. Er gründet 1702 die Hütte am Weiberberge.
Chr. (Christoph od. Christian) 1717.				
Georg Friedrich 1722, 1737, 1742.				

Anna Rosina geb. 1678, get. 16. Aug.	**Anna Magdalena** geb. 1680, get. 9. Dez.	**Eleonora** geb. 1685, get. 9. Sept.	**E . . . .** geb. 1690, get. 7. Juli.	**Johann Christoph** geb. 1673, † 1748, trat 1738 od. 1740 die Hütte seinem ältest. Sohne ab.

Georg Sigmund † 1751,
h. Johanna Katharina Gallein; diese
nahm 1754 die Karlsthaler Hütte in
Betrieb. 2 Söhne.

Karl Christian geb. 1728, † 1804.
übernahm 1783 die Hütte, legte 1796
Hoffnungsthal an.

Christian Benjamin geb. 1776,
† 1848, trat 1840 die Hütte seinem
Schwiegersohn Fr. Pohl ab.

Jüngere Söhne wandten sich, ausser dem Glasmachergewerbe, hauptsächlich der Glasveredelung, der Glasmalerei, Glasschleiferei [1]) und Glasvergoldung zu. Jedoch finden wir auch Mitglieder der in den Dörfern
des Hirschberger Thals weitverbreiteten Familie in anderen angesehenen
bürgerlichen Stellungen. Den Schreiberhauer Glasmeistern wird man das
Zeugnis von unternehmenden, geschickten und einsichtsvollen Männern
nicht versagen können, wenn man in Rechnung zieht, dass es denselben
gelungen ist, die Hütte fast zwei und ein halbes Jahrhundert lang, als
die bedeutendste in Schlesien, im Besitz der Familie zu erhalten.
Nur in der zweiten Hälfte des XVIII. Jahrhunderts, während der frie-
dericianischen Zeit, trat eine Periode des Rückgangs ein und die Hütte
liess sich zeitweilig von Wiesau und der Schöpfung der Regierung,
Friedrichsgrund überflügeln. Es waren dies die Jahre nach dem Tode
Georg Sigismund Preusslers (1751), dessen Witwe Katharina den Anforderungen der schwierigen Zeiten nicht gewachsen war und nicht die Fähigkeit und Einsicht hatte, den Betrieb auf der von ihr errichteten Karlsthaler Hütte den veränderten Verhältnissen entsprechend umzugestalten,
jedoch auch das Besitztum ihrem beim Tode des Vaters bereits 23 Jahre
alten Sohne, Carl Christian, nicht übergeben wollte. Als dieser, nach
dem Tode der Mutter 1783 die Hütte übernahm, zählte er bereits 55 Jahre.
Unter ihm besserte sich der Zustand derselben langsam. Trotzdem er
die Hoffnungsthaler Hütte 1796 gründete und Neuerungen einführte z. B.
einen Kompositionsofen erbaute, scheint er doch bei der Fabrikation nicht
mit der erforderlichen Sorgfalt und Umsicht verfahren zu sein. Wenigstens geht dies aus einem Gutachten des Kriegsrates Michaelis über seine
Befähigung [2]) und aus dem bei Lange mitgeteilten Bericht des Hofrats
Bach hervor [3]). Zöllner in seinen Briefen über Schlesien [4]) urteilt von
ihm folgendermassen: *„Der hiesige Glasmeister war entweder nicht
sehr einsichtsvoll oder nicht sehr beredt oder misstrauisch; ich konnte
auf wenige Fragen eine befriedigende Antwort erhalten".*

Dagegen scheint der letzte Preussler, der 1776 geborene, 1848 gestor-
bene Christian Benjamin Preussler ein rühriger, kluger für die Hebung
der Glasindustrie begeisterter und thätiger Mann gewesen zu sein. Dieses Zeugnis wird ihm auch von dem öfter erwähnten Assessor Krüger

---

[1]) z. B. 1694. Gottfried Preussler, Bürger und Glasschleifer zu Hirschberg.
Lange a. a. O. S. 25. 1679. Hans Heinrich Preussler, Glasschneider zu Schwarzbach, (Messersdorfer Taufbuch); in diesem kommt vielfach der Name Preussler
für Glasmacher, Glasmaler, Glasschneider aus Schreiberhau, Schwarzbach,
Hirschberg vor. [2]) S. unten, Abschn. VIII. [3]) a. a. O. S. 16.
[4]) Joh. Friedr. Zöllner, Briefe über Schlesien, Krakau, Wieliczka und die Grafschaft Glatz. Berlin 1792. II, S. 320.

erteilt, welcher 1811 Karlsthal im Auftrage der Regierung besuchte; er zählt ihn zu den intelligenten und gebildeten Männern, welche die Fabrikation regelrecht betreiben.

Ein gleiches Lob wird nur noch Hilgers in Wessola, Neuwertz in Koppen und Schwarz in Rendzin zu teil.

Die Glasmeister auf den übrigen Hütten waren mehr oder minder blos handwerksmässig gebildete Männer; auf den oberschlesischen Hütten waren es vielfach aus Böhmen und Mähren herübergekommene Glasarbeiter, welche die meist kleinen Betriebe als Hüttenmeister mit nur wenigen Arbeitern leiteten. Wir wissen dies von Czarnowanz, Gwosdzian, Stein, Leschezin, Gardawitz, Orzesche, Myslowitz, Marienfelde (Glasmacher aus Linz). Es ist diese Thatsache zum Teil auf bestimmte Kabinets-ordres Friedrichs des Grossen (v. 20. August 1760 u. 20. März 1763) zurückzuführen, welcher durch besondere, für die damalige Zeit ziemlich hohe Prämien, die Hereinziehung von fremden Glasmachergesellen, Glasschneidern und solchen Glashändlern begünstigte, die in den Städten einen Verkauf feinerer, einheimischer Glaswaren errichteten [1]).

Ausser den Preussler hat nur noch eine Familie in der schlesischen Glasindustrie und insbesondere in derjenigen der Grafschaft Glatz eine grössere Rolle gespielt. Es sind dies die noch gegenwärtig in der Grafschaft als Glasfabrikanten ansässigen Rohrbach, deren Vorfahren 1770 auf Anregung und mit teilweiser Unterstützung der Regierung die Hütte zu Friedrichsgrund errichteten. Von den drei Brüdern, welche sich zu dem Unternehmen zusammenthaten, war Ignaz Rohrbach, welcher auf der Hütte zu Kaiserswalde gearbeitet hatte, der leitende Kopf; neben einem Bruder, der ebenfalls Glasmacher war, beteiligte sich (wohl als stiller Teilhaber) ein dritter Bruder, Zolleinnehmer zu Kaiserswalde. Sie waren alle drei Unterthanen des Grafen Wallis. Nach dem 1792 erfolgten Tode Ignaz Rohrbachs übernahm dessen Sohn Carl, als der geschulteste, die Fabrik mit allen darauf haftenden Verbindlichkeiten, während auf der inzwischen von den Rohrbachs eigentümlich erworbenen Kaiserswalder Hütte, Christoph Rohrbach 1793 als Hüttenmeister erscheint [2]). Weiter gelangte in neuerer Zeit die durch 1840 durch den Major von Hochberg gegründete Glashütte Waldstein in den Besitz der Familie Rohrbach. (Gegenwärtige Firma: H. Klein, i. F. F. Rohrbachs Erben.)

---

1) Staatsarch. M. R. VI, 52. Vol. II. Ber. v. 16. Juli. Vgl. Korn, Edicten-sammlung 1764. VIII, 251.

2) Hiernach berichtigen sich die Angaben in der Festschr. d. Ver. D. Ing. S. 87.

III. Die Hütten und der Hüttenbetrieb.

Über die Einrichtung der schlesischen Glashütten des Mittelalters —
insbesondere des XIV. Jahrhunderts — haben sich ebenso wenig, wie über
diejenigen des übrigen Deutschlands — unmittelbare Nachrichten erhalten.
Wir sind jedoch, bei der Zähigkeit, mit welcher sich die Verfahren und
Handwerkseinrichtungen zu jener Zeit erhielten, anzunehmen berechtigt, dass
sie den Angaben entsprachen, welche der im XI. oder XII. Jahrhundert
lebende deutsche Mönch Theophilus in seiner *„diversarum artium
schedula"* [1]) und der sogenannte Heraclius, wohl ein Italiener des
XIII. Jahrhunderts in seinem Buch: *„Über die Farben und Künste der
Römer"* [2]) machen.

Die von diesen beiden Verfassern gegebenen Vorschriften über den
Bau der Öfen und die Technik der Glasbereitung werden von den Kunst-
forschern als übereinstimmend mit dem Stand der Glasmacherkunst in
Deutschland während des Mittelalters betrachtet. Wir können für Schlesien um so mehr dieselbe Ansicht gelten lassen, als des Theophilus Werk
in dieser Provinz sicher bekannt war; hat sich doch eine Abschrift desselben, im Augustinerkloster zu Sagan gefertigt, — gegenwärtig auf der
Breslauer Königlichen und Universitätsbibliothek — erhalten [3])! Da die
Schrift des Theophilus und des Heraclius Werk in philologischer, kunst-
gewerblicher und technischer Hinsicht mehrfach und erschöpfend behandelt und insbesondere deren Angaben über die Glasbereitung gedeutet
und erklärt worden sind [4]), so begnüge ich mich, auf die betreffenden
Veröffentlichungen hinzuweisen.

Es möge erwähnt sein, dass nach den nicht ganz klaren Angaben
beider Schriftsteller Rekonstruktionen der alten Glasöfen versucht worden
sind, welche indes noch manche Fragen offen lassen.

---

[1]) Herausgegeben von Dr. Alb. Ilg. (VII. Bd. der Quellenschriften für Kunst-
geschichte und Kunsttechnik 1874.)

[2]) Herausgegeben von Dr. Alb. Ilg. (IV. Bd. der Quellenschriften 1873.)

[3]) Unter d. Sign. IV. Q. 60. Collatio cod. Vindob. Theophili diversarum artium
schedulam continentis.

[4]) Ausser durch den verdienstvollen Herausgeber Dr. Ilg noch von C. Friedrich
in seinem öfter angeführten Werk S. 36 ff. und von Dr. Benrath im Sprechsaal, Organ der Porzellan-, Glas- und Thonwaaren-Industrie. 1879. No. 7.

Etwas zuverlässiger sind wir unterrichtet über die Hütten und die Glasöfen des XVI. Jahrhunderts und zwar durch einen Schriftsteller, welchem, wie aus seinen Schriften hervorgeht, das schlesische Gebirg aus eigener Anschauung bekannt war. Es ist dies der um den erzgebirgischen Bergbau und Hüttenbetrieb hochverdiente Hüttenmann Georg Agricola (1490—1555), Bürgermeister von Chemnitz und Begründer der wissenschaftlichen Mineralogie und Hüttenkunde. Derselbe giebt in seinem Werke „De re metallica"[1]) eine ausführliche, durch Abbildungen verdeutlichte Beschreibung der damaligen Glasöfen und ihres Betriebes. Seine Angaben erhalten dadurch besonderen Wert, dass Agricola ein genauer Kenner der Glasindustrie war, welche er während eines längeren Aufenthaltes zu Venedig und Murano kennen gelernt hatte[2]). Ob derselbe jedoch, wie Friedrich[3]) will, von Chemnitz aus (?) den Aufschwung der schlesischen Glasindustrie hervorrief, ist durch Nichts bezeugt. Ein solcher Einfluss ist sogar höchst unwahrscheinlich, da sich nicht einmal eine Nachricht von einer Einwirkung auf die ihm zunächst liegenden erzgebirgischen Glasindustrien erhalten hat[4]). Agricolas Beschreibung der zu seiner Zeit üblichen Glasöfen beweist, dass man im sechszehnten Jahrhundert immerhin einige, wenn auch nicht sehr bedeutende Fortschritte im Technischen gemacht hatte; sie ist in den oben angeführten Werken[5]) übersetzt und näher erläutert worden, weshalb auf ein näheres Eingehen an dieser Stelle verzichtet wird. Der in Fig. 1 mitgeteilte Holzschnitt ist nach dem Urbild bei Agricola[6]) gefertigt und stellt das Innere einer Glashütte mit dem ganzen Betrieb dar: die um den Werkofen beschäftigten Glasmacher, die fertige Waare und ihre Verpackung, den Hausierhändler mit seiner vollgepackten „Krackse" und einen bei der Hütte eingerichteten Schank, welcher gleich die Verwendung der Gefässe zeigt. Einen Unterschied gegen die Angaben des Theophilus zeigt der Glasofen darin, dass er im Grundriss kreisförmig und im Aufbau im Wesentlichen backofenförmig gestaltet ist. Es gab Hütten mit drei Öfen, von welchen je einer zum Fritten der Glasmasse, als Arbeitsofen zum Schmelzen und als Kühlofen dienten. Manche Hütten jedoch

---

[1]) Basel 1556, deutsch von Philipp Bach unter dem Titel: Vom Bergkwerck 12 Bücher, Basel 1557. Jeronymus Froben und Nicolaus Bischof.

[2]) Agricola. De re metallica. S. 477.   [3]) a. a. O. S. 34, 167, 250.

[4]) Eine auf archivalischer Nachforschung beruhende Untersuchung über die bisher ganz vernachlässigte erzgebirgische Glasindustrie, (zu Glashütte, Purschenstein etc.), welche ich für älter als die schlesische und böhmische halte, wäre eine dankenswerte Arbeit.

[5]) Friedrich a. a. O. S. 60 ff. Henrath im Sprechsaal 1882. No. 19.

[6]) a. a. O. S. 476.

Fig. 1.

behalfen sich mit 2 Öfen, indem bei ihnen der Frittofen entweder mit dem Kühlofen oder mit dem Schmelzofen vereinigt war [1]). Bezüglich der Anzahl der Häfen besitzen wir eine Angabe der Schreiberhauer Hütte von 1766. Diese arbeitete damals mit sechs grossen und einem kleinen Häfen; in zwei Hafen wurde weisses Glas, in zweien Tafelglas und in ebensovielen gemeines grünes Glas geschmolzen; aus dem kleinen wurden „Zubindewaaren" gefertigt. Die Häfen fassten 8½ bis 10 Stein [2]), je nach der Grösse. 1771 wird von der neuerbauten Friedrichsgrunder Hütte rühmend hervorgehoben, dass sie 11 Häfen habe und somit die grösste in Schlesien sei, da die übrigen es höchstens auf 5, 6 bis 7 brachten. Es waren somit auch 11 Arbeitsplätze um den Ofen vorhanden und die Hütte im Stande wöchentlich für 500 Rthlr. Glas zu verfertigen.

Die Form und Einrichtung der Öfen ist in Schlesien bis zur Einführung der Steinkohlenfeuerung, also bis zum Ende des XVIII. Jahrhunderts im Grossen und Ganzen die gleiche geblieben wie im XVI. Jahrhundert. So lange noch Holz im Ueberfluss vorhanden war, wurde an eine Verbesserung der Feuerungsanlagen nicht gedacht. Jedoch schon bald nach der Uebernahme des Landes in die preussische Verwaltung, machte sich in den Gebirgsgegenden, welche zugleich der Sitz der sehr gepflegten Leinenindustrie waren, Holzmangel fühlbar, da der Verbrauch der Bleichen ein ziemlich bedeutender war. Um diesen zu Hülfe zu kommen, wurde 1756 [3]) die Neuanlage von Glashütten in den holzarmen Gebirgsgegenden verboten, und sogar das Aufhören der bereits bestehenden verfügt. Diese Verfügung bezog sich nicht auf das damals noch sehr waldreiche Oberschlesien, wie ausdrücklich hervorgehoben wird. Jedoch auch für diesen Teil des Landes kam mit dem Aufschwung der Eisenindustrie die Zeit, wo an die Schonung des Waldbestandes und zugleich an die Verwertung der dort in unerschöpflichen Lagern vorhandenen Steinkohlen gedacht werden musste. Es ist überhaupt zu verwundern und lässt sich nur durch die abgelegene Lage Oberschlesiens erklären, dass dahin nicht schon früher die Kunde von der bereits lange in andern Ländern bekannten Benützung der Steinkohle zu gleichem Zwecke gedrungen war und die Besitzer veranlasst hatte, Versuche mit diesem Brennstoff zu machen. Hatte doch schon 1611 England Steinkohlen zur Glasfabrikation verwendet, und vier Jahre später in diesem

---

[1]) Ein Ofen des XVII. Jahrhunderts ist abgebildet in dem Werk: Hohberg, Georgica curiosa, Nürnberg 1695. I. Buch. S. 85.

[2]) ein Stein = 24 Pfund schles. Vgl. Marperger, schles. Kaufmann 1714, S. 356.

[3]) „Neue revidirte und vermehrte Holtz-, Mast- und Jagdordnung für unser souveränes Erb-Herzogtum Schlesien und die souveräne Grafschaft Glatz" v. 19. April 1756. Korn, Ediktensamml. IV, 387 ff.

waldarmen Lande Jakob I. 1615 durch eine Verordnung die Holzfeuerung in den Glashütten gänzlich verboten! 1616 und 1619 richtete
ein gewisser de Garsonnet in Rouen eine Krystallglasfabrik ein und bediente sich zur Feuerung englischer Steinkohle [1]).

Schon kurz nach Beendigung des siebenjährigen Krieges wandte die
preussische Verwaltung diesem Gegenstande ihre Aufmerksamkeit zu.
Wiederholt 1763 und 1765 wies der Minister von Schlabrendorf in Ver-
fügungen an die Breslauische Kammer auf Torf und Kohle als Brennmaterial für die oberschlesischen Glashütten hin. Da es im Lande an
Erfahrungen mit solchen Feuerungen mangelte, so sollten die Beobachtun-
gen, welche man anderwärts, so namentlich in Westfalen (wo 1764 zu
Minden bereits eine auf Steinkohlen eingerichtete Hütte bestand) damit
gemacht hatte, benutzt werden. Es sollte umsomehr in Schlesien an ein
anderes Brennmaterial gedacht werden, als bereits in anderen Provinzen,
z. B. Pommern, der grösste Teil der Glashütten aus Mangel an Holz den
Betrieb hatte einstellen müssen. 1782 gestattete der Minister von Hoym
dem Grafen Schlabrendorf auf Lanterbach im Bolkenhainer Kreise die
Anlage einer Glashütte auf dessen Gute Röhrsdorf auf wiederholtes Bitten nur unter der Bedingung, dass nur Steinkohle gebrannt und die Potasche nicht aus den Gutswaldungen verfertigt, sondern auswärts ange-
kauft würde, lediglich um dadurch die Steinkohlenfeuerung zu fördern. Die Konzession scheint jedoch nicht zur Ausführung gekommen
zu sein.

1789 erscheint die oberschlesische Hütte von Wessola auf Steinkohlenfeuerung eingerichtet. Zu gleicher Zeit war das Bestreben des Ministers
darauf gerichtet, auch in dem niederschlesischen Steinkohlenrevier, in der
Gegend von Waldenburg und Gottesberg, eine in gleicher Weise
betriebene Glasfabrik zu begründen. Er wandte sich zu diesem Zweck
1791 an den Justizrat von Mutius in Altwasser, um diesen zu einer derartigen Anlage zu veranlassen, wie es scheint jedoch ohne Erfolg. Die
Fabrik kam erst 1810 bei Weissstein zustande.

1792 kam das Dominium zu Zabrze, dem Prinzen Biron von Kurland
gehörig, um die Konzession zu einer Glashütte mit Steinkohlenfeuerung ein.

Jedoch zeigten die ersten Versuche mit dem neuen Brennmateriale
noch viele Mängel, wohl infolge einer mangelhaften Konstruktion der
Feuerungsanlagen. Nicht bloss in Schlesien, sondern auch auf den märkischen Hütten wird 1794 darüber geklagt. Es wurde daher beschlos-
sen, einen Glasmeister und einen Architekten nach England zum Studium der dortigen Ofenanlagen zu entsenden. Dieser Beschluss kam
1801 zur Ausführung; ein geeigneter Techniker wurde in dem Deich-

---

[1]) Gerspach, a. a. O. S. 214, 215.

inspektor Neuwertz gefunden, welcher seine in England gesammelten Erfahrungen später (1810) bei der von ihm gegründeten Glasfabrik zu Koppen bei Brieg verwertete. In den 1790er Jahren vermehrte sich die Zahl der Glashütten mit Kohlenfeuerung. 1796 laufen gleichzeitig drei Konzessionsgesuche ein: von Baron Friedrich von Stillfried auf Rückers für Hausdorf, von Graf Magnis auf Eckersdorf und Graf Joseph von Stillfried auf Neurode.

Die Hausdorfer Fabrik galt in der Folge mehrfach als Vorbild für andere Anlagen, — es wurde ihr Besuch öfters Solchen empfohlen, welche den Betrieb kennen lernen wollten.

Die 1802 angelegte Medicinalglasfabrik des Dr. Weidlinger zu Görtelsdorf, Kr. Landeshut besass gleichfalls Steinkohlenfeuerung. 1810 bestanden in Schlesien fünf auf Steinkohlenbrand eingerichtete Glashütten: 1) die dem Fürsten von Anhalt-Köthen gehörige Fabrik zu Wessola, 2) Friedrichshöhe, auch Koppensche oder Brieger Glasfabrik. 3) Hohenwald, Waldenburgische oder Weisssteinsche Glashütte, 4) Hausdorf, Kr. Neurode, Herrn von Johnston gehörig, 5) Bujakow, Kr. Zabrze, um 1792 gegründet.

Eine weitere Verfolgung der Vervollkommnungen der Ofeneinrichtungen bis in die neueste Zeit liegt ausserhalb des Rahmens dieses Überblicks. Doch sei bemerkt, dass die gräflich Schaffgotschsche Josephinenhütte noch heute indirecte Holzfeuerung besitzt und dass in Schlesien überhaupt, mit Ausnahme einiger Hütten in Oberschlesien, überall mit offenen Häfen gearbeitet wird [1]). Die Hüttengebäude selbst waren im XVI. Jahrhundert und noch lange nachher vielfach nur leichte, aus Holz hergestellte Bauwerke, welche lediglich ein Schutzdach für die Öfen und die um diese beschäftigten Arbeiter hergeben sollten. Diese leichte Bauart war schon deshalb notwendig, um die Hütten leicht versetzen und mit denselben dem Walde nachrücken zu können. Es ist schon oben darauf hingewiesen worden, dass sich aus dieser leicht zu bewirkenden Ortsveränderung innerhalb eines grösseren Waldrevieres die häufig wechselnde Benennung der Glashütten, namentlich in Oberschlesien erklärt.

Bei Neugründungen von dauernderem Charakter wurde den Hüttenmeistern häufig die Errichtung einer Mühle, Brauerei und Branntweinbrennerei gestattet, ebenso die Schankgerechtigkeit verliehen. Dies war für den Lebensunterhalt der Arbeiter notwendig; wir wissen dies von Schreiberhau und Friedrichsgrund. Diese beiden Hütten sind in der Folge auch die Veranlassung zur Entstehung von Kolonien und später von Dorfgemeinden geworden; ebenso bei Schwarzbach. Seit dem Ende des XVIII. Jahrhunderts entschlossen sich derartig festgelegte grössere Hütten

---

[1]) Festschrift d. Ver. D. Ing. S. 92.

nur selten mehr zum Wechsel des Standorts; dagegen wurden, bei Abnahme des Holzbestandes in ihrer Nähe, Filial- oder „Fliegende Hütten"
inmitten des Waldes, um die Transportwege zu ersparen, angelegt. So
in Friedrichsgrund und bei oberschlesischen Hütten.

Auf den Hütten wurde nur einen Teil des Jahres, gewöhnlich 16,
24 bis 35 Wochen gebrannt; bei benachbarten Hütten, wie z. B. bei
Wiesau und Rauscha hatte dies dazu geführt, den Betrieb so einzu-
richten, dass die Arbeiter die eine Hälfte des Jahres auf der einen, die
zweite Hälfte auf der anderen Hütte Beschäftigung fanden.

IV. Die Rohmaterialien.

Die schlesische Glasindustrie hat bis in das vorige Jahrhundert grösstenteils an dem Satze des Heraclius festgehalten, dass Glas aus Asche und
Sand gemacht wird [1]). Allerdings war ihr, wie auch dem benachbarten
Böhmen, der Gebrauch der in Frankreich und den südlichen Ländern
zum Glasmachen verwendeten alkalienreichen Asche der Farrenkräuter
(cendre de fougères) unbekannt, welche nach einer alten Anweisung am
Tage der Enthauptung Johannis im vollen Saft geschnitten sein mussten.
Als Friedrich der Grosse 1774 den Glasmacher Rohrbach aus Friedrichsgrund u. A. fragte, ob er grünes Tafelglas nach französischer Art
fertigen könne, wozu *„Farrenkraut genommen wird"*, bekennt dieser
sich *„unvermögend hierzu, weil hiezu eine ganz besondere Wissenschaft
erfordert würde und selbst in ganz Böhmen kein Glasmeister darin
erfahren sei."*

Später (1776) wurde ein Versuch mit Potasche aus Farrenkräutern
gemacht, ergab aber ein grünliches, kein Krystallglas. Es gehörte
eine ungeheure Menge Farrenkraut dazu; die Potasche kam auf zwanzig
Thaler der Centner, doppelt so hoch als die beste, im Handel käufliche
zu stehen.

---

[1]) a. a. O. III, VII. S. 54. *Vitrum efficitur de cineribus, id est de filicis cinere
et de faina, id est de parvulis arboribus quae sunt vel crescunt in sylvis.*
Theophilus s. lib. II. c. 1, vgl. Friedrich S. 47.

Die am meisten gebräuchliche Asche war Tannen- oder Buchenasche.
Das Brennen oder „Börnen" der Asche wurde meist auf den Hütten
selbst vorgenommen und diese entweder als Brennasche (beim gemeinen
grünen Glase) dem Gemenge zugesetzt, oder zu Potasche ausgelaugt.

Die Potasche wurde teils roh, teils in kalciniertem Zustande verwendet und kam vielfach aus Polen. Als Alkali verwandte der Kauf-
mann Nofock auf der ihm gehörigen Kolziger Hütte 1764 spanisches
Boy-Salz[1]), welches über Stettin bezogen war, zur Glasbereitung.
Es erforderte längere Verhandlungen mit den Zollbehörden, ehe die Einbringung dieses Salzes erlaubt wurde, da die Schreiberhauer und Wiesauer
Hütte ein Gutachten abgegeben hatten, nach welchem dieses Material
zur Herstellung des feinen weissen Glases nicht erforderlich sei. Die
Einfuhr wurde schliesslich unter der Bedingung gestattet, dass das Boy-
Salz mit Holzasche vermengt würde. Die Verwendung von Soda zur
Glasbereitung war bis 1768 in Schlesien nicht üblich. In diesem Jahre
erfuhr der Minister Graf Schlabrendorf, dass „ein gewisses Kraut, soude,
in Böhmen zur Verfertigung des feinen Glases gebraucht werde; dasselbe
werde am besten aus Spanien (Alicante) bezogen." Schlabrendorf liess
wegen der Verwendung der Soda zur Glasbereitung an den preussischen
Konsul zu Venedig, Jean Dannenberg, schreiben und bat diesen, dort
Erkundigungen einzuziehen. Die Antwort Dannenbergs fiel sehr dürftig
aus; als die beste Soda sei ihm die von Malta bezeichnet worden; im
Übrigen entschuldigt er das Unzureichende seiner Ermittelungen „c'étant
une matière très jalouse dans ce pays." Die Friedrichsgrunder Hütte
machte 1771 Versuche mit piemontesischer und sächsischer (Annaberger)
Magnesia.

Das zweite Hauptmaterial zur Glasbereitung, ein geeigneter Quarz
(auch Brandstein genannt) oder Quarzsand wurde an verschiedenen Stellen
in Schlesien gefunden. Das Riesengebirge hatte die reichen Quarzlager
zwischen Reibnitz und Spiller, bei Neu-Kemnitz, bei Arnsberg[2]), zwischen
dem Bober- und Zackenthale, auf der weissen Steinrücke und den Flins
des Isergebirges. Die Grafschaft, speciell Friedrichsgrund, verwandte
einen zu Grenzendorf hinter Reinerz gefundenen Kies, welcher in
einem zu diesem Zwecke eigens erbauten Pochwerk zerstampft wurde.
Die Oberlausitz besitzt in dem Sande von Hohenbocka ein zur Glasfabrikation vorzüglich geeigneten Rohstoff. Dass das schlesische Material
sich auch im Ausland eines bedeutenden Rufes erfreute, geht daraus

---

[1]) Boy-Salz oder Bay-Salz gleich Seesalz, Chlornatrium.

[2]) Der dort vorkommende Quarz wird noch bis in die neueste Zeit über das
Gebirg nach der böhmischen Glashütte Dunkelthal bei Marschendorf ausgeführt. Eisenmenger, Kr. Hirschberg. S. 35 u. 54.

hervor, dass in der ersten Hälfte des XVIII. Jahrhunderts die Brüder Mazzola solches nach Venedig einführten, um der dortigen Industrie aufzuhelfen [1]).

Die Schreiberhauer Hütte verwandte zu ihrem Fabrikat ausser Potasche, Sand und Bruchglas, noch Kreide, Salpeter, Arsenik, Braunstein und Kalk und bezog diese Stoffe aus Breslau und Frankfurt. Als beste Bezugsquelle für Braunstein galt Böhmen und Sachsen. Weinstein und Rothemenge (Mennige), welche in einigen märkischen Hütten Verwendung fanden, wurden in Schlesien nicht gebraucht, also bleihaltiges Glas, mit Ausnahme eines um die Wende des XVIII. Jahrhunderts zu Karlsthal gemachten Versuchs mit einem Kompositions-Ofen, nicht verfertigt. In den Hütten der Grafschaft Glatz werden 1778 als Rohmaterialien zu dem weissen oder Kreideglas angegeben: 1. weisse, gut kalcinierte Potasche. 2. Salpeter. 3. Braunstein. 4. Arsenik. 5. Reiner Kiessand. 5. Weisser Kalk, auch Kreide. Zum Tafelglas wurde ordinäre Potasche, Sand und Kalk und zu dem gemeinen grünen Glas nur Asche, Glasbrocken und Sand genommen.

Der Thon zu den Häfen wurde aus Tillendorf bei Bunzlau nach Schreiberhau gebracht und die feuerfesten Einstellsteine zu den Öfen in Woltersdorf bei Lähn geholt.

---

[1]) Lohmeyr a. a. O. S. 102.

V. Die Glassorten.

Dass in Schlesien schon früh Wert auf Weisse und Reinheit des Glases gelegt wurde, wissen wir aus Schwenckfeldt [1]). Während sich aus dem XVI. Jahrhundert nur Fabrikate aus ordinärem grünem Glas erhalten haben, wissen wir durch das Zeugnis Kreybich's (1686), dass im XVII. Jahrhundert in Schlesien bereits feines weisses Glas von einer Güte erzeugt wurde, die damals in Böhmen noch nicht angetroffen wurde [2]). Das grüne Glas des XVI. und XVII. Jahrhunderts ist ziemlich stark verunreinigt und enthält oft kleine Aschenreste, selbst bei dekorierten Gläsern, was auf eine mangelhafte Raffinierung zurückzuführen ist. Eine etwas bessere Sorte zeigt eine grüngelbliche, helle Bernsteinfarbe. Im XVIII. Jahrhundert unterschied man

1. gemeines oder schlechtes (grünes) Glas, dem alten „Waldglas" entsprechend, welches zu Glastafeln, gewöhnlichen Flaschen, zu Apotheker-Gefässen, gemeinem Trinkgeschirr, Retorten und Destillierkolben verarbeitet wurde.

2. Gewöhnliches weisses oder Kreideglas, sogenanntes Wirtschaftsglas, aus welchem Weinflaschen, -Gläser und Kelche, Bier-, Branntwein- und Schlagwassergläser und weisse Kreidetafeln gemacht wurden.

---

[1]) Stirpium et Fossilium Silesiae Catalogus. Lipsiae 1600. S. 407. *Probantus vitra maxime quae candida et pellucida sunt.*

[2]) Schebek a. a. O. S. XXIII. Dass noch am Ende des XVII. Jahrhunderts viel schlechtes Glas in Deutschland gemacht wurde und die Kenntnis von der Herstellung eines reinen und hellen Fabrikats durchaus nicht allgemein verbreitet war, geht aus nachfolgender Stelle der „Georgica Curiosa" von Hohberg, Nürnberg 1695, S. 86, hervor:
Wer nun mit den Glashütten Nutzen schaffen will, der muss erstlich um künstliche bewährte gute Meister und Glasmacher trachten, weil nicht ein jeder die helle Crystallenfarbige Reinigkeit und Glantz den Gläsern weiss zu geben, und die meisten nur grobe, meergrüne, dunkle und undurchsichtige Wald-Gläser formieren, welche nicht werth sind auf Herren Tafeln zu kommen und werden nur in Tafernen und gemeinen Wirthshäusern für die Bauren und gemeinen Leute gebraucht, so allein an der unrechtmässig gegebenen Proportion der Ingredientien, an der zu übermässigen oder allzuwenigen Kochung und Schmelltzung der Materie gelegen ist.

3. **Feines weisses Kreideglas** zur Herstellung geschliffener und vergoldeter Ware, von Pokalen, Karafinen, Tafel- und Dessertaufsätzen, Kredenztellern, Platmenagen, Spiegelscheiben und Kronleuchtern. Sämtliche genannten Sorten und Artikel wurden in Wiesau, Schreiberhau und Friedrichsgrund gefertigt. Ebenso wurde auf der Herrschaft Pless gutes Kreideglas verfertigt [1]*).

4. **Krystallglas**, zu geschliffenen und geschnittenen Gläsern, zur Herstellung von besonders starken Scheiben für Kutschen, Kronleuchtern und Luxusgefässen. Erzeugt wurde Krystallglas in Schreiberhau und Wiesau, sodann in Friedrichsgrund von ca. 1772 an.

5. **Beinweisses und allerlei Farbenglas** zu verschiedenen Zwecken. Ersteres war am Ende des XVII. und im XVIII. Jahrhundert als Nachahmung des chinesischen Porzellans sehr beliebt und wurde in Schlesien vielfach gefertigt. Alle Sorten Farbengläser, auch Rubinglas stellte die Schreiberhauer Hütte her.

6. **Kompositionsglas**, d. i. stark bleihaltiges Glas, welches in kleinen Tiegeln in besonderen Kompositionsöfen geschmolzen und für die Glasbläser und die Druckhütten zu Röhren und Stengeln verarbeitet wird. Es ist dies die gegenwärtig in Nordböhmen, im Gablonzer und Haidaer Industriebezirk heimische Fabrikation, welche Perlen, Knöpfe, Lüstersteine fertigt. In Schlesien wurde die Herstellung dieses Artikels 1795 eingeführt, ohne sich dauernd erhalten zu können. In diesem Jahre erbat Karl Christian Preussler [2]*) (23. Juni) die Konzession zur Anlegung eines Kompositionsofens zur Verfertigung von feinen und farbigen Gläsern. Es wurden damals Steine, Perlen, ovale Perlen, Spulen, volle lange Birnchen, Spulbirnchen, starke Birnen, Pendeloques, Knöpfe, runde Knöpfe, Leisten, Sterne, achtseitige Steine, zweispitzige Steine, Röschen, Pyramiden, weisse Fussplatten von zwei Quadratfuss rheinisch gemacht und hauptsächlich nach Berlin an die Bronzefabrikanten zur Verzierung von Möbeln geliefert. Doch litt der Artikel gleich von Anfang an sehr unter der böhmischen Konkurrenz, welche dieses Unternehmen ebenso wie einen zweiten, in den sechziger Jahren dieses Jahrhunderts unternommenen erneuten Versuch [3]*), diese Fabrikation nach Schlesien zu verpflanzen, lahm legte.

Als Kuriosität ist hier auch das **Bein-** oder **Opalglas** zu erwähnen, welches der Breslauer Arzt Joh. Christian Kundmann aus menschlichen vorgeschichtlichen Knochen fertigen liess. Er teilt über die Veranlassung

---

[1] Zimmermann, Beitr. zur Beschreibung von Schlesien Brieg. 1796. II. 75.
[2] Bresl. Staatsarch. M. R. VI, 52. Vol. V.   [3] Lange a. a. O. S. 42.

hierzu mit [1]), dass er durch den bekannten Alchymisten des grossen Kurfürsten Johann Kunkel von Löwenstern, den Erfinder oder Vervollkommner der Herstellung des Rubinglases bei dessen Anwesenheit in Breslau ein rundes, mit Menschenbeinasche hergestelltes Fläschchen, in der Farbe dem Opal ähnlich, erhalten habe; zugleich auch das Rezept zur Herstellung. Das Mischungsverhältnis der Materialien teilt er mit. Als nun unweit Breslau, in dem Dorfe Gräbschen, eine grosse Menge „heydnischer Todten-Töpffe" mit Knocheninhalt ausgegraben wurde, habe er einen Teil der Knochen der alten „Quaden oder Lygier" herausgenommen und daraus verschiedene Gläser fertigen lassen. Eines dieser Gefässe ist aus der ehemaligen Universitätssammlung in den Besitz des Museums schlesischer Altertümer (Kat.-No. 5634) gelangt. Es ist ein Becher aus trübem Milchglas in Form einer abgestumpften Pyramide von unregelmässig achtseitiger Grundfigur und folgender, sehr unbeholfen eingravierten und vergoldeten Inschrift:

STYX TORTVM FORNACE, ROGO TAMEN HORRIDA TORQUET
EXTORRI[2]) SUCCUM, DULCIA VINA DATE
F. F. JOH. CHRISTIANUS KUNDMANN PHIL. ET MED. DOCTOR
CAESAREAE S. R. J. NATUR. CURIOS. MEMBRUM.

Dieses in dem schwülstigen Gelehrten-Latein des XVIII. Jahrhunderts abgefasste, ohne nähere Erläuterung unverständliche Distichon wird durch die oben mitgeteilte Stelle des Kundmannschen Buches klar gestellt. Der Sinn ist, dass zu einer Weinspende für die armen ruhelosen Toten aufgefordert wird, welche, trotzdem sie auf dem Scheiterhaufen und im Glasschmelzofen bereits gepeinigt worden sind, dennoch in der Hölle gequält werden. Kundmann sagt von diesen Gläsern „dass sie von allen anderen sehr different der Feinigkeit nach seyen und den besten Porzellan in der Weisse übertreffen".

Weiter besass das Kundmannsche Raritäten-Kabinet Gläser aus Tabaksasche. Solche galten als Seltenheit, weil zur Herstellung eine grosse Menge des damals noch nicht sehr verbreiteten Krautes nötig war. Das von Kundmann beschriebene [3]) Stück war in Ranscha gefertigt, und 1724 in seinen Besitz gelangt. Es war von Farbe grasgrün, darauf geschnitten eine blühende Tabakpflanze mit der Aufschrift „Sic quondam florui." Auf dem anderen „Spatium" eine Hand, welche eine aufgerauchte Tabakspfeife ausklopft mit der Beischrift: „Sic in cineres

---

[1]) J. Chr. Kundmann, Rariora Naturae et Artis item in re medica. Breslau u. Leipzig (1737). II. Abschn. 38. Art. „von sonderbaren Gläsern" S. 653.

[2]) Die bei Kundmann a. a. O. mitgeteilte Inschrift hat anstelle von *extorri* die Variante „*exsucco*". [3]) Kundmann a. a. O. S. 655.

abii". „Auf dem dritten „Spatium" stehet dergleichen Glas im Kleinen auf einen Tisch gesetzet: *sic denuo redii"*. Die „Spatia" oder Felder waren oval; über denselben die Sinnbilder des Lebens, des Todes und der Auferstehung. Kundmann versichert, dass zur Herstellung des Glases keine anderen Stoffe als Tabaksasche und Sand verwendet worden seien.

Das Verzeichnis der Kundmannschen Sammlung weist neben den erwähnten noch mehrere derartige Glasgegenstände auf: eine grüne, geschnittene Kapsel und eine goldfarbige Kapsel, beide aus Tabaksasche [1]).

---

[1]) J. Chr. Kundmann, Promtuarium rerum naturalium et artificialium Vratislaviense. Vratisl. 1736, S. 305.

W. 9. *Lagenula subcaerulea, efformata, e cinere humano materiae vitrescenti mixta.*

W. 10. *Cyathus vitreus viridis, e cinere tabaci confectus variis emblematibus et inscriptionibus condecoratus.*

W. 11. *Capsella ejusmodi viridis eleganter sculpta.*

W. 12. *Capsella vitrea coloris aurei, e tali cinere.*

VI. Die Fabrikate.

A. Scheibenglas.

Das einheimische Scheibenglas war bis ins XVI. Jahrhundert dunkel und wenig durchsichtig; wo dies verlangt wurde, verwandte man venetianisches Glas, so in Breslau 1468 zur Stube und dem Hause der Schöppennotarien [1]) und noch 1511 in Löwenberg für die dortige Pfarrkirche [2]). Das letztere wurde aus Görlitz von dem Glasesetzer Hans Schwantener bezogen [3]). In der ersten Hälfte des XVI. Jahrhunderts muss sich ein Umschwung vollzogen haben, denn Matthesius erwähnt in seiner Predigt über das Glasmachen die noch anderwärts zu findende sprichwörtliche Redensart von den alten Zeiten, *„da noch finstere Kirchen und lichte Herzen waren"*. Dass man jedoch auch zu seiner Zeit (nach der Mitte des XVI. Jahrhunderts) hierin nicht allzu grosse Ansprüche stellte, beweist jene Stelle, wo er, nicht aus eigener Anschauung, sondern nach Mitteilungen von dem Venetianischen gepressten Tafelglas spricht: *„dardurch man auss einem gemach alles auff der gassen sehen kann"*.

Derartig schlechte, wenig durchsichtige Scheiben kommen noch im XVII. und XVIII. Jahrhundert vor, wo dieselben als *Brüderkuchen* bezeichnet und den durchsichtigen Glastafeln und Spiegelscheiben gegenübergestellt werden [4]).

Die sonst noch sich findenden Benennungen von Fensterglas- und Scheibensorten sind nicht immer sicher zu deuten; sie beziehen sich zum Teil auf die Form, wie *Rauten*, teils auf die Qualität. Was der Ausdruck *Regalscheiben* [5]) bezeichnen soll, vermag ich nicht zu sagen. Unter *Solintafeln* verstand man im XVIII. Jahrhundert eine besonders

---

[1]) Stenzel, Scr. rer. Siles. III. 276.

[2]) Prov. Arch. Löwenberger Kirche No. 129. cfr. Sutorius, Gesch. von Löwenberg, II, 73, von Knoblich in Schlesiens Vorzeit I, 108 citiert.

[3]) Anzeiger des Germanischen Museums 1882. Sp. 173, 174.

[4]) z. B. Bresl. Staatsarch. Akta betr. die Glashütte zum Einsiedel, 1656—1736. Neisse I, 23 g. 1666.

[5]) Bresl. Stadtarchiv. Liber definit., passim. Staatsarch. Grüssau 828, v. 1725.

gute Art von Walzenglas, die namentlich zu Kutschenscheiben Verwendung fand.

Von altem Scheibenglas ist an schlesischen Kirchen und älteren öffentlichen Gebäuden Manches erhalten, namentlich sechseckige geblasene Scheiben von sehr gleichmässiger Stärke, ziemlich dünne viereckige Scheiben und runde Nabelscheiben, zum Teil bemalt, aus dem XVI. und XVII. Jahrhundert [1]), aus der Grafschaft Glatz stammend (Reinerz).

B. Hohlglas.

Die Geschichte der deutschen Trinkgefässe ist eine dunkle und wenig erforschte, die Terminologie vollends durchaus nicht festgestellt. Das mittelalterliche Glasgeschirr richtete sich, ebenso wie dasjenige des Altertums nach den Formen der Gefässe aus anderen Materialien, vornehmlich Thon und Holz. Hieraus erklärt sich, warum das deutsche Glas des Mittelalters den Weg zur Kunstform nicht fand; es fehlte an Erzeugnissen einer edel und geschmackvoll entwickelten Keramik, welche vorbildlich hätten sein können, wie die antike Gefässbildnerei in Thon mit ihrem ungeheuren Reichtum an Formen und Gestalten es offenbar für die Glasgeschirre des Altertums gewesen ist.

Wenn wir die besonders auf rheinischem Boden zahlreichen Gläserfunde aus römischen Gräbern betrachten, welche sich z. B. in den Museen zu Mainz, Wiesbaden, Worms befinden, so erkennen wir ohne Mühe die zierlich gebildeten Ampullen, Alabastren, Schalen, Amphoren, Lekythen wieder, die wir in den Antiquarien aus bemaltem Thon zu bewundern Gelegenheit haben. Der Glasmacherkunst des Mittelalters fehlten solche Vorbilder ebenso wie der deutschen mittelalterlichen Töpferware die edelgebildete Form.

Neben der Thonwaare waren noch die einfachen geometrischen Körper und die Trinkgeschirre aus anderen Stoffen vorbildlich für die Ausführung in Glas. Wie für den Süden und Westen Deutschlands im Mittelalter der gebrannte Thon, hauptsächlich in der Gestalt von Steinzeug, das am meisten verbreitete Material für die gewöhnlichen Trinkgefässe war, so für den Norden und Osten das Holz, und zwar in der Form von gedrehten Bechern, zu welchen mit Vorliebe Maserholz genommen wurde. Den Maserbechern *(fledrîn becher)* begegnen wir in mittelhochdeutschen Texten sehr häufig [2]). Im Rathaus zu Neisse wird noch

---

[1]) Vgl. Museum schles. Altert. *Kat. No. 676—679 681, 6340* (Kirche zu Mollwitz).

[2]) Vgl. A. Schultz, das höfische Leben zur Zeit der Minnesänger. 2. Aufl. 1889. I, 381.

gegenwärtig ein sehr grosser Becher aus Maserholz aufbewahrt, an welchen sich die Sage vom Erwerb zweier Stadtgüter, Maschkowitz und Banke, knüpft, die ein Bürgermeister im Trinkturnier errang.

Fig. 2.

Ausser den gedrehten Bechern finden sich aus Brettchen oder Dauben fassartig zusammengesetzte oder gebundene und ausgepichte Kännchen, wie sie noch gegenwärtig in der Gegend von Jena für das Liechtenhainer und Ziegenhainer Bier gebräuchlich sind. Eine sehr frühe Abbildung eines solchen Gefässes zeigt eine erhaltene Zeichnung im *Hortus deliciarum* der Äbtissin Herrad v. Landsberg, welche das Gastmahl der Esther darstellt [1]). (Fig. 2.)

Solche Gefässe müssen in Schlesien sehr gebräuchlich gewesen sein, denn ihr Name Kufe oder Kuffe hat sich, als die allgemein übliche Bezeichnung eines Bierglases bis auf den heutigen Tag erhalten. Auch aus Holzspänen oder Binsen geflochtene, innen ausgepichte Trinkgeschirre waren im Gebrauch; mehrere dieser Stücke bewahrt das Museum schlesischer Altertümer auf. *Kat. No. 5809 u. 7710.* Von der Verbreitung des hölzernen Trinkgeschirres giebt uns Matthesius Zeugnis [2]).

---

[1]) Nach Gerspach, a. a. O. S. 250. Fig. 115.

[2]) „*Denn wie die Reinlender / Schwaben / vnd Francken / jre möst vnd wein ausz kreuszlein truncken / also haben die andern deutschen / so hierin gegen mitternacht wohneten / vnd wenig weincwachs hatten / sich auff jr gut bier geflissen / vnd ehe die Bergwerck vnd hendel in diesen landen auffkommen / jre trinckgeschirr gemeiniglich ausz holtz vnn schalen / oder leufften gemacht wie die Algauer noch jre hüte ausz pimsen / vnn jre mentel wie die Littawer jre schuch ausz lindenen past / vnd heut der bawersman seine rümpffe oder sümmer ausz baumschalen / vnn die kinder so in die behr gehen / jre kitze von tannen schelē. Wie denn noch hältzene trinckgeschirr ausz gantzem holtz oder einer gantzen ranen gedrehet / oder von teublein zusammen gesetzt vnd gebunden / heut zu tag im brauch sein. Damit aber solch geschirr nit rünne / oder auch das getrencke frisch erhielte / oder dem bier einen schmack vnd ruch gebe / hat*

Die Herstellungsweise dieser Holzgefässe liess ebenfalls nur die einfachsten Formen zu.

Es sind somit die Einflüsse, welche auf die Formgebung der Glasgefässe gewirkt haben können, ziemlich klargelegt. Das Metallgefäss, dessen Technik eine andere ist, kann hierbei nur eine untergeordnete Rolle gespielt haben; übrigens finden wir bei diesem vor der Renaissancezeit in Schlesien dieselben einfachen Formen, soweit es nicht, wie bei kirchlichem Gerät, von der gotischen Architektur beeinflusst ist. Dies geht namentlich aus den Bildern der 1504 zu Breslau durch Baumgarten gedruckten Hedwigslegende hervor.

Das älteste bekannte Trinkgefäss unserer Vorfahren, sowie der Skandinavier, ist das Horn; auch bei den Griechen und Römern findet sich in dem Rhyton eine an dieses oder an den Thierkopf erinnernde Gefässform. Das Horn muss bei den Völkern germanischer Rasse so sehr als ausschliessliches Trinkgeschirr betrachtet worden sein, dass sein Name *stikls* bei den Goten auf das Glas übergegangen ist; allerdings kommt hierbei auch in Betracht, dass das Horn in dünnen Platten mit dem Glase bis zu einem gewissen Grade die Eigenschaft der Durchsichtigkeit gemein hat. Aus dem Gotischen haben sämtliche slavische Sprachen ihre Benennung für Glas entlehnt; dieses heisst kirchenslavisch *stiklo*, russisch *steklo*, polnisch *szklo*, czechisch *stklo*, *sklo*, litauisch *stiklas*; aus dem Slavischen stammt alsdann der rumänische Ausdruck *stécla*[1]). Im Althochdeutschen kommt dasselbe Wort *stechal* für Horn und als Gefässname vor; angelsächsisch *sticca*, Löffel. (Graf, Althochdeutscher Sprachschatz VI, 637.) Es könnte dies als Beweis dafür betrachtet werden, dass die Slaven Namen und Gegenstand von den Deutschen erhalten haben.

Eine zweite, den deutschen Stämmen wohlbekannte Gefässform war die Schale; sie wird uns bei den Langobarden durch Paulus Diaconus bezeugt und lässt sich ebenfalls bis in den skandinavischen Norden nachweisen. Welcher Art zuweilen der Stoff dieser Gefässe gewesen ist, lehrt die Erzählung des ebengenannten langobardischen Geschichtschreibers, welcher berichtet, dass König Alboin dem von ihm getöteten Gepiden-

---

man gmeiniglich solch trinckgeschirr mit bech verlassen rnn ausgebicht / etliche haben Wachalderbehr oder sonst gute würtz mit drein biehen lassen....

[1]) Die von B. Bucher in s. Geschichte der technischen Künste, Lfg. 23, Stuttg. 1888, S. 261 gegebene Ableitung, nach welcher die slavischen Benennungen etwas Gegossenes, Geschmolzenes bedeuten sollen, ist unzutreffend. Vgl. Miklosich, Lex. palaeosloven. 900. Diefenbach, Goth. Wörterb. II, 331, Grimm, Gramm. d. d. Spr. I³, 197. Curtius, Grundz. d. griech. Etymol. 3, 226.

5*

könig Kunimund das Haupt abschlug und sich einen Trinkbecher daraus verfertigte; der Chronist fügt hinzu: *„Diese Art von Becher heisst bei ihnen skala, lateinisch aber patera* [1]*)."*

An diese wilden und barbarischen Zeiten und Sitten werden wir durch einen im Mittelhochdeutschen ungemein häufigen Gefässnamen, den **Kopf**, erinnert. Es ist die älteste bezeugte deutsche Gefässform in Glas; gläserne Köpfe *(clasechoph, glasecopf)* kommen schon im Althochdeutschen vor [2]). Es war ein rundgeformter, kugelicher oder halbkugelicher Becher, mittellatein. *coppa, cuppa* genannt, welcher häufig mit einem *(otha)*, oder auch zwei Henkeln oder Ohren *(diotha)* versehen war. Er wurde ausser aus Glas, vielfach aus Metall, besonders aus edlen Stoffen, aber auch aus Maserholz gemacht *(fledrîn)*. Die Verfertiger der letzteren hiessen **Kopfdreher**. Auch ein Kopf aus einem Straussenei, beschlagen mit vergoldetem Silber, wird erwähnt, was sichere Schlüsse auf die Gestalt des Gefässes zu ziehen gestattet. Häufig wird der Kopf mit dem Napf *(Köpfe und Näpfe)*, namentlich in der poetischen Sprache zusammengestellt. Der Name „Kopf" als Gefäss kommt noch in der Literatur des XVI. Jahrhunderts (z. B. bei Burkard Waldis 1548) und später vor. Er war meist mit einem Deckel, *lit* genannt, versehen und unterschied sich dadurch von der **Schale** [3]) und dem **Napf**, welcher auch ein schon sehr früh vorkommendes Trinkgefäss ist. Im Allgemeinen hatte der Kopf wohl die Form unserer heutigen Tasse, als deren Vorläufer er auch zu betrachten sein dürfte. Noch jetzt heissen am Mittelrhein grosse Tassen, die namentlich für Dienstboten im Gebrauch sind, **Köpfe** oder **Köpfchen**. Auch gewisse Formen der Bierseidel dürften ihm ähneln. In der Zusammensetzung **Schröpfkopf** (mhd. *lasskopf*) hat sich das Wort in der Schriftsprache erhalten.

Übrigens war die Idee, aus Köpfen zu trinken, auch dem Altertum mit seiner hohen Cultur nicht unbekannt. Auf die Thierkopfform des Rhyton habe ich schon oben hingewiesen. Aber auch das menschliche Haupt war als Dekorationsmotiv bei Trinkgefässen und insbesondere bei den gläsernen sehr beliebt. Wie wäre dies zu erklären ohne einen ursächlichen, wenn auch unbewussten Zusammenhang mit einem der frühesten Urzeit angehörigen Kulturzustand, in welchem der Schädel that-

---

[1]) *„hufvud-skala"*, Hauptschale, heisst noch jetzt im Schwedischen der Schädel, vgl. das deutsche „Hirnschale".

[2]) Graff 4, 371. Haupt 5, 569. Vgl. den Artikel *Kopf* im Grimmschen Wörterbuch.

[3]) Gläserne Schalen werden z. B. in Wolfram von Eschenbach Parzival (1200 bis 1207) erwähnt. 794, 22.
Man truoc von golde (ez was niht glas),
für si manegen tiwern schal.

sächlich als Trinkgefäss benutzt wurde? Das germanische Museum besitzt ein römisches, in einer Form geblasenes Glas (R. 509), gefunden zu Mayen, dessen Körper durch einen menschlichen Kopf gebildet wird. Weitere Abbildungen von solchen Gefässen in dem *Catalogue of the Collection of glass formed by Felix Slade, (Nesbytt).* S. 29, Taf. V, 2 und Taf. VI, 1, ferner bei Froehner, *La verrerie antique* S. 60. 71 ff. No. 83 [1]). Unter den angeführten Gefässen sind auch solche mit Doppelgesichtern, welche in der griechischen Töpferei [2]) und ebenso bei römischen Gläsern vorkommen. Wenngleich zwischen dem alten deutschen Gefässnamen *Kopf* und der antiken Kunstform des Kopfes als Trinkgefäss eine direkte Beziehung vielleicht nicht besteht, so glaube ich doch, dass ein innerer Zusammenhang nicht abzuleugnen ist. Der schlesische Gefässname „Kuffe" dürfte — trotzdem er anderer Ableitung ist — durch Vermittelung des mittellateinischen *cuppa* einen Anklang an das mittelhochdeutsche *Kopf* enthalten.

Wurde der Kopf auf einen Fuss gesetzt, so entstand aus ihm der Kelch ahd. *chelich,* aus dem lateinischen *calix,* für dessen oberen und eigentlichen Gefässteil sich die Benennung *cuppa* erhalten hat [3]).

Der Becher, lat. *bacar, baccar,* auch *picarium, bicarium, bacrio,* it. *bicchiere,* nhd. *pechâre,* mhd. *becher,* ndl. *beker,* altnord. *bikar,* schw. *bägare,* dän. *bäger,* kommt schon bei dem langobardischen Schriftsteller Paulus Diaconus vor und wird als Weingefäss mit längerer Handhabe geschildert [4]). Aus dieser unbestimmten Angabe lässt sich seine Urform nicht erkennen. Eigentümlich ist, dass das Wort in die meisten slavischen Sprachen übergegangen ist: serb. *pehar,* poln. *puhar,* czech. *pohár,* ausserdem ungar. *pohár,* rumän. *pahár.*

Keine bestimmte Gefässform hat der Pokal, ml. *bucale, bucaletum,* frz. *bocal,* was einen Mundbecher, oder das zum persönlichen Gebrauch Jemandes bestimmte Gefäss bedeutet.

Humpen ist eine erst im XVII. Jahrhundert auftauchende, wahrscheinlich aus der studentischen Sprache übernommene Bezeichnung für ein grosses Trinkgefäss ohne bestimmte Form [5]).

---

[1]) Vgl. Gasner in den Mitt. des Germ. Mus. 1890, S. 65, wo noch weitere Literaturangaben zu finden sind.

[2]) Vgl. Blümner, Gesch. des Kunstgewerbes im Altertum, 1885. I. S. 71.

[3]) Die ältesten Kelche waren ohne Fuss, häufig mit Henkeln versehen, entsprechen also vollständig dem „Kopf".

[4]) Paul. Diac. p. 31, 2. Müll. *bacar vas vinarium simile bacrioni.* — Ebenda p. 31, 1. *bacrionem dicebant genus vasis longioris manubrii.*

[5]) Vgl. d. Grimmsche Wörterbuch. Artikel *Humpen.*

Die Aufführung dieser Benennungen macht zwar auf Vollständigkeit keinen Anspruch, dürfte aber im wesentlichen den Formenkreis der Gebilde umfassen, welche bis zu der Zeit, in welcher das einheimische Glas für uns aus dem Dunkel heraustritt — also bis in das XV. Jahrhundert — die Gestalt desselben in traditioneller oder historischer Weise hätten beeinflussen können. Dies anzunehmen sind wir wohl, wie im übrigen Deutschland, so auch für Schlesien berechtigt. Dass daneben in erster Linie die geometrischen Grundkörper — Kugel, Cylinder, Kegel, Ellipsoid mit ihren Übergangsformen — in ihrer reinen oder durch die Technik der Glasbläserei beeinflussten Form wirksam gewesen sind, muss nach den erhaltenen Gefässformen unbedingt zugegeben werden. Vielleicht hat ausserdem, jedoch wohl erst in zweiter Linie, eine Anlehnung an gewisse Erzeugnisse der Natur, wie den Kürbis, die Mohnfrucht, die Weinbeere, die Nuss stattgefunden, deren vorbildlicher Einfluss auf die Töpferei ja auch nachzuweisen ist.

Am besten dürfte eine Einteilung nach den geometrischen Formen vorgenommen werden, da das deutsche Glasgefäss vorzugsweise die einfachen stereometrischen Körper zum Muster nimmt.

I. Aus der Kugel hergeleitete Formen.

Wir stellen diese voran, weil die Kugel das erste und natürlichste bei der Glasbläserei sich ergebende Gebilde ist. Aus der Kugel entsteht sozusagen von selbst

1. der Kopf, das älteste deutsche Glasgefäss; durch Einstechen des Bodens erhielt das Gefäss die nötige Standfestigkeit. Dass der Kopf auch verziert wurde, ergiebt sich aus dem bei Diefenbach [1]) nach einem Vocabular des XV. Jahrhunderts angeführten Ausdruck *„anaglyphus, gemalt kopff"*. Ob sich ein gläserner Kopf irgendwo erhalten hat, ist mir nicht bekannt. In Schlesien findet sich nur die kleinere Form dieses Gefässes,

2. das Maigelein oder Magelein, ein kleines, mit einem Zuge zu leerendes, fuss- und henkelloses Gefäss, mit im ganzen halbkugeliger, oft auch flacherer oder weniger gekrümmter Wandung und eingestochenem Boden. Die Benennung wird mit *maye*, Magen, in Verbindung gebracht; ich möchte der Ableitung von *mäge*, Mohn, den Vorzug geben, mit Rücksicht auf die Gestalt und Grösse des Gefässes. Der Ausdruck

---

[1]) *Novum glossarium latino-germanicum mediae et infimae aetatis.* Frankf. 1867.

findet sich vielfach in Süddeutschland [1]), in Schlesien noch im XVI. Jahrhundert. Das Magelein wurde auch vielfach aus Silber gefertigt, wie Breslauer Inventare [2]) lehren und Nürnberger archivalische Nachrichten angeben [3]).

Das gläserne Magelein erscheint oft gebuckelt, entweder ohne weitere Verzierung aus gewöhnlichem grünem Glase, wie bei einem Exemplar des Kunstgewerbemuseums im Rudolfinum zu Prag [4]) (Fig. 3) oder auch in Emailmalerei mit bunten, kunstlosen Rosetten verziert. Ein Stück der letzteren Art ist im Museum schlesischer Altertümer zu Breslau *Kat. No. 794'89* (Fig. 4); ein geschliffenes Maigelein *Kat. No. 8105 b.*

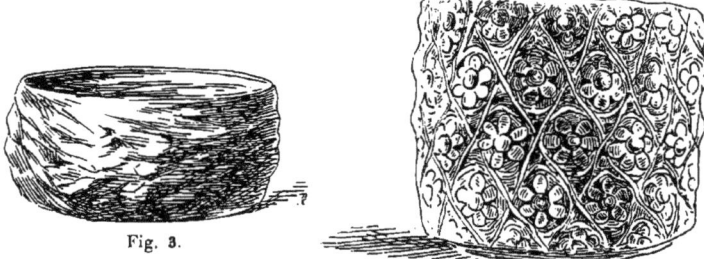

Fig. 3.

Fig. 4.

3. Wird der Boden dieser Gefässe nicht eingedrückt und ausserdem dick im Glase gehalten, so entsteht die Gefässform, die gegenwärtig als

---

1) Vgl. Schmeller-Frommann, bayr. Wörterbuch I, 1575: *magele, triens quatuor cyathorum, cyatus; magele, migolin, migole idem, magellel vas est; magoelen* bei Hans Sachs 1612, I. 1091: *becher, moagolla, gläser, krausen. Mayol* in der Schweiz, ein hohes, oben weites Trinkgefäss ohne Fuss. Vgl. Diut. III, 157. *ciatus muiol, meiol;* bei Konrad v. Würzburg, m. II, 187 findet sich die Stelle: *Er kan glenzen sam durch einen klâren Jlyol lûter win.* — Es sind dies die Gläser, welche in dem Vertrage des bayrischen Herzogs Albrecht V. (1550—1579) mit dem Glasmacher Bernhard Schwarz genannt werden, (vgl. Stockbauer, die Kunstbestrebungen am bayerischen Hofe unter Albrecht V. und Wilhelm V. Quellenschr. z. Kunstgesch. Bd. VIII, S. 129—132) und welche Friedrich a. a. O. S. 116 nicht zu deuten weiss. *Cholchel* sind kleine Kelche. Auch die sog. Kremnitzer Becher gehören der Klasse der Maigelein an.

2) Staatsarch. F. Breslau. III. 24c. 1587, S. 98, *zwelff Magelchen silbern an vndern vergult.*

3) Nach Mittel. des Herrn Dr. E. Wernicke; Nürnberg. Stadtarchiv. Conservatorium vom 12. XI. 1515 ab. Fol. 94a. Urk. v. 30. Juli 1516.

4) Vgl. den Bericht des Curatoriums für das kunstgewerbliche Museum der Handels- und Gewerbekammer in Prag für das Jahr 1888. Prag 1889. S. 18. Die hier mitgeteilte Abbildung ist nach einer Zeichnung gefertigt, welche ich der Güte des Herrn Custos Chytil verdanke.

Tummler (von *tumeln*, taumeln) oder Stehaufbecher bezeichnet wird, für welche jedoch ein mittelalterlicher Name nicht urkundlich feststeht. Der Tummler ist keine Erfindung des Mittelalters oder der neueren Zeit; er findet sich z. B. in alten Gräbern in der Krim bei Kertsch, dem alten Panticapaeum, gehört also auch dem griechisch-pontischen Culturgebiet an [1]).

2. Cylindrische Gefässe.

Der Cylinder ist bei weitem die häufigste Gefässform des XV./XVI. und selbst des XVII. Jahrhunderts. Derselbe tritt, mit Ausnahme der weiter unten besprochenen Biergläser, stets henkellos auf. Nicht nur, dass die gewöhnlichen Gläser — wie uns das Dürersche Bild No. 1869 (heil. Sebastian) der Dresdener Gemäldegalerie zeigt — die heute noch übliche Cylinderform hatten, auch zu Zwecken des Prunks und der Schaustellung vergrösserte man einfach die Abmessungen dieser Gefässe, deren schlechte dunkle, meist grünliche oder gelbliche Glasmasse in der Regel durch Malerei, Gravierung mit der Diamantspitze, oder durch Verbindung beider Dekorationsweisen verziert wurde. So entstanden die riesigen Willkommen, die Freude und der Stolz des trunkhaften XVI. Jahrhunderts und das Ärgernis der Sittenprediger. „*Narrengläser*" nennt sie Matthesius in seiner Predigt über das Glasmachen [2]) „*die man kaum aufheben kann.*"

Franzosen und Engländer haben aus Willkommen das sinnlose „*widerkom*" gemacht [3]). Die Mannichfaltigkeit der cylindrischen Gläser beruht auf dem wechselnden Verhältnis des Durchmessers zur Höhe, welches in Schlesien ungemein verschieden ist. Der gewöhnliche Willkomm des XVI. und XVII. Jahrhunderts hat einen Durchmesser von ca. 10—20 cm.; das Verhältnis des Durchmessers zur Höhe ist 1 : 1½ bis 2½; die letztere ergiebt sich demnach zu 18—40 und mehr Centimeter. Jedoch kommen auch (Neisse) Gläser vor, die bei 8—10 cm. Durchmesser 50—60 cm. Höhe besitzen. Der Fuss ist bei diesen Gläsern in der Regel aus der Kugel erblasen und aufgetrieben, d. h. erscheint als unten offene und ausgeweitete Fortsetzung des oberen Cylinders; bei

---

[1]) Herr Geh. Sanitätsrat Dr. Grempler hier brachte in diesem Jahre unter andern zierlichen Glasgefässen von römischem, ägyptischen und phönizischen Typus, einen Stehaufbecher aus dunklem Glase von dort mit, welcher einen abgeschliffenen Rand zeigte und noch ausserdem mit 2 eingeschliffenen Kreisen verziert war. Derselbe ist in das Berliner Museum für Völkerkunde übergegangen.

[2]) a. a. O. „*Vor wenig Jarn hat sich alles mit trinckgeschirren verkeret wie zwar auch schier ein yeder seinem gefess einen sondern namen erdichtet. Denn nun macht man die vnfletigen grossen willkommen, narrengleser, die man kaumet aufheben kann.* [3]) Gerspach, La verrerie, S. 274.

Gläsern sehr grossen Durchmessers fehlt der Fuss und wird durch einen umgelegten Bodenreif ersetzt.

Die Masse dieser Gläser ist meist grünlich, jedoch kommen bemalte Willkommen aus weissem (farblosen) Glase in Schlesien bereits um die Wende des XVI. Jahrhunderts vor. In der zweiten Hälfte des XVII. Jahrhunderts erscheinen, schon mit Schliffverzierung, sehr hohe und enge cylindrische Gläser, sogenannte Flöten *(Flütten)* [1]). Ob dieselben damals schon hauptsächlich für moussierende Weine, wie später im XVIII. Jahrhundert in Frankreich, gebraucht wurden, ist zweifelhaft. Der eigentliche Champagner war zu jener Zeit noch nicht bekannt, dagegen erfreuten sich andere moussierende Weine, z. B. der von Ay, einer grossen Beliebtheit [2]). Jedoch scheint man auch andere Weine aus diesen hohen Gläsern getrunken zu haben; das öftere Vorkommen derartiger Gefässe auf Gemälden der niederländischen Schule lässt darauf schliessen. Jedenfalls ist es viel zu weitgehend, wenn die Franzosen die *flûte à champagne* als nationales Trinkgefäss für sich in Anspruch nehmen [3]). Das Museum schles. Altert. besitzt eine sehr schöne, mit Gravierungen verzierte Flöte *(Kat. No. 4806)* mit der Inschrift: *D. W. 1692*, welche auf der Bolkoburg in einem eingestürzten Wandschrank gefunden wurde [4]) (Taf. II, Fig. 4806). Der Durchmesser der Flöten betrug 2 bis 5 cm., bei acht- bis zehnfacher Höhe. Der Fuss ist entweder, wie vorher beschrieben, ein unten aufgetriebener Hohlcylinder oder fehlt ganz, so dass die Gefässe stets ausgetrunken werden mussten. Im letzteren Falle treten an das untere Ende häufig zwei oder drei Hohlkugeln (Hohlpuffen) *Kat. No. 9590.*

Wird am cylindrischen Glase eine skalenartige Einteilung aufgemalt, aufgeritzt oder durch aufgeschmolzene Ringe angedeutet, so entsteht das **Passglas.** Es war bei diesen Gläsern eine Art von Trinkgesetz im Gebrauch, welches wir durch eine Inschrift auf einem Passglase des östreichischen Museums für Kunst und Industrie kennen lernen [5]). Die einzelnen Massstriche oder „Pässe" (niederdeutsch *pas* soviel wie Mass,

---

[1]) Schebek a. a. O. S. 21.   [2]) Lobmeyr a. a. O. S. 98.

[3]) Gerspach a. a. O. S. 272.   [4]) Schl. Provinzialbl. Neue Folge. 2. Bd. 1863. S. 188.

[5]) Mitgeteilt durch Dr. Ilg bei Lobmeyr a. a. O. S. 109.

> *Vivat. In gesundheit unser Aller Insgemein*
> *Sollen die Päss ausgetrunken Sein*
> *Wär aber Seinen Pass nicht dreffen kan*
> *Der Soll den andern gleich auch hahn.*
> *Nun So will Ich Sehen zu*
> *Dass Ich den Pass bescheidt auch thu'*
> *Wie Es mein nachbar hadt gemacht.*
> *Da, hien will Ich auch Sein bedacht. Vivat.*

aufgehende Einteilung [1]) bezeichneten bestimmte Flüssigkeitsmengen, welche der Trinker genau innehalten musste. Gelang ihm dies nicht, so wurde er zu weiteren Trinkleistungen verurteilt. Das Treffen des Passes ist beim cylindrischen Glase mathematisch dadurch bestimmt, dass das Niveau der Flüssigkeit beim Trinken die Diagonale zwischen den Endpunkten je der zweitfolgenden Rauminterballe bildet. Doch mag die Beachtung dieses Gesetzes bei den durch Glasfäden abgeteilten Gläsern nicht immer ganz leicht gewesen sein, da diese keineswegs genau gearbeitet und namentlich die Fäden nicht in gleichem Abstande angebracht sind. Vgl. das im Breslauer Museum befindliche Passglas, *Kat. No. 7242* Abbildung Fig. 5.

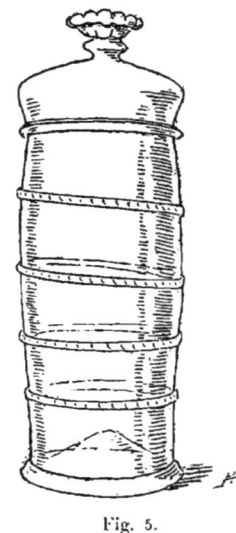

Fig. 5.

Ebenfalls ein cylindrisches Glasgefäss jedoch von mässigen Dimensionen war die **Krause**, ehemals als **Trinkgeschirr** gebräuchlich und vielfach aus Thon hergestellt. Ihre Urform dürfte in den oben etwas eingezogenen, cylindrischen Bierkrügen aus Steingut erhalten sein. Gegenwärtig wird dieselbe fast nur als Einmachgefäss benutzt und hat einen eingezogenen, umgeworfenen Rand zum Zubinden angenommen.

Der **Krause** nahe steht das cylindrische Bierglas oder die **Kuffe**, bei welcher die Höhe höchstens gleich oder kleiner ist als der Durchmesser. Die Kuffe ist in der Regel mit Henkel und Zinndeckel oder vollständigem Boden- und Randbeschlag versehen und zeigt zuweilen nach oben zu eine schwach konische Verengung. Eine sehr schön gemalte und mit Glasperlen besetzte Bierkuffe verwahrt das Breslauer Museum unter *Kat. No. 10480*, Fig. 26; dieselbe ist dadurch noch besonders bemerkenswert, dass auf ihr der Fabrikationsort, die böhmische Hütte Friedrichswalde bei Reichenberg und der Glasmaler Georg Wander genannt sind[2]).

Aus cylindrischen Stücken wurden auch vollständige Trinkaufsätze hergestellt. Schöne Beispiele von solchen haben sich im Dresdener historischen Museum des Johanneum sowie im Neisser Rathause erhalten. Vgl. die Beschreibung eines solchen unter Abschnitt VII, D. „Durch Gravierung mit der Diamantspitze verzierte Gläser" und Fig. 36.

[1]) Daher *Dreipass, Vierpass*, die dreifache, vierfache Teilung des Kreises durch kleinere Kreise in der gotischen Architektur. [2]) S. oben S. 14 u. 44.

3. Aus dem Kegel abgeleitete Formen.

1. Der henkellose Becher in Form eines umgekehrten abgestumpften Kegels heisst S t a m p e oder S t ä m p e l und war in der Regel mit einem dicken Boden versehen oder erhielt Bodenfassung aus Zinn, zuweilen auch Hohlfuss. Die Stampe war Wein- und in kleineren Abmessungen Branntweinglas. Der Name ist festgestellt, indem das ehemals im Breslauer Rathaus befindliche Hedwigsglas als „*Stempel*‟ bezeichnet wird [1]). Das Museum schles. Altert. besitzt ein sehr schönes und seltenes Stämpel aus Fadenglas, mit Emailfarben bemalt, der Boden in Zinn gefasst [2]). *Kat. No. 647;* Fig. 23 u. 24.

Der Gattung der konischen Becher gehören auch die im XVIII. Jahrhundert häufigen J a g d b e c h e r an, welche meist in Form von in einander geschliffenen Doppelgläsern mit radierten Golddarstellungen auftreten und, um eine Drehung zu verhindern, mit gebrochenen Kanten versehen sind. Vgl. unten den Abschnitt VII. C „Veredelung durch Vergoldung.‟ Das kegelförmige Weinglas mit Fuss, mit oder ohne Schliff und Vergoldung, als S t e n g e l - oder C o n i n g l a s bezeichnet, ist eine der beliebtesten Gefässformen des XVIII. Jahrhunderts. In der reichsten Ausbildung tritt es als Deckelpokal auf hohem Fusse auf.

Aus dem abgestumpften Kegel leitet weiter ihre Form ab:

2. Die K a n n e, in der Regel ohne Fuss und Hals, oben konisch verengt, mit Henkel und mitunter sehr ausgebildeter Schnauze versehen. Diese ist bestimmend für die Form des Randes, der zuweilen fast gänzlich durch die Schnauze gebildet wird und daher geschweift erscheint; es ist dies das unterscheidende Merkmal zwischen Kanne und Krug.

4. Übergangsformen zwischen Kugel und Cylinder.

Diese Formen bilden sich beim Glasblasen sehr leicht, indem die kugelförmige Blase an der Pfeife herumgeschwenkt und dadurch in die Länge gezogen wird. Sie nimmt hierdurch eine keulen- oder kolbenförmige Gestalt an. Natürlich wird bei der feineren Formgebung durch hölzerne oder kupferne Model nachgeholfen. Derartige Formen kommen schon früh vor; ein hohes keulenförmiges Glas hält z. B. die als Äsklulap gedeutete Figur auf einer Dürer'schen Handzeichnung vom Jahre 1489 in der erhobenen Rechten [3]). (Fig. 6.) Ebenso ist wohl auf diese Weise

---

[1]) Bei Kundmann, Rariora etc. S. 661 und Silesii in nummis 1738, S. 104.

[2]) S. die Beschreibung unter Abschnitt VII. A. Veredelung im Schmelzofen oder in anderen Feuern.

[3]) Im Besitz des Herrn Adolf v. Beckerath in Berlin. Veröffentlicht in den von F. Lippmann herausgegebenen Zeichnungen von A. Dürer, Berlin 1888.

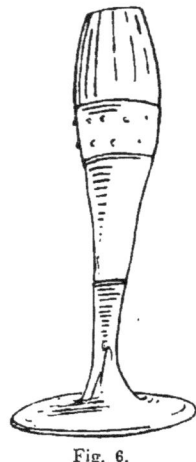

Fig. 6.

die fusslose Urform des Römers entstanden (Fig. 7), wie sie sich im Germanischen Museum zu Nürnberg findet [1]); Friedrich vergleicht sie nicht unzutreffend mit einer geöffneten Beere [2]). Wurde an dieser Form ein aus der Kugel aufgetriebener oder aus Glasfäden um einen Kern gesponnener Fuss angebracht, so haben wir die entwickelte Gestalt des edelgeformten, klassischen Rheinweinglases vor uns.

Die Herkunft und Ableitung des Namens ist dunkel. Manche bringen ihn mit der Weinsorte *Romanée* oder *Romany* in Verbindung. Friedrich [3]) will ihn auf die Herstellung aus römischem Glas *(vitrum Romarium)* beziehen. Um diese Deutung annehmbar erscheinen zu machen, müsste erst der Nachweis geführt werden, dass der, nach Heraclius dem X. Jahrhundert geläufige Begriff des „römischen Glases" *(vitrum Romanum)* auch noch im XVI. Jahrhundert, wo der Römer zuerst auftritt [4]), eine bestimmte, allgemein gekannte Glassorte bezeichnete und das römische Bruchglas noch ein ebenso häufiger Artikel war, wie im frühen Mittelalter. Bucher erklärt [5]) den Namen folgendermassen: „Man liebte im Norden im XVI. und XVII. Jahrhundert, wie die mit Muskat gewürzten Biere, die feurigen südlichen Weine, welche als *r u m e y n's c h e*, aus *Rum*, den Ländern des Südostens stammende, bezeichnet werden und nach denen an verschiedenen Orten (wo?) die Trinkstube im Rathause *Rummenei* hiess. Denselben Ursprung hat vermutlich das Wort R ö m e r, welches vlämisch und holländisch *roomer, roemer,* (spr. *rummer*) oder *rumer,* engl. *rummer* geschrieben wird."

Jedenfalls weist das erste Vorkommen der Gefässform und des Namens auf die Niederlande, speciell auf Flandern hin, dessen Malerschule am Ende des XVI. Jahrhunderts in so lebhafter Verbindung mit Rom war, dass sich an verschiedenen Orten (z. B. Antwerpen 1572) Gil-

---

1) Anzeiger für die Kunde der deutschen Vorzeit 1879, S. 35.

2) A. a. O. S. 86. 3) A. a. O. S. 82.

4) Nach B u c h e r, Gesch. der techn. Künste, Lfg. 24. Bd. III, S. 314, wurde der erste Römer 1568 in dem von Martin Van den Berghe, Alba's Trésorier général des confiscations, aufgestellten Inventar der den protestantischen Edelleuten in Flandern weggenommenen Wertsachen erwähnt: *Ung reumer verd en ung pied d'argent doré et couvercle du mesme.*

5) Ebenda S. 313 ff.

den von solchen bildeten, welche die Romfahrt gemacht hatten und sich „Römer" nannten. Könnte dieser Name nicht, bei der Vorliebe für das Römische, auf eine etwa aus Italien mitgebrachte und in der Gilde beliebte Trinkgefässform übergegangen sein?

Ich will jedoch den beiden andern Hypothesen nicht erst eine dritte anreiben, die ebensowenig überzeugend ist. Sei dem, wie ihm wolle; soviel ist gewiss, dass Abbildungen des Römers bereits auf vlämischen Gemälden der ersten Hälfte des XVI. Jahrhunderts sich finden. Auf dem, Peter Coucke von Alost (1502—1550) zugeschriebenen, im Museum zu Brüssel befindlichen Abendmahlbilde steht an der rechtsseitigen vorderen Tischecke ein Gefäss, welches unverkennbar die Formen des Römers zeigt.

Ferner findet sich ein grosser Römer in einem Stillleben der Dresdener Gallerie (No. 1365), welches den holländischen Maler Willem Claasz Heda (1594 bis nach 1678) zum Urheber hat.

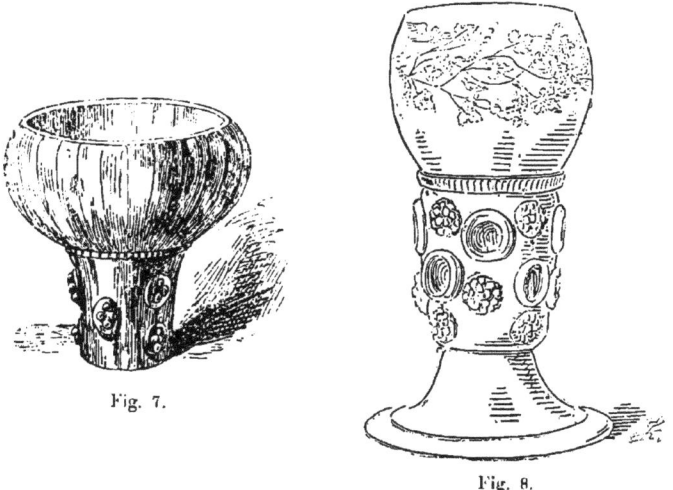

Fig. 7.

Fig. 8.

Friedrich teilt die Römer ohne gesponnenen Fuss mit offenem Boden dem XVI., solche mit gesponnenem Fuss, bei welchen das Mittelstück Inhalt fasst, dem XVII. und diejenigen mit geschlossenem, selbständig als Kölbchen gebildetem Mittelstück dem XVIII. Jahrhundert zu. Ich glaube nicht, dass diese Altersbestimmung überall zutreffend ist, da sich auch noch im XVIII. Jahrhundert Römer mit offenem, zum Kelche gehörigen Mittelstück finden. Ich kann jedoch um so leichter über diesen Punkt hinweggehen, als der Römer in Schlesien, welches kein Weinland ist, nicht die Rolle spielt, wie im westlichen und südwestlichen Deutschland. Von im Museum schl. Altert. befindlichen Römern ist *Kat. No. 8620,* Fig. 8. bemerkenswert. Er ist ziemlich gross, aus weissem Glase, welches am Kelche trübe und wie Eisglas von kleinen Haarrissen durchzogen erscheint. Das mit dem durch Schliff verzierten Kelch zusammenhängende, offene Mittelstück ist in eigenthümlicher Weise durch stark nach innen eingestochene Halbkugeln, welche aussen von einem erhabenen Kreisrande umrahmt sind, sowie durch Traubennuppen verziert. Der Fuss ist nicht gesponnen, sondern aus der Kugel aufgetrieben; auf demselben mit Diamant eingerissen: *Anno 1678.* Dem XVIII. Jahrhundert gehört ein grüner geschliffener Römer mit geschlossenem Kelchboden und besonderem Mittelstück, *Kat. No. 836'82,* an. An die Stelle des Weinrömers tritt in Schlesien der aus derselben Grundform hervorgegangene B i e r r ö m e r oder

2. I g e l (Fig. 9). Die Herleitung des Namens ist dunkel, kann aber wohl aus der Ähnlichkeit ' mit dem zusammengerollten Thiere gleichen

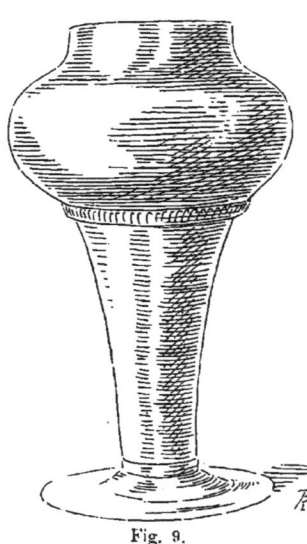

Fig. 9.

Namens entstanden sein. Für ein Destilliergefäss kommt die Bezeichnung *Igelkolben* vor. Der Igel ist immer aus zwei Teilen gebildet, dem oberen kolbenartigen, mit stark eingezogenem und zuweilen ein wenig in die Höhe gestelltem Rand und dem aus der Kugel erblasenen, aufgetriebenen Hohlfusse. Er kommt in sehr verschiedenen Grössen vor, Höhe zwischen 19 *cm.* und 36 *cm.* Die kleinste Sorte fasst nicht viel mehr Flüssigkeit als ein Weinrömer. Die älteren Igel des XVI. und XVII. Jahrhunderts sind aus grüngelblichem oder grünem Glase verfertigt und haben in der Regel einen gezwackten Halsreif unter dem ausgeweiteten Oberteil. *Kat. No. 654, 5612, 709'89, 400'90.* Der Igel des XVIII. Jahrhunderts ist meist aus hellem Glase und oft durch Schliff verziert.

Museum schl. Altert. *Kat. No. 513'84.* Er war im XVII. und XVIII. Jahrhundert das Trinkgefäss in den Breslauer Kretschmerhäusern [1]), nament-

---

[1]) Kretscham vom polnischen *karczma,* Krug, soviel wie Wirtshaus. Die städtischen Kretschner bildeten eine Innung, welche in ihren Bierstuben ein leichtes selbstgebrautes, einfaches Bier verschenkten.

lich dem Schweidnitzer Keller und dem Bitterbierhaus. Ein in Fig. 10 wiedergegebener Kupferstich von M. Engelbrecht und M. Rössler (Augsburg) stellt einen Ratsschenken des Schweidnitzer Kellers vom Anfange des XVIII. Jahrhunderts mit drei Igeln vor. Als im Kreise herum-

Fig. 10.

gehendes Gesellschaftsgefäss nahm derselbe oft gewaltige Dimensionen an. Bei der Deutung des Namens ist zu berücksichtigen, dass der Igel, aus welchem zu trinken, ohne sich zu begiessen, einige Übung erforderte, zu mancherlei Scherzen und Trinkstrafen Veranlassung gab. So wurde im Schweidnitzer Keller mit der Glocke geläutet, wenn Jemand einen Igel zerbrach. Nach Schmeller bedeutet *Igel* oder *Egel* auch Grille

Posse, Schwank; *egeln* soviel wie Taumeln, besinnuugslos schwanken wie ein Betrunkener oder Schlaftrunkener [1]).

Der Name B i e r r ö m e r , mit der näheren Bezeichnung „*Offen Boden*" und „*Zu Boden*" findet sich in den böhmischen Glaswarenverzeichnissen des XVIII. Jahrhunderts [2]).

3. Als Übergangsformen zwischen Cylinder und Kugel sind ferner diejenigen Gefässformen zu bezeichnen, welche im oberen Teile eine mehr oder weniger angedeutete Ausbauchung zeigen. Dieser Art ist z. B. das von H. Burgkmaier in dem Leben der Heiligen des Hauses Oestreich abgebildete Gefäss. Fig. 11.

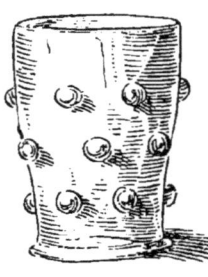

Fig. 11.

Diese Gläser erscheinen in der Regel mit Steinen, Nuppen oder Buckeln besetzt. Dieselben dürften, wenn es erlaubt ist, nach dem Erhaltenen zu schliessen, in Schlesien weniger beliebt gewesen sein.

4. Auch die T o n n e oder das F ä s s c h e n gehört hierher. Dasselbe ist ein sehr altes, schon im XIII. Jahrhundert bei Wolfram von Eschenbach unter dem französischen Namen *larel*, *laril* erwähnte Gefäss [3]). Auf Schloss Ambras musste der ankommende Gast zum Willkommen ein gläsernes Fass leeren [4]). — Es wurde im XVI. und XVII. Jahrhundert gewöhnlich durch aufgeschmolzene Reiflein (Fig. 12) später durch Schliff (Kuglerarbeit), vgl. Fig. 39, verziert und diente, auf Lagerböcke gelegt, zum Schmuck des Kredenztisches; der Inhalt wurde durch eine verschraubte Spundöffnung entnommen. Oder es wurde aufrecht gestellt und mit offenem Oberboden direkt als Trinkgefäss benutzt; in letzterem Falle konnte es mit einem abstehenden, zuweilen gelappten oder ausgeschweiftem Rande sowie Bodenreif versehen werden [5]).

Flaschen. Aus der nämlichen Grundform, wie die vorstehend beschriebenen Trinkgefässe Römer, Igel — der in die Länge gezogenen,

---

[1]) Schmeller-Frommann, bayr. Wörterbuch I, S. 51. Vgl. zu dem Wort *Igel* noch: Hoffmann von Fallersleben, Beiträge zu einem schlesischen Wörterbuche; ferner Schles. Provinzialblätter 1872, 310; das Riesengebirge in Wort und Bild. Org. des österr. Riesengeb.-Vereins. 1. Jahrg. S. 13.

[2]) Bei Schebek a. a. O. S. 251.   [3]) Parzival 622, 9. *Mit win ein glesin harel*

[4]) Lobmeyr a. a. O. S. 105. Nach den erhaltenen Trinkbüchern aus den Jahren 1567 bis 1614.

[5]) Es ist dies die Form, welcher Friedrich a. a. O. S. 106 den einmal bei Matthesius vorkommenden Namen *Krautstrunk* beilegt.

kolbenförmigen Glasblase — entstehen ferner die zumeist als Aufbewahrungs-
gefässe und nur ausnahmsweise als Trinkgeschirre benutzten Formen des

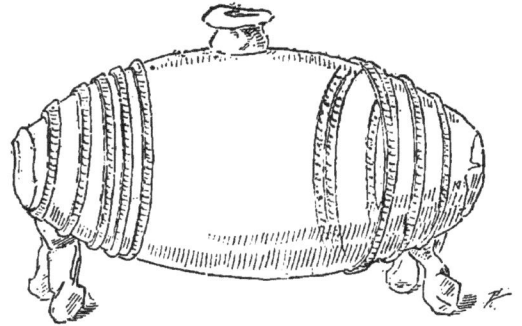

Fig. 12.

K r u g e s und der F l a s c h e. Während der Krug einen weiten, meist
kurzen Hals, zuweilen mit Ausgussschnanze und stets mit Henkel erhält,
ist die F l a s c h e meist henkellos und besitzt einen langen, engen Hals ohne
Schnauze. Zu beiden kann ein niedriger Fuss hinzutreten. Die Flasche
wird nicht immer als Rotationskörper gestaltet, sondern zuweilen platt
gedrückt, zum Teil aus Laune, namentlich aber, wenn sie bestimmten
Zwecken dienen, z. B. als Reiseflasche, Pilgerflasche umgehängt, in der
Tasche oder am Sattel getragen werden soll. Auch die kantige Flasche
ist für diesen Zweck in flacher Form (als Branntwein- Schnupftabak-
flasche) beliebt, sonst dient sie mit quadratischer Grundfläche zu Haus-
haltungs- und Apothekergefässen. Im XVIII. Jahrhundert werden die
Kanten vielfach durch Schliff gebrochen. Der Verschluss der Flasche
erfolgt entweder durch Schraube, Mündungsdeckel, (zuweilen aus edlem
Metall) oder eingeschliffenen Glasstöpsel. Die kleine, zur Aufbewahrung
von wohlriechenden Wassern oder Essenzen bestimmte Flasche, welche
immer einen sichern Metall- oder Glasverschluss erhält, heisst F l a c o n.
Das XVIII. Jahrhundert bildet diese Form durch kunstvolle Schleiferei
sehr aus.

5. Der K r u g wird im XVI. und XVII. Jahrhundert vielfach aus geschliffenem Krystallglas, zuweilen auch aus Farbenglas gemacht und durch
Emailmalerei verziert. Dieser Art ist ein schönes, lichtblaues Krüglein, mit Ornamentmalerei in dunkelblauer und gelber Emailfarbe und
der Jahreszahl 1646 im Besitz des Freiherrn von Falkenhausen-Wallis-
furth. Das XVIII. Jahrhundert überzieht die Bauchung des Kruges mit
Rankenwerk in Schliff. Ein sehr schöner geschliffener Krug im Breslauer
Museum, *Kat. No. 713'89.*

6

6. Die älteren, bloss durch Glasbläserei hergestellten **Flaschen** weisen einige Besonderheiten auf. So kommt eine Flasche flacher Form vor, welche, wie die rheinischen Wurstkrüge einen ringförmigen Behälter darstellt, also in der Mitte des Gefässes entweder eine Öffnung oder einen durchgehenden Nabel zeigt. Diese Flasche ist mir in Schlesien aus hellem Glase mit aufgesetzten, gekniffenen Randverzierungen und vier kurzen Füssen aus blauem Glase begegnet; sie gleicht dem bei Gerspach, La verrerie, S. 148 Fig. 86 abgebildeten Gefässe, ist jedoch nicht so langgestreckt.

7. Ferner darf die von den Altertumshändlern als **Zwiebelflasche** bezeichnete Form nicht unerwähnt bleiben, für welche die heutige Forschung je nach Auswahl die Namen **Angster** oder **Kuttrolf** darbietet (Fig. 13 und 14), *Kat. No. 7291*. Mit diesen Gefässen haben sich eingehend

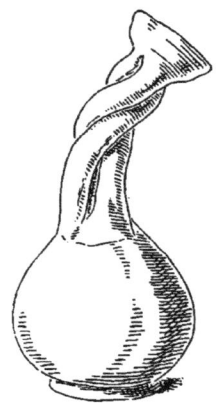 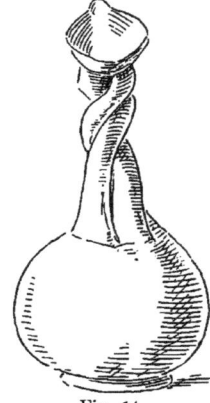

Fig. 13.   Fig. 14.

Seibt[1]) und Friedrich beschäftigt, ohne dass es gelungen ist, den Unterschied der beiden letzten Benennungen klar zu legen. Vielleicht hat ein solcher gar nicht bestanden und es ist die Bezeichnungsweise schon zu Matthesius' und Fischarts Zeiten so wenig feststehend gewesen, wie heute.

Beide Ausdrücke sind Fremdwörter, welche der deutschen Sprache aus dem Mittellateinischen bezw. Italienischen zugeflossen sind. Jedenfalls liegt der ursprünglichen Bedeutung von *Angster* der gewundene, aus mehreren Röhren gebildete Hals fern.

---

[1]) G. K. Wilhelm Seibt. Studien zur Kunst- und Kulturgeschichte. I. Deutsche Trinkgläser des XVI. und XVII. Jahrhunderts. Frankf. 1882.

Die älteste Form ist wohl das mlat. *Angastaria, angastarola* in einem Schatzverzeichnis der Markuskirche in Venedig[1]). Im Italienischen bedeutet das nur der älteren florentinischen Sprache angehörige *anguistara, anghistara, inguistara* eine enghalsige Flasche, welche z. B. den weiten Amphoren gegenübergestellt wird[2]).

Vielleicht kann über die Gestalt des Angsters der Umstand etwas Klarheit bringen, dass mlat. *Angistrum-ium, angustrum-ium, angstarium* einen Schröpfkopf bedeutet[3]). Es müsste also die Form der mittelalterlichen Schröpf-  köpfe, welche ja vielfach aus Glas gefertigt wurden, festgestellt werden, da die Gleichheit der Benennungen jedenfalls nicht zufällig ist, sondern auf eine Ähnlichkeit in der Form schliessen lässt[4]).

In der Krünitz'schen Encyclopädie, welche in den 1770er Jahren in Berlin erschienen ist, wird *Engster, Angster* (Bd. XI, 30) erklärt als der oberdeutsche

Fig. 15.

Name eines Trinkgeschirres mit engem Halse und enger Mündung, welches, „wenn man daraus trinkt, ein Geräusch macht, daher es im gewöhnlichen Leben auch *Kluckglas, Gluckglas* und *Guttern* genannt wird[5])."

Eine alte, schon vielfach herangezogene Erklärung findet sich bei Fischart (Geschichtsklitterung), wo die Frage aufgeworfen wird: „ *Was vnderscheids ist, audi Provisor, zwischen Flaschen, Angster vnd Gutteruff? Grosse, dann die erste sind Enggeseckelmeulet am Mundport,*

---

[1]) Pasini, Tesoro di S. Marco, Appendice, Inventarj spettanti al Tesoro Marziano, Inventario II; *angastarolum unam de Calcedonio, varnitam argento; angastarolam unam de Jaspo, furnitam argento; angastarias duas de argento.*

[2]) Vgl. die Citate bei Tommaseo, Dizionario, unter *Inguistara: inguistare di finissimo vino.* Nov. aut. 40. 1. *E tra l'anfore raste e l'inguistare.* Red. Diter. 7.

[3]) Diefenbach, Glossarium latino-germanicum mediae et infimae aetatis. unter *Angistrum = ventosa, scara, abdoma, laszkopf, kopf do man in lest.*

[4]) Im pommerschen Kunstschrein des Berliner Kunstgewerbemuseums befindet sich ein solcher aus Silber in Cylinderform, dessen Höhe annähernd gleich dem Durchmesser ist. Ein aus Thüringen stammender gläserner Schröpfkopf dieses Jahrhunderts ist in Fig. 15 abgebildet.

[5]) Dr. Joh. Georg Krünitz, Ökonomische Encyclopädie oder allgemeines System der Staats-, Stadt-, Haus- und Landwirtschaft. Berlin bei Joach. Pauli. Hiernach berichtigt sich die Angabe bei G. K. W. Scibt, nach welcher die späteste Erwähnung des Angsters in Marpergers Küchen- und Keller-Dictionarium, Hamburg 1716, sich befinden soll. — Bei G. L. Hochgesang historische Nachrichten von Verfertigung des Glases, Gotha 1780, heisst es S. 63: „ *Ferner giebt es Ängster und allerley Vexirgläser."*

der Gutteruff am Weydengewundenen Kranchshals. *Aus dem Angster muss mans mit engen Aengsten, wie die Balbierer jhr Spicanarden vnd Roswasser herausängstigen, Wirbeln, Türbeln, Türmeln vnd gleichsam Betteln"* [1]). Die Stelle ist nicht ganz klar. Friedrich bezieht [2]) das *„enggeseckelmeulet am Mundport"* nur auf die Flasche, während es sich ebensowohl auf die beiden ersten, Flaschen und Angster beziehen lässt, mit um so grösserer Wahrscheinlichkeit, als des Angsters ja sonst in der Antwort auf die Frage gar nicht gedacht wäre.

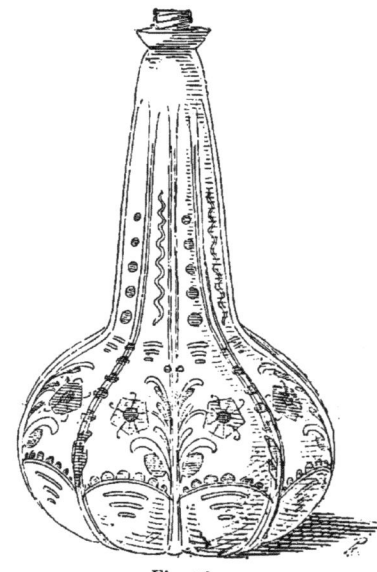

Fig. 16.

Der Unterschied zwischen Angster und Flasche nun wird in dem zweiten Satze dahin erläutert, dass die Flüssigkeit aus dem ersteren nur durch Drehen und Wirbeln herauszubekommen sei. Auch an einer anderen, von Seibt nicht angeführten Stelle der Gargantua [3]) wird vom Drehen des Angsters gesprochen. Ich erkläre mir den Unterschied zwischen Flasche und Angster so, dass der Hals des letzteren noch enger als der der Flasche war und noch unvermittelter sich auf den dickbauchigen Flaschenkörper aufsetzte, während bei der Flasche ein allmählicher Übergang in den Hals stattfindet. So war allerdings ein Drehen und Wirbeln notwendig, um namentlich den letzten Rest der Flüssigkeit herauszuziehen. Eine kleine Flasche in Form eines Angsters aus hellem Glase, mit Pflanzenornament in Emailfarben bemalt und durch Zinnschraube verschlossen, bewahrt das Mus. schles. Altert. auf, *Kat. No. 645* Fig. 16. Dass der Angster kein eigentliches, vor allem kein bequemes Trinkgeschirr war, geht aus der gleichfalls citierten Autobiographie des Thomas Platter [4]) (geboren 1499 zu Greu-

[1]) Nach dem Neudruck von Scheible citiert von Seibt a. a. O. S. 55.

[2]) A. a. O. S. 93.

[3]) Kap. 8. Das Trunken Gespräch. *„Da trühet man den Angster."*

[4]) Thomas Platter und Felix Platter, zwei Autobiographien, herausgegeben von Dr. D. A. Fechter, Basel 1840, S. 68.

chen im Kanton Solothurn) hervor, welcher es als des Berichtes wert erachtet, dass er sich eine Zeit lang eines Angsters zum Leeren eines Weinfässchens bediente, „*da er kein anderes Trinkgeschirr hatte.*" Er ist in der Folge auch sehr zufrieden, als er den Angster mit einem ihm geschenkten Stiefel vertauschen kann. Es scheint mir darum sehr zweifelhaft, dass der Angster oben mit einer Trinkschale versehen war.

Für den **Kuttrolf** oder **Guttruf**[1]) ist nach der oben angeführten Stelle des Fischart der **weidengewundene Kranichhals**[2]) der sich oben erweiterte, ein Kennzeichen. Das mittellateinische Stammwort scheint *gutturnium* zu sein, welches nach Ducange ein im Boden durchlöchertes Wassergefäss bedeutet[3]), welches also die Flüssigkeit in einzelnen Tropfen (*guttae*) abgab. Der oft aus mehreren Röhren, wie gedrehtes Weiden- geflecht spiralig zusammengewundene Hals, welcher ein Versprengen der Flüssigkeit hervorbringt, musste oben zu einer Schale er- weitert werden, wenn die Flasche als Trink- und selbst als Giessgefäss benutzt werden sollte. Jedoch auch mit dieser oberen Erweiterung ist ein Einschenken aus dem Kuttrolf nur dann möglich, ohne zu vergiessen, wenn der Hals eine Krümmung erhält und die etwas schräg gestellte Ausgussschnauze auf der c o n v e x e n Seite des Halses, an der höchsten Stelle der Schale, entgegengesetzt den Ausmündungen der Windungen

---

[1]) Es kommen noch die Formen *Kutter, Kuttorf, Gutter, Gutterkrug, Kütterig* vor. Vgl. das Grimmsche Wörterbuch, welches eine grosse Menge von Citaten beibringt.

[2]) Friedrich übersetzt a. a. O. S. 93 *Kranchshals* offenbar unrichtig mit „Kranz- hals" und bezieht dies auf einen zwischen Hals und Bauchung herumgelegten Halsreif, der sich nicht bei allen Gefässen findet.

[3]) *Guturnium, lo vaso de aqua forato in fundo.* Ähnlich bei Dieffenbach, unter *Gutturnium - neum - inum, guttureum, guttarium - giesuas, locheret, lecherig gieszuasz.* Dazu stellt sich auch *guttulus, gutterlein, wasserkentle.* Die „*guttrel von glase*" kommen vor im Willehalm *3, 26, 15.*

     Wir sulen trinken
     Manegez kunnen
     Und in die claren brunnen
     Hâhen (hängen) *guttrel von glase.*

Ein Glasverzeichnis des XVIII. Jahrhunderts bei Schebek S. 228 erwähnt *Judengütteler.* Das bei Gerspach a. a. O. S. 188 erwähnte *godefle, godofle, guedoufle* scheint aus dem deutschen Guttruf entstanden zu sein. Derselbe wird erklärt: *c'était une fiole à col très mince; on en connaît qui formaient deux vases réunis en un seul; c'étaient sans doute des huiliers.* Ein Gefäss mit gedrehtem Hals wird 1467 bei einem Feste Philipps des Guten von Burgund erwähnt: *une aiguière de voirre vert torsée.* Gerspach macht hierzu S. 191 die Bemerkung: *Le verre torsé devait être, comme le nom in- dique, une sorte de bouteille à col tordu qui fut longtemps en usage en Allemagne.*

angebracht wird. Wer jemals versucht hat, aus einem Kuttrolf Flüssigkeit zu giessen, wird sich leicht überzeugen, dass sowohl die Krümmung des Halses, als die schräge Stellung der Mündung eine Forderung des praktischen Bedürfnisses ist. Da die Mehrzahl der Kuttrolfe mit Ausgussschnauze versehen ist, so ist es wahrscheinlich, dass diese nicht

Fig. 17.

als reine Trinkgefässe anzusehen sind, sondern in vielen Fällen zum Aufbewahren von bouquetreichen Weinen und Essenzen, zum Verspritzen von wohlriechendem Wasser gedient haben. Einen Kuttrolf, welcher jedenfalls als Trinkgefäss anzusehen und durch seine Form höchst merkwürdig ist, bewahrt das Altertumsmuseum in Görlitz auf; er ist in Fig. 17 dargestellt. Derselbe besitzt eine beson · dere Trinkschale, welche unter dem leicht gekrümmten, aus drei Röhren gewundenen Halse vor der Mündung mittelst zweier schräger Bänder befestigt ist. Gehalten wird die Trink schale noch durch eine Handhabe aus gekniffenem Glase, welche den Gebrauch des Gefässes sehr erleichterte. Dass schon seit dem XVI. Jahrhundert Angster und Kuttrolf mit einander verwechselt wurden, geht nicht nur aus der Stelle des Matthesius hervor, wo er von den gewundenen Röhrlein zur Verfertigung eines Angsters spricht, sondern auch aus den bei Seibt[1]) citierten Stellen aus deutschen Wörterbüchern des XVII. und XVIII. Jahrhunderts.

In späterer Zeit wurde der Name im schwäbischen Dialekte mit dem glucksenden Tone in Verbindung gebracht, welchen die Flüssigkeit beim Einschenken aus den engen Halsröhren von sich giebt. Daher erwähnt auch Krünitz bei dem Gutterglas das bei Pollux von dem Schalle, welchen es beim Trinken hervorbringt, βομβύλη genannte Gefäss.

¹) A. a. O. S. 54. Georg Henisch. Teutsche Sprach und Weisheit, Thesaurus linguae et sapientiae Germanicae. Pars prima, Augsburg 1616. Johann Rädlein, Europäischer Sprachschatz oder Wörterbuch der vornehmsten Sprachen in Europa. 3 Teile. Leipzig 1711.

Die klassische, geschliffene Flasche des XVIII. Jahrhunderts ist die Karafine, eine langhalsige Flasche aus Krystallglas, welche mit Facetten-, Muschel-, Kugel- und Sternschliff oder mit reicher Gravierung vorkommt. Das Wort ist in Süddeutschland auch in die Volkssprache übergegangen [1]).

5. Besondere, namentlich barocke Gefässformen und Vexiergläser.

Keine Zeit hat das Trinken so sehr als Kunst gepflegt und zu einer Geschicklichkeit und Nachdenken erfordernden Sache erhoben, wie das trunkfreudige und trunkfeste XVI. Jahrhundert. Keine war aber auch erfinderischer in der Verwendung der seltsamsten unmöglichsten Gefässe zu Trinkzwecken und keine unerschöpflicher in der Bethätigung ihrer Phantasie zur Schaffung neuer Gefässformen! Wenn wir auch nicht alle von Fischart aufgezählten Geschirre [2]) als wirkliche, häufiger gebrauchte Trinkgefässe betrachten wollen — bei der Eigenart des Schriftstellers, seiner Vorliebe für Häufungen und seiner Sucht, alles Mögliche, der Idee nach nur entfernt Verwandte zusammenzustellen, ist Vorsicht geboten — so bleibt doch immer noch genug übrig, um uns in Erstaunen zu setzen. Diese Vorliebe für seltsame Gefässformen, zu welcher sich das Gefallen an absonderlichen, fremdklingenden Namen für diese gesellt, dauerte noch im XVII. Jahrhundert fort. Viele Trinkgebräuche und Trinkspiele schreiben ihren Ursprung aus dieser Zeit her; Trinkscherze mit künstlich gestalteten Gläsern waren ungemein beliebt. Schon die Venetianer hatte ihre ausgebildete Geschicklichkeit in der Glasbläserei zur Herstellung der merkwürdigsten und phantastischsten Dinge geführt. Bestien und Ungeheuer, Blumen und Vögel, Früchte, Lampen, Halsbänder und Ketten, ja ganze Schlösser, Schiffe und Orgelwerke entstanden unter den kunstreichen Händen der Glasbildner von Murano. Es liegt auf der Hand, dass die meisten dieser Dinge von Haus aus nicht zu Trinkgefässen bestimmt waren, jedoch begünstigte der Geschmack der Zeit in

---

[1]) Vgl. Schmeller-Frommann a. a. O. 1, 1290 *Karfinl.*, Diez Wörterbuch d. rom. Sprachen 89, Grimm Wörterbuch V, 205.

[2]) Gargantua und Pantagruel. 8. Kap. Das Trunken Gespräch: „*Da stachen sie eynander die Pocal auff die Prust, da flogen die mühele, dä stiebeten die Römercken, da räumt man die Dickelbächer, da soffen je zween und zween aus Doppleten, die man von eynander bricht, ja sof aus gestifleten Krügen, da stürzt man die Pott, da schwang man den Gutruff, da trähet man den Angster, da riss und schält man den Wein aus Potten, aus Pinten, aus Kelchen, Napffen, Gonen, Kellen, Hoffbechern, Tassen, Trinkschalen, Pfaffenmasen, Stauffen von hohen stauffen, Kitten, Kälten, Kanuten, Köpffen, Knartgen, Schläuchen, Pipen, Nussen, Fiolen, Lampelen, Kufen, Nüsseln, Seydeln, Külkesseln, Mälterlin, Melkgellen, Spitzmasen, Zolcken, Kannen, Schnautzenmas. Schoppenkännlein, Stotzen, Da klangen die Gläser, da funkelten die Krausen,*

der Folge sehr die Verwendung der barocksten Gegenstände zur Ausschmückung der Kredenztische und schliesslich auch, der Curiosität halber, zur wirklichen Benützung.

Diese Vorliebe für seltsame Trinkgefässe war — auch ganz abgesehen von den schändlichen Gefässformen — ein stehender Gegenstand in
den Vorhaltungen der gegen die Völlerei sich wendenden Sittenprediger.
Durch diese ist uns denn auch eine ganz stattliche Menge von Namen
überliefert worden. Einiges findet sich bei Matthesius, eine ziemlich
reiche Sammlung ist in dem von Friedrich[1]) angeführten Citat enthalten.
*„Heutigen Tages trinken die Weltkinder und Trinkhelden aus Schif-
fen, Windmühlen, Laternen, Sackpfeifen, Schreibzeugen, Büchsen,
Stiefeln, Krummhörnern, Weintrauben, Gockelhühnen, Affen, Pfauen,
Mönchen, Pfaffen, Nonnen, Bären, Löwen, Bauern, Hirschen, Schwei-
nen, Käuzen, Schwänen, Straussen, Elendfüssen und anderen unge-
wöhnlichen Trinkgeschirren, die der Teufel erdacht hat, mit grossem
Missfallen Gottes im Himmel“*. Auf Vollständigkeit darf dieses Verzeichnis jedoch keineswegs Anspruch erheben. Viele andere Formen
haben sich noch in den Museen, viele im Privatbesitz erhalten. Andere
werden in Inventarien aufgeführt.

Fig. 18.

So erwähnt ein Breslauer Inventar von
1631[2]) *„an glasswerg alss gläserne Flaschen und Künlein“* unter anderem *„zwey
gemahlete gläserne Jägerhörner oben mit
zienernem Deckel und schrauben“*.

Das 1636 aufgenommene Inventar der
Herzogin Barbara Agnes, Gemahlin des durch
sein tragisches Ende bekannten Hans Ulrich
von Schaffgotsch enthält unter den vielen
Glassachen[3]) u. A.: *Ein paar glesserne
Hendichen.*

Die meisten dieser in den Museen erhaltenen Glasgegenstände stammen wohl aus
späterer Zeit, dem XVII. und selbst dem
XVIII. Jahrhundert, insbesondere die aus
hellem, durchsichtigen Glase gefertigten,
fur welche der Thüringerwald (L a u s c h a)

1) A. a. O. S. 117 nach A. Berlepsch, Chronik der Gold- und Silberschmiede-
kunst. Vom Gesundheittrinken etc. etc. St. Gallen, Scheitlin und Zollikofer,
S. 159.

2) Bresl. Staatsarch. Inventarium des weil. Caspar Dornav, Phil. et. Med. doctoris
1631. XX.   3) Ebenda. Signatur L. B. W. I. 28b.

eine Haupterzeugungsstätte bildete; sie wurden jedoch auch fast überall anderwärts in Deutschland hergestellt. Sie sind meist mit gekniffenen Verzierungen überreich besetzt und zumteil vor der Lampe geblasen, also Nachahmungen venetianischer Technik. Allerdings erreicht die in der Regel plumpe Form der Gefässe und die wenig elegante Ausführung bei weitem nicht die Schönheit der italienischen Originale, von welchen sie sich schon durch ihre grössere Schwere unterscheiden. Aus den Beständen des Museums schlesischer Altertümer seien erwähnt:

1. Stiefel, eine bekannte schon bei Fischart und Th. Platter erwähnt, alte Trinkgefässform [1]), *Kat. No. 474, 768'89 u. 168'90.* Drei kleine Gefässe aus hellem Glase, zum Teil gerieft; zwei sind als Reiterstiefel durch Stulp und Sporen gekennzeichnet.

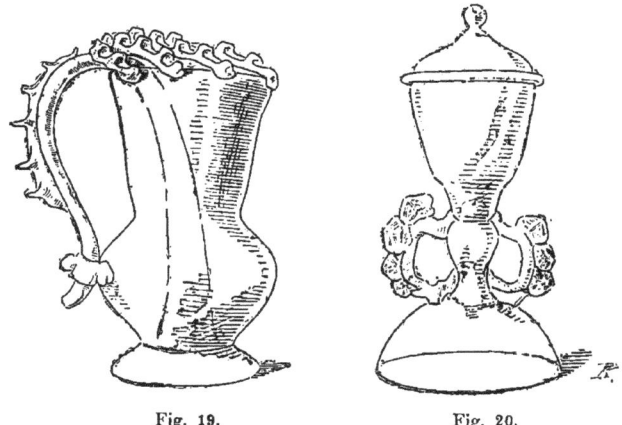

Fig. 19.   Fig. 20.

2. Tierformen; ein Bär aus dunkelgrünem Glase, anscheinend sehr alte Arbeit, *Kat. No. 446'83,* Fig. 18; zwei Hunde aus hellem Glase, davon ein Stück mit blauen Verzierungen besetzt, *Kat. No. 6336 u. 7159;* ein Taubenpaar, *Kat. No. 674.*

3. Musikinstrumente, Flöten und Sackpfeifen, lange cylindrische Röhren ohne Fuss (s. o. S. 73), ferner ein Jagdhorn, welches auch als Musikinstrument gebraucht werden kann, *Kat. No. 5658 u. 5659.*

4. Wahrscheinlich Innungsabzeichen ist das Bügeleisen, *Kat. No. 675.*

5. Waffen, namentlich Pistolen, *Kat. No. 673 u. 7684;* nach Bucher [2]) ist diese Gefässform noch jetzt bei den Südslaven beliebt.

---

[1]) S. oben S. 85 und S. 87 Anm. 2.   [2]) A. a. O. S. III, 318.

6. Von Vexiergläsern ist die bekannte Form, bei welcher der Henkel eines Kruges als Saugheber gebildet ist, vertreten, Fig. 19, *Kat. No. 4814;* ferner ein Doppelpokal, bestehend aus einem offenen und einem mittelst eines angeblasenen Deckels geschlossenen Gefäss. Innerhalb des letzteren befindet sich eine Glaskugel, welche sich in die Öffnung zwischen beiden Teilen legt und diese so verschliesst, dass Flüssigkeit aus dem oberen in den unteren Teil nicht treten kann. Fig. 20. Der Trinkscherz bestand darin, dass man den Wein durch das offene in das geschlossene Gefäss füllte, dasselbe umkehrte, (wodurch die Kugel herabfiel und das Herauslaufen der Flüssigkeit verhinderte)

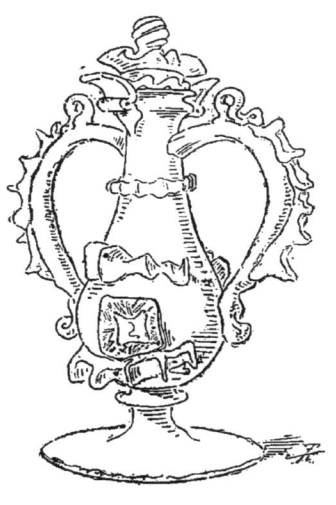

Fig. 21.

und auf die offene Seite vor den zum Trinken Aufgeforderten stellte. Da die Färbung des Weines die Glaskugel nicht leicht erkennen liess, so war es ebenso so rätselhaft für den mit dem Scherz nicht Bekannten, wie der Wein in das geschlossene Gefäss gekommen war, wie es ihm unmöglich erschien, aus diesem zu trinken. Ein anderer Scherz ist der in den Hohlbaluster eines Glaspokals eingelassene Würfel, *Kat. No. 9468.*

7. Gekniffene Gläser, Pokal- Schalen- und Flügel-glasformen in wenig gelungener Ausführung, *Kat. No. 5621, 6325, 6584,* Fig. 21; darunter auch ein Doppelbecher, das obere und untere Gefäss von verschiedeu grossem Durchmesser mit einem ebenfalls in gekniffener Arbeit verzierten Deckel, *Kat. No. 5629.*

8. Schliesslich sind an dieser Stelle auch die Schiffe zu erwähnen, von welchen sich allerdings kein gläsernes meines Wissens in Schlesien erhalten hat [1]). Diese sehr alte Trinkgefässform kommt nach

---

[1]) Ob dies anderwärts der Fall ist, ist mir nicht bekannt. Das Museum schl. A. besitzt ein Trinkgefäss in Gestalt eines Schiffes aus Zinn, *Kat. No. 5530,* ein Geschenk der Fischer an die Schiffer von Breslau von 1653.

A. Schultz[1]) bereits am Hofe Wilhelms des Eroberers im XI. Jahrhundert vor. Auf Schloss Ambras waren die Frauen und Jungfrauen verpflichtet als Willkommtrunk ein krystallenes Schiff auf einen Zug zu leeren[2]). Die Schiffe waren nicht immer Trinkgefässe, sondern stellten häufig vollständige Trinkservice dar, welche das Gedeck, die Würzen für den Wein und die Trinkbecher enthielten; sie wurden vor den Platz des Hausherrn auf die Tafel gesetzt[3]).

Ich erwähne sie deshalb, weil das gläserne Schiff im Leben des durch seine Trinkleistungen berühmten Hans von Schweinichen eine Rolle gespielt hat. Dieser berichtet in seinem Lebenslauf[4]) über ein Erlebnis, welches ihm zu Augsburg, bei einem Gastmahl begegnete, welches Max Fugger 1575 seinem Herrn, dem Herzog Heinrich XI. zu Liegnitz gab. Der Hausherr verehrte dem Herzog als Willkommen ein Schiff aus dem kostbarsten venedischen Glase. Als Schweinichen es vom Schanktisch genommen hatte und über den Saal trug, hatte er das Unglück auszugleiten und hinzufallen; hierbei ging das Schiff entzwei und Schweinichen verdarb sich sein neues rothdamastenes Hofkleid; er versichert jedoch, dass er damals noch ganz nüchtern war. Den Wert des Schiffes bemass Fugger auf 100 Floren.

Wie zahlreich noch am Ende des XVIII. Jahrhunderts die Formen und Benennungen der Gefässe waren, lehrt uns das Zeugnis des thüringischen Pfarrers Georg Ludwig Hochgesang[5]): *„Die Benennung aller Gläser, deren sich die Menschen zu ihrem Gebrauch bedienen, zu liefern, ist eine Sache, welche schwerlich ins Werk zu stellen, weil zu viele Sorten verfertiget werden; und verlangen, dass jede Art,*

---

[1]) Das höfische Leben zur Zeit der Minnesänger. 2. Aufl. 1889. Bd. I. S. 381. Nach diesem Gewährsmann kommen die frühesten Abbildungen in den Miniaturen der Pariser Froissart-Handschrift vor, die 1468—69 ausgeführt wurden. „Die erhaltenen Trinkgeschirre (wohl keins aus Glas?) rühren wohl alle erst aus dem Anfange des XVI. Jahrhunderts oder aus späterer Zeit her." Schultz erwähnt ein Schiff aus der Schlüsselfelderschen Stiftung im Germanischen Museum, in der Ambraser Sammlung, im Schifferhaus zu Lübeck, der Antoniuskirche zu Padua und einen solchen, der Universität München gehörigen Festpokal. — Ein Fugger hatte ein gläsernes Schiff Karl V. zum Geschenk gemacht. Sauzay, La verrerie, bibliothèque des merveilles, Paris 1869 giebt in Fig. 37 die Abbildung eines im Louvre befindlichen Glasschiffs von verre filé mit Bauche mit Löwenköpfen und Rosetten verziert. Lobmeyr, S. 95.   [2]) Lobmeyr, a. a. O. S. 105.

[3]) Gerspach a. a. O. S. 182. *La nef était un vase primitivement en forme de vaisseau; elle contenait le couvert, les épices, les verres à boire et était placée sur la table, en face du seigneur.*

[4]) Hans v. Schweinichens Denkwürdigkeiten, herausgeg. von Österley. S. 77.

[5]) Histor. Nachr. von Verfertigung des Glases. Gotha 1780. S. 63.

welche zwar nach einer Gattung gearbeitet wird, aber in der Grösse verschieden ist, mit einem eigenen Namen beleget werde, der die Verschiedenheit anzeige, würde nicht minder schwer sein u. s. w. Es werden verfertiget: Cucurbiten, Helme, Recipienten, Pelikane, Retorten, Serpentinen, Phiolen, Zuckerhafen etc. Ferner Krüge von verschiedenen Arten, als: gewöhnliche Maaskrüge, gewendete, Bauch-, Fass- und Corianderkrüge. Becher gibts wieder mancherley Gattungen, als Johannisbecher, Kropf-, Herrschafts-, Stutz- und Chocoladebecher, schwedische, englische, berliner Becher. Bier- oder Mängelsgläser von vielerlei Grösse, Bassgläser, Pokale und Kelche, deren viele Gattungen wiederum von vielerley Grössen sind. Die vornehmsten und gewöhnlichsten Gattungen sind Perlenkelche, Römer, Stöcke, Glatstiele, Hahneknier, Schwedel, Schweizerhosen, Prinzenkelche, Freymauer-, Nuss-, Kugel-, Herrschafts-, Schweriner-, Campements-, Schlangen-, Glocken- und Fadenkelche, Scharfknöpfige u. s. w. Ferner gibt es Angster und allerlei Vexirgläser".

Ein beliebtes Kunststück bestand darin, ein Trinkglas nach der Schneckenlinie aufzuspalten. Das Glas lässt sich alsdann auseinanderziehen, giebt sich jedoch wieder so fest zusammen, dass die Flüssigkeit nicht durch die Wandungen austritt. Schon Matthesius erwähnt solche Gläser: *„Man kan auch mit einem heissen eysen trinkgleser zuknicken, wie die fenstermacher ir tafel glass spalten, wenn sie das warme glass nass machen, das sie sich auss einander dehnen lassen vnd gleichwol, wenn man sie wider niderlesset, wein halten".* Es gab mehrere Verfahren hierzu, welche noch am Ende des vorigen Jahrhunderts bekannt waren [1]). Auch in neuerer Zeit hat man den Versuch mit Erfolg wiederholt [2]).

---

[1]) Krünitz, Encyclopädie, Bd. 18. S. 750, giebt dieselben an.   1) Man zeichnet die Spirallinie auf das Glas vor, erwärmt es am Rande, wo die Vorzeichnung beginnt, an einem brennenden Lichte und schlägt mit dem benetzten Finger an dieselbe Stelle, so wird es ein Risschen bekommen. (Man kann diesen Riss auch mit einem Diamant machen.) Sodann fährt man mit einer spitzigen brennenden Lunte der Schneckenlinie nach und macht am Ende, etwa 1 bis 1½ Finger vom Boden einen Haken, damit das Glas nicht weiterreisst. Das Glas springt der Vorzeichnung bezw. der Lunte nach.   2) Man bindet einen mit Terpentinöl getränkten Faden spiralig um das Glas, zündet ihn an und löscht ihn wieder mit etlichen Tropfen Wasser ab, so zerteilt sich das Glas, dem Faden nach. „Das solchergestalt zerschnittene Glas hängt so dicht zusammen, dass es Getränke hält, und wenn es leer ist, zur Kuriosität auseinander gezogen werden kann, da es denn, weil es elastisch ist, von selbst sich wieder zusammen begeben wird, dass man daraus trinken kann."

[2]) Friedrich a. a. O. S. 120.

C. Andere Glasartikel.

Kronleuchter.

Die Nachrichten über andere Glasartikel als Scheiben- und Hohlglas sind ziemlich spärlich. Ob Spiegel in Schlesien in früherer Zeit (natürlich durch Blasen) hergestellt wurden, habe ich nicht ermitteln können. Doch deutet das ziemlich häufige Vorkommen von solchen in guter und schlechterer Ausführung, gewöhnlich in geschliffene Glasrahmen ganz nach Art der böhmischen (Bürgsteiner) gefasst, auf einheimische Fabrikation.

Über Glaskurzwaaren (Conteriewaaren) aus Compositionsmasse ist bereits oben (S. 61) gehandelt worden.

Kronleuchter, aus Glaskugeln und ovalen Linsen in Verbindung mit einem Bronzegestell und Bronzearmen gearbeitet, wurden um die Mitte des XVIII. Jahrhunderts beliebt. Später wurde die Herstellung derartiger aus geschliffenen Glasprismen und Pendeloquen (Pamlotten) gefertigter Beleuchtungskörper durch Friedrich den Grossen angeregt und auf der Friedrichsgrunder Hütte eifrig betrieben.

In den Kirchen zu Nieder-Wüstegiersdorf und Langwaltersdorf (beides Kr. Waldenburg) befinden sich ältere einfache Kronleuchter, welche aus der Freudenburger Hütte stammen [1]). Vermutlich ist das Wüstegiersdorfer Stück kurz nach 1742, dem Erbauungsjahr jener Kirche geschenkt worden. Dasselbe ist etwa 1,50 m hoch und besteht aus einer metallenen Spindel, an welche in drei Reihen je sechs geschwungene Metallarme auf Metallplatten angeschraubt sind; die nach oben kürzer werdenden Arme sind versetzt angeordnet. Auf diese Metallarme sind ganz lose Kugeln und Linsen aus Glas aufgereiht. An den Enden der Arme befinden sich Glasteller mit Hülsen zur Aufnahme der Kerzen.

Über den ganz ähnlichen Langwaltersdorfer Kronleuchter finden

---

[1]) Ich verdanke diese Mitteilungen, sowie andere über die Freudenburger Hütte dem genauen Kenner der Geschichte der Herrschaft Fürstenstein, Herrn Forstrendant Kerber in Waldenburg, sowie den Bemühungen seines Sohnes, Herrn stud. theol. Kerber.

sich einige Nachrichten in einem Jubelbüchlein der dortigen Kirche [1]). Nach diesem wurde er zu Ende des Jahres 1749 durch Herrn Georg Friedrich Preussler, Glasmeister in Freudenburg, der Kirche geschenkt.

In Friedrichsgrund wurden die ersten Tafelleuchter oder Girandolen aus geschliffenem Krystallglas nach einer Zeichnung, welche Minister von Hoym hergegeben hatte 1771, bald nachdem die Hütte in Betrieb gesetzt worden war, in Angriff genommen; die Gestelle dazu aus Silber oder Bronze wurden durch einen Breslauer Goldschmied, Lederhose, gefertigt. Durch die Entfernung der Hütte von Breslau wurde die Arbeit behindert; der Tischleuchter wurde schliesslich nach vielem Drängen und Hin- und Herschreiben 1772, kurz vor Ankunft des Königs in Schlesien fertig und fand dessen Beifall. Dem Minister v. Hoym machte Rohrbach darauf einen Kronleuchter zum Geschenk; 1773 wurde für den König ein Kronleuchter nach dem Muster eines im Breslauer Palais befindlichen bestellt. Der Goldschmied Lederhose lieferte auch die Metallformen zur Herstellung der Pendeloquen.

Die Anfertigung von Kronleuchtern wurde in der Folge nicht nur von Friedrichsgrund, sondern auch von andern schlesischen Hütten wie Wiesau und Wessola betrieben.

---

[1]) Jubel-Büchlein für die Langwaltersdorfer evangelische Kirchgemeinde an ihrem 100jährigen Kirchen-Jubiläum d. 6. Novbr. 1842 von Karl Gottlob Friedrich Wilhelm Krisch. Waldenburg. S. 51, 77.

VII. Die Glasveredelung.

A. Veredelung am Schmelzofen und an anderen Feuern.

Es sind hierzu alle Arbeiten zu zählen, welche dem Glaskörper, ausser der vom Zwecke des Gegenstandes oder durch Schönheitsrücksichten bestimmten Form, einen wie immer gearteten, am Schmelzofen oder vor der Lampe gearbeiteten Schmuck beifügen.

In erster Linie ist hierzu das Faden- oder Filigranglas (*latti-cinio, vetro di trina, Petinetglas*) zu rechnen, eine von den Venetianern mit unnachahmlichen Geschick angewandte Verzierungsform. Friedrich hat zuerst auf eine Stelle in des Matthesius Predigt vom Glasmachen hingewiesen, in welcher von der Anfertigung solcher Gläser in Schlesien gesprochen wird [1]. Mit ihm bin ich der Ansicht, dass diese Stelle von dem vorhergehenden Satze, in welchem von Kirchenfenstern gesprochen wird, zu trennen ist und lediglich durch ein typographisches Versehen — Mangel eines Absatzes — mit diesem zusammenhängt. In Venedig sollen Fadengläser erst nach der Mitte der XVI. Jahrhunderts gefertigt worden sein. Als grösster Meister dieser Kunst wird Scarpaggiato genannt, welcher auch in Deutschland gearbeitet haben soll. Friedrich will, gestützt auf jene Stelle des Matthesius, diesen in Schlesien gefertigten Fadengläsern ein höheres Alter, als den venetianischen zuweisen, so dass die Venetianer die Technik von den Deutschen übernommen und ausgebildet hätten. Nähere Nachrichten über diese Glasart habe ich bei einheimischen Schriftstellern nicht auffinden können. Dies ist jedoch bei der Spärlichkeit, mit welcher auf die Technik bezügliche Notizen vorzukommen pflegen, nicht zu verwundern. Dagegen habe ich mit Genugthuung eine Anzahl von Fadenglas-Gefässen in Schlesien nachweisen können, bei welchen sowohl die weniger zierliche Form, wie auch der geringere Grad von Geschicklichkeit in der Glasarbeit sowie die Schwere

---

[1] A. a. O. „*Jetzt werden die weyssen gleser gemein, darauf gleich weysse feden von weysser farbe getragen, die man in der Slesing machen solle*". Über die Technik der Filigrangläser s. d. Werke von Dr. H. E. Benrath, Die Glasfabrikation, Braunschweig 1875. S. 352 ff. Labarte, Histoire des Arts industriels III, 387 ff. Über das Geschichtliche auch Lobmeyr a. a. O. S. 95 ff.

der Gegenstände venetianischen Ursprung ausschliessen und die Richtigkeit der Angaben des Joachimsthaler Predigers bestätigen.

Das Museum schl. A. besitzt zwei dieser Gefässe, das eine, *Kat. No. 507'84,* ist ein etwas gedrungener Deckelpokal, bei welchem die Übergänge vom Fuss zu dem leicht eingezogenen, nahezu cylindrischen und ganz aus hellem Glase gefertigten Kelche durch abgesetzte, ziemlich gleichwertige, wellenartige Glieder gebildet sind. Fig. 22. Auf ähnliche Weise

ist der Deckel geformt, welcher in einen Knopf endigt. Während die Schnürelung an dem ganzen Gefässe einen senkrechten Verlauf zeigt und im Fuss dichter und feiner angeordnet ist, trägt der eigentliche Gefässbauch ein wagrechtes umlaufendes Filigranband. Ein ebensolches Gefäss findet sich in schlesischen Privatsammlungen z. B. der des Herrn v. Falkenhausen und wenn ich nicht irre, in der kunstgewerblichen Sammlung des Rudolfinum in Prag.

Interessanter noch ist das zweite, im Breslauer Museum befindliche Gefäss, *Kat. No. 647.* (Fig. 23 und 24.) Dasselbe hat die Form eines fusslosen, konischen oben erweiterten Bechers aus hellem Glase, welcher durch schmale Streifen milchweissen Fadenglases senkrecht geteilt erscheint. Er ist, wie das von Friedrich beschriebene und abgebildete Hofkellereiglas [1]) von 1676 (aus der Mustersammlung des bayrischen Gewerbemuseums zu Nürnberg) mit Emailfarben bemalt. Die Vorderseite (Fig. 23) zeigt ein Wappen: in geteiltem Schilde oben einen wachsenden, geflügelten und geharnischten Mann (Engel), mit Krone und Schwert; die untere Hälfte ist fünfmal schräg-

Fig. 22.

rechts geteilt von Rot und Gold. Auf dem Helm wiederholt sich der geflügelte wachsende Ritter (Engel) des Wappens. Aufschrift: *Hanns Engelhartt der iunger 1594* [2]). Die Rückseite (Fig. 24) zeigt stilisierte Blumen und Rankenwerk.

---

[1]) A. a. O. S. 246.

[2]) Die Familie Engelhardt sass von 1455—1623 im Breslauer Rath und hat 1558, 1573 u. 1579 Wappen- und Adelsbriefe erhalten. Vgl. v. Prittwitz und Gaffron in Schles. Vorzeit III. 393.

Die Jahreszahl 1594 würde die Thatsache, dass solche Fadengläser im XVI. Jahrhundert in Schlesien gefertigt wurden, feststellen, um so mehr, als dieselbe nicht massgebend für die Zeit der Anfertigung des Glases, sondern nur der Bemalung desselben ist. Auch das von Friedrich beschriebene Glas von 1676 kann seine Bemalung erst nachträglich erhalten haben und es ist wohl möglich, dass die Glasmacherarbeit viel älter ist.

Bei beiden Gläsern besteht das eigentliche Fadenglas zum Teil aus senkrechten parallelen, zum Teil aus gekreuzten milchweissen Fäden.

Ausserdem befinden sich im Museum schles. Altert. mehrere Scherben von Fadengläsern, welche die Herstellungsweise mittelst aufgeschmolzener Filigranstäbchen oder Röhrchen deutlich erkennen lassen. *Kat. No. 685'81.*

Einzelne eingesprengte farbige Fäden finden sich häufig in den Fussknäufen und Deckelknöpfen geschliffener Pokale des XVIII. Jahrhunderts. Dieselben sind meist spiralig gewunden oder durchkreuzen sich; die am häufigsten vorkommenden Farben sind Weiss, Gelb und Blau. Auch in nicht geschliffenen Balusterfüssen von Kelchgläsern, sowie bei Glasleuchtern *(Kat.*

Fig. 23.

No. 5619) findet sich diese Verzierungsart (weisse Fäden).

Die hauptsächliche Verzierungsarbeit am Glasofen bestand im XVI. und XVII. Jahrhundert im Besetzen der Gefässe mit Steinen, Perlen, Warzen, Knöpfen und Ringen. Diese Verzierungen sind für die deutschen Gläser charakteristisch, was schon Matthesius erkannt und in der treuherzig naiven Weise seiner Zeit zu begründen versucht hat [1]).

---

[1]) A. a. O. *Aber es hat sich die Kunst endtlich müssen nach dem Lande richten; daher man allerley knöpff, steyn vnd ringlen an die gleser gesetzet, damit die*

Während Gläser dieser Art im übrigen Deutschland vielfach angetroffen werden und in den Sammlungen durchaus nicht selten sind, besitzt das Mus. schles. Altert. (ausser den Scherben eines grünen, ganz mit kleinen Perlen besetzten, hohen und engen Glases (*Kat. No. 7425c.*) nicht ein einziges Stück dieser Gattung. Ich schliesse daraus, dass diese Verzierungsweise in Schlesien nicht beliebt war und wenig gefertigt wurde.

Andere Verzierungsarbeiten am Feuer beschränken sich auf die bereits beschriebenen gekniffenen Gläser und die Verfertigung roher Tiergestalten.

Fig. 24.

Soweit diese Arbeiten aus freier Hand gefertigt wurden, bestehen sie im Anschmelzen von Gliedmassen, von Blättern und Rosetten, Nuppen und Warzen ans Glas. Die geringe Zierlichkeit der Ausführung lässt darauf schliessen, dass die Ausführung vor dem Werkofen geschah und dass die Kunst, feinere und elegantere Verzierungen vor der Lampe zu blasen, in Schlesien nicht bekannt gewesen ist. Dies erscheint um so wahrscheinlicher, als selbst nach Nürnberg, wo alle Künste vertreten waren, diese Technik erst 1650 durch Abraham Fino von Amsterdam verpflanzt wurde[1]). Um diese Zeit vollzog sich jedoch bereits in Schlesien der Übergang zum geschliffenen Glase.

Noch weniger wurde die auf der Lampenbläserei beruhende

gleser etwas fester vnd bestendiger vnd von rollen vnd vngeschickten leuten dest leychter köndten inn feusten behalten werden, daher die starcken knortzigten oder knöppfichten gleser in brauch kommen sein.

[1]) Hierüber äussert sich eine Handschrift des Nürnberger Stadtarchivs vom Ende des XVII. Jahrhunderts, Handtwerker in Nürnberg. Norica. No. 215. S. 68:

„Die Kunst des Glasblasens von allerhand Thierlein, Vögelein, Glässlein, Krüglein und mancherlei Sachen, so von freyer Hand ober einer brennenden Lampen, mit ühl gefüllt, durch ein Rohr, so unten ein Säcklein von Glas, dorein der Dunst sich samlet, geblasen wird ist in Italia lange Zeit, sonderlich zu Mailand und Vsnedig üblich gewesen, dann in Niederland kommen,

Glasspinnerei gepflegt, welche erst in unserem Jahrhundert erfunden oder doch vervollkommnet wurde [1]).

Dagegen findet sich das Eisglas, oder crackelierte Glas, bei welchem durch Eintauchen der warmen Glasmasse in Wasser die Oberfläche mit unzähligen Sprüngen bedeckt und dadurch matt gemacht wird, mehrfach, schon bei Gläsern des XVII. Jahrhunderts und älteren Stücken, so bei einem dickwandigen Becher mit dem eingeschliffenen Zeichen der Kreuzherrn *(Kat. No. 4803)* und einem sehr schönen Pokal *(Kat. No. 5638)* Fig. 25, mit hohem profilierten Fuss und Kelch in Tulpenform mit spiraligen Rippen.

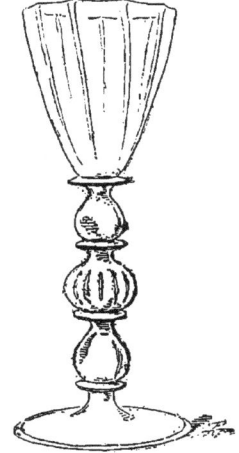

Fig. 25.

B. Veredelung durch Malerei.

Die einfachen Formen der grossen deutschen Gläser des XVI. Jahrhunderts, ihre grüne und oft unreine Glasmasse machten sie vor allem geeignet zu einer Verzierung durch Malerei. Insbesondere gilt dies von den eine ungegliederte Fläche darbietenden cylindrischen Humpen oder Willkommgläsern. Die Bemalung mit undurchsichtigen Emailfarben ist allerdings keine deutsche Erfindung; die Venetianer hatten diese Technik schon vorher aus dem Orient übernommen und ausgeübt. Sowohl die arabischen Gefässe dieser Art (meist Moscheelampen), als auch die venetianischen in Emailfarben bemalten Gläser sind seltene Prachtstücke grosser Museen [2]). In Deutschland hat die von der älteren mosaikartigen

---

wie dan ungefehr Ao. 1650 Abraham Fino von Amsterdam hieher kommen, etliche hiessige solches gelernet; er war ein künstlicher Arbeiter, und auch ein starker Trinker, so alles, was er verdient aufgehen lassen, starb alhier verliess die ganze Welt.

[1]) Julius v. Brunfaut beschäftigte sich insbesondere in den 1850er Jahren mit ihr und vervollkommnete sie bis zur Herstellung vollständiger Gewebe aus Glasfäden. Vgl. Emanuel Herrmann, Miniaturbilder aus dem Gebiete der Wirtschaft. Halle 1872. Die Geschichte der Glasspinnerei.

[2]) Vgl. darüber Lobmeyr S. 47 ff., 90 ff. Zu den arabischen oder unter arabischem Einfluss entstandenen Gläsern dieser Gattung gehört ein sog. Hedwigsglas *Kat. No. 4800* d. Bresl. Museums. S. darüber unten, Anhang II.

7*

Herstellungsweise der Glasgemälde abweichende spätere Bemalung von Fensterscheiben, wobei jedoch zunächst nur wenige und (ausser dem Schwarzlot) durchsichtige Glasmalerfarben (Blau, Gelb und Grün) Verwendung
fanden, der Übertragung dieser Verzierung auf Hohlgläser unstrei-
tig den Weg geebnet. Denn der Stil und die Auffassung der Darstellungen der Malereien auf den Gläsern des XVI. und XVII. Jahrhunderts
ist urdeutsch, so dass wie A. Ilg sehr richtig bemerkt, „*die Dekora-
ration dieser Gläser mit Emailfarben auf grünem Grunde im Zeitalter
der Renaissance das Charakteristische der deutschen Gläser ausmacht*“.

Durch Matthesius sind wir über den Zeitpunkt unterrichtet, wann die
Dekorierung der Gläser mit Emailmalerei in Deutschland in Aufnahme
gekommen ist. Es ist die Mitte des XVI. Jahrhunderts, also nahezu
90—100 Jahre später, als die Venetianer allem Anschein nach ihre
Gläser in derselben Weise zu verzieren anfingen.

Aus den Worten des Joachimsthaler Predigers geht hervor, dass dem
Bemalen der Gläser die Zeit vorhergegangen ist, wo man nur die Verzierung durch Knöpfe, Steine und Ringe kannte. „*Nachmalsz hat für-
witz jmmer ein newes vber das ander erdacht / etliche haben an die
weyssen gleser farben / allerley bildwerck vnd sprüche im küloffen
brennen lassen / wie man auch grosser Herrn contrafactur vnn wappen
auf scheyben gemalet / die man in die fenster versetzet*“.

Solche gemalte Scheiben aus der Renaissancezeit finden sich an allen
Orten in Deutschland. Meist sind dieselben in durchscheinenden Schmelzfarben gehalten, welche durch das eindringende Sonnenlicht zur Geltung
kommen. Dies ist eigentlich selbstverständlich, weil hierauf die künstlerische Wirkung des Glasfensters beruht. Eigentümlicher Weise finden
sich in Schlesien runde Nabelscheiben, welche mit deckenden, undurchsichtigen Emailfarben bemalt sind. Sie zeigen entweder religiöse Vorwürfe wie ein Crucifixus *(Kat. No. 677)* von 1656, von der Bäcker-
innung in Reinerz in die dortige Pfarrkirche gestiftet, und eine Kreuzigung mit Maria und Joseph *(Kat. No. 5608)* von 1595 aus Striegau,
eine Auferstehung von 1605 aus der Pfarrkirche von Klutschkau, Oberschlesien (*Kat. No. 9907'80)*, ein heiliger Laurentius von 1616 *(Kat.
No. 6750)* aus Hohenfriedeberg, oder Wappen und zwar adelige wie
Kat. No. 5609 und 5610 von 1660 aus Striegau; Zunftwappen, wie
das der Tuchscheerer *(Kat. No. 676)*, der Bäcker *(678)* und der Tuch
macher von 1611, alle aus Reinerz.

Das häufigere Vorkommen dieser bemalten Scheiben in der Grafschaft
Glatz weist vielleicht auf eine Fabrikation in einer der dortigen Hütten.

---

[1] Lobmeyr a. a. O. S. 103.

Für Hohlglas scheint die Bemalung mit eingebrannten Glasfarben jedoch nicht die älteste und allein geübte Technik gewesen zu sein. Bei Fensterscheiben konnte allerdings schon mit Rücksicht auf die Angriffe, welchen diese durch die Witterung ausgesetzt sind, kaum eine andere in Betracht kommen.

Das älteste gemalte deutsche Glas, welches mir zu Gesicht gekommen ist, befindet sich im Altertumsmuseum zu Freiberg in Sachsen. Es ist ein cylindrischer, sehr schwerer Deckelhumpen aus dunkelgrüner Masse, mit Ölfarben bemalt. Der Stil der Darstellung, ebenso wie die Deckelverzierung zeigen spätgotische Formen und gehören mindestens dem Übergange an. Ebenso spricht der gewählte Vorwurf dafür, dass die Zeit der Anfertigung dieses Glases ganz an den Anfang des XVI. Jahrhunderts, wenn nicht ins XV. zu setzen ist.

Die Darstellung bezieht sich auf einen mir unbekannten Vorgang aus der Geschichte des Kaisers Friedrich III. (1440—1493) und seines Ratgebers Aeneas Sylvius Piccolomini, des nachmaligen Papstes Pius II. (1458—1464). Das Glas stellt den Papst mit der dreifachen Krone auf einem Throne sitzend dar, hinter ihm Cardinäle. Vor dem Papste kniet der Kaiser, bekrönt mit einer mitraartigen Kopfbedeckung (Krone), in den Händen Reichsapfel und Kreuzstab (Szepter). Zwei Herren des Gefolges befinden sich in aufrechter Stellung vor einem, den Raum abschliessenden Wandbehang, welcher eine gotische Musterung zeigt.

Die auf der Rückseite befindliche Inschrift erklärt den Vorgang und enthält die unvermeidliche moralische Nutzanwendung:

Eneas pius bin ich genät
Mein lob vnd preis ist hobbekant
Eneaspius der bapst
Friderich der dritt ein römischer Kaiser.

Der zornig leeb verschonen thut
Dess der gein im zeiget demut
Also soll auch ein herrscher thon
Dem gelyhen ist des gewalts tron.

Der Deckel zeigt Ornament in Blau, Weiss und Rot; die Ölfarbe scheint mit einem Lack überzogen zu sein.

Der zweiten Hälfte des XVI. Jahrhunderts gehört eine Art von Malerei an, welche in Schlesien mehrfach auf hohen Cylindergläsern und in Verbindung mit den später zu besprechenden Gravierungen mit der Diamantspitze angetroffen wird. Das Bindemittel der Farbe scheint nicht Leinöl, sondern vielleicht Spicköl (Spicanard- oder Lavendelöl) gewesen zu sein; dieses wurde entweder mit einem Lack vermischt oder die Malerei erhielt nachträglich einen Lacküberzug. Trotzdem ist die Bemalung solcher Gläser vielfach zerstört und lässt zuweilen die Darstellungen nur in Bruchstücken erkennen. Einzelne haben sich jedoch vorzüglich erhalten, so namentlich mehrere Gläser im Rathaus zu Neisse. Es sind vier Stück:

1. ein hohes Cylinderglas aus violetter Masse mit gerissenen (mit dem Diamant gravierten) Ornamentstreifen; die Lackmalerei des mit Hohlcylinderfuss versehenen Glases stellt eine Patientia und eine Fortitudo dar;

2. ein ebensolches helles Glas; Lackmalerei mit gerissenem Ornament; erstere darstellend: Petrus mit dem Schweisstuch (vera icon) Christi, zu seinen Füssen Jacobus und Paulus, Fuss wie vor gebildet;

3. ein eben solches sehr hohes (über 50 cm) Glas, Lackmalerei mit gerissenem Ornament, Darstellung der Fides und Justitia, Fuss wie vor;

4. smaragdgrünes hohes Glas, oberer Teil abgebrochen, in Lackmalerei einen Engel mit den Passionsinstrumenten und den Hahn des Petrus zeigend. Von der Inschrift ist zu lesen: VON DEM PASSION . . . .

Das Mus. schles. Altert. verwahrt einen cylindrischen Humpen mit gerissenen ornamentierten Randstreifen und beschädigter Lackmalerei, welche einen Edelmann zu Pferde, begleitet von fünf Hellebarden tragenden Landsknechten darstellt; Fuss wie vor aus der Kugel erblasen und aufgetrieben.

Ausserdem haben sich noch Gläser dieser Art auf der Zunftstube der Breslauer Weissgerberinnung erhalten.

Es darf an dieser Stelle nicht unerwähnt bleiben, dass auch Wasserfarben, mit Leimwasser oder Eiweiss angerieben, zur Bemalung der hinteren Seiten von Glasplatten benutzt wurden, welche als Einlagen oder Füllungen von Kästchen u. dergl. Verwendung fanden. Die Hintergründe dieser Malereien wurden durch aufgelegtes Blattgold gebildet und das Ganze meist mit einem Firniss überzogen. Es sind dies die seltenen und gesuchten Glasmalereien, welche man nach einer aus der Zunftsprache der französischen Kunsthändler übernommenen Bezeichnung eglomisierte oder agglomerierte Gläser nennt. Die Etymologie dieses Namens hat bis jetzt allen Deutungsversuchen getrotzt. Wir werden auf dieselben im folgenden Abschnitte bei den Goldgläsern zurückkommen.

Das Museum schlesischer Altertümer besitzt unter *Kat. No. 427'81* ein gutes Beispiel dieser Gattung. Es ist ein Holzkasten, welcher aus der Kirche zu Bernstadt erworben wurde und in sechs Glasfüllungen die farbigen Darstellungen des Heilandes mit den zwölf Aposteln auf Goldgrund zeigt. Der Styl der Figuren ist der des XVI. Jahrhunderts.

Die eigentliche Emailmalerei mit eingebrannten Farben wurde in

Schlesien vielfach geübt, wie zahlreiche erhaltene Stücke beweisen. Dass im XVI. Jahrhundert in dieser Art bemalte, namentlich mit Wappen geschmückte Gläser beim Adel sehr beliebt waren, geht aus einer Stelle von Hans von Schweinichens Denkwürdigkeiten hervor. Er erzählt dort [1]), dass er ein Glas „gemalt mit seinen acht Wappen" in Sagan erwarb und dem holsteinischen Gesandten Hans Wolf Pansdorf verehrte. Der Preis von 6 Thalern, welchen er dafür zahlte, war für die damalige Zeit sicher ein hoher. Der Fabrikationsort dieses auf Bestellung gefertigten Glases wäre somit sichergestellt. Wir wissen jedoch, dass solche Gläser auch auf der Schreiberhauer Hütte gemacht und bemalt wurden. Zwei derselben haben sich im Besitz der Glasmacherfamilie Preussler fortgeerbt und sind gegenwärtig Eigentum des Glashüttendirektors Pohl zu Josephinenhütte, eines Nachkommen der alten Schreiberhauer Glasmeister.

Das eine ist ein kleines, schwach konisches Glas, H. 18 cm, o. D. 5,5 cm, aus grünlicher Masse; Fuss aus der Kugel. Die Malerei stellt einen Mann mit einem Glas und eine Frau mit Rose dar. Darüber: *W. Preuszler. M. Hansen. 1626. Mein Gott hilff mir, dass ich ein mahl kom zu Dir.* Unten: *Hütten an der Weissbach.*

Um ein Jahrhundert jünger, aber durch seine Darstellungen beachtenswert ist ein sehr grosser Cylinderhumpen mit Bodenreif und Deckel von 1727, D. 18, H. 37 cm, mit Deckel 47 cm. Die Malerei stellt das Innere einer Glashütte mit den Arbeitern am Glasofen dar, dabei eine Tischgesellschaft von 18 Personen: den Hüttenmeister Johann Christoph Preussler mit seinen männlichen Anverwandten und Gesellen. Die einzelnen Figuren sind mit Namen bezeichnet; nicht weniger als acht sind Mitglieder der Familie Preussler. Oben die Inschrift: *Amitia (sic!) paritur concordia*; in der Mitte, unmittelbar über dem Bilde: *Vivat die Kunstreiche Gesellschaft der Glasmacher*; unten: *Die Eintracht vermehret die kleinsten Dinge, die Zwietracht dagegen macht grosse geringe. wo redlichkeit wohnet, da grünet dass landt, die Treue vermehret das festeste Band.*

Ein von dem Vater des jetzigen Besitzers, dem durch seine Erfindungen bekannten und um die moderne schlesische Glasindustrie hochverdienten ersten Director der Josephinenhütte, Pohl, dem Museum schlesischer Altertümer überwiesenes gehenkeltes cylindrisches, oben schwach eingezogenes Trinkglas (Kuffe) mit eingestochenem Boden und Bodenreif aus der alten Schreiberhauer Hütte zeigt einen Hasen und zwei stylisierte Blumen in Roth und Gelb, u. D. 10,7, o. D. 8,7 cm, H. 16,5 cm; das Glas stammt anscheinend aus dem XVIII. Jahrhundert.

---

[1]) Hans v. Schweinichens Denkwürdigkeiten, hsgb. von Oesterley, S. 417.

Ein in Grisaillemanier bemalter Humpen, Mus. schl. Altert. *Kat. No.*
521'85, aus Warmbrunn, von 1694 mit Darstellungen aus dem Leben
der Fuhrleute ist wohl an diesem Ort oder ebenfalls in Schreiberhau
gefertigt.

Von einer andern bemalten Deckelkuffe von 1617, welche den Namen
des Verfertigers, Georg Wander, und der Hütte zu Friedrichswalde
in Böhmen trägt, ist schon oben (S. 14, 44, 74) die Rede gewesen. Fig. 26.

Nach Bucher [1]) sind die ältesten datierten mit Emailfarben bemalten
Gläser: ein Adlerhumpen in Laxenburg im sogenannten Speisesaale der
Franzensburg mit der Jahreszahl 1547, ein Kelchglas, auf beiden Seiten
das pfälzische Wappen, die Buchstaben M. D. Z. und die Jahreszahl

Fig. 26.

1555 zeigend im Kunstgewerbemuseum zu Berlin, sodann ein grünlicher
Henkelkrug, bemalt mit einem nackten Weibe, zwischen dessen Beinen
ein Fuchs durchläuft, im östreichischen Museum 1572.

Die ältesten gemalten und mit Jahreszahlen versehenen Gläser, welche mir in Schlesien zu Gesicht gekommen sind, stammen aus dem letzten Jahrzehnt des XVI. Jahrhunderts. Unter den im Besitz des Breslauer Museums befindlichen ist das früheste das schon (S. 96) beschriebene
Fadenglas des Hans Engelhardt von 1594 *(Kat. No. 647).* Aus demselben
Jahre ein Glas mit der Darstellung der Lebensalter und dem Wappen
des Lucas Reinhard Fröhlich *(Kat. No. 6900).*

---

[1]) Gesch. d. techn. Künste. III. Bd. S. 318. Vgl. Lobmeyr a. a. O. S. 105 ff.

Es folgt sodann ein cylindrischer Humpen mit eingestochenem Boden und Bodenreif, in sehr schöner Malerei das Breslauer Stadtwappen mit der Jahreszahl 1596 zeigend. Eine ringsum laufende Inschrift giebt die Namen der Ältesten und Bediensteten auf der städtischen Niederlage (Packhof) an *(Kat. No. 5617)*. Aus demselben Jahre 1596 ein Glas mit der Abbildung des Bethlehemitischen Kindermordes *(Kat. No. 5640)*. Von 1598 ein Glas mit einer Scene aus der Thierfabel *(Kat. No. 5084)*; von 1599 ein prachtvolles Adlerglas mit Crucifix, auf der Rückseite Kreuz mit Schlange *(Kat. No. 7781)*.

Die Malereien auf den emaillierten Gläsern des XVI. und XVII. Jahrhunderts behandeln in ganz Deutschland meist die nämlichen stets wiederkehrenden Vorwürfe, welche auch bei der Verzierung anderer Gegenstände aus Thon, Metall, Verwendung fanden. Es liegt die Annahme nahe, dass hier allgemein gekannte und dem Volke vertraute Darstellungsformen zu Grunde liegen, welche man als typische zu bezeichnen berechtigt ist. Die Stoffe sind:

1. Biblische, wie die Abbildung des bethlehemitischen Kindermordes von 1596, *Kat. No. 5640*, im Museum schlesischer Altertümer und ein Glas mit Moses und Aaron im Besitz der ehemaligen Altaristen-Communität an der Elisabethkirche zu Breslau, früher auf dem Archiv derselben Kirche aufbewahrt. Auch die Gläser mit den Bildern der Apostel (Apostelgläser) in ihrer typischen Darstellungsweise sind hierher zu zählen. Ein schönes Glas dieser Art von 1673 im Rathaus zu Neisse, ein zweites, mit dem Schlächterwappen von 1671 auf der Zunftstube der Breslauer Schlächterinnung „Grosse Bänke."

2. Nationale. Am häufigsten findet sich die Darstellung des doppelköpfigen Reichsadlers mit ausgebreiteten Flügeln, auf welchen die Wappen von 56 Reichsständen unter der Aufschrift: *Das heilige Römische Reich mit sampt seinen Gliedern* neben und untereinander aufgereiht sind. Die Wappenbilder sind bei allen Gläsern die nämlichen und folgendermassen bezeichnet:

Herald. links
{
4. Vicari: Braband, N. Sachsen, Westerreich, Schlessi;
4. Lantgraven: During, Edelsass, Hessen, Leuchtenberg;
4. Graven: Cleve, Saphoy, Schwartzburg, Cilli;
4. Ritter: Anndelaw, Weissenbach, Fraanberg [1]*), Strundeck;*
4. Dorfer: Bamberg, Ulm, Hagenaw, Sletstadt;
4. Birg: Magdaburg, Lutzelburg, Rotenburg, Aldenburg [2]*).*

---

[1]) Variante: *Stromberg.*   [2]) Variante: *Lineburg.*

Herald. rechts

4. *Baurn: Cöln, Regensburg, Costnitz, Saltzburg;*
4. *Stett: Augspurg, Metz, Ach, Lübeck;*
4. *Semper Frein: Luntburg, Wasserburg* [1]*), Thussis, Alwalden;*
4. *Burggraven: Maidburg, Nürnberg, Remeck, Stramberg* [2]*);*
4. *Marggraven: Merchern* [3]*), Brandenburg, Meichssen, Baden;*
4. *Sevl: Braunschweig, Baiern, Schwaben, Luttring.*

Fig. 27.

Bei einzelnen grossen Stücken kommen hierzu acht oben angebrachte Wappen der geistlichen Kurfürsten von Mainz, Trier, Köln, der Potestas zu Rom und der vier weltlichen Kurfürsten von Böhmen, Pfalz, Sachsen, Brandenburg.

Besonders schöne und seltene Exemplare, wie das Breslauer von 1599, *Kat. No. 7781*, Fig. 27, aus dem dortigen Rathaus stammend, tragen auf der Brust des Adlers einen aufgemalten Crucifixus; auf der Rückseite zuweilen ein Kreuz mit Schlange oder Blumen- und Rankenwerk. Diese Gläser haben im Kunsthandel den Namen A d l e r g l ä s e r oder R e i c h s h u m p e n erhalten. Es wäre verfehlt, aus der Wiederkehr der immer gleichen Darstellung auf eine gemeinsame Fabrikationsstätte schliessen zu wollen, wie man es unter Hinweis auf die angeblich gleiche Beschaffenheit und Farbe des Glases gewollt hat [4]). Das letztere trifft nicht zu, wie ein Vergleich des im Breslauer Museum befindlichen Glases mit den beiden Adlergläsern auf den Zunftstuben der Breslauer

---

[1]) Variante: *Westerburg.*   [2]) Variante: *Limberg, Maidburg, Romeck, Stamberg.*
[3]) Variante: *Merheri* (Mähren?).   [4]) Friedrich a. a. O. S. 167.

Weissgerber und der Schlächter „Grosse Bänke" von 1611 beweist. Noch weniger aber ist die Form der Gefässe übereinstimmend und eine sehr grosse Verschiedenheit herrscht in der Ausführung der Malerei, welche alle Zwischenstufen zwischen einer sorgfältigen, nahezu künstlerisch zu nennenden und einer nachlässigen, nur handwerksmässig betriebenen Anfertigung aufweist. Ebenso ist die Farbengebung zum Teil von hoher Leuchtkraft und glänzend decorativer Wirkung, zum Teil matt und wenig hervortretend.

Wir haben es vielmehr mit der an vielen Orten gefertigten Nachbildung einer beliebten und verbreiteten Darstellung zu thun, welche uns in einem ausgemalten Stiche des XVI. Jahrhunderts erhalten ist [1]). Dieser zeigt den Adler nebst Aufschrift, genau wie die Gläser, ist ohne Angabe des Urhebers, dagegen mit der Bezeichnung versehen: „gedruckt in Leipzig bei Nickel N. F."

Ähnlich dürfte es sich mit den sogenannten Kurfürstenhumpen verhalten. Ich glaube keine allzu gewagte Vermutung aufzustellen, wenn ich auch hier als Urbild einen im Volke umlaufenden Buntdruck voraussetze. Es war mir nicht möglich, in dieser Richtung Nachforschungen anzustellen; vielleicht findet sich ein solcher irgendwo noch vor. Die Kurfürstengläser zeigen in der Regel (vgl. das Stück Kat. No. 769'89 des Breslauer Museums) in zwei umlaufenden Reihen oben den Kaiser mit den drei geistlichen Kurfürsten von Mainz, Köln und Trier, welche als Zeichen ihrer Kanzlerwürde Schriftrollen in den Händen tragen, unten die vier weltlichen Kurfürsten von Böhmen, Pfalz, Sachsen und Brandenburg mit den Abzeichen ihrer Erzämter, alle zu Pferde.

3. Moralische. Hierher gehört z. B. die Darstellung der Lebensalter in typischen, allbekannten Bildern und Bezeichnungen, ein Stoff, von dessen Verbreitung die Thatsache Zeugnis ablegt, dass er ebensowohl zur bildnerischen Ausschmückung der Emporenbrüstungen der um die Wende des XV. Jahrhunders erbauten Annakirche zu Annaberg in Sachsen benutzt wurde, wie er noch heute auf Lithographien und bunten Bilderbogen der Jahrmärkte eine Rolle spielt. Das Breslauer Museum besitzt ein sehr schönes Glas dieser Art von 1594 mit dem Wappen des Lucas Reinhard Fröhlich. Kat. No. 6900 [2]). Auch die Personifikationen der Tugenden wie der Patientia, Fortitudo, Fides, Justitia auf den gemalten Gläsern im Rathaus zu Neisse sind hierher zu rechnen.

---

[1]) Ein Exemplar befindet sich z. B. im Königlichen Kupferstichkabinet zu Berlin.

[2]) Ein geschnittenes Glas vom Anfange des XIX. Jahrhunderts behandelt denselben Vorwurf in sehr guter Ausführung in den Kostümen der Zeit Kat. No. 211'83.

Zuweilen wird die Moral an einen genrehaft dargestellten Vorgang angeknüpft, in welchen sich nicht selten ein satyrisches Element mischt. So bei dem schönen Glase des Breslauer Museums, *Kat. No. 509'84*, von 1625, welches die „*Jungfraw Wolust*" mit ihren Beziehungen zu verschiedenen Ständen und ihren Folgen darstellt. Fig. 28. Vgl. auch *Kat. No. 8188*.

Fig. 28.

4. Genrehafte. Namentlich Jagdscenen sind ein häufig gewählter Vorwurf. Eine prächtig gemalte Treibjagd zeigt das Glas im Breslauer Museum *Kat. No. 632?* mit der Jahreszahl 1618. Das Wild (Hirsch, Hase, Bär, Fuchs, Schwein) wird von Hunden und zwei Jägern mit Jagdspiessen gegen die aufgestellten Netze getrieben. Auch Gegenstände aus der Tierfabel dürften hierher zu zählen sein, wie *Kat. No. 508'84*, einen Fuchs durch Gänse zum Galgen geführt darstellend, falls nicht auch hier satyrische Beziehungen obwalten. Später und seltener sind rein geschichtliche gemalte Gläser, wie das Glas mit Karl XII. von Schweden von 1714. *Kat. No. 4809*.

5. Lokale. Mit Vorliebe werden bekannte Örtlichkeiten, namentlich hohe Berge, in deren Nähe die Glasmacherei betrieben wurde, abgebildet. Dieser Art sind die sogenannten Fichtelberger Gläser[1]) mit Darstellung des Ochsenkopfes und der vier auf dem Fichtelgebirge entspringenden Flüsse, Main, Eger, Naab und Saale sowie der Tiere des Gebirges; ferner die in Sachsen sich öfter findenden Gläser mit Ab-

---

[1]) Lohmeyr a. a. O. S. 106 ff. Friedrich a. a. O. S. 138 ff. Bucher a. a. O. S. 316. Seibt a. a. O. S. 53.

bildungen der Feste Königstein[1]). Diese Gläser sind in Schlesien erklärlicher Weise nicht zu finden. Dagegen liegt es nahe, daselbst gemalte Humpen mit Darstellungen des Riesengebirgs, insbesondere der Schneekoppe zu vermuten, welche von Alters her[2]) auf die Phantasie sowohl der Landesbewohner als der fremden Gebirgswanderer durch ihre mächtigen Formen und die einsame Starrheit ihrer nackten Felsbildnungen gewirkt hat und nicht minder infolge der Rübezahlsage zu den von poetischem Hauche verklärten Bergen gehört. Jedoch ist dies nicht der Fall; ich habe nie eine alte, auf Gläser gemalte Darstellung des schlesischen Gebirges zu Gesicht bekommen. Dagegen tritt es auf den geschliffenen Gläsern häufig auf und bildet bis auf den heutigen Tag für die im Hirschberger Thal gefertigten Glasgravierungen einen der beliebtesten und am meisten wiederholten Vorwürfe. Vgl. unten: Veredelung durch Schliff und Gravierung mit dem Rade.

6. Auf den Eigentümer, dessen Leben und Thätigkeit bezügliche. Unter diese Gattung sind namentlich alle Wappengläser zu rechnen. Es ist eine Thatsache dass mit dem Emporkommen des geschliffenen und gravierten Glases die Beliebtheit der gemalten Gläser bei den vornehmeren Klassen schwand. Diese Wandlung des Geschmacks vollzog sich in der letzten Hälfte des XVII. Jahrhunderts. Dafür nahmen die bürgerlichen Stände, namentlich die handwerklichen Vereinigungen die mit Emailmalerei geschmückten Gläser von dieser Zeit ab fast ausschliesslich für sich in Anspruch. Zunftwappen mit Widmungen und Darstellungen der verschiedenen Handwerksthätigkeiten bilden noch fast das ganze XVIII. Jahrhundert hindurch die stets wiederkehrenden Verzierungen auf den zur Ausstattung der Innungsstuben gehörenden Glasgefässen. Noch manches schöne Stück dieser Art hat sich im Besitz der Innungen erhalten[3]), das Meiste ist jedoch bedauerlicher Weise in den Zeiten der Einführung der Gewerbefreiheit veräussert oder durch beutegierige Altertumshändler um ein Spottgeld entführt worden. Von hierhergehörigen Stücken aus dem Besitz des Museums schlesischer Altertümer sind zu nennen: *Kat. No. 447'83* (Tuchmacher), von 1707; *7367a* (Sattler und Schwertfeger in Glatz 1601); *6950* (Kürschner 1713);

---

[1]) Im historischen Museum im Johanneum und dem Museum des sächsischen Altertumsvereins im Grossen Garten zu Dresden.

[2]) Bereisungen des schlesischen Gebirgs fanden schon im XVI. und XVII. Jahrhundert statt; die älteste Eintragung in die Koppenbücher ist von 1696. Vgl. Vergnügte und unvergnügte Reisen auf das weltberühmte schlesische Riesengebirge. Hirschberg 1736.

[3]) Hier sind vor allem die Breslauer Innungen der Weissgerber und der Schlächter „Grosse Bänke" zu nennen, von welchen die letzteren, ausser den schon aufgeführten Gläsern, ein Innungsglas von 1682, einen Ochsen und einen Schlächter mit Beil darstellend, besitzen.

5615 (Tuchscheerer von 1620); 5660 (Tuchmacher von 1784); 512'85
(Fuhrleute von 1694); 710 u. 710a'89 (Hufschmiede von 1715 u. 1718).
Sehr schön ist auch das Glas der Breslauer Niederlage (*Kat. No. 5617*)
von 1596. Ein hübsches Glas dieser Art bewahrt das Rathaus zu Neisse;
es ist ein niedriger Willkomm mit hohlem Cylinderfuss. Die Emailmalerei stellt auf der einen Seite ein Wappen zwischen einem Manne mit
einem Trinkglas und einer Frau dar, darüber der Name: *Christoph
Gauglich*. Auf der entgegengesetzten Seite ein von zwei Männern gezo-
gener Bierwagen. Die zugehörige Inschrift lautet:

> *Dass ist meines Hausz Gerechtigkeit*
> *Daraus soll thun ein Jder bescheidt*
> *So zu mir kompt als Ein freund so ers*
> *Nur gutt von Herzen meint.*
>
> *Thu giessen lass flieszen*
> *Das Beste vndt Süsze*
> *Ja Bier Soll esz Sein*
> *Daraus mir Wollen*
> *Thun Ein Trincklein.*
>
> *1673.*

Auf Passgläsern findet sich öfter die Darstellung von Kartenbildern
zwischen zwei Pässen; namentlich der „Grünunter" mit der Beischrift
„*Ich fürchte mich nicht*", zu welchem als Gegenstück der „Eichelunter"
mit dem Spruch „*Ich steche dich*" gehört. Diese Gläser gehören
dem XVIII. Jahrhundert an; zwei im Kunstgewerbemuseum des Rudolfinum zu Prag befindliche tragen die Jahreszahl 1751. Weitere Exemplare sind aus der Sammlung Demmin und aus der Mustersammlung
des bayrischen Gewerbemuseums bekannt [1].

Auch die an und für sich selteneren Farbengläser wurden vielfach
durch Emailmalerei verziert. So namentlich das im XVII. und XVIII.
Jahrhundert in Schlesien sehr beliebte und in grösserer Menge angefertigte
B e i n g l a s. Unter den zahlreichen, jedoch meist dem XVIII. Jahrhundert
angehörigen Stücken des Museums schlesischer Altertümer sei auf einen
sehr schönen Becher, *Kat. No. 5622*, Fig. 29, hingewiesen, welcher
die Jahreszahl 1682 trägt und in stilisierter, sehr decorativ gehaltener
Malerei die bekannte Darstellung des Pelikans zeigt, welcher seine Jungen mit seinem Blute nährt. Darüber die Aufschrift: *Gleichwie der
belican seinen jungen treu gedahn.*

Im XVIII. Jahrhundert sinkt die Emailmalerei sowohl in Bezug auf
die Technik, wie auf die Wahl der Stoffe und den Stil der Darstellung
ausserordentlich. Sie findet sich fast nur noch auf kleineren Glasbechern,

---

[1] Vgl. Demmin, Keramik.-Studien. 4. Folge, Das Glas. Friedrich a. a. O. S. 104.

Stampen, welche das Gepräge gewöhnlicher Marktwaare tragen und in schlecht eingebrannten, wenig leuchtenden Farben Symbole der Liebe und Freundschaft, ein Herz mit zwei sich schnäbelnden Tauben, dazu die Zahl *3* (für Treue!) nebst entsprechenden Aufschriften tragen, z. B. *Kat. No. 139'85, 6335.*

Am längsten hielt sich die Bemalung auf Apothekergefässen, Schnupftabak- und Branntweinflaschen. Die letzteren zeigen gewöhnlich eine männliche oder weibliche Figur mit auf den Branntwein bezüglicher Aufschrift. *Kat. No. 4819, 5668, 6707, 6708, 6658, 8143; 7708* (Apothekergefäss).

Ein ferneres Beispiel dieser verklümmerten gemalten Gläser ist ein

Fig. 29.

Bierglas aus dem Schweidnitzer Keller (dem Breslauer Ratskeller), aus dem XVIII. Jahrhundert. Es zeigt, von Zweigen umschlungen als Zeichen der Stadt ein *W (Wratislavia)*, darüber eine Krone mit Bändern und die Zahl 15. *Kat. No. 4820.* Die späteste Jahreszahl unter den gemalten Gläsern des Breslauer Museums trägt *Kat. No. 4823.* Die Malerei in durchsichtigen Schmelzfarben stellt eine Landschaft aus der sächsischen Schweiz dar; darunter *S. Mahn fec.* 1811.

Am längsten soll sich die Glasmalerei in Deutschland in den Seestädten bei dem Gewerke der Glaser erhalten haben; die Krünitz'sche Encyclopädie, welcher ich diese Notiz entnehme, fügt hinzu (Bd. 18. S. 699): *„indem Niemand Meister werden kann, welcher nicht ein aufgegebenes Gemählde auf dem Glase einzubrennen versteht, wozu ihm der Altmeister die Zeichnung vorlegt".*

Allem Anscheine nach wurde die Emailmalerei in Schlesien, ausser auf den Hütten durch zu diesen gehörige Glasmaler, auch in den grösseren Städten ausgeübt, wo es zu keiner Zeit an derartigen Künstlern mangelte. Im allgemeinen ist wohl anzunehmen, dass die vollendeteren Stücke des XVI. und der ersten Hälfte des XVII. Jahrhunderts in den Städten entstanden sind, wo die Überlieferungen der Fensterglasmalerei sich erhalten hatten und die technischen Einrichtungen zum Einbrennen

der Malerei in vollkommener Weise zu finden waren. Denn durch Schebek[1]) erfahren wir von den böhmischen Glashütten der Falkenauer Gegend, dass die älteren Maler ihre gemalten Gläser in den Glutofen der
Glashütten einzusetzen pflegten und sich erst allmählich nach der 1764
erfolgten Aufhebung der Falkenauer Glashütte zur Errichtung besonderer
Einbrennöfen (Muffelöfen) bequemten. „Ja, es soll einzelne Maler gegeben haben, welche bis an ihr Lebensende die gemalte Glaswaare entweder nach Kreibitz oder nach Neuhütte zum Einbrennen trugen, je
nachdem da oder dort die Glashütte im Betriebe stand·".

Ich habe früher geglaubt, dass der Name Kleckmalerei, welcher
bei dieser Gelegenheit erwähnt wird, sich auf solche gemalte Gläser
bezieht, welche im Kühlofen der Glashütte gebrannt worden sind. Da
der Hitzegrad hierbei nicht genau geregelt werden kann, erfolgt leicht
ein ungleichmässiges Zusammensintern der Farbe, welche an einzelnen
Stellen in Klecksen zusammenrinnt. Bestärkt wurde ich in dieser Meinung
durch ein Glas aus der alten Schreiberhauer Hütte, welches der verstor-
bene Direktor Pohl von Josephinenhütte dem Museum schlesischer Altertümer geschenkt *(Kat. No. 580'90)* und ausdrücklich als *in Kleckmalerei* verziert bezeichnet hat.

Dem ist jedoch nicht so. Der in Böhmen und Schlesien vorkommende Ausdruck Kleckmalerei ist nur eine andere Bezeichnung für
die Emailmalerei mit undurchsichtigen Farben überhaupt, im Gegensatz zu Schmelzmalerei, womit noch heute eine eingebrannte Malerei
mit durchsichtigen Schmelzfarben bezeichnet wird[2]). So wird auch
die Erklärung für Kleckmalerei bei Schebek a. a. O. S. 19 verständlich,
*„bei welcher man die Farben massiv aufs Glas auftrug, so dass man
die Glasgemälde und ihren Umfang ebenso gut mit dem Gefühle als
mit den Augen bemerken konnte".* Dies ist aber nichts Anderes als
Emailmalerei.

Nicht unerwähnt darf bleiben, dass die im XVIII. Jahrhundert stark
betriebene Herstellung von Maleremail auf Metallgegenständen (Dosen)
zum Teil eine veränderte Technik des Malverfahrens auf Glas herbei-
geführt hat. Es finden sich einzelne kleinere, zum Teil geschliffene Glasbecher, bei welchen die mit feinen Strichen ausgeführte, fast miniaturartig
zu nennende Malerei auf einen weissen Emailgrund als Unterlage
gesetzt ist; dieser weisse Untergrund ist vom Innern der Gläser aus
sichtbar. Das Ornament und die Darstellung zeigen im Roccocogeschmack
ausgeführte Schäferscenen, modisch gekleidete Herrn und Damen in Gesellschaft u. s. w. Mus. schles. Altert. *Kat. No. 6657, 218'82, 800'82.*

---

[1]) Schebek a. a. O. S. 19, 20.

[2]) Es wird also ein Unterschied zwischen Email- und Schmelzmalerei gemacht.

Neben der bunten Bemalung war schon im XVII. Jahrhundert eine
Behandlung in nur zwei Farben, schwarz und weiss, in sogenannter
Grisaillemanier, üblich. Das Mus. schles. Altert. besitzt einen grossen
Humpen dieser Art von 1694, mit Darstellungen aus dem Leben der
Fuhrleute *(Kat. No. 512'85)* und ein kleineres cylindrisches Deckelglas,
auf drei Kugeln ruhend mit Goldrand und dem Bilde einer Bärenjagd,
ebenfalls aus dem XVII. Jahrhundert *(Kat. No. 658).*

Fig. 30.

Die Grisaille bildet den Übergang zu den einfarbig, nur mit Schwarzlot in Kupferstichmanier bemalten Gläsern, welche nach dem berühmtesten
Vertreter dieser Malweise, Johann Schaper († 1670) aus Harburg, gewöhnlich Schapergläser genannt werden [1]). Schaper übte seine Kunst

---

[1]) Vgl. darüber Lobmeyr a. a. O. S. 136. Friedrich a. a. O. S. 157 ff. Bucher
a. a. O. S. 138. Seibt a. a. O. S. 58. Von älteren Nachrichten ist nament-

8

seit 1640 vorzugsweise in Nürnberg aus. Die Arbeiten Schapers, kleine figürliche Darstellungen, Landschaften und Städteansichten sind meist in schwarzer Farbe oder in einem warmen Sepiaton fein und zierlich mit spitzem Pinsel ausgeführt. Die miniaturartige Behandlung führt zu der Vermutung, dass der Künstler sich bei einzelnen Arbeiten des Vergrösserungsglases bedient haben dürfte.

Fig. 31.

Neben Schaper muss diese Darstellungsweise von vielen anderen, darunter sehr tüchtigen Malern ausgeübt worden sein. Das Museum schlesischer Altertümer besitzt zwei hervorragende Stücke dieser Art: *Kat. No. 4302*, ein cylindrisches Glas mit dem Wappen des Kardinals und Fürstbischofs von Breslau, Friedrich, Landgraf von Hessen - Darmstadt (1671—1682) und Darstellungen römischer Krieger, sodann einen grossen, leider gekitteten Glashumpen, vorzüglich gemalt, *Kat. No. 6528*, (Fig. 30). Die Malerei ist vielleicht nach einem (mir unbekannten) Stich ausgeführt; sie zeigt einen Betrunkenen, welcher unter dem Zusammenlauf einer grossen Menge beiderlei Geschlechts in einen Schweinstall gesperrt wird. Auf der Rückseite die Aufschrift:

> *S. Augustinus*
> *Homo ebrius Superflua*
> *Creatura*
> *Nam*
> *abominatur â DEO*
> *despicitur ab Angelis*
> *deridetur â Hominibus*
> *confunditur â demonibus*
> *conculcatur ab omnibus.*

Nicht minder charakteristisch für die Gattung und gleich hochstehend in der Malerei sind zwei Schapergläser im Besitz des Geheimen Sanitätsrats Dr. Grempler zu Breslau. Das eine (Fig. 31) ist ein fussloser, leicht geschwungener und im unteren Teil mit Kantenschliff versehener

lich zu berücksichtigen: Doppelmayr, historische Nachricht von den Nürnbergischen Mathematicis und Künstlern. Nürnberg 1736, S. 233, Kugler, Beschreibung der Königl. Kunstkammer zu Berlin. S. 273.

Becher, welcher eine bewegte Scene aus einem Reitergefecht, die Kostüme aus der Zeit des grossen Kurfürsten, zeigt. Das andere (Fig. 32), ein kleines Stengelglas, trägt die Darstellung einer sitzenden weiblichen Figur auf einem von einem Baldachin überdeckten, von Löwen gezogenen Siegeswagen, welchem ein Adler voranfliegt. Auch Gläser, bei welchen neben Schwarz noch Gold zur Bemalung verwendet ist, finden sich; vgl. *Kat. No. 5655* mit Jagdscene.

In der zweiten Hälfte des XVIII. Jahrhunderts kam ein Malverfahren auf, bei welchem man Kupferstiche, namentlich Schwarzkunstblätter auf eine mit Firnis vorbereitete Glasplatte abzog und nachher mit Ölfarben ausmalte. Dieses wenig künstlerische Verfahren, bei welchem die Farben obendrein nicht eingebrannt wurden, ist im 18. Bd. der Krünitz'schen Encyclopädie S. 704 ff. angegeben. Ausserdem erwähnt dasselbe Werk a. a. O. S. 707 eine sog. chinesische Manier auf Glas zu malen, bei welcher die abzubildenden Gegenstände auf Zinnfolie gemalt und diese mit Quecksilber auf der Rückseite des Glases befestigt wurde. Namentlich Spiegel wurden in dieser Art verziert.

Fig. 32.

C. Veredelung durch Vergoldung.

Schon das Altertum hat eingebrannten Goldschmuck zur Verzierung der Gläser verwendet. Bekannter sind die in den römischen Katakomben gefundenen frühchristlichen Goldgläser in Form flacher Schalen oder runder Scheiben, welche zwischen zwei Glasschichten eine auf Blattgold mit der Nadel radierte Darstellung biblischen oder symbolischen Charakters und Inschriften, zuweilen auch mit Farbenauftrag besitzen[2]). Sie stammen aus dem II. bis IV. Jahrhundert nach Christus.

---

[1]) W. Froehner, la verrerie antique. Description de la collection Charvet, Paris. Le Pecq 1879. p. 101.

[2]) Bucher a. a. O. S. 277; F. X. Kraus, Die christl. Kunst in ihren Anfängen.

8*

Das Verfahren, auf der geschützten Hinterseite von Gläsern gravierte Goldplättchen, häufig in Verbindung mit Bemalung einzelner Teile des Bildes in Tempera- oder Wasserfarben anzubringen, war allem Anscheine nach das ganze Mittelalter hindurch bekannt[1]). Meist wurde die Darstellung durch einen wasserhellen Firnis geschützt. Diese Dekorationsweise wurde zuweilen als Ersatz für die Emailmalerei gebraucht; sie kommt jedoch in der älteren Zeit wohl kaum an Trinkgefässen, sondern meist an selbständigen Bildern und kleineren Platten vor, welche als Einlagen und Füllungen von Kästchen und Schmuckmöbeln verwendet wurden. Der alte Name für diese Technik war *„Musirung oder griechische Arbeit"*. Die französischen Sammler haben dieser Art von Gläsern den schon oben erwähnten Namen *verres églomisés* gegeben; in Deutschland findet sich zuweilen der Name P a u s c h - G l a s m a l e r e i dafür[2]). Das Museum schlesischer Altertümer besitzt ausser dem bereits unter den gemalten Gläsern (S. 102) erwähnten Kästchen, bei welchem das Gold nur den Hintergrund der Figuren bildet, ein Glastafelbild des XVII. Jahrhunderts *(Kat. No. 5611)* aus fünf Platten mit hinter dem Glas befindlichen Goldgravierungen bestehend, welche durch Bleifassung verbunden in einem gemeinsamen Holzrahmen sitzen. Die Darstellungen sind biblischen Inhalts und zeigen die Erschaffung der Eva, den Sündenfall, die Verkündigung, Kreuzigung und Ausgiessung des heiligen Geistes in sehr feiner Ausführung. Neben dem Golde ist als Hintergrundton

---

Leipz. 1873, S. 135 ff., G a r u c c i, Vetri ornati di figure in oro. Roma 1858, 1864; Friedrich in der „Wartburg" 1876/77, No. 9 u. 10; derselbe in der Zeitschr. des Münchener Kunstgewerbevereins 1879, No. 11 u. 12.

[1]) Vgl. die Stellen bei Theophilus lib. II, c. 13, 14, 16. Heraclius, Von goldverzierten Schalen. Vgl. Seibt a. a. O. S. 63.

[2]) Vgl. B u c h e r a. a. O. S. 291. A. Demmin, Encyclopédie des Beaux-Arts. S. 2008; derselbe, Keramik-Studien. 4. Folge, Das Glas, Leipz. 1883, S. 99. Das Lexique des termes d'art von J. A d e l i n e, Paris s. a. äussert sich über den Gegenstand (S. 412) folgendermassen: *Verres églomisés, se dit, dans le vocabulaire de la curiosité, de verreries décorées de motifs d'ornementation formés d'une feuille d'or fixée sous le verre et protégée par un vernis qui, remplissant les hachures et les vides, détache le motif en silhouette d'or sur fond noir. On donne aussi le nom de fixé peint aux verreries décorées d'ornements peint sous le verre et preservées des altérations à l'aide d'un vernis.* — Gerspach a. a. O. S. 160. Note. *On a donné récemment à ce genre le nom de verres églomisés ou agglomisés; c'est une expression de fantaisie que les collectionneurs ont adoptée sans motifs connus. Peut-être vient elle de Glomy, encadreur de dessins sous verre, connu au XVIIIe siècle.* Genau ebenso wird die Herstellung der Goldgläser angegeben bei Cennino C e n n i n i, Buch von der Kunst, hsg. v. A. Ilg, I. Bd. d. Quellenschr. z. Kunstgesch. Kap. 159, 172, S. 118 ff. „Wie man Musirungen macht um Reliquien zu schmücken." Dazu die Note v. Ilg und Teirich, Bl. für Kunstgewerbe 1872, S. 30.

für Rasen und Wolken ein Grün verwendet; ausserdem Rot in Spuren (Rachen eines Löwen).

Genau dasselbe Verfahren wurde gegen das Ende des XVII. und im XVIII. Jahrhundert zur Schmückung von Trinkgefässen verwendet; die inzwischen zur Entwickelung gelangte Schleiftechnik gab ein Mittel an die Hand, die auf das Blattgold gravierte Darstellung vor Beschädigungen zu schützen und ermöglichte überhaupt so erst diese Verzierungsart bei Gebrauchsgegenständen aus Hohlglas. Die Herstellung erfolgte in der Weise, dass man zunächst zwei sich nach unten verjüngende eckige Gläser so ineinander schliff, dass sie genau und ohne Zwischenraum in einander passten; die eckige Form war ebensowohl durch das Schleifen bedingt, als auch notwendig, um ein Drehen des inneren Glases in dem äusseren unmöglich zu machen [1]). Beide Gläser mussten, das eine von innen, das andere von aussen, dünn abgeschliffen werden, um am Rande, wo die Fuge liegt, als ein Gefäss zu erscheinen; auch war der innere Becher um die Bodenhöhe niedriger als der äussere. Da sich jedoch die Fuge zwischen beiden Gläsern im Rande nicht gut und vor allen Dingen nicht haltbar verbergen liess, so verlegte man dieselbe bei besseren Gläsern 6 bis 10 *mm* unter den Rand, wo sie durch einen herumlaufenden, von aussen angebrachten Goldstreifen gedeckt wer-

Fig. 33.

den konnte. Das innere Glas erhielt zu diesem Zweck in seinem oberen Teile einen Kantenschliff, welcher die Fortsetzung der Kanten des äusseren bildete; dieser blieb als Rand mit Falz erhalten, während der untere Teil in der oben erwähnten Weise dünn geschliffen und in das äussere Glas eingepasst wurde. Zusammengefügt bilden beide Gläser ein Ganzes mit zusammenhängenden Aussenflächen, deren Verbindung kaum zu erkennen ist. Waren die beiden Gläser durch den Schliff soweit vorbereitet, so wurde auf das innere Glas mit Hilfe eines Fixierungsmittels [2])

---

[1]) Es ist daher unzutreffend, wenn Friedrich a. a. O. S. 173 aus ästhetischen Gründen eine fortlaufende Rundung ohne Kantenschliff fordert.

[2]) Eine Mischung wird von Krünitz, Encyclopädie Bd. 18, S. 649 angegeben: Leinöl, etliche Tropfen Firnis, Mastix und Bleiweiss; ausserdem ist das Glas vorher mit ungelöschtem Kalk und Bleiweiss abzureiben. Eine andere bei Kunkel, Vollständige Glasmacherkunst, II. Teil, Kap. 21: Gummi arabicum und Borax in Wasser aufgelöst.

das Blattgold aufgebracht und in dieses mittelst der Radiernadel die Umrisse und sonstigen Linien der Darstellung eingraviert. Nach Beendigung dieser Arbeit wurde das Glas in das äussere Schutzglas, welches mit altem Leinöl ausgeschwenkt worden war, eingesetzt und die Fuge mit einem durchsichtigen Kitt verstrichen. Der Boden erhielt in der Regel auf einer von unten eingekitteten, rot überfangenen Platte gleichfalls eine verdeckte Gravierung in Blattgold. Derartige kreisförmige oder ovale Platten und Medaillons aus rot überfangenem Glase mit Goldgravierungen wurden überhaupt vielfach zur Verzierung bei geschliffenen Gefässen, namentlich Flaschen und Pokalen benutzt. Anstelle des Blattgoldes wurde auch zuweilen ganz in derselben Weise Silberfolie verwendet, welche nicht nur mit der Nadel durch Radierung verziert, sondern in der Regel noch ausserdem mit Lackfarben, meist rot und grün bemalt wurde.

Fig. 34.

Die in dieser Art verzierten Gefässe werden Gold- oder Zwischengläser, auch Pauschmalgläser genannt. Es sind meist niedrige, fusslose Becher, welche mit Jagdscenen geschmückt sind und wohl auch als Jagdbecher gebraucht wurden; (Bresl. Mus. *Kat. No. 5663, 7493, 9483, 205'83,* das letztere mit bunt bemalter Silberfolie), Fig. 33; jedoch kommen auch grössere Prachtstücke in Pokalform mit Parforcejagden und anderen Darstellungen vor; *Kat.*

No. 668, Fig. 34 mit Jagdscene; *No. 4813,* 24 kantig geschliffen, zeigt inmitten von reichem, sehr fein ausgeführten Goldornament eine von Engeln gehaltene Kartusche und die heil. Anna mit der jungen Maria zwischen Weinlaub. Das bei Kunkel a. a. O. cap. 27 angegebene und von Friedrich citierte Verfahren (a. a. O. S. 174) bezieht sich nicht auf Gläser, welche eine Gravierung in Gold zeigen, sondern bei welchen die ganze Fläche einen Farbenlüster auf Goldgrund erhält. Ein auf diese Weise hergestelltes Glas ist im Besitz des Herrn Epstein in Breslau. Das innere Glas ist aussen vergoldet; das äussere ist auf der Innenseite mit Streuglanz bestreut und darauf nach Art eines blauen Marmors oder Lapis Lazuli bemalt und die im Rande liegende Fuge verkittet. Inwendig hat es das Ansehen eines vergoldeten Bechers.

Fig. 35.

Weit umfassender, als die Verwendung der Goldfolie zu gravierten Darstellungen hinter Glas ist die Aussenvergoldung, welche zur Hervorhebung einzelner Teile, namentlich des Randes der Gefässe und der Gliederungen an den Pokalfüssen sowie den Fussplatten benutzt wurde. Auch einzelne Goldlinien an den Gefässkörpern dienten gleichem Zwecke. Bei den mit eingeschnittenen Darstellungen versehenen Gläsern wurden zuweilen zur Erhöhung der Wirkung die Schnittflächen vergoldet. An diesen Stellen hat sich die Vergoldung, dank der geschützten Lage, meist sehr gut erhalten [1]. Das Mus. schles. Altert. besitzt ausser einem becherförmigen Glase mit den Bildern der Apostel in ovalen Medaillons *(Kat. No. 5655)*, bei welchem alle Schnittflächen vergoldet sind, einen hohen Deckelpokal mit sehr schönem eingeschnittenem,

---

[1] Vgl. Schebek a. a. O. S. 135. „*Indem man die mittelst des Schnittes und der Gravierung vertieften Muster mit Firniss bekleisterte und mit geschlagenen Goldplättchen belegte, wurde der Übergang zur Blattvergoldung bewerkstelligt.*

zum Teil vergoldetem Roccocoornament und einzelnen mit der Nadel radierten Golddarstellungen, *Kat. No. 814.?*, Fig. 35, welcher zeigt, wie
durch die Nebeneinanderstellung von polierter und matter Vergoldung,
sowie von unvergoldeten Schnittflächen eine überaus prächtige Wirkung
zu erzielen ist.

Die ältere, solide Vergoldung war durchweg B l a t t v e r g o l d u n g,
unterscheidet sich also von der erst später aufgekommenen Feuervergol-
dung, bei welcher fein verteiltes Gold einem Flussmittel (aus Wismuth
und feinster Mennige) beigemengt, mit dem Pinsel aufgetragen, eingebrannt und mit Achat- oder Blutsteinen poliert wird. Noch weniger
haltbar ist die neuere G l a n z v e r g o l d u n g, welche nicht mehr poliert zu
werden braucht und zu deren Bereitung Goldäther und Schwefel-Balsam
mit etwas Lavendelöl gemengt wird.

Die dauerhafteste und beste Vergoldung in Deutschland wurde im
vorigen Jahrhundert auf der P o t s d a m e r Glashütte gefertigt; auch die
Randvergoldung der e n g l i s c h e n Gläser war wegen ihrer Haltbarkeit
berühmt[1]).

D. Veredelung durch Gravierung mit der Diamantspitze.

„Die Alt-Venetianer Fabrikation hat sich vielfach des in stylisti-
scher Beziehung mit dem Ätzen (?) verwandten Einritzens der Ornamente vermittelst eines Diamantes bedient". So äussert sich der Verfasser des fachmännischen Berichtes über die Glasindustrie auf der Ausstellung östreichischer Kunstgewerbe, welche zu Wien vom 4. Nov. 1871
bis 4. Febr. 1872 stattfand[2]).

Was Deutschland anbetrifft, so haben wir das Zeugnis des Matthesius, der im Anschluss an die schon angeführte Stelle, wo er von den
in Schlesien gefertigten Fadengläsern spricht, hinzufügt: *„Wie man yetzt
auff die schönen vnd glatten Venedischen gleser mit Demand allerley
laubwerck vnd schöne züge reisset"*. Ferner wissen wir, dass viele der
Edelstein- und Glasgraveure des XVII. Jahrhunderts auch die Diamantspitze zu handhaben verstanden und dass insbesondere der berühmte

*Jetzt ist es ganz davon abgekommen. Ehedem aber ging viel Glas mit solchem
Goldschnitt nach Portugal, Spanien und nach dem Abfall der Kolonien nach
Mexiko.* [1]) Krünitz, Encyclopädie. Bd. 18. S. 649.

[2]) Mit L. (Lohmeyr?) gezeichnet, hsg. vom östr. Museum für Kunst und Industrie. Wien 1872.

Georg Schwanhardt 1653 nach Regensburg berufen wurde, um Kaiser Ferdinand III. in dieser Kunst zu unterrichten. Die Gravierung mit dem Diamant wurde also damals und auch noch im folgenden Jahrhundert als Liebhaberkunst ausgeübt.

Obwohl diese Angaben auf eine frühe und ausgedehnte Anwendung dieser Verzierungsweise schliessen lassen, so sind doch nur wenig gute ältere erhaltene Stücke bekannt geworden. Die kunstgewerblichen Handbücher beschäftigen sich daher mit dieser Technik gar nicht oder sie finden sich ziemlich stiefmütterlich mit derselben ab. Gerspach bildet in seinem Buche, *la verrerie* auf S. 253 u. 255 ein Glas des Nürnberger (?) Museums von 1584 ab, auf welches mit dem Diamant einige Namen gekritzelt sind. Meist jedoch werden als Beispiele holländischer, in Punktmanier hergestellte Gläser von der Mitte des XVIII. Jahrhunderts angeführt. So bei Friedrich [1]), welcher allerdings einen mit der Diamantspitze gravierten deutschen Spechter des XVII. Jahrhunderts (wo befindlich?) erwähnt, dann aber sofort auf die holländischen Arbeiten, namentlich des Frans Greenwood zu sprechen kommt. Die mit wunderbarer Feinheit ausgeführten, wie ein Hauch auf dem Glase liegenden Gravierungen dieses Kunstliebhabers führen den ausgezeichneten Kenner unserer alten heimischen Glasindustrie zu dem Urteil „dass diese Technik ihre höchste Ausbildung im XVIII. Jahrhundert in Holland erreichte".

Vielleicht würde Friedrich die Blütezeit der Glasgravierung auf eine um zwei Jahrhunderte frühere Zeit und nach Deutschland verlegt haben, wären ihm die schlesischen „gerissenen" Gläser bekannt gewesen. Hat er doch mit einem gewissen Ahnungsvermögen aus der Verbindung jener oben citierten Stellen des Matthesius auf die Fabrikation solcher Diamantgravierungen in Schlesien geschlossen! Mag man auch jenen Zusammenhang beider Stellen nicht zugeben, so beweist doch das Vorhandensein vieler mit dem Diamant geritzter Gläser in Schlesien, dass jene Kunst in diesem Lande mehr als anderswo geübt worden ist, wenn auch nicht auf venetianischem, so doch auf einheimischem Glase. Ausserhalb Schlesiens finden sich solche Gläser nur ganz vereinzelt in wenigen Museen [2]).

Wir sind also wohl berechtigt, in der Verzierung von Trinkgläsern mit der Diamantspitze eine eigentümliche, schlesische Kunstübung zu erblicken, um so mehr als sich alte Nachrichten über solche Gefässe und deren Benennung erhalten haben. Im Königl. Staatsarchiv zu Breslau [3]) wird ein 1631 auf Veranlassung des durch seine tragische Verwicke-

---

[1]) A. a. O. S. 227.   [2]) Das Rijksmuseum zu Amsterdam soll mehrere besitzen.

[3]) Signatur L. B. W. I. 286. Der Titel lautet: Inventaria über der Herzogin Barbara Agnes, geborenen Herzogin zu Liegnitz und Brieg, vermählten Schaff-

lung in die Wallenstein-Katastrophe bekannten kaiserlichen Generals Hans Ulrich von Schaffgotsch aufgenommenes Inventar über die Hinterlassenschaft seiner Gemahlin Barbara Agnes, einer geborenen Herzogin zu Liegnitz und Brieg aufbewahrt. In diesem an Kleidungsstücken, Schmuck und allerlei kostbarem Besitz einer vornehmen Dame der damaligen Zeit sehr reichen Verzeichnis finden sich unter vielen anderen Glassachen aufgeführt:

Ein violbraun glässern Kriegel, gerissen mit einem zienern Deckel.
Ein klein gerissen glässern Fläschchen in Silber eingefasst.
Ein grön geriessen Glas.

Dass unter gerissen nur die Diamantgravierung verstanden werden kann, liegt auf der Hand. Es giebt keine kürzere und passendere Bezeichnung für diese Technik. Ihre Wiedereinführung in die Sprache des Kunstgewerbes wäre darum sehr zu empfehlen.

Die Diamantgravierung ist bei den aus dem XVI. und dem Anfang des XVII. Jahrhunderts in Schlesien vorkommenden Stücken immer in zusammenhängenden Zügen, in Strichmanier ausgeführt. Sie kommt sowohl selbständig und allein zur Verwendung, als auch in Verbindung mit der oben erwähnten Lackmalerei. Im letzteren Falle sind es einzelne Ornamentbänder, Zierstreifen oder Arabesken, welche die Malerei oben und unten begrenzen oder einrahmen; bei selbständigem Auftreten zeigt die Gravierung hauptsächlich figürliche Darstellungen, welche durchaus stilgerecht nur in Umrisszeichnung, mit leichter Andeutung der Modellierung durch Strichlagen behandelt sind; das Ornament ist ebenso sachgemäss ein fortlaufendes, aus gleichen Elementen gereihtes Bandmotiv. Fast immer aber erscheint die Gravierung auf einem naturfarbig grünen oder einem dunklen (violetten) Farbenglase. Denn nur auf dunklem Hintergrund heben sich die hellen eingeritzten Linien wirkungsvoll ab und lassen die Zeichnung deutlich hervortreten. Das Mus. schles. Altert. besitzt von gerissenen Gläsern: einen hohen cylindrischen Humpen mit Hohlcylinderfuss; die Gravierung zeigt zwei Edelleute zu Pferde in der spanischen Tracht vom Ende des XVI. Jahrhunderts zwischen Blumenwerk, *Kat. No. 510'84*, auf Tafel I abgebildet; oben und unten Spuren von vergoldeten Streifen. Ferner ein ebensolches Deckelglas, *Kat. No. 780'89*, auf Tafel I ebenfalls mit abgebildet. Zwischen zwei Ornamentbändern die Figur der Fortuna in sehr schöner Zeichnung, als nacktes Weib über einer Erdkugel schwebend mit einem geblähten Segel in der erhobenen

---

gotschin, Semper Freyin und Freyen auf Trachenberg, Frauen auf Kynast, Greifenstein, Kemnitz, Praussnitz, Schmiedeberg, Giersdorff, Hertwigswaldau und Rausche verlassene Mobilien und was davon an Sr. Kayserl. Maytt. übersendet worden. 1631—1636.

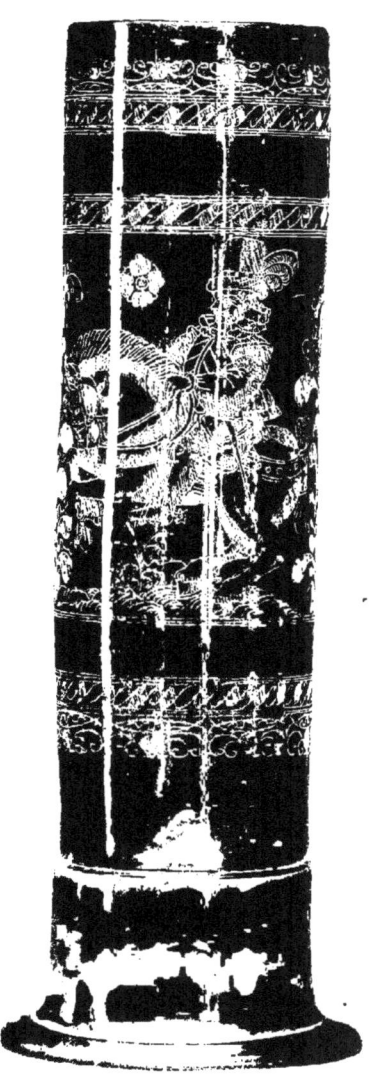

780·89.   510·84.

Mit der Diamantspitze gravierte (gerissene) Gläser des XVI. und XVII. Jahrhunderts.

Linken. Auf der gegenüberliegenden Seite ein Wappen mit der Beischrift: *Wie Gott wiel, so ist mein Ziel. 1609. Johannes Modlig s.*

Ein weiteres Glas, *Kat. No. 451'83* von 1636 enthält nur Schrift und ein oben (S. 102) schon erwähntes, *Kat. No. 512'84,* neben der Diamantgravierung noch Figurenbemalung in Lackfarbe. Mehrere Gläser der letzteren Gattung bewahrt, wie gleichfalls bereits oben (S. 102) mitgeteilt, das Rathaus zu N e i s s e auf. Jedoch besitzt diese alte Bischofsstadt auch einen reichen Schatz von Gläsern, welche durch Gravierung allein verziert sind. Vor allem das Glas des Breslauer Bischofs A n d r e a s J e r i n (1585—1596) mit dem schlesischen Bindenadler auf der einen, und dem Breslauer Bistumswappen, vereinigt mit dem Jerinschen (schreitender Löwe), auf der andern Seite. Inschrift: *Andreas Wratislaw.*; Fuss aus der Kugel erblasen und aufgetrieben. Das Glas ist leider bei einer Benutzung 1883 zerbrochen worden und wird jetzt mittelst eines durchbrochenen Silberstreifens zusammengehalten. Als einzig dastehendes Stück ist ferner ein teilweis zerstörtes Trinkservice aus grünlichem Glase zu bezeichnen. Dasselbe (Fig. 36) besteht aus drei cylindrischen Teilen, von welchen der untere den grössten Durchmesser hat; die oberen Teile, jeder von kleinerem Durchmesser als der vorhergehende, bilden mit ihrem ausgeschweiften Fuss den Deckel für die darunter befindlichen Stücke. Jeder Teil hat 4 Ösen von Glas zum Einhängen der ebenfalls cylindrischen mit Haken versehenen Trinkbecher. Alle Stücke sind mit gerissenen Darstellungen verziert. Das unterste zeigt die Figuren der Justitia, Fides und Spes mit der Randumschrift: *Vinum laetificat cor hominis.* Das zerschlagene Mittelstück lässt

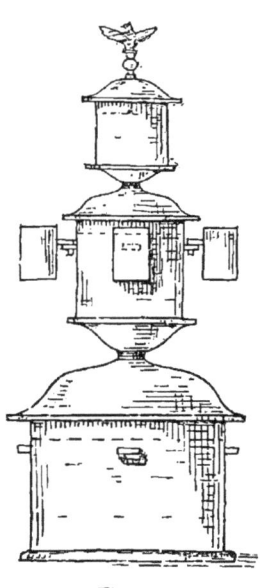

Fig. 36.

noch eine männliche und zwei weibliche allegorische Figuren erkennen. Der obere Teil endlich weist eine Jagdscene auf und trägt einen von einem vergoldeten Doppeladler bekrönten Deckel. Von den zugehörigen Trinkbechern sind drei erhalten; sie tragen die Inschriften:

1) *Spes mea Christus,* 2) *In vinum (sic!) Veritas,* 3) *Zu Gott vertrawen ich will.*

Einen mit dem kursächsisch-polnischen Wappen in der Art der Hofkellereigläser bemalten, sonst ganz gleich gestalteten Trinkaufsatz von 1658 bewahrt das Kgl. historische Museum im Johanneum zu Dresden. Der Aufsatz besteht gleichfalls aus drei cylindrischen Teilen; am mittleren sind Ösen angebracht, an welchen sechs Gläser hängen.

Von in Punktmanier mit der Diamantspitze gravierten Gläsern kommen vereinzelt kleine Kelchgläser oder Becher mit Wappen- und Tierdarstellungen oder freien Arabesken, sogenannte Wolfsgläser vor. Dieselben dürften wohl der böhmischen Fabrikation angehören[1]).

Von der Verzierung der Gläser durch Ätzen habe ich nur ganz vereinzelte Beispiele gefunden.

E. Veredelung durch Schliff und Gravierung mit dem Rade.

Der Schliff des Glases hängt aufs engste mit der Edelsteinschleiferei zusammen. Dies bezieht sich nicht bloss auf die grobe Handhabung desselben, die Glättung und Herstellung von abgesetzten Kanten und Flächen, sondern ebenso auf die künstlerisch ausgeführte Gravierung, welche ihr Vorbild in der Steinschneidekunst, der Herstellung von Intaglien (Gemmen und Cameen) hat. Wurde doch das Glas im Altertum und während des ganzen Mittelalters als Ersatz und zur Verfälschung von Edelsteinen benutzt! Manche vermeintliche Edelsteine besonderer Grösse, von welchen alte Nachrichten sprechen und Gefässe, welche angeblich aus solchen hergestellt sind, haben sich nachträglich als Glasflüsse erwiesen. So namentlich der sog. hl. Gral im Dom zu Genua, nach der Überlieferung ein Smaragdgefäss, welches als grösste Kostbarkeit verehrt wurde, jedoch bei näherer Untersuchung als Glas erkannt worden ist. — Vollständig im Cameenschnitt gehalten sind die beiden schönsten Glasgefässe, welche uns das Altertum hinterlassen hat, die sog. Portland- oder Barberini-Vase im British-Museum und eine zweite in Pompeji gefundene mit Darstellungen einer Weinlese, welche jetzt im Museum zu Neapel aufbewahrt wird. Bei beiden befindet sich eine Lage weissen Glases über einer blauen Schicht; in die erstere ist die Darstellung eingearbeitet und überall der blaue Grund blossgelegt, genau so wie die Steinschneidekunst bei den aus verschieden gefärbten Lagen bestehenden Halbedelsteinen, namentlich Onyxen und Achaten verfährt.

---

[1]) Vgl. Kunstgewerbebl. Neue Folge. 1889. A. Hofmann, Die nordböhm. Hohlglasindustrie. S. 13.

Diese höchste Stufe der Vollendung, welche die Stein- und Glasschneidekunst des Altertums und vielleicht aller Zeiten erreichte, ging in den
Zeiten der Völkerwanderung und des frühen Mittelalters verloren. Eine
grobe Schleiftechnik für Edelsteine und Glassteine hatte sich jedoch
durch die Stürme der Zeiten hindurch erhalten. Das Bedürfnis nach
bunten Schmuckgegenständen war selbst bei barbarischen Völkerschaften
zu gross, um die Kenntnis des Verfahrens ganz untergehen zu lassen.
Viele Funde in fränkischen und allemanischen Gräbern, in der Krim zeigen
an Fibeln, Arm- und Halsringen die Verwendung von geschliffenen Halbedelsteinen wie Carneolen, Almandinen sowie Glassteinen. Auch die
Kirche brauchte zum Schmuck der Cultgeräte, der liturgischen Gewänder
und Bücher grosse Mengen von ächten und aus Glassflüssen hergestellten Steinen. Im VII. Jahrhundert wird noch ein berühmter Steinschneider, der hl. Eligius, der Patron der Goldschmiede, namhaft gemacht.

Nach den Angaben des Theophilus[1]) war das beim Schliff geübte Verfahren ein ziemlich rohes; es bestand im Wesentlichen im Hin- und Her-
reiben des auf ein Stück Holz gekitteten Krystalls auf einem harten
Sandsteine unter beständigem Zugiessen von Wasser. Doch kannte
man auch schon den rotierenden Schleifstein oder die Schleifmühle[2]).

Die Kenntnis der groben Schleiftechnik war namentlich in den an
edlen Gesteinen reichen Gebirgsgegenden oder an den Sitzen der Ver-
arbeitung zu Schmuckgegenständen das ganze Mittelalter hindurch bekannt.
Wir wissen dies von den schon 1454 erwähnten Steinschleifereien des
Nahethals bei Oberstein und Idar; auch in dem Vertrag, welchen Herzog Albrecht V. (1550—1579) mit dem Glasmacher Bernhard Schwarz
aus Antwerpen abschloss, werden Schleifmühlen zu Schwäbisch-Gmünd
genannt, in welchen die Waare (Glaskurzwaare oder Conterie) geschliffen
und von dort über Antwerpen nach Indien verfrachtet werden sollte[3]).

In dem seiner edlen Steine wegen viel abgesuchten schlesischen Gebirge reicht die Bekanntschaft mit dem Steinschliff gleichfalls weit zurück.
Das Hirschberger Thal ist ein alter Sitz der Steinschneiderei; schon
in der erwähnten, aus dem XV. Jahrhundert stammenden Handschrift der Breslauer Stadtbibliothek, welche unter dem Namen *Chrysopoeie* eine Sammlung von Anleitungen für die Gold- und Edelsteinsucher
giebt, findet sich eine vollständige und genaue Beschreibung einer Maschine
zum Edelsteinschleifen, wie sie noch heute gebräuchlich ist, sowie des Schleif-

---

[1]) lib. III, c. XCIV.

[2]) Heraclius, lib. III. c. XII. „quomodo politur lapis et deus animalis."

[3]) Dr. J. Stockbauer, Die Kunstbestr. am bayr. Hofe etc. Quellenschr. f. Kunstgesch. Bd. VIII. Friedrich a. a. O. S. 209.

verfahrens [1]). Es war also ein günstiger Boden für die Entwickelung der Glasschleiferei vorhanden, zumal auch die zum Betrieb der Schleifmühlen erforderliche Wasserkraft sich reichlich fand.

Jedoch vermochte man in Schlesien ebensowenig den grossen Schritt von der groben Flächenschleiferei der Edelsteine zum künstlerischen Glasschnitt selbständig zu thun, wie dies anderwärts in Deutschland möglich war. Dieser nun war während des ganzen Mittelalters in Deutschland, ja wahrscheinlich im ganzen Abendlande unbekannt und ist nirgends ausgeübt worden. Keine Nachricht hat sich darüber erhalten, während wir über fast alle andern Kunstübungen unterrichtet sind. Ich weiss sehr wohl, dass man vielfach und auf das Urteil berufener Kenner, wie Essenwein gestützt, die sogenannten Hedwigsgläser für deutsche Erzeugnisse hält [2]). Der Nachweis hierfür ist noch nicht erbracht; ich meinerseits kann mich diesem Urteil nicht anschliessen. Diese dem XIII. Jahrhundert zugeschriebenen Gläser mit ihrer ganz eigenartigen Schleiftechnik *(taille d'épargne)* sind vereinzelte Erscheinungen in einer Zeit, welche erwiesenermassen in diesem Kunstzweig und auch in dem innig damit zusammenhängenden Edelsteinschnitt gar nichts leistete und über das Verfahren, Glas und Krystall zu schneiden, nur absurde Fabeln aufzutischen wusste [3]). Wer je eines dieser Gläser näher studiert hat, wird sofort zugestehen, dass ein himmelweiter Unterschied zwischen dem ausgesparten Tiefschnitt derselben und den mit Gravierungen verzierten sogenannten geschliffenen böhmischen Gläsern besteht. Wären die Hedwigs-

---

[1]) Breslauer Stadtbibliothek. Hs. R. 454. Der Anfang der Anweisung lautet folgendermassen: *Wiltu dy edelin steyne poliren, so mustu zcu dem irstin eyne mole adir getczeugk, dorczu V scheybin vnd seyne spillen gehoren; dy irste scheybe sal seyn aus bley, dy andir von tczehen (Zinn), dy dritte von coppir, dy virde von stole, dy V. von lindenn holtcze adir von rewschim ledir. Alzo hostu den getczewg. — So du dy edelin steyne poliren wilth, so saltu sy zcu dem irstin au eyne spille köten. — Du salt den koth* (Kitt) *alzo machin:* etc. Es folgt alsdann eine Reihe von Recepten von Kitten und Schleifmitteln für die einzelnen Steinarten. Auch Matthesius spricht an einer Stelle von dem *„schneidzeug vnd redlein"* der Steinschneider, ohne jedoch nur mit einer Silbe des Glasschnitts zu gedenken!

[2]) Im Anz. f. d. Kunde der deutschen Vorzeit. 1879. S. 34. Friedrich a. a. O. S. 195 ff. A. Hofmann, Kunstgewerbebl. 1889. S. 12, hält böhmischen Ursprung nicht für ausgeschlossen und schliesst auf eine nicht gerade lose Verwandtschaft mit Rücksicht auf den böhmischen Facettenstil (?).

[3]) Heraclius I, c. IV. Der Verfasser giebt die Anweisung, das warme Blut eines grossen Bockes, welcher eine Zeit lang mit Epheu gefüttert worden, mit Essig zu mischen und damit fette Regenwürmer zu begiessen, sodann das Glas mit dieser Mischung zu bestreichen und so zu erweichen. Alsdann könne es mit einem Steine, Pyrites genannt, leicht geschnitten werden. (Nach Plinius XX, procem. u. XXXVII. H.)

gläser wirklich deutsches Fabrikat, so müssten sich wenigstens an einzelnen Orten Gläser ähnlicher oder verwandter Ausführung erhalten haben, welche die Bindeglieder darstellen und die Lücke zwischen dem XIII. und XVII. Jahrhundert ausfüllen, ebenso wie auch abendländische oder deutsche Vorstufen des Glasschnitts vor dem XIII. Jahrhundert vorhanden sein müssten. Denn im Kunstgewerbe ist ebensowenig, als in der Natur ein Sprung jemals nachzuweisen.

Ein näheres Eingehen auf diesen Gegenstand muss ich mir für eine andere Gelegenheit vorbehalten. (S. unten, Anhang II.)

Der allgemeinen Annahme nach gaben die italienischen Krystallschneider, welche Kaiser Rudolph II. an seinen Hof nach Prag berufen hatte, den Anstoss zur Entwickelung des Glasschnittes. In Italien stand die Kunst der Edelsteinschneiderei am Ende des XVI. Jahrhunderts in hoher Blüte; Bernardi zu Castelbolognese, Bontalenti zu Florenz und die beiden Brüder Girolamo und Gaspare Miseroni zu Mailand werden als die berühmtesten Meister dieser Kunst genannt. Die beiden letzteren werden unter den von Rudolph II. beschäftigten Künstlern aufgeführt. Mit der Verlegung der Residenz nach Wien hörten für diese italienischen Krystallschneider und für die Einheimischen, welche sich gleichfalls dieser Kunst zugewandt hatten, die Aufträge auf und sie sahen sich genötigt, ihre Thätigkeit auf ein anderes Gebiet — die Verzierung von Gläsern — auszudehnen. Inzwischen hatte auch die Herstellung von Glasgefässen aus reiner weisser Masse — eine Vorbedingung für die Verzierung durch Gravierung — grosse Fortschritte gemacht, wie wir aus den Nachrichten Balbins wissen [1]).

Von den Italienern und den bei ihnen in die Lehre gegangenen Deutschen dürften zunächst einzelne Stein- und Wappenschneider das Verfahren des Edelstein- und Glasschnitts mit dem Rade gegen Ende des XVI. Jahrhunderts angenommen haben. Diese sind auf die Entwickelung des Krystall- und nicht minder des Glasschnitts sicher nicht ohne Einfluss geblieben. Obwohl hauptsächlich Metall- und Münzstempelschneider, haben sie öfters auch diese Künste geübt [2]). Für Schlesien können wir dies an zwei Beispielen nachweisen. Der Münzstempel- und Wappenschneider Matz K a u e r l a s fertigte 1585 für den Breslauer Bischof Andreas Jerin zwei Bergkrystalle zu Reliquiaren mit geschnittenen Darstellungen, welche noch im Breslauer Domschatz aufbewahrt werden. Die wegen dieser Stücke gepflogene Korrespondenz hat sich — ein seltener Fall — ebenso wie die Stücke selbst erhalten [3]).

---

[1]) B a l b i n u s. Miscellanea historica regni Bohemici. Prag 1679. I. cap. 21.

[2]) Vgl. A. Schultz, Zeitschr. f. Gesch. u. Altert. Schlesiens, VIII, 395.

[3]) Über den Künstler vgl. ebenda; ferner v. S a l l e t, Zeitschr. f. Numismatik.

Der zweite Fall betrifft ein im grünen Gewölbe zu Dresden aufbewahrtes Kunstwerk, ein in Bergkrystall geschnittenes Reliquienkästchen, in Nachahmung eines grösseren zu Florenz befindlichen, gefertigt von dem Breslauer Wappen- und Münzstempelschneider Daniel Vogt, welcher in der zweiten Hälfte des XVII. Jahrhundert lebte [1]). Auf den vier grösseren Flächen sind die Leidensgeschichte und die Kreuzigung, auf den kleinen Platten des dachförmigen Deckels die heiligen Frauen, die Auferstehung und Himmelfahrt auf das feinste eingeschnitten. Der hohe künstlerische Wert dieser Stücke beweist, dass wir es mit einer nicht gewöhnlichen Kunstfertigkeit zu thun haben.

Als ersten Vertreter der Glasschneidekunst bezeichnen ältere Nachrichten den Caspar Lehmann zu Prag, welchem 1609 ein kaiserliches Privilegium für die Erfindung dieser Kunst erteilt wurde. Friedrich [2]) glaubt diese Angabe dahin einschränken zu müssen, dass Lehmann nur eine Verbesserung am Schleifstuhl, nämlich den Ersatz des Handkurbelbetriebs durch ein Tretrad erfunden habe [2]). Indes ist es immerhin möglich, dass er der erste war, welcher die Gravierung mit dem Rade zur De - koration von Gläsern verwandte und vielleicht zu diesem Zwecke einige Verbesserungen an der Maschine, der Grösse und Form der Spindeln und Räder, des Polierverfahrens und dergleichen anbrachte. Auf die Trittbewegung mit dem Fusse möchte ich die Angabe beziehen, da von seinem Schüler und Nachfolger Georg Schwanhardt (1601 bis 1667) durch Sandrart ausdrücklich berichtet wird, dass er zu den grossen und schweren Instrumenten und Rädern, deren er sich bediente, Gehilfen und Radzieher notwendig gehabt habe, sowie dass unter den allzu starken und rauhen Werkzeugen die Feinheit und Lieblichkeit der Arbeit gelitten habe. Dies heisst nichts Anderes, als dass er das Glas stark angreifende Schleifscheiben verwendete, zu deren Bewegung die Kraft des an dem Schneidzeug Arbeitenden nicht ausreichte und eine zweite Menschenkraft zu Hilfe genommen werden musste. Es war also

---

Bd. XIII, S. 50. Friedensburg, Berl. Münzblätter 1885, No. 64. Die betr. Korrespondenz im Bresl. Staatsarchiv. Fürstentum Neisse IX. Brief des Breslauer Goldschmieds Paul Nitsch an den Bischof Jerin d. d. 23. November 1585. *„wass die grosse flache cristal belanget, hab ich ein crucifix darin zu schneiden angedinget, hat mir, 'der sie macht, Matz Kauerhas, zugesaget, sie in 14 Tagen zu fertigen . . . .* Brief des Bischofs in derselben Angelegenheit an Nitsch d. d. Neiss .v 18. Juli 1586 ebenda.

[1]) G. Th. Graesse, Katalog des K. grünen Gewölbes zu Dresden, 1879. Über Daniel Vogt und seine Arbeiten als Münzstempelschneider vgl. v. Sallet, Zeitschr. f. Numismatik XII. Bd. 1884. A. Erman, Deutsche Medailleure des XVI. und XVII. Jahrhunderts. S. 26, 98.

[2]) A. a. O. S. 212.

der Kurbelbetrieb mit der Hand noch nach der Lehmannschen Erfindung in Gebrauch. Die letztere kann sich also nicht auf deren Ersatz durch den Fusstritt bezogen haben, ganz abgesehen davon, dass die Bewegung einer Kurbelwelle mit dem Fusse schon im XVI. Jahrhundert längst bekannt war.

Wie gross die Verbreitung der geschliffenen Gläser am Anfang des XVIII. Jahrhunderts war, geht aus Marpergers Kaufmanns-Magazin [1]) hervor. Derselbe äussert sich folgendermassen: *heutigs Tags ist der Glas-Handel so gemein / und werden absonderlich die geschnittenen Gläser / welche vor diesem nur grosser herren Trinckgeschirr gewesen / und sehr hoch verkaufft worden / um ein Spott-Geld weggegeben / und weil die Kunst des Glasschneidens sehr gemein / als lauffen einige Glas-Händler aus Böhmen / Thüringen und Hessen fast ganz Europa mit ihren geschnittenen Trinck-Gläsern durch, / wie sie dann gantze Kisten voll gar in Spanien hinein führen und guten Markt damit halten u. s. w.*

Nach der schlesischen Überlieferung soll die Stein- und Glasschneiderei in das Hirschberger Thal durch den schon mehrfach erwähnten Freiherrn Hans Ulrich von Schaffgotsch verpflanzt worden sein [2]), welcher von seinen Reisen am Anfang des XVII. Jahrhunderts einen italienischen Steinschneider mitgebracht und auf der Herrschaft Kynast angesetzt haben soll, mit der Verpflichtung, Schüler in seiner Kunst heranzubilden. Beglaubigte Nachrichten besitzen wir erst aus dem letzten Viertel des XVII. Jahrhunderts. Um diese Zeit wohnten bereits zahlreiche Schleifer und Glasschneider in Hirschberg, Warmbrunn, Hermsdorf u. K., Petersdorf und Schreiberhau [3]). Die Kunst verbreitete sich durch die Lehrlinge, welche diese hielten, so rasch, dass der Brodneid sich zu regen und auch die Herrschaft zu fürchten begann, dass die damals noch seltenen und kostbaren geschnittenen Gläser in der Wertschätzung sinken möchten. 1685 hatte dieselbe ein Verbot erlassen *„ohne expressen Consens Lehrjungen anzunehmen, zur Vermeidung mehrer Stimplerei"* [4]). Die Veranlassung zu dieser Verfügung hatte der Glasschneider und Korporal (Castellan) auf Schloss Kynast, F r i e d r i c h W i n t e r gegeben, welcher um jene Zeit der geschickteste Vertreter seiner Kunst im Hirschberger Thal gewesen zu sein scheint. Dieser Mann benutzte die

---

[1]) Hamburg 1708. S. 538.

[2]) Schlesiens Vorzeit in Bild u. Schrift. Bd. I, S. 138.

[3]) Das Folgende nach den im reichsgräflichen Kameralamt zu Hermsdorf u. K. befindlichen „Acta, die Erbauung des Glas- und Steinschleifwerks zu Hermsdorf u. K. betr.", Sect. I. Fach 34. No. 3. Vgl. auch Lange a. a. O. S. 22 ff., welcher aus derselben Quelle geschöpft, die Verhältnisse aber nicht zutreffend wiedergegeben hat.   [4]) Stümperei.

hohe Gunst, in welcher er bei dem Grafen Christoph Leopold und seiner Gemahlin stand, um den Mitbewerb der andern Glasschneider lahm zu legen und den ganzen Betrieb der Glasschneiderei auf der Herrschaft Kynast in seine Hand zu bringen. 1686, bald nachdem er seinen Dienst als Korporal auf Schloss Kynast angetreten hatte, richtete er eine Beschwerde an den Grafen, des Inhalts: *dass der glasschneider vndt auch der schleiffer so vil würden, dass Einer den andern verderbte vndt fast keiner recht dass brodt darbey hätte vndt ein ieder noch 2 biss 3 jungen lerhnte, wan Sie dan ein Jahr, oder was zuebracht vndt nur ein wenig kritzeln könten, entliffen Sie von den meistern, richteten sich eigene zeuge zue, stimpelten also fort ein ieder vor sich . . . .*

Durch diese Beschwerde erreichte es Winter, dass nicht nur das Verbot, ohne Erlaubnis Lehrjungen zu halten, wieder eingeschärft, sondern dass ihm thatsächlich 1687 das Monopol in der Glasschneiderei übertragen wurde. Ein an den Amtsschreiber Georg Seitz gerichteter Befehl Christoph Leopolds von Sch. aus Breslau spricht dies aus: *„Vors ander Wihl ich durchauss nit haben, dass anderwerts, alss bey dem Winter glass geschlieffen und die kunst zue gemein gemacht werden solle. Wollet daher von nun an verbitten, dass sich keiner, wehr der auch sey, auf meinen herrschaften unterstehen solle, ohne mein vorbewusst und erlaub mehr glass zue schleiffen, viel weniger anders wohien, bey unausbleiblicher schwehrer straffen. Wollet auch alsobaldt wo Ihr solche instrumenta findet, dieselbige wegnehmen lassen; dem Winter aber habe ich verlaubet, derienigen sich zu bedienen, die Ihm biss dato zu verfertigung meiner arbeit geholffen und Ihm ferner von Nöthen sein werden“.* Der Graf hatte für Winter eine eigene Werkstatt auf Schloss Kynast herstellen lassen, und ihm später ein Haus am Petersdorfer Mühlgraben gebaut. Wir hören von verschiedenen Aufträgen, die er für die gräfliche Familie, oft zu Geschenken, ausführte; so wird eine geschnittene Muschel, nach dem Modell einer im kaiserlichen Besitz befindlichen erwähnt. Aus allem geht hervor, dass die Glasschneidekunst noch nicht allzulange am Orte geübt wurde und man darauf bedacht war, ihre zu grosse Verbreitung zu verhindern. Die Bevorzugung Winters rief Beschwerden seitens anderer Fachgenossen hervor. So richtete der Glasschneider Hans Christoph Richter in Warmbrunn an den Grafen eine Bittschrift, in welcher er bat, seine Kunst ungehindert und unbeeinträchtigt durch Winter ausüben zu dürfen. Jedoch Winter sann auf ein anderes Mittel, um die Glasschneiderei dauernd in der Hand zu behalten. Durch einen gewissen Hans Christoph Anderko, einen herrschaftlichen Beamten zu Röhrsdorf[1]), welcher eine Vertrauensstellung bei dem Grafen eingenommen zu haben

---

1) Wie Lange a. a. O. S. 24 dazu gelangt, aus diesem einen Glasschleifer und

scheint, liess er bei der Herrschaft den Gedanken anregen, selbst ein Schleifwerk zu erbauen; diesem sollte eine grosse Stube zugefügt und mit 10 bis 12 Glasschneidern besetzt werden, die aus den Unterthanen genommen werden sollten. Natürlich sollte Winter die Leitung des Unternehmens übertragen werden, der Verkauf dagegen in einer zu Warmbrunn zu errichtenden Glasbaude durch einen von der Herrschaft bestellten Mann und durch Vertrieb auf dem Lande erfolgen [1]). Der Plan kam zur Verwirklichung; eine im Kameralamte zu Hermsdorf befindliche Zeichnung giebt Kenntnis von der beabsichtigten Einrichtung des Schleifwerks, welches zuerst auf den Betrieb durch Pferde mittelst eines Göpelwerks berechnet war. Bei der Ausführung liess man jedoch diesen Gedanken fallen und kam auf den viel richtigeren Weg, die vorhandene Wasserkraft auszunutzen. Es ist das erste durch Wasser betriebene Schleifwerk, von welchem wir in Schlesien hören; es wurde am Petersdorfer Mühlgraben errichtet, wo auch das für Winter erbaute Haus stand. Der Bau des Werks und die Anlage eines zur Aufspeicherung des Wassers notwendigen Teiches erfolgte in den Jahren 1690 und 1691. Nach der Vollendung erhoben sich nicht vorhergesehene Schwierigkeiten wegen der Besetzung mit Schleifern und Glasschneidern. Niemand wollte in dem Schleifwerk arbeiten; selbst das gänzliche Verbot der Ausübung ihres Gewerbes war nicht im Stande, die Hermsdorfer und Petersdorfer Schleifer und Glasschneider zu bewegen, auf das Ansinnen der Herrschaft einzugehen. Sie wurden hierin durch die Glashändler zu Warmbrunn bestärkt, welche sich vorgenommen hatten, die neue Anlage nicht aufkommen zu lassen, schon um sich die Konkurrenz einer neuen Verkaufsstelle zu Warmbrunn fern zu halten. Der Glasschneider Christoph Richter zu Petersdorf mit zwei Söhnen und einem dritten zu Warmbrunn ansässigen Sohne, Hans Christoph, gaben ihre Weigerung zu Protokoll.

Petersdorfer Müllerssohn zu machen, ist mir nicht verständlich; in dem Schreiben des Anderko vom 13. Dezember 1688 kommt allerdings *„der alte Müller aus Petersdorf, der im schleifen ein gutes wissen gehabt hat"* und welchem Winter Arbeit gab, sowie dessen Sohn vor, *„der schleifen, aber nicht schneiden kann."*

[1]) Ich setze die betr. Stelle des Briefes hierher: *„Weil ohne diesem Ew. Excell. gnädigst gesonnen, ein schleiffwerck bauen zu lassen, so meinte ich, doch ohne gehorsames massgeben, man sollte da eine stube zum schleiffwerck aufrichten und neben die wollte ich noch eine grosse stuben bauen lassen, darin 10 biss 12 glasschneider setzen, die theils schöne gleser, theils gemeine schnitten, dehren doch ein grosser abgang, so werde villen leuthen geholffen, den Verschleiss wollte mit dem Winter schon einrichten; ich liesse im warmen bath ein beudel bauen, da müsste ein Kerl feil haben, das übrige wollten wir schon aufs land aussbringen, dabey würde der glassmeister* (d. i. Preussler in Schreiberhau) *auch genöthigt werden schön glass zue machen.*

9*

1694 erbot sich Gottfried Preussler, Bürger und Glasschleifer zu Hirschberg, welcher gehört hatte, dass keiner der Glasschleifer in dem herrschaftlichen Schleifwerk zu arbeiten begehrte, dasselbe mit tauglichen
Leuten zu besetzen und einen Zins zu zahlen. Er stellte jedoch Bedingungen, welche ihm das Monopol verschafft und alle anderen Schleiferei-
betriebe auf der Herrschaft Kynast zunichte gemacht hätten. Die frei-
standesherrliche Verwaltung ging aus diesem Grunde auf sein Anerbieten
nicht ein. Das Schleifwerk hat in der Folge bis zum Ende des XVIII.
Jahrhunderts hauptsächlich zur Steinschleiferei gedient[1]).

In der ersten Hälfte des XVIII. Jahrhunderts entwickelte sich die Edel-
stein- und Glasschneiderei im Hirschberger Thal zu bedeutender Blüte. Eine
grosse Anzahl von Kräften in Warmbrunn und den benachbarten Orten
Hermsdorf, Petersdorf, Giersdorf, Voigtsdorf und Schreiberhau widmeten
sich dieser Kunst und den damit in Beziehung stehenden Betrieben, der
Glasschleiferei und Glasvergoldung. Warmbrunn war nicht bloss der
Haupterzeugungsort für geschnittene Waare, sondern auch der Stapel-
und Verkaufsplatz für dieselbe. Sowohl Fremde, welche sich zur Kur
daselbst aufhielten, als Besucher des Riesengebirges versäumten es selten,
in einer der dortigen Glasbuden ein geschnittenes Glas als Probe dieser
schlesischen Kunstfertigkeit zu erwerben. Denn in der feineren Glasgravierung konnten die Böhmen diesem Hauptsitze der Stein- und Glasschneiderei im XVII. und bis zum Ende des XVIII. Jahrhunderts es
nicht gleich thun. Nach Kreybich[2]) gab es 1686 in Böhmen noch keine
Kogler[3]), auch noch keine Eckigreiber[4]) und nur wenige Glasschneider.
Und bezüglich des Haidaer Bezirks (Falkenau) äussert sich eine schrift-
liche Aufzeichnung von 1836 über die Verhältnisse vom Anfange des
XVIII. Jahrhunderts: *„Aber wie die Glasmalerei, so war die Glas-*

---

[1]) S. Lange a. a. O. S. 25. Nach den Hermsdorfer Akten wird 1712 ein Glas-
und Steinschneider Jeremias F r i s t e r daselbst genannt; nach ihm war Jeremias N i e r i c h oder N e h r i g 24 Jahre lang herrschaftlicher Steinschleifer; ihm
folgte sein Sohn Sigmund um 1749; und nach dessen Tode sein anderer Sohn
Gottfried. Da dieser sich untauglich erwies, so wurde die Schleifmühle 1767
dem bürgerlichen Steinschneider Joh. Heinrich F r i e d r i c h aus Friedeberg a/Q.
übergeben und 1774 verkauft. Nach dem Tode Friedrichs erwarb sie der
Goldschmied Joh. Gottfr. Täuber; während seiner Besitzzeit stand das Werk
still, während sein Nachfolger Joh. Gottfried Täuber es benützte. Im laufenden Jahrhundert gelangte das Schleifwerk wieder in den herrschaftlichen Besitz.

[2]) Schebek a. a. O. S. XXIII.

[3]) Kugler, eine Klasse der Glasschleifer, welche kugelförmige Verzierungen
einschleift. S. unten.

[4]) Die unterste Klasse der Glasschleifer, welche ebene Flächen bearbeitet, z. B.
Spiegelkanten bricht. S. unten.

652.   4806.   5639.

Geschnittene Gläser des XVII. und XVIII. Jahrhunderts.

Deckelpokale mit Ansichten von Breslau und Flöte von 1692.

sehneiderei damals noch sehr zurück. *Haben es doch itzt noch sehr
wenige in dieser Kunst dahin gebracht, ein Wappen oder eine Fi-
gur, Zeichnung oder Landschaft ins Glas schneiden zu können*[1]*).''*
Es ist dies leicht erklärlich, da die böhmische Fabrikation auf die
Massenerzeugung gerichtet war und ihr die alte Überlieferung und sichere
Schulung durch den Edelsteinschnitt fehlte. Dagegen wurde in Schlesien der
Rauten- oder Facettenschliff, durch welchen die böhmischen Gläser ihren
Weltruf sich erworben haben, wenig gepflegt. Schlesiens Stärke ist die
feine Gravierung. Was in Böhmen an wirklich künstlerisch vollendeten
Stücken dieser Art geschaffen wurde ist vereinzelt und rührt aus den
grösseren Städten, namentlich Prag, her; an den Sitzen der Industrie
wurde meist nur Marktware erzeugt. Viele als böhmisch bezeichnete
gravierte Gläser in unseren Sammlungen mögen aus dem Hirschberger
Thal hervorgegangen sein.

In Warmbrunn lebten die Glasschneider nicht zu einer Zeche oder
Innung vereinigt, sondern als freie Künstler. 1733 wird ihre Zahl auf
6 angegeben[2]). In der kurzen Zeit bis 1743 müssen sich dieselben
ausserordentlich vermehrt haben; in diesem Jahre stieg ihre Zahl auf
mehr als 40[3]). Damals entstanden auch mehrere grössere Firmen,
welche sich mit der Ausfuhr und dem Vertrieb der Glaswaren befassten.

Die östreichische Regierung, welche die Bedeutung Schlesiens für die
Glasschneidekunst sehr wohl kannte, wachte eifersüchtig darüber, dass
diese nicht durch Landeskinder in andere Gegenden übertragen wurde.
1735, 18. Juli liessen der Kanzler und die Räte bei dem Königl.
Oberamt im Herzogtum Ober- und Niederschlesien auf Grund einer am
8. Juli in Wien erlassenen kaiserlichen Verfügung den Befehl ergehen,
*,,dass der Christall-Gläser zu machen und zu schneiden kundige Leuthe
aus Dero Erb-Herzogthumb Schlesien in frembde Länder nicht verlei-
thet oder Ihnen sich dahin zu begeben in einigerley Weege verstattet
werden solle''*[4]).
Der berühmteste schlesische Edelstein- und Glasschneider des XVIII.

[1] Schebek a. a. O. S. 20.
[2] Bresl. Staatsarchiv. F. Schweidnitz-Jauer VIII. 5 C. Consignation der in
Warmbrunn vorhandenen Zechen oder Laden von 1733. Hiernach berichtigt
sich die Angabe bei W. L. Schmidt, Warmbrunn u. seine Heilquellen, welcher S. 27 sagt: „urkundlich bestand 1702 in Warmbrunn eine Innung von
Glasschneidern u. s. w.'', desgl. bei Bergemann, Beschr. u. Gesch. v. Warmbrunn u. s. Heilquellen. S. 102.
[3] Bresl. Staatsarchiv. M. R. VI, 52. Vol. I. Gesuch der Warmbrunner Glasschneider vom 8. Januar 1743.   [4] Ebendaselbst Glogau VIII. 5a.

Jahrhunderts war Christian Schneider[1]), geboren 1710, gestorben 1782. Gottfried Kahl aus Voigtsdorf erhielt 1764 das Zeugniss, dass er im Glas- und Steinschneiden ein Künstler sei; „*es sei zweifelhaft, ob einer im Hirschberger Kreise es ihm zuvorthue*"[2]). Ferner werden Benjamin Maywald und dessen Sohn Johann Gottfried als Krystall-, Glas-, Stein- und Wappenschneider sehr gerühmt; der letztere war nach Schneiders Tode, bis zum Ende des Jahrhunderts unbestritten der beste Stein- und Glasschneider in Warmbrunn. Sein Name wird in den Reisebeschreibungen des schlesischen Gebirges vielfach erwähnt[3]).

Ausser diesen bekanntesten Namen finden wir in der zweiten Hälfte des XVIII. Jahrhunderts noch viele Vertreter dieser Kunst in Warmbrunn; von diesen seien genannt: Johann Christoph Müller, Friedrich Wilhelm Richter[4]), Gottfried Freudenberg, Christian Seiff, Johann Sigismund Liebig, Samuel Schneider & Cie, Caspar Gottlieb Lange, Johann Gottlieb Schwartzer, Sigmund Liebig, Christian Liebig, Sigmund Schmidt, Johann Friedrich Mecke, Johann Sigismund Menzel, Christian Linke, Johann Gottfried Schöner, Christian Feist, Georg Heinrich Fiedler[5]), ferner Benjamin Müller, Karl Hensel, Thiel, Ehrenfried Pauser[6]), Tesch, Müller, jun., Hoffmann, Menzel sen. und jun., Fischer, Geier, Enge, Münster, Knoblauch, Hornig, (Glasschneidermeister und Glashändler), Scholz jun., Schwarz, Reichstein, Stilke, Thiel, Leder (Steinschneider und Glasvergolder[7]). Der Lehrling begann mit dem Glasschneiden (4jähr. Lehrzeit) und erlernte sodann das Steinschneiden in weiteren zwei Jahren.

Die Blütezeit der schlesischen Glasschneidekunst war die erste Hälfte des XVIII. Jahrhunderts; nach dem Übergang an Preussen trat ein Rück-

---

1) Ebenda. M. R. VI, 52. Vol. IV. Schreiben des Ministers von Hoym vom 16. Nov. 1787. Schlesiens Vorzeit in Bild u. Schr. I, 138. — Wanderer a. d. Riesengeb. 1890. Lfde. No. 92. S. 73 (daselbst sein Todesjahr auf 1773 angegeben).

2) Staatsarch. M. R. VII, 52. Vol. II. Ber. des Landrats v. Zedlitz v. 24. Sept. 1764.

3) M. Chr. Weiss, Wanderungen durch Sachsen, Schlesien, Glatz und Böhmen. Leipzig 1796. I. S. 96. Joh. Friedr. Zöllner, Briefe über Schlesien, Krakau, Wieliczka und die Grafschaft Glatz, Berlin 1792. II, S. 268.

4) Bergemann a. a. O. S. 122. *1785 starb der Steinschneider Richter, den der Prof. Flögel in s. Briefen als eines geschickten Wappenstechers rühmend gedenkt.*

5) Die Namen nach M. R. VI, 52. Petitionen der Warmbrunner Glasschneider vom 17. Mai u. 14. August 1770.

6) Schlesiens Vorzeit in Bild u. Schr. I. S. 138.

7) W. L. Schmidt, Warmbrunn u. s. Heilquellen. 1821. S 29, 41.

schritt ein, welcher zum Verfall des Gewerbes führte. Die Ursache ist in den zollpolitischen Massnahmen Friedrichs des Grossen zu suchen, welcher einerseits die Einfuhr des zum Schnitt sehr geeigneten böhmischen Rohglases verbot, andererseits aber auch das schlesische Glas nicht in den übrigen preussischen Provinzen zuliess. So waren die Glasschneider des Hirschberger Thals auf die Schreiberhauer Hütte angewiesen, welche gerade in jener Zeit sehr wenig leistungsfähig und gar nicht im Stande war, sämtliche Glasschneider mit Material zu versehen. Die zahlreichen Petitionen und beredten Klagen der Glasschneider hatten keinen oder nur vorübergehenden Erfolg; ebensowenig konnten die Vorschläge, welche einige für ihre Kunst begeisterte Glasschneider, wie Maywald und Mecke, zur Hebung derselben 1765 und 1787 machten, eine Besserung schaffen. Von den Gesellen und Lehrlingen wandten sich viele aus Mangel an Beschäftigung nach Böhmen. 1787 sah sich der Provinzial-Minister v. Hoym genötigt, den Verfall des Glasschneidergewerbes zuzugeben; er schrieb dies aber in erster Linie der Abnahme der Liebhaberei für geschnittene Gläser zu [1]).

Indessen blieb der alte, auf mehr als hundertjährigen Kunsttraditionen begründete Ruf Warmbrunns als Sitz der Stein- und Glasschneidekunst noch längere Zeit bestehen. 1790 hielt sich Göthe auf seiner Reise nach Schlesien daselbst auf und lernte die Leistungen der Steinschneider kennen. Dies bewog ihn, dem Herzog Karl August von Sachsen-Weimar den Vorschlag zu machen, den Graveur Facius nach Warmbrunn zu schicken, um die Technik der Steinschneiderei zu erlernen. „*In Warmbrunn ist die Steinschneiderei ein Handwerk, und das Mechanische . . . . dort etwas ganz Gemeines*“ [2]).

Wenn auch das Hirschberger Thal als der Hauptsitz der Glasschneiderei und Glasschleiferei betrachtet werden muss, so war jedoch diese Art der Glasveredelung noch auf verschiedenen Hütten in anderen Teilen der Provinz vertreten, namentlich in Wiesau, und auch in der Grafschaft Glatz, in Friedrichsgrund zu finden. Es wurde dort jedoch mehr grobe Schleifarbeit gefertigt. Nicht zu vergessen ist die Hauptstadt der Provinz, wo besonders feine Glasgravierungen durch Künstler hergestellt wurden, welche, wie schon erwähnt, aus den Stempel- und Wappenschneidern hervorgingen. Eine Zusammenstellung der Künstler und Handwerker in Breslau giebt für 1690 einen, für 1755 zwei und für 1787 drei Glasschneider an [3]).

---

[1]) Staatsarch. M. R. VI, 52. Bericht vom 16. Nov. 1787.

[2]) H. Wentzel, Goethe in Schlesien 1790. Oppeln 1867. S. 40 ff. — Monats-blätter des Organs des Vereins Breslauer Dichterschule. August 1890. Abh. von M. Schlesinger über Goethes Besuch in Schlesien.

[3]) Schles. Provinzialblätter. 1787. S. 287.

Der Umstand, dass im gewöhnlichen Sprachgebrauch die Bezeichnung Glasschliff — geschliffene Gläser — ohne Unterschied auch für Gefässe gebraucht wird, zu deren Schmückung die Gravierung — der Glasschnitt — benutzt worden ist, hat eine Verwirrung der Begriffe und Bezeichnungen hervorgebracht, namentlich bei denjenigen Personen, welche mit dem Arbeitsvorgang nicht aus eigener Anschauung bekannt sind.

Schon im XVII. Jahrhundert hat sich in der Glasschleiferei d. h. in der Veredelung des Glases mit dem Rade eine Arbeitsteilung in mehrere von einander getrennte Gewerbe vollzogen[1]). Unter der Arbeit des Schleifers im engeren Sinne begriff man nur jenen Teil dieser Thätigkeit, welcher sich auf das Absprengen der Kappen, (vermittelst welcher die Gefässe bei der Roherzeugung an der Glaspfeife oder dem Hefteisen hängen), ferner das Facettieren (Brechen der Kanten bei einer Glastafel), Glätten der Ränder, Ebnen der Böden und Umwandeln der kugeligen oder walzenförmigen Gestalt der Gegenstände in eine eckige oder kantige erstreckt. Diese Arbeit vollzog sich früher einfach in der Weise, dass der Schleifer das Glas auf einer mit Schmirgel und Baumöl, oder bei geringen Gläsern mit geschlämmten Sande beschmierten gusseisernen Platte hin- und herrieb und die geschliffene Fläche mit Bimsstein oder Tripel auf einer glatten hölzernen Tafel polierte. In Böhmen nannte man diese Art Schleifer: Eckigreiber. Heutzutage wird anstelle der ebenen Platte eine grosse rotierende, waagrechte Schleifscheibe aus Gusseisen verwendet, welche in der Regel durch Wasserkraft umgetrieben wird. Auf dieser Scheibe können alle Arbeiten an ebenen Flächen gefertigt werden, mit Ausnahme des Absprengens der Kappen und des Hohlschleifens von Glasböden. Zu diesem Zweck ist eine Schneidscheibe mit senkrechter Umdrehung in der Nähe des Arbeitsstandes vorhanden. Als Schleifmittel dient Sand; zum Feinschleifen wird statt der Eisenscheibe eine Scheibe aus feinkörnigem Schleifstein unter Anwendung feinerer Schleifpulver (Schmirgel) angewendet. Die Polierscheibe ist aus Hirnholzstücken von Pappel-, Weiden- oder Lindenholz zusammengesetzt; als Poliermittel dient Bolus, Tripel oder Englisch Rot.

Die Schleifmaschine oder, wie sie der Schleifer nennt, das „Zeug" mit senkrechter Kreisbewegung der Schleifscheibe ist sich — seit ihrer Verbesserung am Anfang des XVII. Jahrhunderts — ziemlich gleich geblieben. Abbildung Fig. 37. Sie ist einer Drehbank ähnlich und wird entweder durch Wasserkraft, Maschinenkraft oder mit dem Fusse in Bewegung gesetzt; eine Schleifbank letzterer Art heisst in Schlesien

---

[1]) Vgl. Karmarsch u. Heeren, Technologisches Wörterbuch. III. Prag 1880. Bd. 4. S. 59, und Krünitz, Encyclopädie, Bd. 18. S. 755.

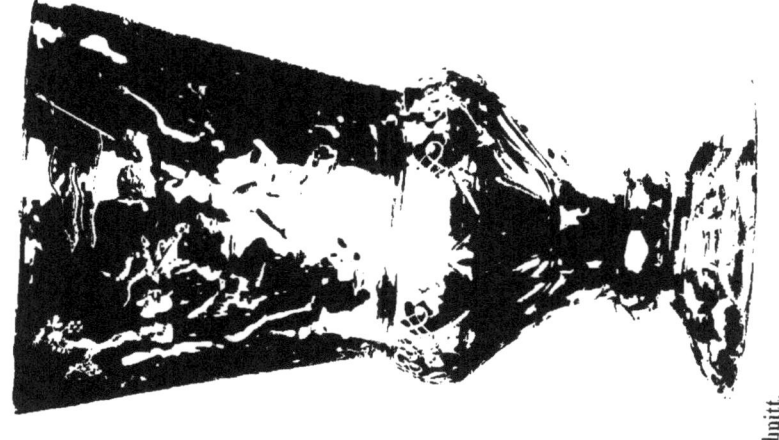

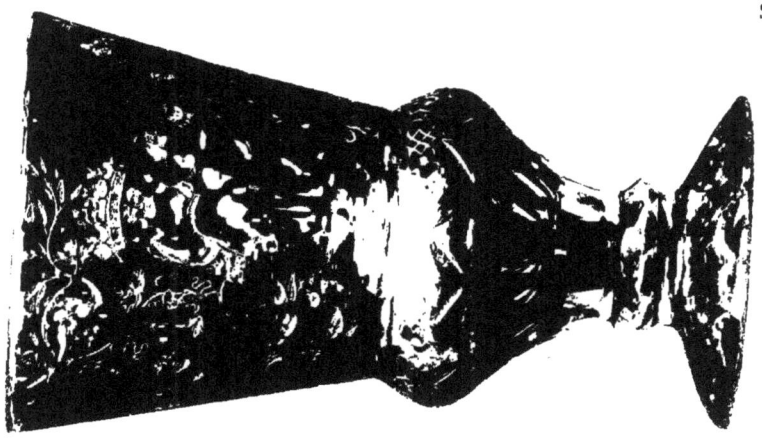

571/89.

Glas mit Figurenschnitt.

„Trempelzeug"[1]). Sie
ist dazu bestimmt, in
Glaswaren vertiefte
Cannelierungen, Ein-
schnitte, namentlich aber
den sogenannten Stein-
del- oder Brillantschliff
hervorzubringen, indem
sie verschiedene Lagen
von sich kreuzenden
Rinnchen einschneidet,
deren Zwischenräume
Vierecke oder andere
Vielecke bilden und oft
facettiert werden. In
Böhmen fiel diese

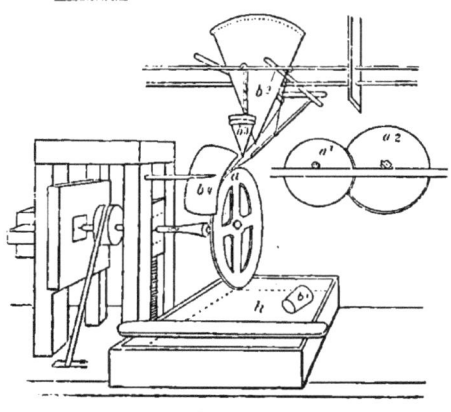

Fig. 37.

Arbeit einer besonderen Klasse von Schleifern, den Facetten-
schneidern zu.

Auf derselben Schleifbank werden auch alle Verzierungen an solchen
Gefässen eingeschnitten, welche eine doppelte Krümmung zeigen und
also nicht an wagerecht sich bewegende Schleifscheiben angelegt werden können. Diese Verzierungen sind gewöhnlich einfacher Art und
bestehen in der Anbringung von sogen. Kugel-, Stern- und Muschelschliff. Hiervon leitet sich die Benennung für die mit diesen Arbeiten
beschäftigten Kugler her. Als Unterabteilungen des Kuglerfaches bei
noch weitergehender Arbeitsteilung sind zu betrachten: das Zapfenein-
bohren, das Stöpsel- und Schraubenmachen. Das letztere findet häufig
bei Gegenständen, die aus mehreren Stücken zusammengesetzt sind
(Spiegel, Beleuchtungsartikel) Verwendung.

In das künstlerische Gebiet greift die Arbeit des Glasschneiders
oder Glasgraveurs über. Seine Thätigkeit verhält sich zu der des Eckigreibers etwa wie die eines Holzhackers zu der Arbeit eines Kunsttischlers oder
Marqueteriearbeiters. Es sollte daher zwischen Glasschneider und Glasschleifer ein strenger Unterschied gemacht und beider Thätigkeit nicht,
wie es sogar in kunstgewerblichen Schriften geschieht, zusammenge-
worfen werden. Die Schneidbank, welcher sich der Glasschneider bedient,
ist allerdings eine feinere Form der Kuglerschleifbank und beruht ebenfalls
auf der Drehbank; ihr wesentlicher Bestandteil ist ein in sehr rasche Umdrehung versetztes, senkrecht gestelltes kupfernes Rädchen, welches auf

[1]) tremplin heisst das schräge Trittberg der Tretvorrichtung.

einer Spindel b aufsitzt, die in einem sogenannten Docken d, Fig. 38, gelagert ist. Von den kupfernen Schneidscheibchen besitzt der Glas-schneider eine grosse Auswahl von verschiedener Gestalt und Grösse zum Auswechseln; an ihre Stelle treten auch kleine Kupferwülste oder Kupfer-röhrchen. Die Spindel, deren Lager sehr sorgfältig gearbeitet sein muss, wird durch Treten mit dem Fusse in Bewegung gesetzt. Die Umrisse der Zeichnung werden auf das Glas aufgepaust; das Schneiden oder Gravieren erfolgt, indem der Graveur das Gefäss, nach Erfordernis wen-dend, gegen das Werkzeug andrückt. Die Schwierigkeit der Arbeit be-ruht hauptsächlich darin, dass das Arbeitsstück an die untere Seite des Rades angehalten werden muss und die Vorzeichnung daher nicht immer übersehen werden kann; auch verdeckt das sich absetzende Schleifmittel

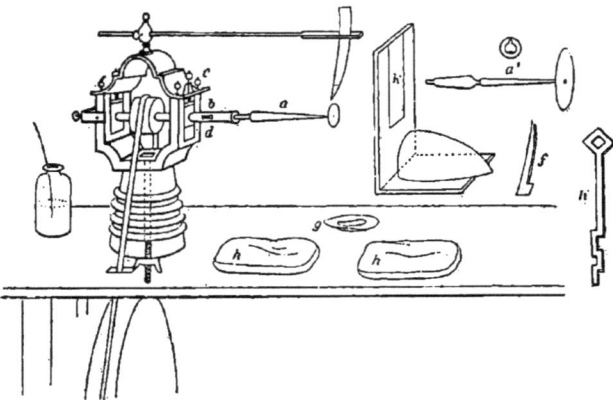

Fig. 38.

leicht die vorgezeichneten Umrisse. Vor allem aber ist zu berücksich-tigen, dass ein falscher Schnitt kaum wieder zu beseitigen ist und das Stück in der Regel unbrauchbar macht. Die Kunst des Glasgraveurs besteht, neben der Handfertigkeit, in der richtigen Auswahl der Schleifräder, der Gegenüberstellung von matten und glänzenden Stellen, dem Ausschattieren sowie der Modellierung bei plastischen, insbesondere figürlichen Darstellungen. Zum Polieren werden Korkscheiben, kleine Bürsten und für die Glanzstellen Blei- oder Zinnknöpfe verwendet.

In Schlesien ging die Arbeitsteilung niemals soweit wie in Böhmen; die Arbeiten des Eckigreibers, Facettenschneiders und Kuglers werden meist unter der Bezeichnung „Glasschleifer" zusammengefasst. Jedoch findet sich auch die Benennung Kugler. Immer aber wird ein strenger Un-terschied zwischen dem Glasschleifer und dem Glasschneider gemacht.

Die Verzierung durch Schleifarbeit an den schlesischen Gläsern besteht, abgesehen von den groben Arbeiten, im Einschneiden von Strichen und flachgewölbten Kreisen oder Ovalen (Kugeln), Sternen und Rosetten, welche aus strichförmigen und runden Elementen zusammengesetzt sind. (Kugel- und Sternschliff.) Als Beispiel diene ein in dieser Art verziertes Fässchen, Fig. 39, *Kat. No. 6332.* Dazu tritt die Muschel- oder ausgemöschelte Arbeit, welche darin besteht, dass die gekrümmten Flächen teilweise z.B. am unteren Rande des Gefässes zu gebroche-

Fig. 39.

nen Kanten ausgeschliffen werden; den Abschluss nach oben und damit den Übergang in die gekrümmte Fläche vermittelt eine halbkreis- oder muschelförmige Endigung. Besonders schön finden sich diese Verzierungsweisen durch Schleifarbeit au Flaschen und Karafinen runder und flachgedrückter Form, an welchen häufig noch eine Rand- oder Schnittvergoldung sowie eingeschliffene, rot überfangene Medaillons mit Golddarstellungen auftreten; Beispiele im Mus. schles. Altert. *Kat. No. 311'81, 6334.* Auch gehenkelte Krüge sind in dieser Art verziert, *Kat. No. 32'82.* Das älteste Stück des Breslauer Museums ist eine dreizehnkantig geschliffene Flasche mit dickem Boden und Kuglerarbeit, verschlossen durch einen Schraubendeckel, in welchen eine Medaille von Ferdinand I. und seiner Gemahlin Anna von 1536 eingelassen ist. *(Kat. No. 6326.)*

Künstlerisch bedeutungsvoller ist bei Glasveredelung mit dem Rade die Glasgravierung. Von grosser Mannichfaltigkeit sind sowohl die Gefässformen, zu deren Schmückung sie dient, als auch ihre Motive. Diese tragen teils ornamentalen Charakter, teils bringen sie figürliche oder landschaftliche Vorwürfe zur Darstellung.

Über die Leistungen der Glasschneider des Hirschberger Thals sind verschiedene Zeugnisse in den Reisebeschreibungen vom Ende des vorigen Jahrhunderts enthalten; es muss jedoch vorausgeschickt werden, dass diese aus einer Zeit stammen, in welcher die Leistungen bereits stark zurückgegangen waren. Wir hören, dass in Schreiberhau Gläser bis zu dem Preise von hundert Thalern geschliffen wurden; ebenso Kronen und Hängeleuchter [1]). Ein anderer

---

[1]) Bemerkungen auf einer Reise durch einen Teil des schlesischen Gebirges und

Bericht [1]) lobt das Glas und die Vergoldung; von der Glasschneiderei findet er die Blumen, Guirlanden und andere Verzierungen „*sehr fein und gut, aber menschliche Figuren, Schrift und noch mehr Zeichnungen von Hirschberg und dem Riesengebirge misslingen ihnen ganz, sind nicht treu, ohne Perspektive und steif*". Es ergiebt sich jedoch aus dem Folgenden, dass hiermit die gewöhnliche Marktwaare gemeint ist; als ein wirklicher Künstler wird der Steinschneider Maywald bezeichnet, von welchem sich der Berichterstatter für einen Dukaten eine Ansicht von einem Teil des Riesengebirges nach einer leichten Handzeichnung schneiden liess. Ein dritter Gewährsmann [2]) äussert sich bezüglich Warmbrunns wie folgt: „*Die Stein- und Glasschneidefabriken sind ein zweyter hier bemerkenswerter Gegenstand. Mit den Produkten der Warmbrunner Glasschneidefabriken wird der grösste Theil Schlesiens versorgt. Man sieht da eine ziemliche Reihe Buden nach einander, worinne sie theils arbeiten, theils verschiedene gläserne Geschirre schon zum Verkauf fertig stehen haben. Vorzüglich zog unter andern eine beträchtliche Suite von Weingläsern, von einer sehr gefälligen Form und sehr artig eingeschnittenen Figuren meine Aufmerksamkeit an sich; auf jedem Glase war ein Geschäft oder irgend ein Gegenstand der Landwirthschaft in einem leicht verzierten Medaillon vorgestellt. Auch bringen sie sehr sauber und in so verjüngter Grösse als man will, gearbeitete Silhouetten, schwarz oder auf andere Art, hierbei an*". Die Briefe J. F. Zöllners äussern sich an verschiedenen Stellen über die Warmbrunner Stein- und Glasschneidekunst [3]); bemerkenswert ist das Urteil, dass „*hier mit mehr Geschmack und nach edleren Zeichnungen geschnitten wird als in Böhmen*".

Dass die schlesische Glasschneidekunst damals stark im Rückgang begriffen war ist dem, allerdings sehr scharf urteilenden Gesandten und bevollmächtigten Minister der Vereinigten Staaten von Nordamerika in Berlin, John Quincy Adams, nicht entgangen, welcher um dieselbe Zeit Schlesien bereiste. Dieser erklärt die Arbeiten der Glasschneider zu Warmbrunn zwar „*für ziemlich gut; doch müssen sie den englischen weit nachstehen, denn wahrlich sind die Engländer die einzige Na-*

---

der Grafschaft Glatz. anonym. s. a. S. 155, ferner C. F. Bouquoi, Reise nach dem Zackelfall; Fortsetzung meiner Briefe über einen Teil des schlesischen Gebirges als Beilage zur Bunzlauer Monatsschrift. S. 75 ff.

[1]) M. Chr. Weiss, Wanderungen durch Sachsen, Schlesien, Glatz und Böhmen, Leipzig 1796. I, S. 69 ff. II, S. 268.

[2]) Chr. Gottfried Assmann, Reise im Riesengebirge, Leipzig 1798. S. 109 ff.

[3]) Joh. Friedr. Zöllner, Briefe über Schlesien, Krakau, Wieliczka uud die Grafschaft Glatz. Berlin 1792. II, S. 268, 311.

506'84.   425'81. 6799.   5635.   5664.
837'82.   9469.   5664.   184'84.   9476.

Geschnittene Gläser des XVII. und XVIII. Jahrhunderts.

tion, welche diese Kunst zur Vollkommenheit gebracht hat" [1]). Dagegen bewundert er bei einem Warmbrunner Glashändler einen grossen Pokal mit einer eingravierten Landschaft, *„die sehr schön ausgeführt war, obgleich die Arbeit mehr als hundert Jahre zählte"* [2]).

Eben diese älteren Stücke müssen berücksichtigt werden, will man zu einem richtigeren Urteile über die Leistungen der schlesischen Glasschneider gelangen, als sie in diesen, meist nur auf flüchtige Anschauungen beruhenden Bemerkungen oft nicht kunstverständiger Touristen niedergelegt sind. Es haben sich gute Gläser, unter diesen Arbeiten ersten Ranges in hinreichender Anzahl erhalten, um eine Beurteilung zu ermöglichen.

Das mit Vorliebe zur Verzierung durch die Gravierung ausersehene Glasgefäss ist der hohe D e c k e l p o k a l in den mannichfaltigsten Formen des Körpers, Deckels und Fusses. In der Regel sind Deckel und Fuss mit in der Form geblasenen Rundprofilen versehen oder durch Facettenschliff veredelt. Neben dem Deckelpokal kommen **Trinkgefässe** in Becher- und Kannenform, drei-, vier- oder vielseitig abgekantet, langhalsige Flaschen, deren Bauchung durch gebrochene, oft geschweifte oder ausgerundete Flächen gebildet wird, Glasschalen, Giessbecken und Schüsseln und eine ganze Anzahl von Gefässen vor, für welche das vorige Jahrhundert bestimmte Benennungen hatte. Wer sich die Mühe gibt, die aus jener Zeit stammenden Warenverzeichnisse bei Schebek [3]) durchzulesen, wird auf eine Menge von Ausdrücken stossen, welche heute unverständlich sind. Auch hier wäre für die Feststellung der Terminologie noch viel zu thun. Ich will von den offenbar holländischen und spanischen Benennungen gar nicht reden; aber was sind *„Lintzel oder Lüntzel (Eislüntzel)?* Etwa linsenförmige Schalen?, was *„Blössel"?* Feigen, *Krummschnabel, Katzenköpfe (nachgeschnittene), Schlangenkelche, Judenperlenkelche, Judengütteler, Schwedel, Schweizerhosen, Halische Mandel, Fruchtmandeler, Wolfszehnel?* Die *Stampel, Kelchel, Nappel,*

---

[1]) John Q u i n c y A d a m s , Briefe über Schlesien, geschrieben auf einer Reise 1800, übersetzt von F. G. Friese, mit Anmerk. von Zimmermann. Breslau 1800, S. 69.   [2]) Ebenda, S. 125.

[3]) Schebek a. a. O. VII. Cap. S. 182—261. Inventare u. Preise. Spanischen Ursprungs sind die Benennungen: *Mamaderas* (Brustgläser), *Possilos?* holländisch: *Lamoen-Kannel, Bableintjes, Pilaartjes, Schotters, Spuhl-Backjen* (Spühlwanne oder Kumme), *Botter-Wannel* (gläserne Butterdosen), *Suuringspotjen, Lodryn-Flaschen, Uyln-* (Eulen-) *Kelche, Pints-Gläser, Musjes-Römer, Hüttjen Inkokes, Kooker, Quiespedorr* (Spucknapf), *Steltgen, Matjes-Spelde-Backjen, Schulpen* (Muscheln), *Lekstuna, Schutters* od. *Schotters, Eybak-Kelche, Crnam-Gläser, Slan-Bakken, Booter-Flootges, Lessenaars-Inkookers Watenkelch, Proefkelch, Mattenflaschen, Coelratjen.*

Schälgel (Schalen), *Tatzel* (kleine Tassen), *Johannesbecher (Gehansbecher)*, *Rosolen* (Rosoligläser), *Stehfestel* oder *Becherle-Wipperle* (Tummler), *Nelken-Glassel* (in Fünffingerform, wie solche Gefässe auch aus Porzellan- und Fayence erhalten sind), *Freimaier, Freimaierle* (Gläser mit den Emblemen der Freimaurer), die *Pistolen, Weinfassel, Korfinel, Bierrömer, Portadeurs* (mit Essig- und Ölgeschirr) können wir uns allerdings zur Not erklären.

Das eingeschnittene Ornament auf diesen Gläsern zeigt den Charakter seiner Entstehungszeit, d. h. auf den Gläsern aus dem XVII. Jahrhundert

die Formen der Spätrenaissance und des Barock, auf denen des XVIII. Jahrhunderts im allgemeinen Roccocoformen. Natürlich wird die Zeichnung des Ornaments durch die Technik des Glasschnitts beeinflusst. (Fig. 40 u. 41.) Auch hat die Wahl des Dargestellten den gerade herrschenden Moderichtungen ihren Tribut gezollt. Nicht wenige Gläser finden sich mit chinesischen oder vielmehr chinesisch sein sollenden Scenen. Vgl. *Kat. No. 655.* Die Vorliebe für solche Chinoiserien entwickelte sich mit der Verbreitung des Porzellans und dem Aufkommen seiner Nachahmung in Fayence, der sogenannten Delfter Waare.

Fig. 40.

Fig. 41.

Bei der Bildung der Umrahmungen für die Darstellungen sind der Textilkunst entnommene Motive, namentlich lambrequinartige Bildungen sehr häufig; ebenso oft findet sich die Muschel und gitterartige Formen verwendet. Vgl. Fig. 40—44 als Proben der Verzierungsweise.

Neben den rein ornamentalen oder dem Pflanzen-
leben entnommenen Darstellungen sind Wappen, Inschriften und genreartige oder allegorische Scenen sehr
beliebt; jedoch auch die Landschaft, Gartenarchitekturen,
ja selbst die Darstellung ganzer Städte und vollständiger
Schlachtenbilder liefern oft gewählte Vorwürfe.

Am häufigsten erscheint unter den Landschaften das
Riesengebirge mit seinen hervorragenden Bergen und
den Hauptorten, namentlich Warmbrunn und Hirschberg.
Diese Art von Gläsern war ungemein beliebt; sie findet
sich in guter und in ganz handwerksmässiger Ausführung, bei welchen der frühere Vorwurf des Mangels
einer Perspektive zutrifft. *Kat. No. 4818. No. 5633*
zeigt auf der einen Seite Hirschberg und Breslau, auf
der anderen Warmbrunn mit der Aussicht auf die
Koppe und den Kynast; *No. 7767 „Prospekt der Stadt
und Vestung Glatz 1769"*.

Mit besonderer Feinheit und Kunst sind einige Prachtpokale graviert, welche das Stadtbild von Breslau mit
seinen Thürmen und Festungswerken zeigen. *Kat. No.
625, 5639, 652.* Diese Gläser stammen nach den

Fig. 42.

Inschriften: *„Felix sub iova* [1]*) caesar, sub caesare Bresl."* *„Vivat senatus
populusque Wratislaviensis"* (Abb. Tafel II) aus der Zeit vor 1740; die

Fig. 43.

Ausführung ist eine fast miniaturartige und zeugt von einer staunenswerten Geschicklichkeit. Ich halte sie aus diesem Grunde auch nicht

[1]) Jehova.

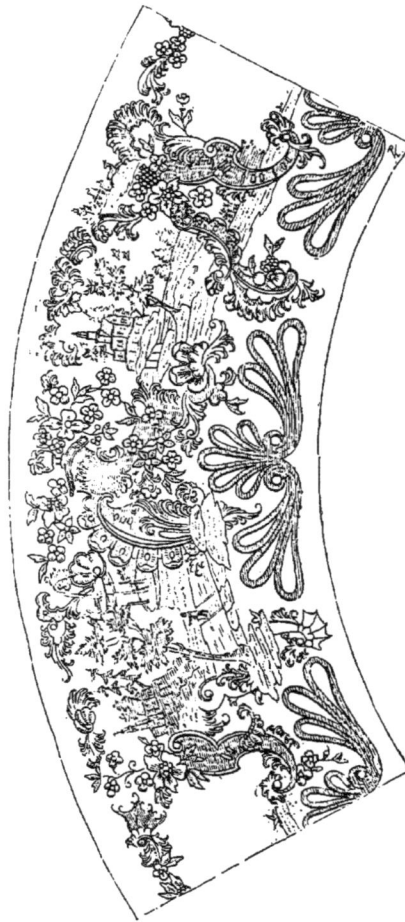

Fig. 44.

für Erzeugnisse der Gebirgsindustrie, sondern nehme keinen Anstand sie einem der in Breslau lebenden Edelstein- und Wappenschneider zuzuschreiben [1]. Gleicher Herkunft vielleicht ist ein Pokal *Kat. No. 714'89*, mit auf den Handel bezüglichen Darstellungen, zwei Schiffen, einem auf einer Landstrasse fahrenden Lastwagen und der Überschrift: *Florent Commercium*. Es finden sich noch einige Gläser, welche nach Breslau gehören, so zwei mit dem Stadtwappen und Abbildungen des Magdalenengymnasiums von 1710 u. 1713 *(Kat. No. 6323* und *6324); zwei Pokale, welche auf die Breslauer Stadtdruckerei (Typographia Grassiana) Bezug haben von 1740 u. 1769. Das erstere feiert das dreihundertjährige Jubiläum der Erfindung der Buchdruckerkunst.

Von Schlachtenbildern ist *No. 5637* Schlacht bei Hohenfriedeberg bemerkenswert mit der Aufschrift: *Prospect der bei Striegau den 4. Juni 1745 zwischen der Königl. preussischen und combinirten Oesterreich und Sächsischen Armee vorgefallenen Bataille.*

[1] Dr. Pococke, Travels II, p. 231. Friedrich a. a. O. S. 35. Nach dem Zeugnisse des 1736 in Deutschland reisenden Dr. Pococke wurden auch böhmische Gläser, wenn es sich um bessere Ausführungen handelte, in Breslau geschnitten.

Zeitereignisse und berühmte Persönlichkeiten gaben häufig Veranlassung zu Darstellungen; an Porträts finden sich die Kaiser Leopold, (zweifelhaft ob der erste oder der zweite dieses Namens, *Kat. No. 4807*), Karl VI, König Karl XII. von Schweden, Marlborough. Die Kriege des XVIII. Jahrhunderts, der spanische Erbfolgekrieg *(No. 649 Triumph et Carolus Victor)* und insbesondere die um den Besitz Schlesiens zwischen Östreich und Preussen geführten Kriege lassen die zeitgenössischen Helden und, je nach der Persönlichkeit des Verfertigers eine Parteinahme für die eine oder die andere Seite, oft auch den Wunsch nach Frieden in Bild und Schrift erkennen.

Von anderen Gegenständen finden wir b i b l i s c h e *(Kat. No. 5641, 450'83,* Taube Noahs mit dem Ölzweig; Apostelgläser: *184'84, 5655,* letzteres mit Schnittvergoldung), m y t h o l o g i s c h e, a l l e g o r i s c h e und s y m b o l i s c h e (Allegorien der Jahreszeiten), ferner sehr häufig die beliebten Schäferscenen, Darstellungen von Architekturen und Gärten mit Springbrunnen und geschnittenen Taxuswänden im Geschmack Le Nôtres, Bäume und Vögel, Menuetts (mit den Noten der Tanzweise), Jagdscenen, Pferderennen, kriegerische Embleme und namentlich Symbole, Monogramme und Inschriften, welche sich auf Freundschaft und Liebe beziehen oder das Glas als ein Gelegenheitsgeschenk zu Geburtstagen, Hochzeiten und Kindtaufen bezeichnen (Glas von 1734, *Kat. No. 8767).* Ein Glas dieser letzteren Gattung von 1740 *(Kat. No. 6953)* giebt neben seiner Bestimmung auch seinen Ursprung an: „*Zum Zeugnis das ich offt mein Freund an Dich gedacht, hab ich Dir dieses Glas von Warmbrunn mitgebracht*". Auch Gläser mit Emblemen der Freimaurerei oder bestimmter Logen dürften an diese Klasse anzureihen sein *(Kat. No. 9472, 4822, 902'84.*

Eine noch nicht ganz aufgeklärte Beziehung haben die Gläser mit dem eingravierten Trinkspruch: „*Auf die alte Hacke*". Ein im Breslauer Museum befindliches Stück *(Kat. No. 648)* dieser Art zeigt ausserdem die Inschrift „*Laedit, non perdit*" und die Verse:

> „*Die Hacke haut nicht zum Verderben*
> *Den was sie hackt formiret sie auch;*
> *Und das ist auch des Schicksals Brauch*
> *Man muss durch unglück Glück erwerben.*
>
> *Die Hacke schlägt und machet Späne*
> *Doch sie nicht, sondern der sie führt*
> *So werden auch des Unglücks Zähne (?)*
> *Auf uns von höh('r)er Hand geführt*."(?)[1]

---

[1] Im böhmischen Museum zu Prag befindet sich (nach „die archäol. Sammlungen im Museum des Kgr. Böhmens zu Prag, Abt. II—VIII, 1862, S.`6) ein kantig geschliffenes Trinkglas mit eingeschliffenen Arabesken; aussen auf dem Deckel ein spitziger Aufsatz, von innen Goldverzierung. `Am oberen

Im Fürstentum Liegnitz bestand ein Orden „von der alten Hacke", über dessen Gründung durch die Grafen Christoph Leopold und Hans Anton von Schaffgotsch, Zweck und Statuten eine in der gräflichen Bibliothek zu Warmbrunn aufbewahrte Handschrift Auskunft giebt. Diese beiden Standesherren waren Sohn und Enkel des bereits öfters genannten, 1635 hingerichteten Hans Ulrich von Schaffgotsch und lebten am Ende des XVII. bezw. am Anfang des XVIII. Jahrhunderts. Der Orden machte seinen Mitgliedern die Pflege einer wahren, unverbrüchlichen Freundschaft zur Pflicht; als Zeichen führten diese eine kleine silberne Hacke mit der Devise „*Redlich Seltsam*". Dieses Ordenszeichen und den erwähnten Trinkspruch nahmen auch andere, nicht in denselben aufgenommene Personen an. Holtei giebt in dem der ersten Ausgaben seiner „Schlesischen Gedichte" (Berlin 1830) beigefügten Idiotikon an, dass kleine, aus Silber gefertigte Hacken am Rande gefüllter Pokale aufgehängt wurden, wo sie schwebten und beim Leeren der Gefässe nicht herunterfallen durften. Es war also ein Trinkspiel; Holtei selbst besass ein solches silbervergoldetes „Aextel", welches er als heranwachsender Knabe und Jüngling noch öfters im Gebrauch gesehen hatte [1]. Den dabei gebräuchlichen Trinkspruch „*Auf die alte Hacke*" erklärt er als gleichbedeutend mit „Auf die alten Zeiten! — die alten Bräuche — auf anhängliche Treue und dauernde Freundschaft". Derselbe soll noch am Anfang dieses Jahrhunderts bei ländlichen Festfeiern in der Öls-Trebnitzer Gegend oft zu hören gewesen sein.

Die Redensart „nach der alten Hacke leben, von der alten Hacke reden" findet sich mit gleichem Sinne auch in anderen Gegenden Deutschlands [2].

Die an den gravierten Gläsern zu Tage tretende Beherrschung der Technik ist, nach der Kunstfertigkeit des Glasschneiders sehr ungleich. Fast immer sind Ornament, Schrift, Laubwerk und Wappen sehr gut ausgeführt; beim Figürlichen gelingen die kleinen, miniaturartigen Darstellungen am besten, während grössere Figurendarstellungen häufig Verzeichnungen oder falsche Modellierungen im Nackten aufweisen. Auch

---

Rande die Aufschrift: *Vivant. D. D. Confoederati — Auf die alte Hacken.* In der Mitte unter einander die Worte: „*D. Sein. D. Denken. D. Bleiben.* Unten: *Ein Herz, ein Sien.* Litteratur über die „alte Hacke", s. Rübezahl, d. schles. Provinzialbl. neue Folge. Jahrg. IX. 1870. S. 35, 85, 140. Jahrg. X. S. 356. Jahrg. XII. S. 453.

[1] Auch das Mus. schles. Altert. besitzt ein Glas mit dazu gehörigem „Aextel" *Kat. No. 7439 a. u. b.* Gesch. d. Herrn Dr. Bobertag u. Sanitätsrat Dr. Lange.

[2] Vgl. das Grimmsche Wörterbuch; Schmeller-Frommann, bayr. Wörterb. II, 148; Weinhold, schles. Idiotikon, führt den Ausdruck gleichfalls als schles. Trinkspruch an.

Tafel V.

Geschnittenes Glas von Georg Schwanhardt. 1650.
Im Besitz des Geh. Sanitätsrat Dr. Grempler zu Breslau.

das im Ganzen als hervorragende Leistung zu bezeichnende beste Stück *Kat. No. 571'89* (Abb. Taf. III) des Mus. schles. Altert. mit Darstellung von Putten ist nicht frei davon. Es hat stets nur ganz vereinzelte Künstler gegeben, welche diese ausserordentlich schwierige Kunst im ganzen Umfang beherrscht haben, und es sind darum derartige Stücke gesucht.

Weit seltener als die Gläser mit eingravierten, also vertieften Darstellungen finden sich solche mit erhabener Arbeit. Dies erklärt sich durch das viel mühsamere und schwierigere Verfahren, welches ein vollständiges Ausschleifen und Polieren des Grundes bedingt [1]). Die Technik ist dieselbe, wie sie verschiedene in Bergkrystall geschnittene Gefässe und auch die sog. Hedwigsgläser zeigen. Das Museum schles. Altert. besitzt mehrere solche Gläser, *Kat. No. 649* und *506'84*. Häufiger finden sich erhaben geschnittene Teile z. B. an den unteren Teilen der Gefässbauchungen in Form von Muscheln oder Pfeifenornament bei Gläsern, die im Übrigen graviert sind; *Kat. No. 648, 627'85*.

Dasselbe Herstellungsverfahren ist bei einem Glase angewendet, welches zwar nicht schlesischen Ursprungs ist, aber aus altem schlesischen Besitz stammt. Es ist von dem berühmten Glasschneider Georg Schwanhardt (1601—1667) gefertigt [2]), dessen Monogramm G. S. mit der Jahreszahl 1660 es trägt, und gehört zu der Sammlung des Geheimen Sanitätsrats Dr. Grempler zu Breslau. Es ist der Seltenheit seiner Technik halber und weil es zu den wenigen bezeichneten Gläsern jenes berühmten Meisters der Glasschneidekunst gehört, auf Taf. V. abgebildet worden. Das Glas ist eine Art Römer, der Fuss mit Metallfassung; die Gravierung zeigt eine Verbindung von Radarbeit mit Diamantritzung. Mit dem Rade sind die ornamentalen Züge des Fusses unter der landschaftlichen Darstellung des Kelches hergestellt. Die letztere zeigt eine Alpenlandschaft mit hohen Bergen, Jägern und Gemsen in miniaturartiger Ausführung; ferner eine am Ufer eines durch Schiffe belebten Sees gelegene Stadt mit Wald und Gebüschen. Das Gebirge tritt plastisch aus der Glasfläche hervor; es ist also der ganze übrige Grund des Kelches mit dem Rade abgearbeitet; die Staffage an Bäumen, Thieren, Schiffen und Menschen ist mit dem Diamanten eingraviert. Da zur Erleichterung dieser mühevollen Arbeit sehr scharfe, das Glas angreifende Schleifscheiben genommen werden mussten, so erklärt dieses Stück vollständig dasjenige, was Sandrart, wie oben (S. 128) mitgeteilt, von den schweren Maschinen sagt, die Schwanhardt gebraucht haben soll.

---

[1]) Vgl. über dasselbe: Krünitzsche Encyclopädie, 18. Bd. S. 758.

[2]) Es ist zweifelhaft, ob der ältere G. Schw. oder dessen gleichnamiger Sohn als Verfertiger in Anspruch genommen werden darf. Die Jahreszahl 1660 lässt beides zu; der jüngere G. Schwanhardt starb 1676.

Schliesslich sind noch einige Prachtpokale zu erwähnen, von welchen sich einer früher im Museum schles. Altert. befand: ein für den Bischof von Breslau, Philipp Gotthard von Schaffgotsch (1748—1795) hergestelltes Glas, dazu ein Gegenstück in dem noch grösseren Pokal *(26 cm.* hoch) des Cardinals und Bischofs Philipp von Sinzendorf (1732—1747), über deren Verbleib nichts bekannt ist [1]).

Das Material zu den meisten geschnittenen Gläsern ist ein vollständig reines und weisses Krystallglas, wie es noch heute in der Josephinenhütte in unübertroffener Güte hergestellt wird. Zu der Verzierung durch den Schliff und die Gravierung tritt bei vielen Stücken die Vergoldung der Ränder, Deckelknöpfe und Profilierungen, zuweilen auch der Schnittflächen oder der erhaben geschnittenen Muscheln und Palmetten. Häufig sind bei den geschnittenen Glaspokalen in den Füssen oder Deckelknäufen gewundene, farbige Fäden eingeblasen; auch Besetzung mit aufgesetzten bunten Steinen oder Glasperlen findet sich zuweilen (Mus. schles. Altert. *Kat. No. 628a, b.* u. *629*). Kleinere Kelchgläser kommen mit eingeschlossenen Luftblasen vor; ferner findet sich die schon erwähnte Decoration mittelst eingeschliffener rotüberfangener Medaillons mit gravierten Golddarstellungen an den Seitenflächen der Gefässkörper, den Füssen und Deckelknäufen. Bei Anwendung dieser Verzierung musste der Pokal zuweilen aus mehreren Stücken gearbeitet, zusammengeschliffen und gekittet werden.

Fig. 45.

Auch farbige Gläser werden durch die Gravierung, in diesem Falle meist in Verbindung mit Schnittvergoldung, verziert. Das Mus. schles. Altert. besitzt eine Anzahl von Schüsseln, Compotièren und Schmuckschalen aus herrlichem opalfarbigem, durchscheinendem Milchglase, welches mit einem im Massstab und der Zeichnung sehr gelungenen Ornament decoriert ist. *Kat. No. 783'89 a—c.* Fig. 45.

Eine Zusammenstellung von geschliffenen Gläsern als Probe der grossen Mannichfaltigkeit von Formen und Darstellungen zeigt Tafel IV.

[1]) Schles.Provinzialblätter. Neue Folge. 3.Bd. 1. H. Glogau 1864. S. 166. Der letztere Pokal befand sich damals im Besitz einer Trebnitzer Famili

VIII. Die schlesische Glasindustrie von 1740 bis zu den Freiheitskriegen.

Nächst der Leinenindustrie und den mit ihr zusammenhängenden Betrieben hat Friedrich der Grosse wohl keiner Fabrikation der neuerworbenen Provinz ein so grosses und so dauerndes Interesse entgegengebracht, wie der Glasbereitung. Die zahlreichen Kabinetsordres des Königs, sowie die umfangreichen Aktenconvolute, welche über diesen Gegenstand in den Kanzleien der schlesischen Provinzial-Minister von Münchow, von Schlabrendorf und von Hoym, sowie auch bei den Kriegs- und Domänenkammern zu Breslau und Glogau entstanden sind, geben noch heute Zeugnis davon! Dem scharfen, auf die wirtschaftliche Entwickelung des Landes gerichteten Blicke des Monarchen war der Aufschwung der Glasindustrie Böhmens, das mit seinen Erzeugnissen fast die ganze Welt versorgte, nicht entgangen. Zu ähnlicher Höhe die schlesische Glasmacherei zu erheben, durfte ihm wohl als zu erstrebendes Ziel vorschweben! Dabei mochte bei dem Könige die von seinen Vorfahren, welche die berühmten märkischen Glashütten zu Potsdam, Rheinsberg und Zechlin ins Leben gerufen und zur Blüte gebracht hatten, ererbte Vorliebe für diese Industrie mitsprechen. Auch erschien das Unternehmen nicht zu schwer in einem Lande, in welchem die natürlichen Vorbedingungen für die Glasfabrikation in reichem Masse vorhanden waren und diese von Alters her eine nicht unbedeutende Pflege gefunden hatte. Warum sollte es nicht möglich gewesen sein, auf diesen Grundlagen eine Industrie gross zu ziehen, welche mit der böhmischen hätte wetteifern und dieser wenigstens einen Teil ihres Absatzgebietes hätte streitig machen können?

Entsprechend den handelspolitischen Anschauungen seiner Zeit suchte Friedrich zunächst durch strenge Absperrungsmassregeln Schlesien von der böhmischen Glaseinfuhr zu befreien und dadurch die einheimische Fabrikation selbständig zu machen. Diese Massregeln fielen in eine ungünstige Zeit; ihr plötzlicher Eintritt war für die seit dem Anfang des XVII. Jahrhunderts mit der böhmischen enge verbundene schlesische Glasindustrie verhängnisvoll. Hatten schon die Kriege die schlesischen Hütten gehindert, an der Entwickelung teilzunehmen, in welcher sich gerade

damals die böhmische Industrie infolge der vorzüglichen und bewunderungs-
würdigen Organisation des Glashandels befand, so wurden sie durch das Aufhören der alten, durch die Glasmeisterfamilien gepflegten Beziehungen gänzlich isoliert. Und doch hätte eine Anregung, ein Wettbewerb sehr segensreich
wirken können, zu einer Zeit, wo die bedeutendste schlesische Hütte, die
Schreiberhauer, sich in ungeeigneten Händen befand und bald in eine
Periode des Niedergangs geriet, in welcher sie zur völlig handwerks-
mässigen Erzeugung von Bedarfsartikeln für die nächste, auf sie ange-
wiesene Umgebung herabsank!

Jedoch nicht nur, dass die schlesische Industrie unter den Folgen der
Loslösung der alten Beziehungen mit Böhmen leiden musste; der Übergang in den neuen Staatsverband brachte ihr dafür keinen Ersatz durch
Eröffnung neuer Absatzwege. Infolge seiner Billigkeit hätte das schlesische Glas sich leicht Eingang in die übrigen preussischen Provinzen
verschafft; jedoch die Privilegienwirtschaft brachte es zu stande, dass
beinahe bis zum Ende des XVIII. Jahrhunderts kein schlesisches Glas
in die märkischen Provinzen zugelassen wurde; in der Provinz Preussen
wurde seine Einfuhr erst 1784, als Glasmangel sich bemerkbar machte,
gestattet. So blieb in der zweiten Hälfte des XVIII. Jahrhunderts das
schlesische Glas völlig auf den Verbrauch und den Vertrieb in der Heimat angewiesen. Dass dies bei der ohnedies wirtschaftlich nicht günstigen Lage des Landes für die Entwickelung der Glasindustrie wenig förderlich war, liegt auf der Hand.

Mehr noch, als die eigentliche Glaserzeugung wurde die Glasveredelung, die Schleiferei und Schneiderei von den Absperrungsmassregeln
betroffen. Diese im Hirschberger Thal und in Breslau blühende Kunst
verarbeitete von jeher viel böhmisches Rohglas; jedoch gerade die besten und
feinsten Arbeiten in diesem Fache wurden in Schlesien, nicht in Böhmen
gefertigt. Die zahlreichen Glasschneider und Glasschleifer in Warmbrunn
und Umgegend waren fortan allein auf die Schreiberhauer Hütte angewiesen, die bei weitem nicht imstande war, hinreichendes Material für
sie zu liefern und bei ihrer damaligen Verfassung und dem ihr zugefal-
lenen thatsächlichen Monopol gar keine Anstalten traf, ihren Betrieb zu
vergrössern oder ihr Fabrikat nach den Anforderungen der Zeit zu verbessern. So kam es denn, dass die ehemals so blühende schlesische
Glasschneidekunst immer mehr zurückging und an Absatz verlor; viele
Glasschneider suchten sich in Böhmen ein lohnenderes Brot und verbreiteten ihre Kunstfertigkeit jenseits der Berge; ihr Weggang kam der böhmischen Industrie zu gut. Die schlesische Glasschneiderei aber siechte
dahin und war am Ende des XVIII. Jahrhunderts nur noch ein Schatten
der früheren Kunst. Trotz der oft wiederholten Notschreie und Bittge-
suche der Warmbrunner Glasschneider, liess das bestehende System

keine Abhülfe zu. Als schliesslich die Regierungsbehörde 1787 den Verfall des Gewerbes sich eingestehen musste, da er offenkundig für jedermann auf der Hand lag, hatte der Minister von Hoym dafür die Erklärung, dass der Geschmack an geschliffenen Gläsern zurückgegangen sei.

Quantitativ hat Friedrich der Grosse die schlesische Glasindustrie allerdings gehoben. Zu keiner Zeit, mit Ausnahme vielleicht der allerjüngsten, sind so viele neue Glashütten entstanden, insbesondere in Oberschlesien, dessen reiche Waldbestände es dem König zur Anlage von solchen ganz besonders geeignet erscheinen liessen. Schon bald nach dem ersten schlesischen Kriege hatte er diesen Teil der Provinz zur Gründung von Glasfabriken ins Auge gefasst. Jedoch machten die meisten dieser Anlagen nur gemeines, grünes Glas; nur einzelne brachten es im Laufe der Zeit so weit, eine reine, der böhmischen gleiche Ware zu erzeugen, wie es des Königs Wille war. Die meisten haben auch nur ein kurzes Dasein gehabt und verschwanden plötzlich, ohne eine Spur, als ihren in den Akten vergrabenen Namen zu hinterlassen.

Im Frieden zu Breslau-Berlin 1742 war das Fortbestehen der gegenseitigen Handelsbeziehungen zwischen Böhmen und Schlesien festgesetzt worden. Zu derselben Zeit jedoch (20. Juli 1742) verfügte der wirkliche Geheime Etats- Kriegs- und dirigierende Minister für Schlesien, Graf Münchow aus Glogau auf dem Verwaltungswege, dass das böhmische Glas in Schlesien nicht mehr zugelassen werden solle, nur Denen vom Adel solle es freistehen, das in ihren schlesischen Hütten verfertigte Glas im Lande zu „debitiren" [1]).

Bezüglich der Einfuhr des schlesischen Glases in die Mark war angeordnet worden, dass die „Consignation dem nächsten Accisenamt eingereicht und der Waare ein mitzusendendes Attest auszustellen sei, dass das Glas wirklich in hiesigen Landen fabriciret worden".

Jedoch schon nach kurzer Zeit — im September — lief eine Beschwerde des Pächters der Zechliner Glashütte, Stropp, ein, welcher sich darauf stützte, dass die Einfuhr des schlesischen Glases seinen Privilegien zuwiderlaufe, da „ihm der Debit der Cristallin vergoldeten und couleurten Gläser privative in der Kurmark wie auch der alleinige Debit des Magdeburger Creydenglases im Herzogtum Magdeburg und dem demselben incorporirten Saalcreisse übertragen sei". Der Unterschleif mit böhmischem Glas sei „*inévitable, weil solches in der Güthe und Façon überall dem schlesischen gleich sey, und aller darwieder zu machenden Precaution ohngeachtet, mit einschleichen solle*". Sowohl Stropp als die Berliner Glasschneiderinnung verlangten, dass die Einfuhr des schlesischen Glases verboten werde; die

---

[1]) Staatsarch. M. R. VI, 52. Vol. I; daselbst P. A. VIII, 375 b.

letztere gab als Grund an, dass sie auf viele Jahre mit Glaswaren versehen sei „und fast ihr ganzes Vermögen darein verwandt habe, von der eingegangenen Potsdamer Glashütte, den daselbst verauktionirten Königlichen Beständen eine ziemliche Quantität angenommen, insonderheit der p. Trümper von der in Pacht gehabten Scharmützel- und Johannesbergischen Glashütte noch einen grossen Vorrath übrig habe“.

Der König, welchem bei seinen Reisen in Schlesien mehrfach Wagen mit böhmischen Glaswaren begegnet waren und der — wohl infolge der Verwüstungen des Krieges — einen Mangel an Fensterglas beobachtet zu haben glaubte, war der Ansicht, dass der Bedarf des Landes an Glas durch die einheimischen Hütten nicht gedeckt werden könne. Sein Bestreben ging dahin, den neumärkischen Hütten ein Absatzgebiet in Schlesien zu verschaffen. Jedoch gleich die erste seiner dahin bezüglichen Massnahmen war von einem entschiedenen Misserfolg begleitet. Um dem angeblichen Glasmangel in Schlesien abzuhelfen, hatte Friedrich dem Pächter Bärchmann der Glashütte zu Marienwalde bei Küstrin Ende 1741 aufgegeben, „bei Vermeidung landreuterlicher Execution“ seinen gesamten Glasvorrat nach Breslau zu schaffen und dort zum Verkauf zu stellen [1]). Jedoch das Glas war bedeutend teurer als das schlesische; dazu kamen die grossen Kosten des Transportes und der Ladenmiete. Das Glas ging daher nicht weg und 1743 war erst wenig davon verkauft; aus diesem Grunde wurde von der Regierung der Vorschlag gemacht, dasselbe unter die Breslauer Glashändler zu verteilen, welche es zu einem bestimmten Preise annehmen sollten. Diese sträubten sich gegen diese Zumutung; nachdem noch verschiedene vergebliche Versuche gemacht worden waren, einen die Kosten annähernd deckenden Preis zu erzielen, wurde das Glas 1747 mit grossem Schaden verauktionirt. Der Erlös betrug 2851 rthlr. 2 sgr. 3 pf., während die Herstellungs-, Fracht- und Geschäftsunkosten sich auf 4460 rthlr. 2 sgr. 11 pf. beliefen.

Trotz dieser verfehlten Speculation gab der König seinen Lieblingsgedanken nicht auf, wenigstens das Gloganische und Wohlanische aus den Neumärkischen Hütten mit Glas zu versehen. Immer und immer wieder kommt er darauf zurück, so dass schliesslich die Kriegs- und Domainenkammer sich 1746 veranlasst sah, dem Willen des Königs gemäss den Debit der Neumärkischen Hütten zu befördern. Zugleich hatte dieser in einer Cabinetsordre vom 31. Januar 1746 den Wunsch geäussert, das fremde, insbesondere das böhmische Glas, ganz aus Schlesien zu vertreiben, oder wie sich der König ausdrückt „*seine Einfuhr ohne Eclat zu reprimiren*“. Vergebens hatte schon früher die Kaufmannschaft gegen

---

[1]) Staatsarchiv. M. R. VI, 52. Vol. I; Grünhagen, Schlesien unter Friedrich d. Gr. 1889. S. 504 ff.

eine solche Massregel geltend gemacht, dass sie mit Leinwand und anderen Handelsartikeln gegen Glas „*barattirte*"; auch sei zu befürchten, dass in Böhmen Glashütten wegen Mangels an Absatz eingehen würden und dass man dort, um das Holz zu verwenden, Bleichen anlegen könnte, die dem schlesischen Leinwandhandel eine empfindliche Concurrenz bereiten würden. Andere Gründe wurden seitens der Provinzialregierung angeführt: „Mutuum commercium zwischen dem österreichischen und preussischen Anteil Schlesiens sei nicht ratsam zu hindern. Die Russen, Ukrainer, Polacken und Kosacken, die mit ihren Waren nach Breslau kämen, seien an bestimmte Sorten böhmischen Glases gewöhnt und führten grosse Quantitäten Aquavit in solchen Flaschen mit sich fort. Vor Allem aber möchten die im Gebirge wohnhaften Glasschneider durch die verbotene Einfuhr des böhmischen Glases ihren meisten Verdienst verlieren, „„*weil dieses Glas, so an sich fein, weiss, auch im Schneiden und Schleiffen tractable ist und darinnen einen Vorzug vor dem märkischen Glase hat, ausser dem von Potsdam, welches letztere aber im Preise viel zu theuer fällt, vornehmlich zu ihrer Arbeit gebraucht wird.*"" Es sei zwar richtig, dass das Geld für das Rohmaterial ausser Landes gehe, aber es werde doch „„*durch das gute Schleifwerk recht ansehnlich und kostbar und gehet davon Vieles wieder ausser Landes, da denn wohl mehr Geld vor diese Gläser wieder ins Land kommt, als durch die Bezahlung des Böhmischen rohen Glases hinausgeht*"". Schliesslich sei es nicht möglich, die Glaseinfuhr ohne „*éclat*" zu unterdrücken."

Der König gab diesen Vorstellungen kein Gehör. Durch eine Ordre, Berlin, 14. Juli 1746, erfolgte das Verbot des böhmischen Glases; zugleich wurde den neumärkischen Hütten der Debit nicht nur in der Neumark, sondern auch in Hinterpommern und Schlesien übertragen. Eine aus Rheinsberg, 12. Juli 1746, datierte Cabinetsordre hatte der Rheinsberger Hütte den Debit in dem Kurmärkischen, Magdeburgischen und Halberstädtischen zugewiesen und zugleich angedroht, „*Contravenienz gegen das Einfuhrverbot des böhmischen Glases auf das rigoureuseste zu bestrafen*". Eine Cabinetsordre vom 22. Okt. 1747 empfahl nochmals dringend, den alleinigen Debit des Neumärkischen Glases im Glogauischen und Wohlauischen sowie genaue Aufsicht, damit kein böhmisches Glas herüberkomme.

Trotz aller Bemühungen des Königs erreichte die Gesamtziffer der Einfuhr des neumärkischen Glases in Schlesien während der Jahre 1745—48 nur die geringe Höhe von 1611 rthlr. 12 sgr. Die auswärtige Einfuhr war auch vorher nicht beträchtlich gewesen; in den sechs Jahren von 1739—1745 wurden in Breslau aus Böhmen und Polen nur für 6907 rthlr. Gläser eingebracht. Leider fehlen die Ausfuhrziffern für diese Zeit. Dagegen beweist eine Zusammenstellung für die Jahre 1749/50 bis 1759/60, dass die Ausfuhr des schlesischen Glases in die anderen preussischen Provinzen (23 123 rthlr.) die Einfuhr aus diesen nach Schlesien (18 297 rthlr.) erheblich übertraf. Beide Ziffern sind für einen zehnjährigen Zeitraum nicht bedeutend. Sie beweisen, dass trotz des Verbotes schlesisches Glas nach Brandenburg gelangte, ebenso wie auch nach wie vor das böhmische seinen Weg über die Grenze fand; (in demselben Zeitraum für 45 459 rthlr.).

Dieser Umstand mag wohl die Veranlassung gewesen sein, dass das Verbot der Einfuhr des böhmischen Glases fallen gelassen, dieses jedoch 1754 mit einem Einfuhrzoll von 30 Prozent belegt wurde. In den folgenden Jahren 1756, 1758, 1759 wurden scharfe Verordnungen gegen das Hausieren der in Schlesien herumziehenden böhmischen Glashändler erlassen, welche sich ausserdem während des damals entbrannten siebenjährigen Krieges der Spionage verdächtig gemacht hatten [1].

Diese Massregeln hatten den Erfolg, dass Graf Schlabrendorf 1763 dem König berichten konnte, dass die böhmische Einfuhr sich bedeutend vermindert habe; ausser bei Jahrmärkten komme das böhmische Glas wenig zum Vorschein.

Nach dem Hubertsburger Frieden wandte der König, vermutlich belehrt durch den geringen Absatz der neumärkischen Hütten in Schlesien, der daselbst bestehenden Industrie, welche er vorher offenbar unterschätzt hatte, seine Aufmerksamkeit zu. Während er noch 1756, um das Holz für die Bleichen zu schonen, verordnet hatte, dass in den holzteueren Gebirgsorten ohne Genehmigung der Kriegs- und Domainenkammern keine Glashütten von neuem angelegt und die schon bestehenden aufhören sollten [2], liess er sich über die in Schlesien bestehenden Hütten Bericht erstatten und befahl in einer aus Schweidnitz vom 20. März 1763 datierten Ordre, böhmische Glasmacher ins Land zu ziehen, um solche „*im Oppelnschen und daherum anzusetzen und ihnen nach Befinden conveniences zu machen*" [3]. Desgleichen befahl er (28. März 1763), um mit den vielen Holzvorräten im Glatzischen aufzuräumen, dort einige Glashütten anzulegen und Glashüttenleute aus Böhmen herüberzuziehen. Der König hatte also in erster Linie Oberschlesien und die Grafschaft für die neuen Anlagen ausersehen, während er

---

[1] Korn, Ediktensammlung 1756. XIX, 140, Bresl. 18. Okt. 1758. VI, no. 182. p. 722, Bresl. 28. März 1759. VI, no. 206, p. 749.

[2] Ebenda VI, 387 ff. „Neue revidirte und vermehrte Holtz-, Mast- und Jagdordnung für Unser souveraines Erb-Herzogthum Schlesien und die souveraine Grafschaft Glatz" v. 19. April 1756.

[3] Vgl. auch die Cabinetsordre vom 26. August 1763, veröffentl. v. Grünhagen, Zeitschr. f. Gesch. u. Altert. Schlesiens. 24. Bd. (1890). S. 250.

im Riesengebirge und insbesondere im Hirschberger Thal die Leinenindustrie zu fördern gedachte. Es geht dies aus der späteren Forstordnung von 1777 hervor, in welcher das oben erwähnte Verbot der Neuanlage von Glashütten im Gebirge erneuert wurde [1]). Die alten Anlagen, namentlich die Karlsthaler Hütte sollten jedoch davon ausgenommen sein, unter der Voraussetzung, dass sie feines und weisses Glas für die Schleifereien und Schneidereien machten. Grünes und schlechtes Glas könne auf *„der Pohlnischen Seite* [2]) *Unseres souverainen Herzogthums genungsam verfertiget werden, wo das dazu nöthige Holz keinen interessanteren Gegenständen entzogen werden darf".*

Der Bericht des Grafen Schlabrendorf vom 23. März 1763 giebt die Zahl der in Schlesien bestehenden Hütten auf 11 an, von diesen lagen 9 im breslauischen Departement (Kaiserswalde, Schreckendorf, Brzinitz (Gwosdzian), Brinnitz (Czarnowanzer Hütte), Gardawitz (Moscisk), Mokrau, Orzesche, Leschczin und Stein) und die zwei bedeutendsten, Karlsthal und Wiesau im glogauischen Departement. Von den oberschlesischen Hütten waren mehrere erst unter der preussischen Herrschaft entstanden. Als erste Stein (Kr. Rybnik) durch Herrn von Guretzki 1745 gegründet. 1746 hatte der Graf Joseph v. Schlegenberg, Geheimer Rat und Ritter des schwarzen Adlerordens, die Concession zur Anlage einer Hütte in Bodland, Kreis Rosenberg, nachgesucht. Falls das Unternehmen wirklich zustande gekommen ist, so kann die Hütte nur kurze Zeit bestanden haben; in der Nachweisung von 1763 steht sie nicht. 1755 hatte das Kloster Czarnowanz die Hütte zu Brinnitz errichtet; im folgenden Jahre 1756 entstand die zweite Hütte in der Grafschaft, Schreckendorf, durch den Grafen Wallis. Während des siebenjährigen Krieges wurde die Hütte zu Brzinitz durch die verwitwete Oberstlieutenant von Podewils errichtet und im Jahre des Friedensschlusses trat Gardawitz, Herrn von Zborowsky gehörig, hinzu.

Wohl keine dieser Gründungen ist auf eine unmittelbare Veranlassung des Königs zurückzuführen; sie waren von Privatleuten, einem örtlichen Bedürfnisse entsprechend und um das Holz auszunützen, geschaffen worden. Es waren kleine Anlagen, welche schlechtes Glas fabrizierten und nicht in der Lage erschienen, die Absichten Friedrichs zu verwirklichen, welche auf die Entwickelung der schlesischen Glasindustrie zur Höhe der böhmischen hinzielten. Neben der in den fiskalischen Wäldern der Grafschaft ins Leben zu rufenden Hütte hatte der König sein Augenmerk auf die Grossgrundbesitzer und Standesherrn Oberschlesiens gerichtet,

---

[1]) Korn, Edictensammlung. XV, 313 ff. Forstordnung für die schlesischen Gebirgsforsten vom 8. September 1777.

[2]) d. i. der auf dem rechten Oderufer belegenen Seite und Oberschlesien.

deren bedeutende Mittel und umfangreicher Waldbesitz die Schaffung grösserer, leistungsfähigerer Betriebe wohl ermöglicht hätte. Der Ober- forstmeister Rehdantz, welchem 1763 die Aufgabe zugefallen war, in den Wäldern der Grafschaft einen geeigneten Platz für die neu zu grün- dende Hütte ausfindig zu machen, hatte nebenbei noch den Auftrag, später Oberschlesien zu bereisen, dort „*zu recherchiren, wo Glashütten anzulegen seien und die possessores bestens dazu zu animiren*".

Dem Willen des Königs wurde seitens des Grafen Schlabrendorf der nötige Nachdruck gegeben. Dieser begab sich in eigner Person auf eine Inspektionsreise zum Besuch der fürstlich Lobkowitzschen Hütte zu Wiesau, welche in demselben Jahre einer nochmaligen Revision (4. Nov.) durch den Landrath des Saganschen Kreises, v. Haugwitz und den Kriegs- und Steuerrat Hoyer mit Zuziehung eines Deputierten aus der fürstlich Lobkowitzschen Rentkammer unterzogen wurde. Die Schreiberhauer Hütte wurde in demselben Jahre 1763 durch den Kriegs- und Domänenrat Michaelis inspiziert. Über den Zustand der anderen Hütten waren gleich- falls Erhebungen angestellt und die Eigentümer zur Abgabe von Er- klärungen aufgefordert worden, ob sie bereit seien, auf die gestellte Forderung, die Hütten zu verbessern und feinere, den böhmischen gleich- kommende Glaswaren zu verfertigen, einzugehen? Sechs Hütten, die zu Schreckendorf, Brinnitz, Gwosdzian, Orzesche, Leschczin und die ältere, inzwischen wiederhergestellte Hütte zu Myslowitz gingen hierauf ein und verpflichteten sich, die gestellten Forderungen zu erfüllen.

Geringeren Anklang fand der andere Wunsch des Königs bei den Standesherrn und Grossgrundbesitzern. Der Obrist - Erbjägermeister Christian Heinrich Graf Reichenbach auf Neuschloss, welchem der Mo- narch (Okt. 1763) die Anlegung einer Glashütte in seinen Wäldern be- fohlen hatte, erklärte, dass diese nicht den gehörigen Bestand an hartem Holz zum Aschebrennen hätten; auch sei der Wald kaum hinreichend, um die Hütte ein paar Jahre zu unterhalten. Eine angeordnete Unter- suchung der gräflichen Forsten bestätigte die gemachten Angaben. An- fänglich hatte der Herzog von Württemberg-Öls, die Prom- nitzsche Verwaltung zu Pless und der Graf von Posadowsky sich nicht abgeneigt gezeigt auf des Königs Absichten einzugehen; auch die gräflich Hochbergische Verwaltung hatte Hoffnungen gegeben, die während des Krieges eingegangene Glashütte zu Freudenburg wieder auf- zubauen. Als jedoch der Sache näher getreten werden sollte, wurde die Ausführung seitens der Beteiligten an Bedingungen geknüpft, z. B. Stel- lung eines tüchtigen, erfahrenen Glasmeisters durch die Regierung oder es wurden entgegenstehende Hindernisse, insbesondere unzureichender Waldbestand namhaft gemacht. Dieselben Erfahrungen machte man mit anderen oberschlesischen Standesherrn, an welche die Regierung mit der- selben Aufforderung herangetreten war. Die meisten führten als Ursache an, dass ihr Holz nicht ausreiche, oder dass sie desselben zu den industriellen Unternehmungen, in welche sie sich bereits eingelassen, benötigten, so namentlich für die damals in der Entwickelung begriffene Eisenindustrie. In diesem Sinne lautende Erklärungen wurden abgegeben von der Gräfin G a s c h i n zu Bierdzan (Kr. Oppeln), der Gräfin C o l o n n a zu Gross-Strehlitz, Graf K o t t u l i n zu Boronow (Kr. Lublinitz), Graf Zierotin zu Falkenberg O/S., Graf v. P r o s k a u zu Proskau, Freiherrn v. F o g l a r auf Bielschowitz (Kr. Zabrze), Herrn v. K ö n i g auf Minkowsky (Kr. Namslau). Es blieb schliesslich nur das Herrn v. G e r s - d o r f gehörige, im Glogauer Kreise belegene Dominium K o l z i g übrig, wo die Hüttenanlage schliesslich unter Mitwirkung einer Stettiner Kaufmannsfirma, Gebr. Nofock, d. sel. Hofrat Klippels Erben, 1763 zustande kam.

Am meisten scheint die mangelnde Aussicht auf ein zufriedenstellendes Erträgnis von der Neuanlage von Hütten in Oberschlesien abgehalten zu haben. Für den eigenen Bedarf der Umgegend erzeugten die vorhandenen Hütten genügend; an eine Ausfuhr war, bei der Lage des Landesteils, höchstens nach Polen zu denken. Dort waren jedoch, zum Teil in nächster Nähe, so viele Glashütten gleichen Schlages vorhanden, dass sogar polnisches Glas, wenn auch in geringen Mengen in die schlesischen Grenzbezirke um Kreuzburg, Neumittelwalde und Wartenberg gelangte. Nicht weniger als 11 polnische Hütten in der Nähe der Grenze: zu Unikow[1]), Klonów[2]), Gintschütz[3]), Schwarzwald[4]), Klenow[5]), Leliwa[6]), Bendusz[7]), Pinczyce[8]), Zurek[9]), Rydzew[10]) und Bicz[11]) werden 1763 genannt.

Trotz des offenbaren Misserfolges gab Graf Schlabrendorf es nicht so leichten Kaufs auf, die auf das nachdrücklichste und wiederholt kundgegebenen Absichten des Königs zur Ausführung zu bringen. Er verfügte am 31. Dezember 1763 eine neue Bereisung der schlesischen Glashütten durch einen Sachverständigen, gleichwie auf Befehl seiner Majestät kurz vorher der Glasmacher Eybenstein aus Sagan die sämtlichen kur- und neumärkischen, sowie auch die pommerschen Hütten in Gemeinschaft mit dem Berliner Kammer-Auscultator Schütz bereist hatte[12]). Da

---

[1]) Bezirk Kalisch. [2]) Ebenda. [3]) Kenszyce, Kr. Adelnau. [4]) Czarnilas, ebenda. [5]) wahrsch. identisch mit Klonów. [6]) Bez. Kalisch. [7]) Woywodschaft Kalisch bei Olkusz. [8]) Ebenda. [9]) Richtig Z a r k i in der Woywodschaft Krakau, im Kreise Olkusz. [10]) Bezirk Sieradz. [11]) Bezirk Konin.

[12]) Bresl. Staatsarch. M. R. VI, 52. Vol. II. Bericht über die Untersuchung der Glass-Hütten in Pommern, Neumark u. Churmark v. 27. Dez. 1763. Die bereisten Hütten waren die zu Chorin, Grinnitz, Globsow, Annewalde, (unweit Templin), Bernsee, Johannisberg, Rothemühle (Amt Königsholland in Pommern), Zechlin und Basdorf in der Kurmark, Marienwalde und Tornow in der Neumark, dazu Fahlenwerder und Lootzen, Amt Himmelstadt. Die letztere Hütte war von den Russen niedergebrannt worden und lag seit vier Jahren still; gleichfalls nicht mehr im Betrieb wurden die neumärkischen Hütten zu Nesselgrund und Rohrbrück angetroffen. Von adeligen Glashütten

nach dem Zeugnis des Kriegsrates Michaelis, „der Sohn der Witwe
Preuslern, der den Glasmeister (zu Schreiberhau) abgiebt, nicht von
der Einsicht, dass man ihm diese Commission übertragen könne", so
wurde auf den gräflich Wallisschen Glasmacher [1]) und auf den zu Gardawitz hingewiesen, welcher in Potsdam gearbeitet habe. Schliesslich
wurde jedoch der in dieser Sache erfahrene, inzwischen nach Sagan zu-
rückgekehrte Eybenstein mit der Bereisung beauftragt und da kein Mitglied des Regierungscollegiums zur Zeit abkömmlich war, der Ratmann
Christian Erdmann Bauer aus Oppeln zur Leitung der Untersuchung
beigegeben.

Die Bereisung der Hütten begann Anfang 1764; ausser der Inspizierung der vorhandenen Glashütten sollte die Commission namentlich
auch die Orte besichtigen, wo die Anlage von solchen beabsichtigt war, und
die Angaben der Besitzer über Mangel an den zum Glasmachen erforderlichen Materialien auf ihre Richtigkeit prüfen. Sie entledigte sich ihres Auf-
trags durch gründliche Berichte und Protokolle, welche über den Befund
bei den einzelnen Werken jedesmal an den Minister gesandt wurden;
die Untersuchung dauerte über ein halbes Jahr. Bezüglich der Neuanlagen hatte sie jedoch keinen Erfolg aufzuweisen; die von den Grund-
besitzern erhobenen Einwendungen wurden grösstenteils von ihr bestätigt.

Um diese Zeit muss die Einfuhr des böhmischen Glases sehr über-
hand genommen haben. Die breslauische Kammer verlangte am 22.
Juli 1764 ein Generalverbot des böhmischen Glases, es habe welchen
Namen es wolle. Dieses Verbot wurde thatsächlich in diesem Jahre
erlassen und auf alle östreichischen, sowie die sächsischen Glaswaren
ausgedehnt; auf die polnischen wurde ein Einfuhrzoll von 10 pct. gelegt[2]).

Aus allen Berichten geht hervor, dass die Schreiberhauer und die
Wiesauer Hütte bei weitem die besten im Lande waren. *„Es sei auch
von diesen, besonders von der letzteren wohl am meisten zu hoffen,
dass sie nach nunmehr hergestellter Ruhe sich befleissigen werden, die
Arbeit zu verstärken und die anzufertigenden Sachen, da sie insonderheit das dazu nötige Materiale, den Kiess haben, immermehr zu
perfectionniren, wenn sie, wie Ew. Excellenz verfüget, durch die*

in Hinterpommern werden 1766 erwähnt: Rohr, im Rummelsburgischen Kreise,
dem Etatsminister v. Massow gehörig, eine Hütte zu Zettin (v. Puttkammer)
und zu Sydow (Gebr. Woitschke). Zwei weitere Hütten zu Stolzenburg
Landrat v. Rammin) und Berglandt (Amtsrat Sydow) werden als eingegangen
bezeichnet; die erstere während des Krieges, letztere infolge Holzmangels.

[1]) Es scheint hiermit der spätere Gründer von Friedrichsgrund, Ignaz Rohrbach, damals Glasmeister zu Kaiserswalde, gemeint zu sein.

[2]) Korn, Edictensamml. VIII, 215, 216.

beide Commissarios locorum im Glogauischen Departement öfters revi-
diret und dazu aufgemuntert werden".

An solchen Revisionen fehlte es denn auch nicht. Gleich im folgenden
Jahre wurde die Karlsthaler (Schreiberhauer) Hütte wiederum durch den
Kriegs- und Domänenrat Schnecker mit wenig zufriedenstellendem Ergeb-
nis inspiziert [1]).

Am 29. September 1766 wurde ein Fragebogen mit 19 zu be ıt-
wortenden technischen und statistischen Fragen an die verschiedenen
Hütten gesandt. Die Regierung wünschte genauen Aufschluss über den
Umfang der Betriebe und deren Einrichtung zu erhalten. Die Fragen
betrafen die Anzahl und den Inhalt der Häfen, die Zahl der Glasarbeiter
und Glasveredler, die Dauer des jährlichen Betriebes, die Rohmaterialien
zur Glasbereitung, den Ofenbau und den Häfen, den Holzbedarf, den
Preis des Holzes und der Asche, die Zahl der Ochsen und Pferde, die
erzeugten Glassorten, deren Verpackung und das Absatzgebiet.

Die gestellten Fragen wurden, wie zu erwarten, nicht allzuwillig und auch
nicht allzu gründlich beantwortet, da man die Ursache dieser Erhebungen nicht einsah und aus diesem Grunde misstrauisch war.

Der Schreiberhauer Glasmeister Karl Christian Preussler, im Namen
von Georg Sigmund Preusslers Witwe, benutzte seine vom 11. November 1766 datierte Antwort, um sich bezüglich der Beschwerden über die
Qualität des von ihm gefertigten Glases (welche die Revision von 1765
bestätigt hatte) zu verantworten und sich gleichzeitig über die Einfuhr
des billigeren böhmischen Glases zu beschweren. Als Ursache des nic-
drigeren Preises giebt er an, dass in Böhmen Potasche, Salpeter, sowie
auch die Arbeitslöhne billiger seien; zugleich macht er einen Verleger
böhmischen Glases in Schreiberhau (Christian Plischcke) namhaft, der
sich *„dort aufgeworffen habe, unter dem falschen Vorgeben, das Schrei-*
berhauer Glas sei nicht so fein und gutt, auch nicht so tüchtig zum
schneiden vor die Warmbrunner Glasschneider. Da wir jedoch vielmehr
versichern können, dass unser Glas besser und auch tüchtiger zum schnei-
den sey als das böhmische, nur dass das böhmische billiger ist. Das
schlechte Glas welches in Warmbrunn vor unsriges ausgegeben wird,
ist würcklich Böhmisches und wir werden künfftig ein a p a r t e s Zei-
ch e n auf unsere Fabrique machen, welches niemand als Ew. Excel-
lenz, um Sie von der Wahrheit zu überführen, von uns entdeckt wer-
den soll, massen durch die Angabe der Ein- und Ausfuhr das Böh-
mische eingehende Glas, weil es von dem schlesischen schwer zu unter-
scheiden ist, am wenigsten entdeckt werden may".

---

[1]) Vgl. den Auszug aus dem Protokoll bei Lange a. a. O. S. 12 ff. (nach den
Preusslerschen Familienpapieren).

Die beigefügte Beantwortung der 19 Fragen befriedigte Schlabrendorf nicht; er beklagt in einem erneuerten Schreiben vom 27. Nov. 1766, dass dieselbe nicht ausführlicher ausgefallen sei. Zugleich versichert er, dass bei seinen Erkundigungen keine schlimme Absicht, der Hütte etwa zu schaden, obgewaltet habe. Die versprochene Nachricht über das auf die Glaswaren zu setzende Zeichen erwarte er; bezüglich der Hemmung der böhmischen Einfuhr behalte er sich Massregeln vor.

Durch dieses Schreiben sah sich Preussler veranlasst, seine Angaben zu vervollständigen (23. Dez. 1766), und namentlich Mitteilungen über die Anlage der Hütte durch seine Voreltern und das gegenwärtige Besitzverhältnis zu machen. Der von ihm an die Herrschaft, die gräflich Schaffgotschsche Verwaltung, jährlich zu zahlende Erb- und Silberzins betrug 129 Gulden ohne die Holzgelder und die Königlichen Steuern (im Betrag von 6 rthlr. 10 sgr.).

Der von dem König erteilte Befehl, in den Königsforsten der Grafschaft eine Hütte anzulegen, war trotz des vom Grafen Schlabrendorff der Sache verliehenen Nachdrucks noch nicht zur Ausführung gelangt. Obwohl in verschiedenen Erlassen an die Ausführungsorgane die Weisung ausgesprochen wurde, die Angelegenheit eifrig zu betreiben, *„damit sie sich nicht auf die stille Seite legen und verschleppt würde"* war man 1770 noch keinen Schritt weiter gelangt. Zwar hatte sich 1764 ein Böhme, Johann Kopf, Glasmeister auf der dem Grafen Kolowrat gehörigen Hütte zu Kronstadt, welcher vorher 20 Jahre auf der fürstlich Trautsonschen Glashütte zu Rockowitz gearbeitet hatte, zu der beabsichtigten Neuanlage gemeldet. Er war erbötig, sich in der Grafschaft anzusiedeln, wenn ihm ein an der Grenze gelegener Waldfleck zwischen Grünwald, den Seefeldern und Kaiserswalde, von der Erlitz in halbem Bogen umflossen, unter näher zu vereinbarenden Bedingungen überlassen würde. An den letzteren scheiterten die Verhandlungen, nachdem noch drei Handelsleute aus Mittelwalde wegen ihrer Bleichen Einspruch gegen die Anlage erhoben hatten. Die sparsame preussische Verwaltung, welche es, um die fiscalischen Wälder zu schonen, nicht für rätlich erachtete, eine Glashütte in eigner Regie zu betreiben[1]) und es bei weitem lieber sah, wenn Grossgrundbesitzer zu den vom König gewünschten Anlagen sich bestimmen liessen, suchte bei den Verhandlungen mit dem zukünftigen Glashüttenpächter eine möglichst vorteilhafte Verwertung des Holzes,

---

[1]) Staatsarchiv. M. R. VI, 52. Vol. I. Graf Schlabrendorf lehnt am 7. Okt. 1763 in einer Verfügung den Vorschlag des Kriegsrates Henrici, in den Forsten der Stadt Herrnstadt eine Glashütte anzulegen, mit der Begründung ab, dass u. a. das Holz nicht gut genug verwertet werden könne, *„und ich dergleichen auf Königliche Rechnung anzulegen zu keiner Zeit anräthig sein werde."*

(welches dieser zu bezahlen hatte), zu erzielen. Es fand sich längere Zeit niemand, der geneigt war, auf die von ihr gestellten Bedingungen einzugehen. Auf eine seitens des Provinzial-Ministers von Hoym 1770 an den Oberforstmeister Süssenbach gerichtete Erinnerung, die Anlage der Hütte im Glatzischen nicht in Vergessenheit geraten zu lassen, meldete dieser in seiner Antwort vom 15. April 1771, dass früher der Glasmeister des Klosters Czarnowanz dazu in Aussicht genommen worden sei. Doch sei dieser mehr dazu geneigt, in den Oppelnschen Forsten ein Werk anzulegen. Er habe zwar noch keine Probe von ihm gesehen, jedoch sei das Glas, welches auf der Czarnowanzer Hütte gemacht werde, *„nicht recht viel nutze"*. Dagegen hätten sich drei Gebrüder Rohrbach von der gräfl. Wallisschen Hütte zu Kaiserswalde darum beworben, unter erträglichen Bedingungen die Hütte im Glatzischen anzulegen. Zwei der Brüder waren Glasmacher, der dritte Zolleinnehmer zu Kaiserswalde. Sie hatten die Glashütte zu Kaiserswalde, wo jedoch nur 16 Wochen im Jahre gearbeitet wurde, in Pacht. Das Haupt der Gesellschaft war Ignaz Rohrbach mit zwei Söhnen, von welchen der eine ebenfalls gelernter Glasmacher war, der andere sich gleichfalls diesem Berufe zu widmen gedachte.

Die Verhandlungen mit den drei Brüdern wurden eifrig betrieben. Die Regierung war mit dem Anerbieten der Rohrbachs, eine Glashütte im Dörnikauer Revier anzulegen, zufrieden, falls diese sich dazu verstanden, das Holz so zu bezahlen, *„dass einiger Nutzen herauskommt"*. Sie sollten sich nur befleissigen, gutes, dem böhmischen gleiches Glas zu machen und Jemanden anzuschaffen, der sich auf das böhmische Krystallglas verstehe; auch sollten sie ein paar böhmische Arbeiter herüberzuziehen suchen. Als Ort für die anzulegende Hütte wurde die Gegend hinter Utschendorf und Reinerz bezeichnet. Im übrigen solle den Unternehmern alle Erleichterung zu teil werden. Auf das Stift Czarnowanz sei bei der beabsichtigten Glashütte im Oppelnschen keine Rücksicht zu nehmen, da das Holz anderweitig nicht zu nutzen sei; es handle sich nur darum, einen „Entrepreneur" zu finden. Im Juli des Jahres waren die Verhandlungen soweit gediehen, dass die ministerielle Genehmigung zur Anlegung der Glashütte durch die Gebrüder Rohrbach in den Reichenauer Forsten nachgesucht werden konnte; diese wurde auch anstandslos erteilt. Die Rohrbachs werden dabei als vermögende Leute bezeichnet. Es wurde auch bald mit dem Bau begonnen und dieser noch in demselben Jahre sehr gefördert; im folgenden Sommer 1771 sollte mit der Arbeit begonnen werden, damit der König, welcher die Absicht hatte, in die Gegend zu kommen, die Hütte bereits im Gange finde. Zur Heranziehung von *„geschickten weissen Tafelglasmachern"* (sic!) aus dem Fränkischen hatte die breslauische Kammer die Anweisung erhalten, sich mit dem

11

im schwäbischen und fränkischen Kreise residierenden Minister B. v. Pfeil in Verbindung zu setzen. Im November 1770 war die Hütte unter Dach, verschiedene Materialien angeschafft, einige Klafter Holz geschlagen und die „Avenues" an den schlechtesten Stellen dergestalt ausgebessert, dass sie zu Pferde und Wagen passiert werden konnten; alles mit Rücksicht auf die zu erwartende Ankunft des Königs. Die Gebr. Rohrbach standen in Unterhandlung mit einigen böhmischen Glasmachern, Schleifern und Vergoldern und hatten bereits einen Tafelglasmacher aus Sachsen angenommen. Nur ein geeigneter Kies war noch nicht gefunden; derselbe wurde jedoch bald darauf in Grenzendorf hinter Reinerz entdeckt. Der Nachfolger Schlabrendorfs, Minister von Hoym, zeigte eine grosse Fürsorge für das Unternehmen, welches er in jeder Weise förderte. Am 11. Juni 1771 wurde die Fertigstellung der Hütte gemeldet; schon am 4. Juni war mit dem Brennen begonnen worden. Die Wohngebäude und Stallungen, ebenso ein Pochwerk zum Zerstampfen des Kieses waren vollendet; die Ansiedelung bestand aus 60 Personen. Zuerst war man um den der Anlage zu gebenden Namen in Verlegenheit; es wurde vorgeschlagen, dieselbe nach dem dirigierenden Minister „Hoymwalde, Hoymfelde, Hoymrode, oder wie es sonst Seiner Excellenz gefällig sein möchte", zu nennen. Dieser war jedoch mit keinem der vorgeschlagenen Namen einverstanden, sondern wählte, „da der König allerhöchst selbst sein Augenmerk auf dieses Etablissement gerichtet", die Benennung Friedrichsgrund. Als erstes Erzeugnis lieferte die Hütte Nutzglas, Fensterscheiben, Bouteillen, Trinkgläser und bildete einige Tafelgefässe nach, welche der Minister durch die Wiesauer Hütte als Muster hatte einschicken lassen. Die Güte und Reinheit des Glases sowie seine Vorzüge vor dem auf den gräfl. Wallisschen Hütten gefertigten werden gleich bei den ersten Stücken gerühmt. Der Oberforstmeister Süssenbach überbrachte verschiedene Wein- und Biergläser, sowie Carafinen von den königlichen Tafeln zur Nachbildung; Hoym gab den Auftrag zur Herstellung einer Girandole nach Zeichnung.

Die Gebrüder Rohrbach hatten ein für die damalige Zeit beträchtliches Kapital (über 3500 Rthlr.) in die Hütte gesteckt und viel vorrätiges Glas, da sie die Pacht der Kaiserswalder Hütte beibehalten hatten. Finanzielle Schwierigkeiten stellten sich ein, da der erste Absatz in Breslau nicht ganz nach Wunsch ausfiel, jedoch wurde auf Betreiben des Ministers, welcher sich mit dem Rat der Stadt Breslau in Verbindung setzte, der neuen Hütte der „Debit" verschafft, indem den Glaser-Ältesten, dem Pächter des Kelleramtes, sämtlichen Gastwirten und Kretschmer-Ältesten, den „Coffetiers" in der Stadt und den Vorstädten Mitteilung gemacht und diese ermuntert wurden, ihren Bedarf von der Rohrbachischen Hütte zu entnehmen. Über augenblickliche Geldverlegenheiten half die Regierung mit mehrfachen Vorschüssen hinweg.

Die Glashütte hatte 11 Häfen und war somit die grösste in Schlesien; sie war im Stande, wöchentlich für 500 Rthlr. Ware zu verfertigen. Süssenbach hatte auch den Bau einer Schleifmühle veranlasst, unter der Zusicherung, dass die Unternehmer auf diesem Mahlwerk auch ihr Brotkorn mahlen durften. Nach Fertigstellung derselben sollten Schleifer und Vergolder, welche bereits in Böhmen angeworben waren, angesetzt werden.

Der erste Versuch mit Krystallglas fiel nicht ganz nach Wunsch aus; wurde jedoch sofort mit besserem Erfolg wiederholt. Der Minister drängte sehr auf die Fertigstellung von Probestücken, welche er dem König bei seiner Ankunft vorlegen wollte. Dieselben wurden teils in Warmbrunn, teils in Breslau geschliffen. Hoym berichtete am 28. August 1771 dem König über den Stand der ganzen Angelegenheit, worauf dieser in einer von Breslau 30. August datierten Königsordre seine Befriedigung über die *„gute réussite der im Glatzischen angelegten Glashütte"* äusserte[1]).

Die Bemühungen des Grafen Pfeil, fränkische oder schwäbische Tafelglasmacher anzuwerben, führten nicht zum Ziele. Als einziges Ergebnis derselben berichtete er im Dezember 1771 an den König, dass es ihm endlich gelungen sei, den Direktor der Rosenbergischen Fabrik im Fürstentum Ellwangen Namens Rathgeb zu bewegen, seinen Vorsatz, in der Schweiz oder in Turin eine Glasfabrik zu errichten, aufzugeben und sich nach Preussen zu wenden. Zugleich legte er eine Abschrift eines Briefes bei, welchen der Direktor der berühmten kurmainzischen Glasfabrik zu Lohr, Henrici, kurz vorher an Rathgeb gerichtet hatte, um mit diesem zum Zweck der gemeinschaftlichen Erbauung einer Fabrik in Verbindung zu treten. Obwohl Rathgeb in seinem Anerbieten eine vielseitige Leistungsfähigkeit in Aussicht stellte[2]), so waren doch seine Ansprüche und sein Voranschlag für das zu gründende Werk ziemlich hoch. Daran scheinen die Verhandlungen mit ihm gescheitert zu sein. Überhaupt war man inzwischen auf dem Standpunkt angelangt, der Anwerbung auswärtiger Kräfte von weiterher entraten zu können, da sich verschiedene Glasschneider, Glasmaler und Vergolder aus den böhmischen Grenzdistrikten, aus Harrachsdorf und der Gablonzer Gegend zur Ansiedelung in Friedrichs-

[1]) Cabinetsordre vom 30. August 1771.

[2]) Unter Andern giebt er an: „Die grüne Arth flamische Scheiben mache nach Art der Maynzischen berühmten Fabrique zu Lohr", auch verstehe er „Perlen von gefärbten Glasröhrlein um den Hals und Ohren des Frauenzimmers zu behängen verspiegeln und verfertigen zu lassen." Von der Fabrik zu Lohr wird behauptet, dass sie „die vornehmste im ganzen Teutschen Reich gewesen sei, doch damals ohne Errettung verdorben". Dagegen war der König der Ansicht, dass, „soviel er die verschiedenen Glasarten kenne, dasjenige, was im Reiche verfertiget werde, in keinem sonderlichen Rufe stehe."

11*

grund bereit erklärt hatten. Auch der Kriegsrat von Prittwitz und Gaffron hatte sich erboten, auf seinem Gute Rengersdorf Glasmaler, Vergolder und Glasschleifer anzusiedeln.

Da der König Mangel an gutem Tafel- und Scheibenglas bemerkt und in einer vom 23. August 1770 datierten Ordre befohlen hatte, dafür Sorge zu tragen, dass solches von besserer Qualität und schöner als bisher hergestellt würde, so erging auch der Befehl an Rohrbach, auf die Verbesserung des Fensterglases Acht zu haben. Die daraufhin dem Monarchen aus Friedrichsgrund vorgelegten Proben fanden dessen vollen Beifall; in einer Cabinetsordre aus Glatz vom 19. August 1772 erklärte er dieselben für so gut als das saganische und besser als das böhmische Glas. Dagegen hätten sich die „Entrepreneurs der Hütte auf die Trinkgläser zu verlegen, welche den böhmischen nicht beikommen, da solche auch den stärksten Debit finden". Rohrbach wurde demzufolge angewiesen, schleunigst einige Weingläser, etwas stärker, namentlich im Fusse, anzufertigen, damit dieselben Sr. Majestät noch vor der Abreise vorgelegt werden könnten. Die Fertigstellung des für den König bestellten Tafelleuchters zog sich die Länge, da die Formen zu den Pendeloques und die Montagen in Breslau durch den Goldschmied Lederhose hergestellt wurden; es musste deswegen häufig hin und her geschrieben werden. Auch wurde die Arbeit durch den Umstand gehindert, dass fast alle Arbeiter am Fieber litten und kaum einer davon verschont blieb.

Das Werk vergrösserte sich in den folgenden Jahren durch die Anlage einer zweiten Schleifmühle, eines Braukessels und einer Branntweinbrennerei sowie einer Mahlmühle zu deren Betrieb den Rohrbachs die Konzession erteilt wurde. Das zu diesen Neuanlagen erforderliche Kapital wurde durch Vorschüsse der Regierung beschafft. 1773 wurde der Hütte der Auftrag erteilt, zu der in diesem Jahre zu erwartenden Ankunft des Königs einen Kronleuchter nach dem Muster der im Breslauer Palais befindlichen zu fertigen; derselbe wurde sofort begonnen und noch mit den übrigen Stücken fertig. Es wurden die Caraffen und Gläser sowie der Tafel- und Kronleuchter bei des Königs Ankunft in dessen Zimmer gebracht; die ersteren werden als sehr schön im Glase und in der Vergoldung bezeichnet; von dem Tafelleuchter wird gleichfalls gerühmt, dass er ungemein schön ausgefallen sei. An dem Kronleuchter wurde die Zeichnung getadelt, da er „durch eine entsetzliche Menge Sterne, die daran hängen, zu kirchenmässig aussehe".

Bei Friedrichs II. Anwesenheit in Schlesien im Jahre 1774 wurden die von Rohrbach gefertigten Gegenstände, welche der König im vergangenen Jahre nicht bemerkt hatte, wieder in dessen Gemächern aufgestellt und Rohrbach angewiesen, sich in der Nähe zu halten. Der König, welcher diesmal von seiner Umgebung aufmerksam gemacht war, sprach sehr gnädig mit ihm und erkundigte sich nach Verschiedenem [1]). Unter Anderem „ob er gute Glasschleifer habe, die die Figuren machen können"? Rohrbach erwiderte, „die habe er nicht, das seien Glasschneider; er habe jedoch bereits Anstalten getroffen, einen solchen aus Böhmen oder Warmbrunn zu erhalten. Es sei ein grosser Unterschied zwischen Glasschleifen und Glasschneiden und sehr selten, dass ein Mann beides zugleich verstehe". Bezüglich eines vom König nach Friedrichsgrund empfohlenen Glasschneiders Schackert, der in Potsdam, Rheinsberg und Basdorf bei Zechlin gearbeitet hatte, sagte er dem König, dass dessen Glasschneiden „vom allerschlechtesten sei".

Bei einer 1776 durch den Kriegs- und Domänenrat v. Prittwitz und Gaffron bewirkten Inspizierung der Friedrichsgrunder Hütte wurde festgestellt, dass dieselbe 1775 und 1776 ununterbrochen 35 Wochen mit 11 Glasmachern, zwei Schleifern nebst einem Gesellen, einem Vergolder und einem Glasschneider gearbeitet habe. Von den 11 Glasmachern waren zwei Tafelglasmacher, 7 Kreideglasmacher; je einer fertigte grünes und Apothekerglas; der Vergolder war zugleich Maler; es sollten jedoch im nämlichen Jahre noch 2 Glasmaler aus Kronstadt in Böhmen eintreten. Es waren 8 Häfen im Betrieb gewesen, je zwei grosse für Tafel- und Kreidenglas; drei kleine für Kreidenglas und ein ebensolcher für grünes Glas.

Während der Jahreszeit, in welcher die Fabrikation in Friedrichsgrund der Reparaturen und Umbauten der Öfen halber ruhen musste, betrieben die Rohrbachs die Kaiserswalder Hütte, welche sie in Pacht behalten hatten. Die zweite gräfl. Wallissche Hütte in der Grafschaft, Schreckendorf machte Ende der 1770er und Anfang der 1780er Jahre ihnen erhebliche Konkurrenz; der Graf gab seine Waren um 5 pct. billiger, da er gegen bar verkaufte, während die Rohrbachs umfangreiche Credite gewähren mussten. Diesem Zustande wurde dadurch ein Ende gemacht, dass die letzteren 1783 von dem Besitznachfolger des Grafen Wallis, dem Grafen Schlabrendorf auch diese Hütte pachteten und somit die ganze Glasfabrikation der Grafschaft in ihrer Hand vereinigten.

Bei dieser Ausdehnung des Betriebes ist es nicht zu verwundern, dass die Unternehmer, welche ihr ganzes Kapital in der Friedrichsgrunder Hütte angelegt hatten, noch öfter in die Verlegenheit kamen, sich Gelder von der Regierung vorstrecken zu lassen. Diese gewährte zwar die Vorschüsse, jedoch nicht mehr so bereitwillig und nur auf Grund von genauen Ermittelungen des Wertes der Fabrikanlage und des Wa-

---

[1]) U. a. auch über die Verfertigung von Glas aus Farrenkrautasche; vgl. unten S. 57.

renlagers. Die ganze Hüttenanlage nebst Materialien und ausstehenden Schulden wurde 1784 auf nahezu 9000 Thlr. geschätzt.

In der kurzen Zeit ihres Bestehens hatte sich die Friedrichsgrunder Hütte durch ihre Fabrikate einen solchen Namen gemacht, dass sie als die beste in Schlesien galt. Zu gleicher Zeit ging die Leistungsfähigkeit der Schreiberhauer Hütte so herab, dass die Klagen der Warmbrunner Glasschneider über die Mangelhaftigkeit des dort gefertigten Glases kein Ende nehmen wollten. Auch waren die Vermögensverhältnisse des Glasmeisters Preussler so schlechte und die Hütte derart mit Schulden behaftet, dass die Grundherrschaft lebhaft mit dem Gedanken umging, dieselbe plus licitanti zu verkaufen. Minister von Hoym ging, um die Beschwerden der Glasschneider verstummen zu machen, 1782 allen Ernstes damit um, „von Landes-Policey wegen ins Mittel zu treten und einmahl der Bedrückung dieses vordem so ansehnlichen Gewerbes ein Ende zu machen, da der Besitzer Preussler nichts als grünes und schlechtes Glas mache und unvermögend sei, die Hütte jemahlen in Aufnahme zu bringen." Die Hütte sollte in betriebsamere, geschicktere und vermögendere Hände gelegt werden und es war hierzu der Glasmeister Rohrbach ausersehen. Dieser sollte die Hütte um einen billigen Preis erwerben. Jedoch Rohrbach lehnte ab, indem er angab, dass sowohl seine Gesundheit wie seine Vermögensverhältnisse es nicht litten, dass er die Zahl seiner Unternehmungen noch vermehre. Es war dies die Zeit, wo er schon in Unterhandlung stand wegen pachtweiser Übernahme der Schreckendorfer Hütte.

Der Absatz der Friedrichsgrunder Hütte erstreckte sich in jener Zeit bis nach Berlin und nach der Provinz Preussen, hatte jedoch mit der Erschwerung der Einfuhr in die übrigen Provinzen der preussischen Monarchie zu kämpfen, welche nur zeitweilig, bei eintretendem Glasmangel gestattet wurde.

Das rührige und umsichtige Haupt der Familie, Ignaz Rohrbach, starb 1792, nachdem er die Freude erlebt hatte, das von ihm gegründete Werk zu dem ersten in Schlesien entwickelt zu sehen. Ihm folgte sein Sohn Karl, als der geschulteste, auf der Friedrichsgrunder Hütte, während Christoph Rohrbach die inzwischen von der Familie käuflich erworbene Kaiserswalder Hütte übernahm.

Wir sind der Geschichte der Friedrichsgrunder Hütte, dem Zusammenhang zu Liebe, bis in eine Zeit gefolgt, wo der grosse König nicht mehr persönliche Anordnungen für die schlesische Glasindustrie traf; es ist notwendig, dass wir den Faden wieder aufnehmen und die Massnahmen der Regierung kennen lernen, welche neben der Gründung jenes auf fiscalischen Einfluss zurückzuführenden Werkes für die schlesische Glasindustrie von Bedeutung gewesen sind.

Wir stossen wieder auf jene bereits oben gekennzeichneten Wider-
sprüche: einerseits Klagen und Bemerkungen über Mangel an gutem
Glase seitens des Königs und Befehle, die Erzeugung dieses Artikels zu
heben und zu vermehren, andererseits Zurückdämmung der mit allen
Mitteln gesteigerten Produktion durch Verweigerung der Einfuhr in die
übrigen Provinzen des eigenen Staates. Einerseits das Bestreben durch
Prämien und Gewährung von Vorteilen ausländische Glashüttenleute,
Schleifer, Vergolder, Glasschneider und -Händler ins Land zu ziehen,
andererseits ein vollständiges Überhören der Klagen der hochentwickelten
Glasveredlungsgewerbe im Hirschberger Thale, welche durch Mangel an
geeignetem Rohmaterial und Verschliessung des natürlichen einheimischen Absatzgebietes allmählich zurückgingen und zuletzt nur kümmer-
lich ihr Dasein fristeten.

1764 wurde eine Prämie von 25 Thalern für diejenigen ausgesetzt,
die in den Städten einen Handel mit feinem inländischen Glase errichteten [1]). Die einheimischen Glashändler und Glashüttenbesitzer erhielten
für jeden fremden zuziehenden Gesellen 15 Thaler, dagegen für einen
Glasschleifer, -schneider oder -vergolder 25 Thaler Prämie auf drei Jahre
aus dem Manufakturfonds. Wenn aber ein solcher Arbeiter sich von
selbst in einer Stadt niederliess, so wurde ihm ausser den gewöhnlichen
an ausländische Gewerbetreibende gewährten Beneficien [2]) noch 50 Thaler
„als praecipuum zu seinem Etablissement gewährt, damit nun die Glass-
fabrique in Schlesien so viel als möglich immer weiter poussirt werde.“
Der Vorschlag zu diesen Massnahmen ging 1764 von der die schlesischen
Hütten bereisenden Commission, dem Ratmann Bauer aus Oppeln und
dem Glasmacher Eybenstein aus Sagan aus; er erhielt am 26. Juli 1764
die Genehmigung des Grafen Schlabrendorf und wurde 1770 und 1775
in erneuerter Form bekannt gemacht [3]).

Die Einfuhr des schlesischen Glases in die Neumark war nach wie
vor, zuletzt durch die Accisen-Tarife von 1768 und 1769 verboten worden. Dagegen kam neumärkisches Glas ungehindert nach Schlesien, wenn
auch nicht in bedeutendem Umfange. Die Hütte. welche am meisten
unter diesen Verhältnissen zu leiden hatte, die Wiesauer, hatte wiederholt, zuletzt 1772 durch Vermittelung des saganschen Landrates sich an
die glogauische Kammer gewendet, mit der Bitte um Gestattung der
Einfuhr in die Neumark, hatte jedoch stets einen ablehnenden Bescheid

---

[1]) Korn Ediktensamml. 1764. VIII, 251. Staatsarchiv M. R. VI, 52. Vol. II.
[2]) Dieselben bestanden in einer mehrjährigen Befreiung von allen Abgaben und
Lasten und von der Werbung, Unterstützung beim Hausbau durch unent-
geldliche Hergabe des Grundes Geldvorschüsse, freies Baumaterial seitens
der Gemeinde. [3]) Korn Ediktensamml. XII, 6 und XIV, 376.

erhalten. Ein Gesuch, auch den Vertrieb des neumärkischen Glases in Schlesien zu verbieten, „da das schlesische ja auch in der Neumark nicht zugelassen sei", wurde seitens des Faktors Loybel zu Wiesau an die Kammer gerichtet. Minister von Hoym erstattete daraufhin am 30. Januar 1773 Bericht an den König. Die Antwort desselben ist in der nachstehenden, aus Potsdam vom 4. Februar 1773 gerichteten Cabinetsordre enthalten.

„*Mein lieber Etats-Minister von Hoym. Ich kann die Wiederaufhebung des Einfuhr Verboths der schlesischen Glaswaaren in die Chur- und Neumark, da die Glashütten dieser Provinz schon über Mangel an Absatz klagen und schon einige deshalb stille stehen, nicht accordiren, sondern die schlesischen Hütten müssen auswärtigen Debit nach der Lausniz, Sachsen und selbst nach Hamburg und sonst zu gewinnen und sich solchergestalt selbst zu helfen suchen:*"

Es muss bemerkt werden, dass die Provinzialregierung sich auf die Seite der schlesischen Glasfabrikanten und Glasveredler stellte. Eine frühere Bittschrift der Warmbrunner Glasschneider, ihre Erzeugnisse in die Mark ausführen zu dürfen, hatte die gloganische Kammer 1770 befürwortet und in wiederholten längeren Berichten (vom 5. Oktober und 27. November 1770) ihr Gutachten dahin abgegeben, dass gar kein vernünftiger Grund vorhanden sei, die Einfuhr des schlesischen Glases in andere preussische Provinzen zu verbieten. „Es entspreche n i c h t den Grundsätzen der Billigkeit, die eine Provinz auf Kosten der anderen zu bevorzugen."

Allein die Kammer drang damit nicht durch. Der Kontrakt des Pächters der Zechliner Glashütte, nach welchem diesem der „privative Debit" in der Kur- und Neumark übertragen und ausserdem die Zusicherung erteilt worden war, dass kein anderes weisses Glas eingelassen werde, stand einer Gewährung der Forderungen entgegen. Jedoch ist es unerfindlich, warum dieses Monopol 1775 erneuert wurde[1]). Die Fassung der diesbezüglichen Mitteilung des General-Ober-Finanz-Kriegs- und Domänendirektoriums an den schlesischen Minister vom 6. Dez. 1775 ist eine äusserst scharfe. Es wird darin bekannt gemacht, dass Glaswaren aus anderen Provinzen in der Kurmark, im Herzogtum Magdeburg und Fürstentum Halberstadt confisciert würden, „da dem Commerzienrat Stropp zu Zechlin der privative Debit der cristallenen, vergoldeten, couleurten und Kreyden-Gläser in diesen Landesteilen beygeleget ist". Es werde dem Minister anheimgestellt, dies den schlesischen Glashütten bekannt zu geben.

Nicht von unmittelbarer Bedeutung für die schlesische Glasindustrie

---

[1]) Korn Ediktensamml. XIV, 582.

war die 1781 erfolgte Erhöhung des Durchgangzolls auf 20 pct. für das nach Polen gehende böhmische Glas[1]). Jedoch soll nicht unerwähnt bleiben, dass gegen diese Massregel durch die General-Administration der Zölle und Steuern (Administration générale des accises et péages du Roi) sowie durch die Hirschberger Kaufmannschaft Vorstellungen erhoben wurden. Nicht mit Unrecht befürchtete man Repressalien seitens der östreichischen Regierung gegenüber dem schlesischen Leinenhandel nach Italien, welcher über Triest ging. Obwohl die Regierung die Berechtigung dieser Besorgnisse nicht zugab, wurde doch vorläufig von der Erhebung des höheren Zolls Abstand genommen.

Da den schlesischen Glashütten die Mark verschlossen war, so richteten sie ihr Augenmerk auf die Provinz Preussen. Schon 1770 hatte das General-Ober-Finanz-Kriegs- und Domänendirektorium daran gedacht, den Export der schlesischen Hütten dorthin zu lenken und mit deren Hilfe das böhmische Glas, das dort noch zugelassen war, zu verbieten. Auch der König hatte diesem Plane zugestimmt und die Königsberger Kammer angewiesen, die Einfuhr des schlesischen Glases in jeder Weise zu fördern. Hoym hatte die Schreiberhauer und Wiesauer Hütte angewiesen, Probekisten mit Glas nebst den Preisen an dieselbe zu schicken. Über den Erfolg dieses Auftrages verlautet nichts; von einer Einfuhr schlesischen Glases nach Preussen wird in dieser Zeit nichts berichtet. Später dagegen (1782) verfügte der König, dass Glasmacher nach Preussen geschickt werden sollten.

Kurz darauf nahm der rührige Rohrbach (1784) den Gedanken mit grösserem Erfolg wieder auf. Die Königsberger Kammer ging diesmal bereitwilliger auf den Antrag ein; das böhmische Glas wurde in Ostpreussen verboten. Da die zu Allenstein angelegte Glashütte imstande sei, die Provinz mit ordinären und mittelfeinen Gläsern zu versehen, dagegen nicht mit den feinsten, auf englische Art gefertigten Gattungen, sowie mit Fensterglas, das die Stelle des französischen völlig ersetze, so habe sie nichts dagegen einzuwenden, falls Rohrbach diese Sorten liefern könne. Ebenso äusserte sich die Bromberger Kammer und verbot das böhmische Glas für ihr Gebiet und den Netzedistrikt. Die Marienburger Kammer hingegen lehnte es ab, die Einfuhr des schlesischen Glases zu gestatten, da von künftigen Trinitatis ab ihre neugegründeten drei Fabriken imstande sein würden, dem Bedürfnis zu genügen und alsdann auch die Einfuhr des böhmischen Glases verboten werden würde.

---

[1]) Cabinetsordre Potsdam 1781, Juli 4.; Korn, Edictensamml. XVII, 190. Der Wert der durch Schlesien nach Polen und Danzig gehenden Glaswaren betrug in den drei Jahren 1781—84 nur 5864²/₃ Thlr., also jährlich nicht ganz 2000 Thlr. Aus diesem Grunde riet Hoym 1784, von der Erhöhung des Zolls Umgang zu nehmen.

Namentlich durch die Anstrengungen der Rohrbachs gewann die schlesische Ausfuhr nach Königsberg in der Folge einen bedeutenden Umfang, da der Verbrauch der Provinz gross war und von dort aus noch eine Ausfuhr nach Polen stattfand. Die Hauptartikel waren gute Fensterscheiben, Kutschenscheiben und Lichterkronen.

Dagegen gelang es der Friedrichsgrunder Hütte nicht, in Berlin dauernden Fuss zu fassen. Sie hatte zwar mehrmals eine Anzahl Kisten mit Glaswaaren aushilfsweise, wenn die Zechliner Hütte nicht imstande war zu liefern, dorthin geschickt, aber jedesmal eine königliche höchste Genehmigung auf die betreffende Anzahl Kisten erwirken müssen. Ihre Bitte, dass ihr eine beständige höchste Erlaubnis zur freien Einfuhr ausgewirkt werde, wurde abgeschlagen.

Dass es auch zu jener Zeit Leute gab, welche erkannten, was der schlesischen Glasindustrie fehlte und die passenden Mittel zur Hebung derselben, allerdings etwas verspätet, anzugeben wussten, beweist ein dem Minister v. Hoym seitens eines Privaten (Johann Sultze) 1786 übergebener Bericht. Der Verfasser sieht mit richtigem Blick die Ursache der hohen Blüte der böhmischen Glasindustrie in der vorzüglichen Organisation des Glashandels, welcher in allen Staaten und Ländern Niederlagen habe und diese durch sachkundige Leute verwalten lasse. Die böhmischen Glashändler wechselten bei den ausländischen Niederlagen in 10 bis 12 Jahren ab, so dass stets ein jüngerer von der Familie hingeschickt werde. — Die Glashütte zu Wiesau z. B. liefere ebenso gutes, wenn nicht besseres Glas als das böhmische, doch könne sie aus Mangel an Absatz nur drei Monate im Jahr arbeiten. Sie habe alles zum neuen königlichen Palast in Berlin erforderliche Fensterglas geliefert. Damit Schlesien auch am Aktivhandel mit Glas theilnehmen könne, macht der Verfasser folgende Vorschläge:

Das zur Einrichtung der ausländischen Niederlagen erforderliche Kapital sei entweder durch die schlesische Kaufmannschaft selbst, ev. durch Aktienzeichnung zu beschaffen, oder durch die königliche Seehandlung oder durch die „thätigen Handelsleute in Stettin".

Die zuerst zu errichtenden Hauptniederlagen würden sein:

a. zu Marseille, wichtig wegen des Abzugs nach der Levante (Konstantinopel, Egypten).

b. zu Cette am Canal de Languedoc, um Paris und andere Städte und Provinzen zu versehen; für Paris allein wäre Ronen noch geeigneter.

c. zu Bordeaux, wo das französische Westindien und Nordamerika kaufen lässt.

d. zu Cadix, „dessen hinreissender Abzug nach dem spanischen

Indien, sowie der sichere Absatz an die sehr reiche Campañia de Caracas genugsam bekannt ist" und endlich

e. in Holland zu Amsterdam und Rotterdam, „wo es zu keiner Zeit an inländischem und auswärtigem Verschleiss dieser Ware und ebenso wenig häufig an Bestellungen gefehlet hat, noch jemals fehlen werde".

Der Transport bis Stettin sei, da er grösstenteils zu Wasser gehe, leicht; ein Vorteil gegenüber den Böhmen, welche sich auf dem Wege nach Hamburg bis Lüneburg des Landwegs bedienen müssten.

St. Petersburg und Russland, ebenso Polen nennt Verfasser nicht, „weil dieses Land bald durch die Einwanderung böhmischer Glasmacher imstande sein werde, seine Gläser selbst zu erzeugen und ferner weil es sich nicht empfehle, einen jungen Faktor dahin zu senden, der nicht imstande sei, dem dort herrschenden Luxus und der Sittenverderbnis zu widerstehen und so dem Geschäft selbst nur Nachteil bringen würde." Ein Kapital von 500 000 — 600 000 Thalern wird als ausreichend zur Begründung des Geschäftes betrachtet.

Minister v. Hoym erachtete das vorgenannte Promemoria für bedeutend genug, um es dem Minister von der Schulenburg zu unterbreiten. Dieser jedoch lehnte es kurzerhand ab, dass die Seehandlung „in dieser sehr unsicheren Branche das verlangte ansehnliche Kapital von 500 bis 600 Mille Thalern anlege". Auf diese Weise verlief der einzige Anlauf zu einer grösseren Entfaltung der schlesischen Glasindustrie im Sande.

Der erfolgreiche Versuch der Friedrichsgrunder Hütte, sich in der Provinz Preussen ein Absatzgebiet zu schaffen, hatte zur Folge, dass man auch in anderen Teilen der Provinz sein Augenmerk auf das preussische Geschäft richtete. 1787 erhielt ein Zwirnfabrikant und Glashändler Schmidt aus Warmbrunn eine Reiseunterstützung von 100 Thalern, um den Absatz der schlesischen Glaswaaren in Preussen zu befördern. Neben dem Warmbrunner Glas wollte Schmidt auch einen Versuch mit solchem aus Wessola machen; da die dortige Hütte an der Weichsel lag und zwar dort, wo dieselbe anfängt schiffbar zu werden, so glaubte man den Versand nach Preussen auf dem Wasserwege bewerkstelligen zu können. Die Idee scheiterte jedoch an dem zu hohen Preise des Glases von Wessola. In der ersten Zeit wurden viele Klagen über die schlechte Sortierung und Verpackung des schlesischen Glases in Königsberg erhoben; es wurde in Vorschlag gebracht, Glasbeschauer anzustellen; ferner sollte die Friedrichsgrunder Hütte zur besseren Verpackung Kistenmacher und Tischler beschäftigen.

1792 wurde die Einbringung des schlesischen Glases in die Kur- und Neumark, Halberstadt und Magdeburg zugelassen; in diesem Jahre gingen die Privilegien der dortigen Hütten zu Ende. Die Besitzer hatten diese bis zum letzten Augenblick ausgenutzt, trotzdem König Friedrich Wilhelm II. schon 1789 wegen des immer grösser werdenden Holzmangels die Einfuhr schlesischen Glases befohlen hatte. Jedoch musste von den Glaswaren ein Einfuhrzoll entrichtet werden und zwar für ordinäres Fenster- und grünes Hohlglas pro Thaler Wert 6 Pfennige, für weisses Fensterglas, Wein-, Bier- und andere Gläser 1 ggr., für geschliffene und vergoldete Gläser 2 ggr.

1794 endlich wurde auf die vielfältigen Klagen der mit Glas handelnden Kaufleute und der Glasergewerke durch das gedruckte Publicandum vom 11. Juli die Einfuhr des Glases nach Ost- und Westpreussen vollständig freigegeben. Die Ursache war der daselbst infolge des Seekrieges herrschende Mangel an Tafelglas. Namentlich fehlten die besseren Sorten zu Kutschenscheiben, welche bisher aus Frankreich bezogen wurden. Ein Vorschlag, englisches Glas statt des französischen einzuführen, erhielt nicht die Billigung Friedrich Wilhelms II. Dagegen wurde die Glashütte zu Wessola aufgefordert, Solintafeln anstelle der französischen zu liefern.

Inzwischen waren in der Mark infolge des immer fühlbarer werdenden Holzmangels viele Glashütten eingegangen; die noch mangelhafte Steinkohlenfeuerung lieferte wenig brauchbare Ware und es stellte sich Glasmangel ein. Die Verhältnisse erlitten einen solchen Umschwung, dass befohlen wurde, den Bedarf der Provinz aus Schlesien zu decken. Die schlesischen Hütten waren zuerst gar nicht in der Lage, die notwendigen Mengen von 1700—1800 Kisten jährlich zu liefern, richteten sich jedoch bald darauf ein.

1795 wurde das schlesische Glas ohne Einschränkung in alle königlichen Provinzen, allerdings gegen die oben erwähnte Abgabe zugelassen, während die Privatglashütten anderer Provinzen noch auf das bis 1797 bestehende Privileg der Marienwalder Glashütte Rücksicht nehmen und ihr Glas möglichst in den ihnen zunächst liegenden Gebieten verkaufen sollten[1]). Obgleich im letzten Jahrzehnt des XVIII. Jahrhunderts eine ganze Anzahl von schlesischen Glashütten (Tost, Janow, Mokrau, Ollschin, Wendzin, Radau, Bodland, Schreckendorf und Seitenberg) ihre Feuer löschen mussten, so war die Glasindustrie der Provinz um die Wende des Jahrhunderts doch die bedeutendste des preussischen Staates. Ein Bericht der Regierung[2]) von 1803 sagt: *„Die Glasfabrikation ist ein wich-*

---

[1]) Publicandum wegen der Einfuhr des schlesischen Glases aus den schlesischen und anderen Privat-Glashütten in sämtlichen Königlichen Provinzen vom 11. Juli 1795.

[2]) Bericht über verschiedene Gegenstände des schlesischen Gewerbefleisses. Staatsarchiv. M. R. VI, 52. Vol. 7.

tiger Zweig des schlesischen Gewerbefleisses, worin keine der übrigen preussischen Provinzen mit hier gleich kommt". Das Glas auf den Glashütten des Gebirges habe sich seit einiger Zeit merklich in Form, Farbe, Reinheit verbessert. Nicht gleichen Schritt gehalten habe das bedeutendste Etablissement dieser Art von Rohrbach in der Grafschaft Glatz. Die Schreiberhauer Glasschleifereien werden als sehr bedeutend angegeben; wie unberechtigt das vielfach noch vorhandene Vorurteil für das böhmische Glas zu ungunsten des schlesischen sei, gehe daraus hervor, dass in Berlin schlesisches Glas und Kronleuchter als böhmische verkauft worden seien. Dagegen wird dem Rohrbach vorgeworfen, dass er ein höchst mittelmässiges Fabrikat liefere, das unrein und von schmutziger Farbe sei.

Selbst in der darauffolgenden Zeit der tiefsten Demütigung Preussens nahm die Regierung noch Veranlassung, der schlesischen Glasindustrie ihre Aufmerksamkeit zuzuwenden. Die Wichtigkeit und Schätzung, welche sie ihr beilegte, geht aus den umfangreichen, ein dickes Aktenstück füllenden Berichten des Regierungsassessors, späteren Regierungsrates Krüger hervor, welchem 1810 seitens der Regierung zu Liegnitz der Auftrag zur Bereisung sämtlicher schlesischen Hütten erteilt worden war. Die Untersuchung wurde in diesem und dem folgenden Jahre ausgeführt; daran schloss sich 1812 eine Bereisung der bedeutendsten ausländischen Werke. Krüger besuchte in Böhmen die Hütten von Harrachsdorf oder Neuwelt, von Georgenthal und Haidau; die Ungerhütte bei dem Dorfe Tiefenbach, Bunzlauer Kreis und die Hütte von Markausch im Königgrätzer Kreise; in Westfalen die Hütte Osterwald bei dem Flecken Koppenbrügge, zwischen Hameln und Hildesheim; in Sachsen die Königliche Hohlglas- und Spiegelfabrik Friedrichsthal, eine Meile westlich von Senftenberg in der Niederlausitz, ferner die Glashütte Friedrichshain bei Spremberg; in Baiern: Warmensteinach im Fichtelgebirge und in den anstossenden Dörfern Sophienthal und Bischofsgrün zwei wahrscheinlich für immer gelöschte P a t t e r l e hütten, welche gläserne Knöpfe und Perlen fabrizierten; ferner Stolberg bei Aachen und Sagets Glasfabrik bei Paris. Krügers Berichte zeichnen sich durch Gründlichkeit, Fleiss und eingehende Sachkenntnis aus; sie geben ein vollständig erschöpfendes Bild vom Stande nicht nur der schlesischen Glasfabrikation, sondern der gesamten Leistungen seiner Zeit. Ausser einer genauen Beschreibung der Herstellungsverfahren werden Mängel und Vorzüge der einzelnen Hütten namhaft gemacht und viele Vorschläge zur Verbesserung angegeben. Ob von diesen einiges zur Ausführung gekommen ist, erfahren wir nicht, da die Akten damit schliessen. Während der bald darauf beginnenden Erhebung Prenssens, welche von Schlesien ihren Ausgang nahm, mögen diese Bestrebungen der Regierung vor dem wichtigeren und höheren Ziele der Befreiung des Vaterlandes von der Fremdherrschaft vorläufig in den Hintergrund getreten sein.

In der bisherigen Darstellung ist der Glasveredelungsgewerbe, insbesondere der Glasschleiferei und Glasschneiderei keine Erwähnung geschehen, um ihre Entwickelung unter der preussischen Herrschaft im Zusammenhang behandeln zu können. Es ist eine lange Leidensgeschichte; ihre Klagen beginnen schon 1742. Da ihnen zu ihrer Arbeit das Glas mangelte, und die Schreiberhauer Hütte nicht im Stande war, die 40 Warmbrunner Glasschneider zu versorgen, so baten sie, Glas von Neuwald (Neuwelt) in Böhmen gegen Erlegung eines „billigen Imposts" einführen zu dürfen, anderenfalls seien sie genötigt, selbst nach Böhmen auszuwandern. Ähnliche Bittschriften wurden im Laufe der folgenden Jahre an die Regierung gerichtet. 1764 bat der Glasschneider Gottfried Kahl aus Voigtsdorf, dass ihm gestattet werde, böhmisches Glas einzuführen; als Absatzgebiet für seine Erzeugnisse gab er Mähren und Leipzig an. Er wollte das für ihn ankommende Glas an das Warmbrunner Accisenamt gelangen und nachdem er es geschnitten, daselbst wieder verpacken und abgehen lassen, so dass auch nicht ein Stück im Lande bleibe. Da seine Bitte nicht genehmigt wurde, verwandte sich der Landrat des Hirschberger Kreises, von Zedlitz, für ihn und stellte ihm das Zeugnis aus, dass er „im Glas- und Steinschneiden ein Künstler sei; es sei zweifelhaft, ob einer im Kreise es ihm zuvorthue. Der König möge ihm ein Petschaft oder eine Devise in Stein zu schneiden geben, um seine Kunst auf die Probe zu stellen". Daraufhin wurde Kahls Gesuch am 8. Okt. 1764 bewilligt. 1765 richtete der Glas-, Stein- und Wappenschneider Johann Gottfried Maywald aus Warmbrunn Vorschläge „in Ansehung der Kunstschleiferei, dem Glass-Commercio an den Minister, welche darin gipfelten, dass „zur Hebung dieses Gewerbszweiges Jemand von Fähigkeit und Vermögen erfordert würde, welchen S. Majestät mit der gehörigen Autorität und dem Charakter als Direktor und Commerzienrath begnadigen solle". Als eine hierzu geeignete Persönlichkeit machte er einen Herrn Johann Georg von Pfeil namhaft. Das etwas konfuse Schreiben zog für den Verfasser zunächst eine Beobachtung seines Geisteszustandes nach sich. Nichts destoweniger enthält es eine beachtenswerte Schilderung der damaligen Zustände. „Das Gebürge von Böhmen und Schlesien hat seit vielen Jahren bekanntermassen die schönsten Glasshütten gehabt; in gleichen haben sich daselbst auch jeder Zeit die besten Sorten Steine von Chrisopras, Christal de roche, Dubace, Carneol und Calcedon etc. gefunden. Dieses hat Gelegenheit gegeben, dass sich daselbst Stein- und Wappenschneider in gleichen Cristallen- und Glass-Schneider niedergelassen haben. Nun hätte zwar das Werk von je her getrieben werden können, wan nicht eine be-

ständige disharmonie gewesen. Diese nun hat sich durch die Jahre da Schlesien von Böhmen gekommen sehr gehäuffet. Und da die mehresten Glashütten in den Böhmschen Gebürgen belegen sind, wogegen das Schlesche gebürge nicht mehr als eine Glashütten aufzeigen kann, so würde es nun so viel mehr behutsamkeit und wissen erfordern mehr Glashütten zu etabliren und sich da zu befleissen, gut Glass, von guter Fason verfertigen zu lassen und worauf vorzügliche Kunst-Schleiffereyen angebracht und das Stein- und Wappenschneiden in oben der Art mit dabei tractiret werden müsste". Welcher Entscheid auf die Eingabe erfolgt ist, ist nicht bekannt; wahrscheinlich hat man dieselbe nicht sehr ernst genommen. Und doch wurde die Notlage der Warmbrunner Glasveredeler von Tag zu Tag grösser.

1768 richteten dieselben zwei Bittschriften, im Januar und Juni, wegen des Einfuhrverbotes des böhmischen Glases an die Regierung. Sie geben darin unter anderem an, dass „ihre Profession und Nahrung seit mehr als hundert Jahren lediglich in Schneidung feiner Gläser bestanden habe. Wenn sie nicht hinreichendes Material zur Arbeit haben sollten, so seien sie schliesslich genötigt, ihren Wohnsitz nach Böhmen zu verlegen und somit ihrer Profession den grössten Nachteil zuzufügen. Sie seien auf das böhmische Glas angewiesen, welches so hell und rein sei, dass das Schreiberhauische damit gar nicht zu vergleichen. Der König habe zwar dem dortigen Glasmeister befohlen, ebenso gutes Glas, wie in Böhmen zu liefern. Dieser habe jedoch in den letzten zehn Wochen, in welchen er in diesem Jahre erst habe arbeiten lassen, nachdem er 14 Wochen gefeiert, Glas verfertigt, welches nicht weiss und hell, sondern ganz unrein, grün und blaulicht gewesen sei und von so schlechter Beschaffenheit, dass sie es nicht nur nicht zu ihrer Arbeit brauchen konnten, sondern dass es ihm wegen Untauglichkeit überhaupt niemand abnehmen könne. Dies sei die Ursache gewesen, dass er schon wiederum zu arbeiten aufgehört habe und die Glashütte wohl ein Vierteljahr zum Stillstande kommen würde. Durch diese Thatsache sei, trotz aller Versprechungen die unzureichende Leistungsfähigkeit der Schreiberhauer Hütte erwiesen, welcher es auch an Mannichfaltigkeit der Formen und Vielheit der Sorten fehle. Ein fortdauerndes Verbot der böhmischen Einfuhr würde hierin keine Besserung schaffen; im Gegenteil sei zu erwarten, dass der Glasmeister darauf fussen würde, dass man ihm sein Glas, wenn es auch noch so schlecht und untauglich ausfiele, abnehmen müsse."

„Der Wert des Glases bestehe doch lediglich in der gefertigten Arbeit; wenn sie ihre Gesellen nicht vollauf beschäftigen könnten, so würden diese sich nach Böhmen wenden und selbst diejenige Arbeit, in welcher Warmbrunn noch einen Ruf gehabt habe, dorthin übertragen, so dass sie selbst nach auswärts gar nicht mehr konkurrieren könnten. Sie weisen auf ihren Vorrat an geschnittenen Gläsern hin, für welchen sie bereits den Zoll bezahlt hätten; auch seien sie kleine Leute, welche eine, wenn auch nur kurze Unterbrechung ihrer Profession ruinieren würde. Sie bitten also das wieder auszuführende Glas gegen den bisherigen Transito-Zoll, das für den inländischen Verkauf bestimmte gegen den üblichen Zoll einführen zu dürfen." Wir sind nicht darüber unterrichtet, welchen Erfolg dieses Schreiben hatte. Es scheint jedoch bald darauf in Warmbrunn böhmisches Glas für die Ausfuhr unter zollamtlichen Vorsichtsmassregeln und Verpackung unter Controle verarbeitet worden zu sein.

Die Glasveredelungsgewerbe litten jedoch nicht nur unter dem Mangel an tauglichem Material; es machten sich die Folgen des im fiscalischen Interesse beliebten Absperrungssystems der einzelnen preussischen Provinzen gegen einander sehr fühlbar. Am 17. Mai 1770 richteten die Warmbrunner Glasschneider eine von 11 Meistern und Firmen unterschriebene Bittschrift an den Minister von Hoym und auf dessen Anraten sodann eine solche mit 14 Unterschriften an die Königliche Steuer-Administration, des Inhalts, dass „der Debit der geschnittenen Glaswaren im Inlande und namentlich auch nach Brandenburg gestattet werden möge. Sie hätten den Zoll für das böhmische Glas mit 30 pct. bezahlt; auch würde die Einfuhr des durch ihre Arbeit veredelten Glases gegen einen mässigen Zoll dem Lande nicht nur keinen Schaden, sondern Nutzen bringen, da bei mangelndem Absatz die geschicktesten Glasschneider gezwungen sein würden, ausser Landes zu gehen". Ihr Gewerbe wird als ein Kunst- oder Luxusgewerbe gekennzeichnet durch die Äusserung „massen unser Vorrath nicht iedermanns Kauff, sondern einzig und allein an hohe Personen und Capitalisten eingebracht verden muss".

Trotzdem sich Minister von Hoym und die glogauische Kammer mit Wärme und unter Berufung auf die allgemeinen Rechtsgrundsätze für die Gestattung der Einfuhr in die brandenburgischen Provinzen verwandten, so erfolgte doch 1771 am 21. Januar der Bescheid, dass „dem Gesuche der Warmbrunner Glasschneider, alle aus den brandenburgischen Provinzen erhaltene Commissiones und Bestellungen auf inländisches schlesisches Hüttenglas ohngehindert dorthin befördern zu können, desshalb nicht deferirt werden könne, weil dem Pächter der Zechlinschen Glashütte der privative Debit und dass kein anderes weisses Glas eingelassen werden solle, per contractum versprochen worden sei". Jedoch meinte die glogauische Kammer, dass sich dies doch wohl nur auf die Kurmark beziehen könne. Nachdem inzwischen die Friedrichsgrunder Hütte entstanden war, machten die Glasschneider und -Händler Maywald und Scharff, zur Hebung der Übelstände 1774 den Vorschlag, in Warmbrunn eine Niederlage von Friedrichsgrunder Glas zu errichten. Rohrbach erklärte sich damit einverstanden, wollte jedoch nur gegen bar verkaufen. Die Sache scheint nicht zur Ausführung gekommen zu sein, ebenso wie der 1782 geäusserte Gedanke des Ministers von Hoym, die Schreiberhauer Hütte durch Rohrbach übernehmen und in einen besseren Zustand bringen zu lassen, um so den fortwährenden Klagen der Glasschleifer, Glasschneider und Glashändler, und der Bedrückung „dieses vordem so ansehnlichen Gewerbes" ein Ende zu machen. Wie bereits oben (S. 166) angegeben, scheiterte dieser Plan, da sich Rohrbach zur Übernahme der Schreiberhauer Hütte nicht bereit finden liess.

Ein letzter Notschrei der immer mehr in Verfall geratenden Glasschneidekunst tönt uns aus der Vorstellung des Warmbrunner Stein- und Glasschneiders Joh. Friedr. Mecke vom 23. Sept. 1787 entgegen, welcher durch den Grafen Reuss veranlasst worden war, sich in Berlin niederzulassen. „*Warmbrunn, mein vaterländischer Geburtsort war ehedem in dieser Kunst durch ganz Europa berühmt und ich selbst bemühte mich Originalia, Landschaften, Perspectiva und alle mir zugeschickte Zeichnungen und Desseins in der feinen Glas- und Steinschneiderey dergestalt zu liefern, dass meine Arbeiten von weitem gesucht und mir das schmeichelhafte Zeugniss ertheilet wird, dass meine Lieferungen derer übrigen Bemühungen überträfen*".

Ferner giebt er an, dass er Jünglinge in dieser Kunst unterrichtet habe, welche ihm durch Östreich abwendig gemacht worden seien; Böhmen habe seit mehr als 16 Jahren die Warmbrunn entrissenen Vorteile benutzt und sich die Ausfuhr nach Polen und Russland verschafft. Die kaiserliche Regierung und die böhmischen Herrschaften wendeten alle Mittel an, um ihre Glashütten und Schleifereien in die grösste Vollkommenheit zu bringen. Ihm würden in Berlin seitens der Innung die grössten Hindernisse in den Weg gelegt, trotzdem das Glasschneiden keine zunftmässige Profession, sondern eine freie Kunst sei. Das rohe Glas erhalte seinen Wert erst, wenn die Kunst es gezeichnet habe; er schätze sich glücklich, weil er „*als Künstler seine jugendlichen Jahre nicht gewohnheits- und schlendriansmässig, sondern auf speculativische und weit edlere Wissenschaften verwendet, auch mit keinem professionsmässigen Glashandel sich eingelassen habe, noch einlassen werde, und höhere, als gemeine Kenntnisse von Bouteillen, Bier- Wein- und Glasbocalen besitze*". Er habe seiner Zeit die östreichischen Anerbietungen zurückgewiesen und sei willens, eine Schleiferei in der Nähe der zechlinschen Hütte oder in Charlottenburg anzulegen; einstweilen bitte er um einen Erlaubnispass, damit er ihm aufgetragene Commissionen, deren Besorgung er den Seinigen in Schlesien überlassen habe, absenden könne.

Wir ersehen hieraus, dass der mangelnde Erwerb die Warmbrunner Glasveredler in ausgedehntem Masse zur Auswanderung veranlasste; meist

12

wandten sie sich nach dem benachbarten Böhmen, wo sie mit offenen Armen aufgenommen wurden, während dem Versuche, die Kunst in Brandenburg ansässig zu machen, vielfach Hindernisse in Gestalt von zünftlerischen Belästigungen entgegengesetzt wurde.

Der fortschreitende Verfall der Warmbrunner Glasveredlungsgewerbe war schliesslich so offenkundig, dass Minister von Hoym denselben in einem Berichte vom 16. Nov. 1787 an das „Fabriquen und Commercial-Departement des General-Directorii" bestätigte; er giebt dieselbe aber (wie schon oben S. 135 erwähnt) hauptsächlich der Abnahme der Liebhaberei an geschnittenen Gläsern schuld.

Wenn auch vielleicht die Mode damals einigen Einfluss ausgeübt haben mag, so lagen doch die Ursachen des Niedergangs tiefer und bestanden schon zu einer Zeit, wo sich die Liebhaberei für diese Kunst noch in vollem Aufschwung befand. Auch hat die böhmische Glasveredlung selbst um diese Zeit unter dem Einfluss der Mode kaum gelitten, sondern befand sich noch im höchsten Flor. Bei einiger Förderung seitens der Regierung hätte die schlesische Glasschneidekunst ihren Rang als Kunstindustrie nicht nur dauernd behaupten, sondern infolge der besseren Leistungen der einheimischen Glasschneider die böhmische Industrie bedeutend überflügeln können. So aber kam es, dass die Böhmen gegen Ende des Jahrhunderts den Warmbrunnern namentlich in der billigeren und marktgängigen Ware völlig den Rang abgelaufen hatten, während die Steinschneiderei, für welche die damals herrschende Vorliebe für Kameen günstig war, sich länger behauptete.

IX. Urteile über das schlesische Glas.

Fast so alt wie die Glasmacherkunst in den Nachbarländern Schlesien und Böhmen ist auch deren Rivalität bezüglich der Güte der in beiden erzeugten Glaswaren. Daher kommt es, dass wir über diesen Punkt die widersprechendsten Urteile verzeichnet finden; diese mögen auch in den verschiedenen Zeitperioden für das eine oder das andere Land ihre Berechtigung gehabt haben. Während Schwenkfeldt 1600 von den weissen und durchsichtigen zu Schreiberhau gefertigten Gläsern spricht[1]), giebt Henelius in seiner 1613 erschienenen Silesiographia an, dass das schlesische Glas entweder von Natur oder infolge der Herstellung weniger rein und durchsichtig sei[2]) und hinter dem mährischen zurückstehe[3]). Sein Scholiast Fibiger, welcher den letzteren Vergleich mitteilt, weist dagegen in seinen Anmerkungen den dem schlesischen Glase gemachten Vorwurf zurück und beruft sich darauf, dass, wie die Erfahrung lehre, das schlesische Glas ebenso rein und gut sei, und hinter dem böhmischen nicht zurückstehe[4]).

Einen klassischen Zeugen für die Güte des schlesischen Glases am Ende des XVII. Jahrhundert haben wir in dem böhmischen Glashändler Georg Franz Kreybich aur Steinschönau. Dieser erzählt in seiner Reisebeschreibung[5]), dass er im Jahre 1686 in den „Hünderhütten" auf dem Schreiberhau für seine zweite Reise „gutes" Glas aufgeladen habe, „*denn zur selben Zeit ward bei uns noch kein gutes Glas gemacht, als nur Schockglas* (glattes Glas) *und waren noch keine Kogler, auch keine Eckigreiber, auch noch wenig Glasschneider*".

1742 gibt der Pächter der Zechlinschen Glashütte, Stropp, als Grund gegen die Einfuhr des schlesischen Glases in die Kurmark an, dass

---

[1]) A. a. O. S. 407. Vgl. oben die Note 3 zu S. 12.

[2]) A. a. O. S. 15. „sed vitrum Silesiacum sive sit ex natura sive ex coctione minus purum et translucidum est.

[3]) Silesiographia renovata. 1704. Bd. I. cap. III. S. 364. „necdum cum Moravo comparandum". [4]) Ebenda.

[5]) Veröffentl. von Dr. Schlesinger in den Mitteilungen des Vereins für Geschichte der Deutschen in Böhmen. (VIII. 1870.) Vgl. Schebek a. a. O. S. XXIII. Lange a. a. O. S. 8.

der Unterschleif mit dem böhmischen Glase „*inévitable, weil solches in der Güthe und Façon überall dem schlesischen Glase gleich sey, aller darwieder zu machenden Precaution ungeachtet, mit einschleichen sollte*"[1]). Von der Mitte des XVIII. Jahrhunderts an mehren sich die Klagen der Warmbrunner Glasveredler über das einheimische Glas und wir begegnen häufig dem Ausspruche in ihren Bittschriften an die Behörden, dass das schreiberhauische Glas dem böhmischen in vielen Stücken nicht gleich und zu ihrer Arbeit nicht so tauglich sei, vor allem aber nicht so billig wie jenes. Zum Teil mögen ihre Klagen berechtigt gewesen sein, denn der Niedergang der Schreiberhauer Hütte und die Abnahme ihrer Leistungsfähigkeit in jener Zeit ist auch durch andere Zeugnisse festgestellt. In erster Linie aber mag der höhere Preis und der häufige Mangel an vorhandener Waare sowie die geringe Auswahl an Formen zu ihren Beschwerden Veranlassung gegeben haben. Es ist kaum anzunehmen, dass der Glasmeister Karl Christian Preussler in seinem Briefe an den Grafen Schlabrendorf vom 11. Nov. 1766 (s. oben S. 159) auf jene Beschwerden hin sich erboten hätte, durch ein besonderes Zeichen, welches er an seinen Fabrikaten anbringen und nur dem Minister kund geben wollte, zu beweisen, dass sein Glas besser und auch tüchtiger zum Schneiden als das böhmische sei, nur nicht so billig als dieses — wenn ein grosser Unterschied zwischen dem schlesischen und dem böhmischen bestanden hätte. Bezüglich des Friedrichsgrunder Glases urteilen die Glasschneider Maywald und Scharff 1774 „dass ein feines Glas bearbeitet wird". In den Reisebeschreibungen des schlesischen Gebirges vom Ende des XVIII. Jahrhunderts finden sich vielfach Urteile über das schlesische und böhmische Glas, welche jedoch mehr auf einem flüchtigen Eindruck als auf gründlicher Sachkenntnis zu beruhen scheinen. Während ein Berichterstatter von der Reinheit des Schreiberhauer Glases spricht, welches diesen Vorzug mit dem böhmischen gemein habe[2]), äussert sich ein anderer[3]) dahin, dass noch keine schlesische Glashütte die böhmischen an Schönheit der Masse erreiche „ungeachtet hier mit mehr Geschmack und edlerer Zeichnung geschnitten wird". Ein dritter[4]) behauptet von der Schreiberhauer Hütte, dass sie mit den böhmischen Glashütten ebensowenig, als mit einigen der Grafschaft Glatz verglichen werden könne. Bezüglich des letzteren Punktes ist Zöllner[5]) derselben

---

[1]) Vgl. oben S. 151.

[2]) C. F. Bouquoi, Reise nach dem Zackelfall. S. 75.

[3]) Joh. Friedr. Zöllner, Briefe über Schlesien u. s. w. II, S. 268.

[4]) Bemerkungen auf einer Reise durch einen Teil des schlesischen Gebirges und der Grafschaft Glatz. o. J. S. 153.   [5]) A. a. O. II. S. 320.

Ansicht, während M. Chr. Weiss[1]) schreibt, dass den Hütten der Graf-schaft die zu Schreiberhau „in jeder Rücksicht vorzuziehen sei".

Der Amerikaner John Quincy Adams endlich berichtet von dem Schrei-berhauer Glas, dass es „in jeder Hinsicht schlechter als das in Böhmen verfertigte sei und dabei höher im Preise". Jedoch findet auch das letz-tere keine Gnade vor seinen Augen, indem er das englische für weit vorzüglicher hält. Sein Urteil scheint nicht ohne Voreingenommenheit zu sein, wenn er gleich darauf die Behauptung aufstellt: „*Die Arbeiten der Glasschneider sind zwar ziemlich gut, doch müssen sie den eng-lischen weit nachstehen, denn wahrlich sind die Engländer die ein-zige Nation, welche diese Kunst zur Vollkommenheit gebracht hat*"[2]). Ohne Zweifel waren zu der damaligen Zeit sowohl die Leistungen der schlesischen Glasmacherei als auch insbesondere der Glasschneiderei sehr zurückgegangen; am meisten dürfte der Wahrheit ein Bericht nahekom-men, welchen der um 1800 mit der Bereisung der Gebirgsfabriken be-auftragte Beamte, Fabriken-Dessinateur, Professor und Hofrat Bach aus Breslau bezüglich der Schreiberhauer Hütte einreichte: „*Wir haben die beste prima materia, weit besser als solche in Böhmen zu finden ist, demohngeachtet stehen unsere Glaswaaren denen böhmischen weit nach, weil unsere Glasfabricanten bei Zusammensetzung der Masse nicht auf das gehörige Verhältniss, Reinigung und Bearbeitung derselben sehen; daher wird das Glas unrein und fehlerhaft*"[3]).

Treffend ist das Verhältnis der schlesischen zu der böhmischen Glas-ware in dem interessanten Buche: „Kultur- und Sittengeschichte Schle-siens in vertrauten Briefen eines dem Tode Entgegengehenden"[4]) geschil-dert. „Die Böhmen rivalisiren überwiegend, sowohl in Schönheit, als Wohlfeilheit der Glasarbeiten mit den Schlesiern". Nachdem der Ver-fasser dann die Bedeutung und Vollkommenheit der böhmischen Glashütte zu Neuwald (gräflich Harrachsche Hütte zu Neuwelt) gerühmt und sie ein zweites Choisy-le-Roi genannt, fährt er fort: „„*So etwas werden Sie in Schlesien nicht gesehen haben*"", heisst es hier bei der Vorzei-gung eines Probestückes, und bei einem Glaswarenhändler in Warm-brunn kann man dagegen hören: „„*Dergleichen können die Böhmen nicht liefern*"".

---

[1]) Wanderungen durch Sachsen, Schlesien, Glatz und Böhmen, Leipzig 1796. II. S. 104.

[2]) Briefe über Schlesien, S. 69, 81.

[3]) Derselbe war seit 1792 Direktor des K. Zeichnungs-Instituts zu Breslau, aus welchem sich später die Kunst-Bauhandwerksschule, die jetzige Kunst- und Kunstgewerbeschule entwickelte.

[4]) Schlesische Zustände im ersten Jahrhundert der Preussischen Herrschaft. Breslau 1840. S. 201.

X. Anhang.

A. Frühgeschichtliche und antike Gläser.

Glasfunde gehören in Schlesien zu den Seltenheiten. Während am Rhein, in Frankreich und England, also in den von Franken und Angelsachsen bewohnten Gegenden neben eingeführten römischen Gläsern zahlreiche Glasgegenstände in Gräbern gefunden worden sind, welche das Vorhandensein einer einheimischen Glasfabrikation erweisen, sind in den Ländern östlich der Elbe Glasgegenstände von inländischem Ursprung bisher noch nicht nachgewiesen worden. Man hat zwar zu verschiedenen Malen geglaubt, in Schlesien urgeschichtliches Glas gefunden zu haben, so zu Pannwitz Kr. Trebnitz 1858, am Zehndelberge bei Oswitz Kr. Breslau [1]), bei Siegda und Winzig Kr. Wohlau, sowie bei Stroppen Kr. Trebnitz [2]); diese Funde haben sich jedoch in der Folge stets als Teile von mittelalterlichen und selbst dem XVI. und XVII. Jahrhundert angehörenden Gläsern erwiesen [3]). Abgesehen von diesen Gefässteilen sind nur Perlen, Ringe und kleinere Schmelzstücke von Glas in urgeschichtlichen Fundstätten gehoben worden. Das Museum schles. Altert. besitzt Gegenstände der ersteren Gattungen (ausser den dem Sackrauer Fund zugehörigen Stücken) aus Brauchitschdorf und Petschkendorf Kr. Lüben, Klein-Tinz und Oswitz bei Breslau, Dyhernfurth Kr. Wohlau, Gross-Osten Kr. Guhrau, Schwanowitz Kr. Brieg, Lobris Kr. Jauer, Frankenstein und Zadel im Frankensteiner Kreise. Geschmolzene Glasstücke sind bekannt aus Karzen Kr. Nimptsch, Camöse Kr. Neumarkt, Karlsburg Kr. Öls und Wronin Kr. Cosel.

Überbleibsel von urgeschichtlichen Glasöfen, welche zum Beweis dienen könnten, dass den slavischen Urbewohnern des Landes, wie den

---

[1]) Schlesiens Vorzeit. IV, 643.

[2]) K. Wunster, Die Schnitsch, eine Stazion des alten Landhandels, Liegnitz 1827. S. 57, 103.

[3]) Vgl. den Aufsatz v. M. Zimmer über „die Pannwitzer Gläser" in Schl. Vorzeit IV, 642 ff.

thüringischen Slaven, die Glasbereitung bekannt war[1]), haben sich in Schlesien noch nicht gefunden.

Von wirklich antiken Hohlgläsern befinden sich im Museum schles. Altert. vier kleine Fläschchen in der Form der römischen und frühchristlichen Balsamarien, Fig. 46, wie sie sich in vielen westdeutschen Funden

Fig. 46.

erhalten haben und in zahlreichen Stücken z. B. in den rheinischen Museen zu Mainz, Worms und Wiesbaden vertreten sind. Das grünliche Glas ist stark irisierend geworden; eines der Gefässe hat einen verhältnismässig langen Hals, während ein bauchiges Fläschchen sich durch eine sehr lange *(11 cm.)* Ausgussröhre auszeichnet und vielleicht als Destilliergefäss zu betrachten ist. *Kat. No. 838 a—c. 89* u. *839'89.* Sämtliche Gefässe stammen aus dem Besitz der Familie Krieger und sollen nach mündlicher, nicht ganz zweifelloser Überlieferung nebst anderen urgeschichtlichen Gegenständen bei Oswitz, Kr. Breslau, gefunden worden sein. Was die schlesische Herkunft der Gefässe wahrscheinlich macht, ist der Umstand, dass sie mit urgeschichtlichen Gegenständen aus Kobelwitz Kr. Trebnitz und Jäschkowitz Kr. Breslau, welche K r u s e in seiner Budorgis S. 107, 171 beschrieben und abgebildet hat und welche lange Zeit für verschollen galten, auf dem Boden des Kriegerschen Hauses zusammenstanden.

Es bleiben daher als völlig einwandsfreie Fundobjekte antiker Her-

---

[1]) Nach den Protokollen der Generalversammlung des Gesamtvereins der deutschen Geschichts- und Altertumsvereine zu Metz. 1890. S. 89, wurden derartige Anlagen im Thüringerwalde auf dem Isaak, einem der Buntsandsteinformation angehörenden Vorberg des Thüringer Waldes, in der Nähe von Sonnenberg entdeckt.

kunft nur die Glasgegenstände des Sackrauer Fundes — allerdings Prachtstücke ersten Ranges [1]).

Es sind: eine Schale aus amethystviolettem Glase mit geflammter,
an Holzmaser erinnernder Zeichnung und horizontal abstehendem Rande,
Kat. No. 186'89 (abgeb. im Fund von Sackrau Taf. VI, Fig. 1); eine
hohe Schale aus weinrotem, dunklen Glase mit geschliffenen, ovalen Feldern, *Kat. No. 195'89* (abgeb. bei Grempler und Langenhan, 2. u. 3.
Fund von Sackrau Taf. I, Fig. 1), eine niedrige Millefiorischale, welche
in violetter Grundmasse gelb-rote Rosetten zeigt, *Kat. No. 228'89* (Abbildung ebenda Taf. IV, Fig. 1), und schliesslich ein zertrümmertes schüs-
selartiges Gefäss aus Mosaikglas, welches in blaugrüner Grundmasse gelbe
und weisse Flecken zeigt. *Kat. No. 187'89* (Abbildung Fund von
Sackrau Taf. VI, Fig. 2a, 2b u. 3). Ausserdem zahlreiche, zum Teil
verwitterte Bruchstücke eines blauweissen Glasgefässes, aus welchen
sich die ursprüngliche Form nicht wieder herstellen liess. Abbildung
eines Scherbens ebenda, Taf. VI, Fig. 4, 5.

8. Die Hedwigsgläser [2]).

Unter den Geschenken, welche der fromme Sinn des Mittelalters an
die Kirchen zu machen liebte, finden sich, neben Seltenheiten und Kost-
barkeiten aller Art, oft von Pilgerfahrten heimgebracht, auch P r o f a n -
g e r ä t e, namentlich Trinkgefässe aus edlen Metallen, Halbedelsteinen
und G l a s. Fast sämtliche bedeutenderen Kirchenschätze weisen Beispiele von solchen auf. Oft wurden solche Gefässe mit kostbaren Fas-
sungen, die krystallenen und gläsernen mit Schutzhüllen aus durchbroche-
nem Edelmetall oder Filigranarbeit versehen. Sie dienten als Reliquienbehälter und entsprechend umgewandelt, selbst als Kultgeräte. Von
den hier insbesondere zu betrachtenden Glas- und Krystallgefässen seien
erwähnt: ein orientalisches, ehemals für Erde aus dem heiligen Lande, im
G e r m a n i s c h e n M u s e u m. K.-G. 169. Abb. Katalog. Taf. 16; die sogenannte Lampe der hl. Kunigunde im Dom zu B a m b e r g (Becker-v. Hefner III.
Taf. 37); ein Glaspokal mit dem Brustbilde Karls des Gr. als Deckelknopf aus dem XIII. (?) Jahrhundert im Zither des Domes zu H a l b e r-

---

[1]) Vgl. darüber G r e m p l e r, Der Fund von Sackrau. Brandenburg a. H. 1887.
G r e m p l e r und L a n g e n h a n, Der zweite und dritte Fund von Sackrau.
Berlin 1888.

[2]) Zuerst veröffentlicht in der Zeitschr. f. christliche Kunst. III. Jahrg. No. 11.
Sp. 329—354.

stadt No. 68, ein Krystall aus dem XIV. Jahrhundert im Dom zu
Prag (Östr. Atlas LXXXVI, 2), eine Krystallschale mit einem Dorn
von der Dornenkrone in der Burgkapelle zu Würzburg von 1519
(Becker-v. Hefner I, Taf. 3); ein Glas in der Franziskanerkirche zu
Wien (Östr. Atlas XCVIII, 8); der sogenannte Pokal Heinrichs II.,, zu
einer Art von Henkelkelch umgestaltet, in der Reichen Kapelle zu München (Becker-v. Hefner III, Taf. 9; Zettler etc. Reiche Kapelle Taf. 17)
und der schöne Apolloniabecher im Stift Herzogenbusch in Österreich,
schon in Renaissanceformen (Abb. v. Sacken, Archäol. Wegweiser durch
Nied.-Österreich II, 50). Von Flaschen eine bauchige von grünem Glase
mit der Statuette der hl. Katharina in Gräfrath (aus'm Weerth, Tafel
XLI, Fig. 8), ferner die 0,29 m. hohe Krystallkanne mit einem Frag-
ment vom Abendmahlstischtuch im Dom zu Prag (Abb. Mitth. der Cen-
tralkomm. XIV, 32) [1]).

Meist knüpft die Überlieferung diese Gefässe an bestimmte Heilige
an und namentlich Trinkgeschirre, welche als heilig verehrte Personen
im Gebrauch gehabt, standen in besonderer Wertschätzung. Von der heiligen Elisabeth haben sich ein silberner Becher im Kloster der barm-
herzigen Schwestern zu Trier[2]) und eine silberne Kanne von 1237 im
fürstlichen Besitz zu Braunfels erhalten[3]). Von einem anderen Trinkgefäss derselben Heiligen, welches als Reliquie verehrt wurde, berichtet
Matthesius in seiner Predigt über das Glasmachen: *Ich hab auch
ein christallinen Glas gesehen, welches S. Elisabeth solle gewesen sein,
dass man zu Wittenberg für Heiltumb im Schloss gezeiget* . . . .

Noch zahlreicher als die Trinkgefässe der thüringischen Landgräfin
sind die Becher, Krüglein und Schalen — meist aus Glas — welche
mit ihrer Base, der als Landespatronin von Schlesien und Polen verehr-
ten heiligen Hedwig in Verbindung gebracht werden.

Zwei dieser Gefässe — in Breslau und Krakau —, welche die
nämliche bemerkenswerte Verzierung des Glases mit altertümlich syli-
sierten Tierfiguren in Tiefschnitt zeigen, sind als kunstgewerbliche Seltenheiten dem Publikum durch Veröffentlichungen verschiedener Forscher
und Kunstgelehrten bekannt geworden[4]). Diese sind es nun, für welche
sich heutzutage in den kunstgewerblichen Handbüchern allein der Name

---

[1]) Vorstehende Zusammenstellung nach Otte, Handb. d. christl. Kunst-Archäol. V.
I, 209 ff.

[2]) Inschrift: *Elisabeth Lantgravin van Hessen gibt dit zu einem Testament. Bit
Gat vor mich.* (Ann. Archéol. V, 280.)

[3]) Aus'm Weerth. Taf. 53.

[4]) S. unten S. 194 u. 195.

Hedwigsgläser eingebürgert hat. Hierdurch ist in der Litteratur eine gewisse Verwirrung eingerissen, welche mehrfach zu Irrtümern geführt hat. Es haben Schriftsteller, welche sich mit diesem Gegenstande befasst, jedoch die Gefässe nicht alle selbst gesehen haben, litterarische Angaben über nach der hl. Hedwig genannte Gläser (insbesondere in Schlesien befindliche) ohne weiteres auf jene besondere Art von geschnittenen Glasgefässen bezogen.

Es ist nun der Zweck dieses Aufsatzes, einmal alle nach der hl. Hedwig benannten Gefässe zusammenzustellen und zweitens eine Übersicht der bis heute aufgetauchten geschnittenen Gläser· zu geben, welche dieselbe Stilfassung und Technik des Glasschnitts aufweisen, wie der erwähnte Breslauer und Krakauer Becher, mögen dieselben mit der Heiligen früher in Zusammenhang gebracht worden sein oder nicht.

Im Ganzen sind sieben, von Alters her als Hedwigsbecher bezeichnete, sehr verschiedene Gefässe bekannt, von welchen sich fünf in Schlesien, je eins in Polen (Krakau) und in Italien (Loreto) befinden oder befunden haben.

Dass gerade Trinkgeschirre in so grosser Zahl als von der 1267 kanonisierten Heiligen herrührend bezeichnet werden, erklärt sich durch ein Begebnis aus dem Leben der schlesischen Fürstin, welches uns die Hedwigslegende überliefert hat. Sie trieb, gegen den Willen ihres Gemahls, des Herzogs Heinrichs I., die Enthaltsamkeit so weit, dass sie zu den Mahlzeiten nur Wasser trank. Der Herzog, welchem dieses hinterbracht wurde, glaubte, dass die Gesundheit seiner Gemahlin durch diese Lebensweise geschädigt würde, und wollte sich selbst von der ihm gemeldeten Thatsache überzeugen. Er trat unvorhergesehen an den Tisch der Fürstin heran und führte ihren Becher zu Munde. Da geschah das Wunder, dass er Wein darin fand, obwohl nur Wasser darin gewesen war [1]). Dass es sich bei den Hedwigsbechern in der That um ein Gefäss handelt, in welchem bei jenem Wunder die Verwandlung von Wasser in

---

[1]) Die 1504 in Breslau bei Conrad Baumgarten gedruckte und mit Holzschnitten versehene deutsche Hedwigslegende giebt auf Blatt 20 das Wunder, wie folgt: *Czu einer czeit wart sy versaget bey yrem herrn von eynem kamerer wy das sy stetiges wasser trunck. Durch des willen er sere vnmutig was vnd schaczte das von yr eyn torheyt vnd eyn grosse vrsache yrer kräckheit welche sy stetiglich leyt vnd vormeynte sy da von czu brennenn mit gültiger vnderweysunge / vnd kam also vff dy stelle do sy pflagk czu essen / vnd vngewarnet hyn ein gingk do sy czu tische sass / vnd den becher vffhub der do vor yr gesaczt mit wasser twas, vnnd tranck dar aus / da entpfandte er in seynem munde gar kostlichen weynes schmack das vor lautter wasser was gewesen"* u. s. w. Ähnlich in der lateinischen Vita S. Hedwigis bei Stenzel, Scriptor. rer. Silesiac. II, 16 ff. und in den Act. S. S. zum 17. Oktober.

Wein sich vollzogen haben soll, wird durch eine Bemerkung des am Anfang des XVIII. Jahrhunderts lebenden Scholiasten zu des Henelius Silesiographia, M. S. Fibiger[1]), Magister des Kreuzherrn stifts zu St. Matthias, bestätigt. Es wird dort bei der Besprechung der Hedwigsreliquien im Kloster Trebnitz die von dem Propst zu St. Hedwig in Krakau, Dr. Samuel Nakielski in dessen Miechovia fol. 594 aufgestellte Behauptung zurückgewiesen, dass sich in dem Besitze jener Krakauer Kirche der einzige und wahre Hedwigsbecher befinde.

Fibiger stellt fest, dass schon zu seiner Zeit (er war Magister von 1696 bis 1712) mehrere Hedwigsbecher an verschiedenen Orten bekannt waren, von welchen jeder den Anspruch erhob, mit der Heiligen in Berührung gekommen zu sein. Durfte doch sein eigenes Stift sich rühmen, im Besitz eines solchen hoch in Ehren gehaltenen Gefässes zu sein[2])!

Es seien zunächst diejenigen Gefässe aufgeführt und beschrieben, welche die Überlieferung als Hedwigsbecher bezeichnet, ohne Rücksicht auf das Material und die Verzierungsweise dieser Stücke, zugleich mit dem Nachweis der etwa vorhandenen litterarischen Zeugnisse, welche über Alter, Schicksale und frühere Aufbewahrung Aufschluss zu geben geeignet sind.

1. In dem von der frommen Fürstin gestifteten Nonnenkloster T r e b n i t z, in welchem die Heilige einen grossen Teil ihres Lebens zugebracht hat, befindet sich (gegenwärtig im Schatz der Klosterkirche) ein G l a s der heiligen Hedwig, nach Lutsch ein cylindrisches Bronzegefäss, auf dessen Flächen aussen die Geburt Christi, die Darstellung im Tempel und die Anbetung der Weisen, innen die Schlangenerhöhung, Verkündigung, Heimsuchung, auf dem Grunde die hl. Dreieinigkeit nach der Manier der Holzschnitte des XVI. Jahrhunderts in Nielloarbeit dargestellt sind. Laut Inschrift *1653 argento obductum* und auch wohl damals mit einer Krystallhülse umgeben[3]). (?)

2. Der D o m s c h a t z zu B r e s l a u bewahrt ebenfalls ein sogenanntes Hedwigsglas. Es ist eine flache Glasschale mit eingeschliffenen Ornamenten, in vergoldetes Silber gefasst, welches mit buntem Grubenschmelz

---

[1]) Silesiographia renovata. Cap. VII, Vol. 1, 600 ff.

[2]) Henelius l. c. p. 600. *Sed salvari potest vitro Cracoviensi sua dignitas, si dicamus plura in variis locis custodiri vascula, a manibus et labris hujus Divae sacrata etc.*

[3]) H. L u t s c h, Verzeichnis der Kunstdenkmäler der Provinz Schlesien. II. Bd. Reg. Bez. Breslau, S. 586.

verziert ist, mit dem Deckel *23 cm* hoch [1]). Sowohl das Glas, als die Fassung gehen in ihrem Alter nicht über 1650 hinaus.

3. Von einem früher in Schlesien vorhandenen Hedwigsglase berichtet ein Brief des Breslauer Bischofs Erzherzog K a r l von Östreich (1608—1624) aus Neisse vom 2. Februar 1614 an den Herzog C h r i s t i a n J o h a n n von Brieg (1609—1639) [2]). Der Bischof teilt in diesem Schreiben dem Fürsten mit, dass ihm bei einem Besuche im herzoglichen Schloss zu O h l a u ein Glas gezeigt worden sei *„so der h. Fürstin Hedwigis gewesen sey"*; er habe es mit Zustimmung des Burggrafen an sich genommen und bitte nachträglich um die Erlaubnis, es behalten zu dürfen.

Über die weiteren Schicksale dieses Glases erfahren wir, dass es aus dem Nachlass des Bischofs K a r l, der zugleich Bischof von B r i x e n war, in den Besitz seines Nachfolgers auf dem bischöflichen Stuhle am letzteren Orte, A n t o n i u s C r o s i n i u s gelangt ist. Dieser stiftete es 1659 an die Kirche U. L. Frauen zu L o r e t o [3]). Ob sich das Glas noch bei dieser Kirche befindet, konnte nicht ermittelt werden. Lessing, welcher 1885 den Kirchenschatz daselbst besichtigte und kürzlich darüber berichtete [4]), erwähnt nichts davon. Es würde diesem kenntnisreichen, mit der Geschichte der Hedwigsgläser vertrauten Forscher gewiss in die Augen gefallen sein. Vielleicht ist es bei der grossen Plünderung des Kirchenschatzes durch die Franzosen am Ende des vorigen Jahrhunderts abhanden gekommen; auch in jüngster Zeit (nach 1885, wo Lessing den Schatz sah) ist derselbe durch Diebstahl beraubt worden.

Es lässt sich nicht sagen, wie dieses Glas beschaffen war und welcher Zeit es angehörte. Es ist daher zum mindesten zweifelhaft, ob Essenwein [5]) berechtigt ist, es ohne Weiteres der später zu besprechenden Gruppe mittelalterlicher geschnittener Gläser, also den Hedwigsgläsern im engeren Sinne, zuzuteilen.

4. Im Museum schlesischer Altertümer zu Breslau befindet sich (*Kat. No. 4800)* ein nachweislich mindestens seit dem XVI. Jahrhundert als Hedwigsglas bezeichnetes Gefäss. Dasselbe, abgebildet auf Taf. VI, ist ein ziemlich hoher Becher, aus heller, leicht grünlich-brauner Masse,

---

[1]) Lutsch, Die Kunstdenkmäler der Stadt Breslau 1886, S. 171.

[2]) Veröffentlicht von G r ü n h a g e n in Schlesiens Vorzeit Bd. II. 16. Ber. S. 92.

[3]) A. K n o b l i c h, Lebensgeschichte der heiligen Hedwig, Herzogin und Landespatronin von Schlesien. 1868. S. 268.

[4]) Jahrb. d. Königl. Preuss. Kunstsamml. 1889. X. Bd.

[5]) Anz. f. d. Kunde der D. Vorzeit. 24. Bd. 1877. S. 228.

Tafel VI.

5613   4800.

Sogenannte Hedwigsgläser im Museum schlesischer Altertümer.

welche etwas an Durchsichtigkeit verloren zu haben scheint; dünnwandig *(3 mm), 23,4 cm* hoch, oberer Durchmesser *11,2,* unterer Durchmesser *8,2 cm.* Der obere Teil des im wesentlichen cylindrischen Gefässes zeigt ein leicht ausgebauchtes Profil; der Boden ist wenig eingestochen. Die Glasfläche ist am oberen Rande und am Fusse durch
rundumlaufende ineinandergeschlungene magere Schnörkel verziert, welche
in roter Emailfarbe aufgemalt sind und auf den ersten Anblick
Ähnlichkeit mit arabischer Schrift zu haben scheinen, jedenfalls sich nicht
als ornamental entwickeltes Muster darstellen. Am häufigsten wiederholt
sich ein Zug, welcher dem arabischen Buchstaben ظ (tha) gleicht [1]);
jedoch sind die Züge nicht lesbar und stellen überhaupt nicht zusammenhängende arabische Buchstaben dar. Das Glas besitzt eine Randfassung von vergoldetem Silber, welche in Majuskeln folgende Inschrift
aufweist: IN . LAVDEM . ET . HONOREM . OMNIPOTENTIS . DEI .
AC . MEMORIAM . D . HEDVIGIS . DUCISSÆ . SILESIÆ . B . M .
MAGISTER . HOC . POCVLVM . ADORNARE . FECIT. Der Fuss
wird durch eine ziemlich hohe Fassung aus vergoldetem Silber in
Renaissanceformen gebildet, auf welcher sich vier rundliche Reliefmedaillons und zwischen diesen vier ovale Schilde mit bunter Emailarbeit befinden. Die Reliefdarstellungen aus gegossenem, ciseliertem
und vergoldetem Silber stellen die vier Evangelisten mit ihren Attributen
dar. Die Emailschilde tragen die Wappen von vier Klöstern, des Kreuz-
herrnstiftes zu St. Matthias und des Vincenzstiftes zu Breslau,
der Cistercienserklöster Leubus und Heinrichau. Der Boden der
Silberfassung hat das Breslauer Beschauzeichen und die Marke eines
Goldschmiedes E. R. Am unteren Teile des Glases ist mit einem Diamanten eingeritzt: *Andreas abbas Henrichouensis. Anno 1567.* In
diesem Jahre oder spätestens 1568 dürfte die Silberfassung gefertigt
worden sein. Der Besteller und Stifter derselben war, wie aus der oben
mitgeteilten Inschrift hervorgeht und wie wir aus literarischen Quellen
wissen, der Stiftsmeister Bartholomäus Mandel (B. M.), welcher
diese Würde von 1567 bis 1582 bekleidete. Die Initialen desselben
finden sich noch einmal auf dem emaillierten Wappen des Matthiasstifts
in der Fussfassung (B. M. 〔S〕 S. M.); d. i. *Bartholomaeus Magister
Sancti Matthiae Sanctae Hedwigi;* auch die Wappen der anderen
drei Klöster tragen die Namenschiffern der damaligen Äbte: St. Vincenz
die Buchstaben I. A. S. V. *(Johannes abbas S. Vincentii,* Johannes
Cyrus 1561—1586,) Leubus J. A. L., *(Johannes abbas Lubensis,* Jo-

---

[1]) Vgl. die Mitteilung von Kalesse in der Zeitschr. f. bildende Kunst. Jahrg.
1883, S. 293.

hannes VII. 1562—1568), Heinrichau (A. A. H.) der oben erwähnte Andreas, welcher von 1554—1577 Abt war.

Die Goldschmiedearbeit, namentlich die Relieffiguren der sitzenden Evangelisten, ist eine schöne, dagegen ist das Email nicht mit besonderem Geschick angebracht und zum Teil ausgesprungen.

Über die Geschichte dieses sehr merkwürdigen und altertümlichen Glases sind wir ziemlich gut unterrichtet. Es befand sich von Alters her im Matthiasstift zu Breslau und galt schon in der zweiten Hälfte des XVI. Jahrhunderts als ein bis zu den Zeiten der heiligen Hedwig hinaufreichendes Stück von hohem Alter. Als im Besitz des Stiftes befindlich wird es 1704 und 1737 aufgeführt. Der oben erwähnte Fibiger beschreibt das Glas (1704) ausführlich und giebt die Inschrift an. Zugleich erfahren wir, dass es jährlich einmal am Hedwigsfeste (17. Oktober) im Convente nach alter Sitte beim gemeinsamen Mahle benutzt wurde. Jeder der Brüder durfte einen Schluck zum Andenken an die Patronin daraus thun[1]).

Nach der Aufhebung der Stifter und Klöster ging das Glas 1810 in fiskalischen Besitz über und wurde lange Zeit in der durch Büsching zusammengebrachten Altertümersammlung der Universität Breslau im Sandstift daselbst aufbewahrt. Von dort kam es 1862 in das Museum schlesischer Altertümer.

Das Glas ist das von Nesbitt als im Museum der Breslauer Universität befindlich erwähnte (Catalogue of the Collection of Slade p. XXIX); ebenso ist es identisch mit dem von Ilg (bei Lobmeyr, die Glasindustrie etc. Stuttgart 1874) S. 50 irrtümlicher Weise nach der heil. Elisabeth † 1231 benannten. Aus Nesbitt hat Friedrich in seinen „Altdeutschen Gläsern" die Angabe auf S. 129 übernommen. Aber auch das von diesem Forscher an einer zweiten Stelle (S. 196) aufgeführte Glas, über welches Essenwein (Anzeiger für die Kunde der deutschen

---

[1]) Silesiographia renovata I, 600 . . . . *Wratislaviae ad S. Matthiam eiusmodi Vitrum pia cum veneratione asservamus, quo sanctam hanc Patronam nostram olim fuisse usam et infirmos ex eo bibentibus (?) opitulante Deo, sanitati restitutos tradiderunt majores nostri. Vitrum ipsum mundum et pellucidum est, quartam ollae partem circiter capiens, quod pedi argenteo et inaurato nec non Imaginibus Quatuor Evangelistarum quatuorque Praelatorum, Lubensis puta, Vincentini, Henrichoviensis et Matthiani Insignibus artificiose ornato inseri fecit ante annos iam centum et quadraginta Bartholomaeus Mandelius ad S. Matthiam Magister etc. etc.* (folgt die Inschrift) . . . *Ex quo in S. Hedwigis festo ad mensam cummunem in conventu nostro Matthiano in piam Patronae memoriam bibitur, lege quasi per consuetudinem ab antecessoribus nostris introducta, ut nunquam alias per totum annum et quidem unus dumtaxat haustus ab unoquoque convictore ex eo fiat in dicta festivitate.*

Vorzeit 1877, S. 228) berichtet, ist das nämliche Breslauer Gefäss. Die beiden letztgenannten Schriftsteller haben es irrtümlicher Weise, mit Berufung auf Lucbs[1]), den geschnittenen Hedwigsgläsern zugeteilt, zu denen es in keiner Weise gehört.

Das Glas, von welchem hier zum ersten Male eine getreue, farbige Abbildung gegeben wird, gehört zu jenen Gefässen, bei welchen es zweifelhaft ist, ob sie den durch Emailmalerei verzierten orientalischen Gläsern oder einer frühen venetianischen Nachahmung dieser zuzurechnen sind. Es dürfte mit dem in dem Museum der Stadt Douai aufbewahrten „Achtpriesterkelch" zusammenzustellen sein, welcher ebenfalls eine Inschrift aufweist, die nur annähernd die Form von arabischen Schriftzeichen nachahmt[2]). Es schliesst dies jedoch nicht aus, dass das Gefäss im Orient von schriftunkundigen Handwerkern gefertigt wurde; finden wir doch auch bei unseren Glocken und den sogenannten Taufschüsseln unentzifferbare und sinnlose Inschriften! Eine im Schatz von St. Markus in Venedig befindliche römische Prachtschale zeigt über der antiken Emailmalerei aufgemalte orientalische Schriftzüge, deren Lesung nicht gelungen ist und welche für eine unverstandene Nachahmung gehalten werden. Und doch ist es unzweifelhaft, dass diese Übermalung nur im Orient stattgefunden haben kann[3]).

Aber ebensogut können auch die ersten Versuche der venetianischen Glasverzierung sich nach orientalischen Vorbildern gerichtet haben. Die Schrift ist hierbei in mechanischer und verständnisloser Weise nachgebildet und rein ornamental verwendet worden, wie bei den sizilisch-sarazenischen Geweben des XIII. und XIV. Jahrhunderts, bei welcher sich die dekorativ abgeänderten stilisierten kufischen Buchstaben sehr häufig finden. Beispiele in grosser Zahl siehe bei Fischbach, Ornamente der Gewebe.

5. Sogenanntes Hedwigskrüglein im Museum schles. Altertümer zu Breslau *(Kat. No. 5612).* Ein oben und unten offener glatter Cylinder aus hellem Glase von 65 *mm* Durchmesser in einen silbervergoldeten, reich verzierten Fuss eingekittet und mit einer Randfassung nebst Charnierdeckel und Henkel aus dem gleichen Metall versehen. Der ganze Körper des Glases ist durch ein Geflecht aus Silberfiligran, welches mit den Montierungen des Fusses und Randes nicht zusammenhängt, überdeckt.

---

[1]) Romanische und gothische Stilproben aus Breslau und Trebnitz, S. 12, 13 und Fig. 16.

[2]) Gerspach, La verrerie, p. 105. *L'inscription est de fantaisie et n'a pu être traduite.* Abbildung ebendas. p. 107.

[3]) Pasini, Tesoro di S. Marco, Text S. 101; Abbildung des Gefässes Taf. 40 Fig. 78 und Taf. 41.

Die Filigranarbeit ist anscheinend weit älter‎ als die Fassung, welche den ausgesprochenen Charakter der deutschen Renaissance vom Ende des XVI. Jahrhunderts zeigt. Vgl. Fig. 47. Das Ornament der letzteren, teils gegossen und ciseliert, teils getrieben, zeigt Flecht- und Rollwerk sowie Maskarons im Geschmack des P. Flötner. Auf dem Boden des Gefässes das Augsburger Beschauzeichen (Stadtpyr) mit dem bei Rosenberg[1]) nicht erwähnten Meisterzeichen ✠. Daneben eingeschlagen in Minuskeln die auf die heil. Hedwig sich beziehende Jahreszahl mccxxvii[2]).

Fig. 47.

Die Silberfiligranarbeit zeigt ein Kreismuster, der Höhe nach je drei, dem Umfange nach 6, also im ganzen 18 Kreise, welche nach Art der gotischen Radfenster, in verschiedener Weise durch central entwickelte Rosettenbildungen gefüllt werden. In den Zwickeln, welche durch die sich berührenden Kreise entstehen, befinden sich kleinere Rosetten. Stil und Technik stimmen auffallend mit dem Filigranüberzug mehrerer orientalischer bezw. byzantinischer Gefässe aus dem Schatz der Markuskirche in Venedig überein. Vgl. bei Pasini a. a. O.

Taf. 36, Fig. 65; Taf. 50, Fig. 114; Taf. 51, Fig. 117. Ich halte es demnach für wahrscheinlich, dass die Filigranarbeit von einer älteren Fassung desselben Gefässes herrührt.

Die frühesten Nachrichten über dieses „Hedwigskrüglein" stammen vom Anfang des XVIII. Jahrhunderts und finden sich bei: Kundmann,

---

[1]) M. Rosenberg. Der Goldschmiede Merkzeichen. Frankfurt 1890.

[2]) Es ist nicht bekannt, auf welches Ereignis im Leben der Heiligen sich die Jahreszahl 1237 bezieht. Weder die Lebensbeschreibung derselben noch die schlesischen Regesten enthalten einen Vorgang, welcher mit diesem Datum in Verbindung zu bringen wäre.

Promtuarium naturalium et artificialium Vratislaviense. Vratisl. 1736, p. 22 [1]). Desselben, Rariora Naturae et Artis 1737. Sect. II. Artic. 38 p. 661. Desselben, Silesii in nummis; Breslau und Leipzig 1738. S. 104. Stief, Schles. histor. Labyrinth. 1737. S. 648. Gomolcky, Merkwürdigkeiten der Stadt Breslau 1735. S. 20 [2]). Es wurde am Anfang des XVIII. Jahrhunderts seit Menschengedenken zugleich mit dem nächstfolgenden Stück auf dem Rathause zu Breslau aufbewahrt; es haben sich jedoch keine Angaben auffinden lassen, wann und von wo es dorthin gekommen ist.

6. Konischer Becher aus dickem, blasigem Glase von heller, bräunlicher Färbung im Museum schlesischer Altertümer zu Breslau, *Kat. No. 5613.* Der Boden zeigt deutlich die Stelle, wo das Glas auf dem Hefteisen aufsass, sowie starke Abnützungsspuren, ist mit Fuss versehen und befindet sich in einer silbernen, gotischen, etwa dem XV. Jahrhundert angehörigen Randfassung, welche auf drei geflügelten Engeln als Trägern ruht, so dass das Glas nicht den Boden berührt. Nach den Gebrauchsspuren zu urteilen, muss es also längere Zeit ohne die Fassung benutzt worden sein. Oberer Durchmesser 12 *cm*, unterer 8,1 *cm*, den Bodenreif mitgemessen 10 *cm*, Höhe 13 *cm*, Seitenlänge (ohne Fussrand) 12,3 *cm*, Glasdicke durchschn. 7 *mm*.

Der ganze Körper des Gefässes ist mit tiefeingeschnittenen Reliefdarstellungen überzogen und zeigt zwei stilisierte Löwen (Löwinnen), welche sich von beiden Seiten einer Art von Becken nähern, über welchem ein Halbmond mit Stern schwebt. Die Hinterseiten der Tierfiguren werden getrennt durch eine baumartige Darstellung mit palmettenförmigen Zweigen. Über den Tierfiguren je ein dreieckförmiger Schild, welcher durch Linien nach der Mitte der Gegenseiten geteilt ist. Vgl. die Abwickelung Fig. 48.

Das Gefäss ist von Alters her zugleich mit dem unter No. 5 genannten auf dem Breslauer Rathause aufbewahrt worden und zugleich mit diesem in das Museum schlesischer Altertümer gelangt. Die frühesten Nachrichten über dasselbe sind bei den unter der vorigen Nummer aufgeführten Schriftstellern zu finden; beide Gefässe werden stets zusammen erwähnt.

Auf welche Weise sie in den Besitz des Breslauer Magistrats gelangt sind, ist nicht nachzuweisen. Wahrscheinlich stammen sie aus Kirchen oder Klöstern; wenn eine Vermutung hier zulässig ist, so möchte

---

[1]) *In Aerario vitreum urceolum et vitrum antiquissimi operis elegantissimi quae usibus St. Hedwigis quotidie inserviisse dicuntur.*

[2]) *Bey dieser Rent-Cammer wird verwahrlich aufgehoben der heil. Fürstin Hedwigis Mund Kriegel, so von Gold und ihr kostbahres Mundglas.*

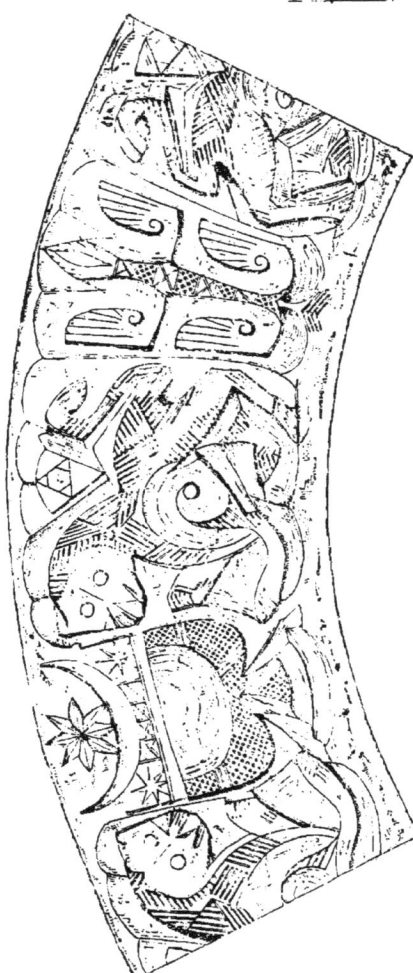

Fig. 48. ca. 1 : 2,5 nat. Gr.

ich darauf hinweisen, dass der Breslauer Rat 1525 von dem Adalbert-Kloster, 1529 von der Corpus-Christikirche, der alten Vincenzkirche, der Nicolaikirche, der Sand- und Mauritiuskirche die Kleinodien einforderte, als Beitrag zu den Kosten der Herstellung von Befestigungsarbeiten bei der drohenden Türkengefahr [1]). Teils wegen des nicht bedeutenden Metallwertes, teils aus Pietät gegen das Andenken der schlesischen Landesheiligen mögen die beiden Gefässe dem Einschmelzen entgangen sein.

Veröffentlicht wurde der Hedwigsbecher zuerst von Luchs in dessen „Romanischen und gotischen Stilproben aus Breslau und Trebnitz"[2]), abgebildet daselbst und in „Schlesiens Vorzeit in Bild und Schrift[3])." Seit dieser Zeit haben Essenwein, Friedrich und andere Forscher in ihren Schriften mehrfach auf das merkwürdige Gefäss Bezug genommen.

Mit dieser Nummer verlassen wir den schlesischen Boden; die nachfolgenden

---

[1]) A. Schultz, Einige Schatzverzeichnisse der Breslauer Kirchen. Abh. d. schles. Ges. f. vaterl. Kultur. 1867. Philos.-histor. Abteil.

[2]) Breslau 1859. S. 12, 18 u. Fig. 16.

[3]) Bd. IV, 182 Fig. 19. Vgl. auch Friedrich in der „Wartburg". 1879. No. 9 u. 10. S. 187 ff.

ausserhalb Schlesiens befindlichen Gläser sind dem soeben beschriebenen in der Technik völlig gleich. Nur in Bezug auf die Grössenverhältnisse bestehen geringe Unterschiede. Sie gehören alle der Klasse der geschnittenen, von der Kunstforschung speziell als Hedwigsgläser bezeichneten Gefässe an. Am längsten bekannt ist, ausser dem Breslauer, ein zweites in. Polen befindliches Stück:

7. Konischer Becher im Domschatz zu Krakau, dem Breslauer in Gestalt, Masse und Behandlung des Glasschnitts völlig gleich. Er zeigt dasselbe Paar schreitender Löwinnen, welche sich einem Adler mit ausgebreiteten Flügeln nähern [1]). Auch hat der Becher die nämlichen Dreieckschilde wie der Breslauer. Oberer Durchm. *10,9 cm*, unterer Durchm. *7 cm*, Höhe *9,9 cm*, Glasdicke *0,5 mm* [2]). Das Glas ist auf einen hohen silbernen Fuss aufgesetzt und verrät dadurch seine Bestimmung als Messkelch. Die Fussplatte ist kreisförmig sechsteilig ausgeschweift und gehört der späteren Gotik (XV. Jahrh.) an. Sie zeigt auf zwei plastisch aufgelegten Medaillons die vera icon und das Haupt Johannis des Täufers. Die übrigen vier Flächen sind durch Gravierungen verziert; diese stellen Simson, den Löwen würgend, den Pelikan, der seine Jungen mit dem Blute nährt, einen knieenden Abt mit Krummstab und die heilige Hedwig mit dem Modell des von ihr gestifteten Klosters (Trebnitz) und einem Gebetbuch dar.

Bezüglich der Herkunft des Gefässes wird durch Samuel Nakielski, Propst von St. Hedwig in Krakau in dessen Miechovia fol. 954 berichtet, dass es in dem Besitz der Vorfahren des Sigismund Poremba Porembki, Herb Kornic, gewesen ist und von diesem durch Testament an die Hedwigskirche 1641 vermacht wurde. Von da ist es, als diese Kirche um die Wende des Jahrhunderts aufgehoben wurde, in den Domschatz gelangt.

Das Glas ist von jeher von der Überlieferung als der heiligen Hedwig gehörig bezeichnet worden; der angeführte Gewährsmann berichtet, dass die Heilige es zur Mahlzeit gebraucht und den Armen und Kranken daraus vorgetrunken habe. Die spätere Fassung als Messkelch schliesst diese Möglichkeit nicht aus; jedenfalls ist die Übereinstimmung des Breslauer und Krakauer Gefässes die Ursache gewesen, dass dieser Gattung insbesondere der Name „Hedwigsgläser" beigelegt worden ist.

Beschrieben und abgebildet wurde das Krakauer Glas von Przedziecki und Rastawiecki [3]) sowie Essenwein [4]).

---

[1]) Bei Przedziecki u. Rastawiecki, Monuments du Moyen-âge et de la Renaissance dans l'ancienne Pologne, Text werden zwei Adler genannt.

[2]) Die Masse verdanke ich der Güte des Herrn Leonard Lepszy in Krakau.

[3]) A. a. O. II. Bd.

[4]) Die mittelalterlichen Kunstdenkmäler der Stadt Krakau und Anzeiger f. d. German. Mus. 24. Bd. (1877). Sp. 228 ff.

Bei den folgenden Nummern hat eine Anknüpfung an die heilige
Hedwig nachweislich nicht stattgefunden; es ist daher nicht gerechtfertigt,
den Namen „Hedwigsgläser" ohne weiteres auch auf sie zu übertragen.

8. Das Glas des Germanischen Museums zu Nürnberg. Gestalt,
Glasmasse und Technik des Glasschnitts wie bei den vorigen, Höhe
9,5 *cm*, oberer Durchmesser 9,2 *cm*. Es sind darauf dargestellt, nach
der gleichen Richtung schreitend, zwei Löwen, übereinstimmend mit den
unter 6 und 7 beschriebenen, und ein Greif, ebenso die dreieckigen
Schilde. Das Glas ist gleichfalls auf einen gotischen Kelchfuss mit
Nodus aus vergoldetem Kupfer aufgesetzt und besitzt im Bodenreif drei
Ausschnitte für eine frühere Metallfassung. Hiernach scheint es auch
zu einem Speisekelch oder zu einem Reliquienbehälter gedient zu haben.

Über die Herkunft des Stückes teilt Essenwein mit[1]), dass es durch
einen Privaten aus Stuttgart in der Schweiz gekauft und von diesem an
einen Münchener Händler gegeben wurde. Dort soll es mehrere Jahre
unbeachtet gestanden haben, bis die münchener Ausstellung von 1876
den Breslauer Becher dorthin führte und dessen Wert erkennen liess.
Der Bildhauer Gedon erwarb es um 45 Gulden und trat es später dem
germanischen Museum ab, nachdem er ein höheres Gebot aus dem Aus-
lande abgelehnt hatte.

9. Das Glas des Niederländischen Museums zu Amsterdam.
Dasselbe scheint nahezu vollständig mit dem Krakauer Glase überein-
zustimmen. Darstellung: zwei Löwen, Adler und Dreieckschilde; abgebildet bei Gerspach, La verrerie, S. 109. Der obere Durchmesser
des gleichfalls konischen Glases beträgt 12,7 *cm*, einschliesslich des
Bodenreifs 11,2 *cm*, Höhe 15,3 *cm*, Glasdicke 6 *mm*. Die Farbe ist
hell, mit einem Stich ins Braungelbe. Auf der Unterseite des Fusses
ist folgende Inschrift eingraviert: *Alsz diesz Glasz war alt tausend
Jahr, Es Pfaltzgraff Ludwig Philipsen verehret war. 1643.* Es lässt
sich hieraus schliessen, dass das Gefäss ehemals mit einem bestimmten,
uns jetzt unbekannten Ereignis in Verbindung gebracht wurde. Es
stammt aus dem Besitz der Prinzen von Nassau-Oranien und wurde
früher in deren Lusthause Oranjewoud in Friesland aufbewahrt[2]).

10. Ein im Besitz des Herrn Generalmajor Röse zu Berlin befindliches Glas. Es stimmt in jeder Beziehung mit den vorher beschriebenen überein, ist jedoch von geringeren Abmessungen. Durchmesser oben 7 *cm*, unten 6 *cm*, Höhe 9 *cm*, Dicke 4,5 *mm*, Masse

---

[1]) Anz. d. Germ. Mus. 1877. S. 230. Daselbst Abbildung: desgl. bei Friedrich,
altdeutsche Gläser, S. 196.

[2]) Ich verdanke diese Angaben der freundlichen Mitteilung des Direktors des
Niederländischen Museums, Herrn David van der Kellen jr. zu Amsterdam.

etwas grünlicher als bei dem Breslauer Stück uud von vielen Bläschen durchsetzt; am Boden Hefteisenspuren. Wegen des kleineren Umfangs haben auf dem Glase auch nur die Darstellungen der überall auftretenden beiden Löwen Platz finden können. Es trägt im Bodenreif vier Einschnitte für eine — nicht mehr vorhandene — Metallfassung. (Fig. 49.)

Über seine Geschichte ist ermittelt, dass es in den 20er Jahren unseres Jahrhunderts bei Gelegenheit von Reparaturarbeiten an der Sakristei des Domes zu Halberstadt im Schutt gefunden und von einem dabei anwesenden Polizei-Commissär als wertlos aufgehoben wurde. Aus dessen Familie ist es in die Hände des Hofbuchhändlers Stolle in Harzburg gelangt, wo es zuletzt in der Buchbinderei als

Fig. 49.

Kleistertopf Verwendung fand. Von da ist es in das Eigentum des jetzigen Besitzers übergegangen [1]).

11. Im Berliner Kunstgewerbemuseum findet sich in einer mit No. 1366 und der Aufschrift — Kirchenschatz, Kirchengerät — bezeichneten Mappe (unter andern Photographien, welche Kunstgegenstände aus dem Nonnenkloster zu Namur darstellen), eine Abbildung eines als Kelch montierten und mit einem Deckel versehenen Krystall- oder Glasgefässes, mit den geschnittenen Darstellungen stilisierter Löwen, welche, soweit sich dies auf der Photographie erkennen lässt, mit denen der Hedwigs-

---

[1]) Ich verdanke die Angaben über dieses Glas der Liebenswürdigkeit des Herrn Generalmajors z. D. Röse, welcher mich auch auf die Abbildung des Namurer Glases im Berliner Kunstgewerbemuseum aufmerksam gemacht hat.

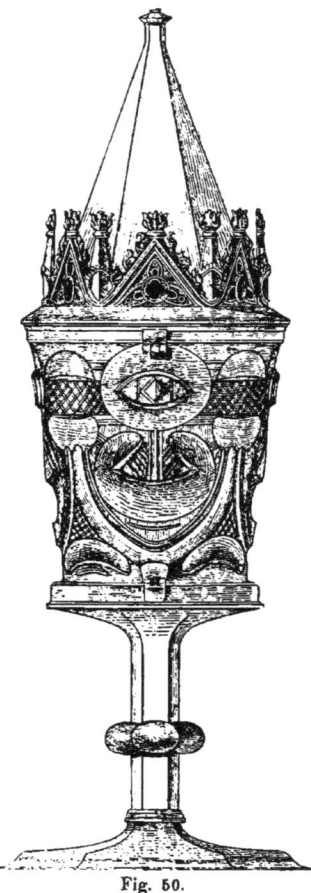

Fig. 50.

gläser übereinstimmen. Es ist bezeichnet als: *Vase en cristal taillé renfermant des reliques de Ste Marie d'Oignies. XIII. Siècle. Ecole du frère Hugo d'Oignies. No. 85, 1654.* Die vorletzte Angabe bezieht sich auf die Silberarbeit.

12. Im Kirchenschatz von St. Marcus zu Venedig befindet sich ein tassenartiges Glasgefäss, *13 cm* hoch, Durchmesser *15 cm*, mit drei gleichen Tierfiguren im Tiefschnitt. Es scheinen Löwen (Löwinnen) dargestellt zu sein; die Ausführung ist derjenigen bei den verschiedenen vorhergenannten Gläsern ähnlich, namentlich in den Umrissen, jedoch roher[1]); auch fehlen die Schraffierungen und Strichlagen. Abgebildet bei Pasini a. a. O. Taf. 40. Fig. No. 80; dazu Text S. 99.

In jüngster Zeit sind durch Herrn Domkapitular A. Schnütgen in Cöln, den Herausgeber der Zeitschrift für christl. Kunst, gelegentlich einer Forschungsreise zwei Gefässe entdeckt und ans Licht gezogen worden, welche durch die bei ihnen geübte Technik des Glasschnitts bekunden, dass sie zu derselben Gattung von Gefässen gehören, wie die sogenannten Hedwigsbecher. Es sind dies:

13. Ein im Halberstadter Domschatz befindliches geschnittenes Glas, früher als Behälter für Reliquien der Apostel Jacobus und Thomas benutzt, mit Randfassung, auf hohem silbervergoldeten Fusse. Der letztere und insbesondere der mit Wimpergen und Fialen geschmückte Klappdeckel in Form einer sechsseitigen Turmpyramide zeigen gotische Formen. Höhe

---

[1]) Pasini a. a. O. sagt von ihm: *è privo di guarnizione, ma sull' esterno veggonsi in rilievo tre animali rozzissimamente disegnati, l'uno somigliante all'altro; vorrebbero essere quadrupedi.*

des Glases 8,9 cm, oberer Durchmesser 7,5 cm, unterer 5,3 cm, über den Fussrand gemessen 6,5 cm. Die Dekoration durch den Glasschnitt ist eine höchst eigentümliche, rein geometrische, welche sich schwer beschreiben lässt. (Vgl. Fig. 50 u. 51.) Es sind ovale, herzförmige und halbkreisförmige Felder eingeschnitten, welche der Verzierungsweise bei der sogenannten Kuglerarbeit nahe kommen. In der Mitte der ovalen Felder sind Augen zwischen dem halbkreisförmigen Stege stehen geblieben, während bei den herzförmigen Feldern beilförmige Lappen von oben in die ausgegründete Fläche hineinragen. In den Zwickeln zwischen den herzförmigen Flächen sind, am Fusse des Glases, mondförmige Ausschnitte angebracht. Diejenigen Flächen, welche von der ursprünglichen Oberfläche des Glases stehen geblieben sind, sind durch gekreuzte Strich-

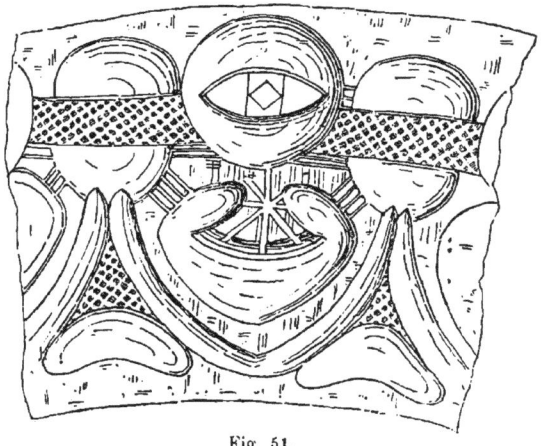

Fig. 51.

lagen verziert. Der ganze Charakter der Ornamentierung ist der Technik des Glasschnittes vortrefflich angepasst und trägt einen entschieden orientalischen Charakter. Er erinnert an gewisse textile Muster.

14. Ein gleichfalls als Deckelkelch gefasstes Gefäss aus topasfarbigem Glas im Domschatz zu Minden, mit dem Fuss 28 cm hoch. Die Ornamente der metallenen Randfassung des Deckels und Fusses zeigen frühgotische Formen. Die auf dem konischen Becher eingeschnittenen Darstellungen sind: ein Löwe der typischen Form mit Dreieckschild, ein ebensolcher Adler und eine baumartige Darstellung mit palmettenartigen Zweigen, ähnlich wie auf dem Breslauer Glas. Die Darstellung auf Fig. 52 lässt die letztere nicht genau erkennen; dagegen ist diese Einzelheit in Fig. 53 nochmals grösser wiedergegeben. Vier Metallstreifen

Fig. 52.

verbinden die Rand- mit der Fussfassung. Das Gefäss befand sich auf der 1879 zu Münster veranstalteten Ausstellung westphälischer Altertümer und Kunsterzeugnisse. (Vgl. Kat. No. 454.)

Die ganz eigenartige Verzierungsweise und Technik der geschnittenen sogenannten Hedwigsgläser sowie der altertümliche Stil ihrer Darstellungen haben schon seit lange zu Untersuchungen über ihren Ursprung herausgefordert. Offenbar haben wir es mit den Erzeugnissen einer und derselben Fabrikation zu thun. Darauf weisen die geringen Unterschiede in der Form und Grösse sämtlicher Gläser und der übereinstimmende Charakter der Darstellungen hin. Aber wo ist diese Fabrikationsstätte zu suchen? Essenwein hält einen orientalischen Ursprung der Gefässe für nicht ausgeschlossen, ist jedoch mehr dafür, sie als „abendländisches, also natürlich deutsches" Erzeugnis anzusprechen [1]. Seiner Meinung schliesst sich Friedrich an und glaubt durch eine Stelle in einem bei Laborde mitgeteilten Inventar Karls des Kühnen von Burgund aus dem XV. Jahrhundert die Frage der Herkunft und dem Alter dieser Gefässe endgiltig entschieden zu haben [2]. Es wird daselbst [3] „ung voirre taille d'un esgle, d'un griffon et d'une double couronne garny d'argent" aufgeführt. Friedrich ist der Ansicht, dass hier ein geschnittenes Glas der in Rede stehenden Art gemeint ist.

[1] Anzeiger des Germ. Mus. 1879. Sp. 34; vgl. ebenda 1877. Sp. 228 ff.

[2] Die altdeutschen Gläser S. 199.

[3] Inventaire des Charles le Téméraire, ms. des archives de Lille publié par M. de Laborde, Les Ducs de Bourgogne t. II, n. 2733.

Dies ist wohl möglich und selbst wahrscheinlich; jedoch erscheint es immerhin gewagt, Schlüsse auf die nicht immer genauen und oft mehrdeutigen Beschreibungen in solchen Inventarien aufzubauen. Jedenfalls geht Friedrich viel zu weit, wenn er die „*double couronne*" als zweifache Papstkrone deutet und daraus folgert, dass das beschriebene Glas zwischen 1298 und c. 1370 entstanden sei, da die zweifache Krone erst durch Papst Bonifaz VIII. (1294—1303) eingeführt und alsdann von den Päpsten bis zu Urban V. (1362—1370), welcher den dritten Reifen hinzufügte, getragen worden sei. Die, wie Friedrich meint, „zwingende Beweiskraft" dieser Stelle leuchtet mir nicht ein. Abgesehen davon, dass *couronne* auch noch „Kranz" bedeutet, ist die Zeit, in welcher die päpstliche Krone diese Wandelungen durchmachte, durchaus nicht so feststehend. Die Einführung des zweiten Reifens wird auch schon zu 1227 angegeben; dagegen die Annahme der Tiara mit dreifacher Krone nach Andern Clemens V. († 1314) zugeschrieben. Jedoch ist noch Innocenz VI. († 1362) auf seinem Grabmal nur mit der Doppelkrone dargestellt [1]). Ohne dass das Stück selbst oder ein ähnliches vorliegt, wird sich auf die blosse Inventariumsnotiz hin die Auslegung von „*double couronne*" als zweifache Papstkrone kaum halten lassen.

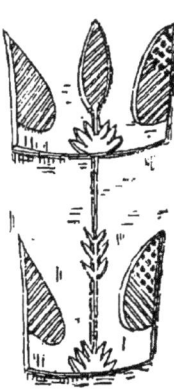

Fig. 53.

A. Hofmann hält die Herstellung der Gläser in Böhmen für nicht ausgeschlossen, wenn auch nicht nachweisbar und meint, dass „die hier geübte frühe Form des Facettenstiles auf eine nicht gerade lose Verwandtschaft hindeute"(?) [2]).

Gerspach dagegen spricht sich für orientalischen Ursprung aus [3]) und stützt seine Annahme hauptsächlich auf die Ähnlichkeit zwischen den sogenannten Hedwigsgläsern und verschiedenen Ampullen aus Bergkrystall im Schatze von St. Markus zu Venedig, welche zum Teil durch Inschriften unzweifelhaft als orientalische Arbeiten nachgewiesen sind, namentlich ein Kännchen mit dem Namen des fatimidischen Kalifen Aziz-Billah [4]). Sodann aber auch auf die dreieckigen Schilde, auf deren mögliche Bedeutung für die Bestimmung der Herkunft schon Essen-

---

[1]) Otte, Handbuch der kirchlichen Kunst-Archäologie V. 1883. I, S. 464.

[2]) Kunstgewerbeblatt. Neue Folge. 1889. 2. H. S. 11 ff.

[3]) L'Art de la Verrerie p. 106.

[4]) Abgeb. bei Pasini a. a. O. Taf. 52, Fig. No. 118; desgl. Taf. 51. No. 115.

wein aufmerksam gemacht hatte [1]). Sind doch die Wappen überhaupt
orientalischen Ursprungs und wurden seit dem XII. und XIII. Jahrhundert von den Sultanen geführt! So hatte Saladin einen Adler, Barbuk
einen Jagdfalken, Bibars einen Löwen, Kelaun eine Ente, Ali eine Lilie
als Wappenzeichen. Die Dreieckschilde auf den Gläsern No. 6 bis 10 und
14 mögen vielleicht nicht als Wappenbilder aufzufassen sein; es liegt
jedoch sehr nahe, ihre Anbringung, selbst wenn sie bloss in ornamentaler Weise erfolgt ist, als durch die Wappen der Sultane beeinflusst
zu betrachten.

Auf die Verwandtschaft mit den Krystallgefässen von St. Marco hatte
Essenwein gleichfalls schon früher hingewiesen [2]) unter gleichzeitiger Bezugnahme auf die Abhandlung von Bock über die christlichen Messkännchen, in welcher noch mehrere Beispiele dieser Art angeführt sind [3]).
Auch dieser Forscher ist der Ansicht, dass diese Gefässe durch venetianische oder genuesische Kauffahrteischiffe oder die Kreuzfahrer aus dem
Orient, und zunächst aus Byzanz, dem Hauptstapelplatz des Orients als
Seltenheiten nach dem Abendland gebracht wurden. Erst durch das in
neuerer Zeit im Verlag von Ongania erschienene Prachtwerk von Pasini
über den Schatz der Markuskirche ist es indessen ermöglicht worden,
genaue und zu überzeugenden Ergebnissen führende Vergleiche anzustellen.

Es unterliegt hiernach keinem Zweifel, dass sowohl die Gegenstände
der Darstellungen auf den Glasgefässen als auch der Stil derselben identisch sind mit den Arbeiten in Bergkrystall, welche durch Inschriften als
orientalische bezeugt sind. Nur die Ausführung ist bei den letzteren
zum Teil sorgfältiger und die Modellierung mehr durchgeführt. Anstelle
der parallelen und gekreuzten Strichlagen tritt eine grössere Mannichfaltigkeit und Freiheit in der Ausfüllung und Belebung der Körper durch
Punkte, Flecken und Züge, welche die Glieder abgrenzen und die Flächen ausfüllen. Aus diesem Grunde erscheinen die Darstellungen der
Krystallgefässe eleganter und weicher in der Behandlung der Schneidetechnik, als die hart, aber sicher gezeichneten Umrisse der Figuren auf
den Gläsern. Dies gilt namentlich von der Ampulla, welche den Namen
des Kalifen Aziz-Billah trägt (No. 118. Taf. 52 bei Pasini), mit der
Darstellung eines gehörnten Tieres (Antilope?) [4]). Ihr im Stil sehr nahe

---

1) Anz. f. d. germ. Mus. 1877. Sp. 233. 2) A. a. O. Sp. 231.

3) Mitteilungen der K. K. Central-Commission zur Erforschung und Erhaltung
der Baudenkmäler. IX. Jahrg. 1864. S. 1 ff.; z. B. ein Gegenstück zu dem
Gefäss No. 118 bei Pasini, jetzt im Besitz des Grafen Stroganoff zu Rom, eine
Ampulla aus der alten Abtei Grandmont, jetzt in der Kirche zu St. Georges
des Landes (Haute Vienne) aufbewahrt mit zwei aufrecht stehenden Adlern.

4) Pasini S. 93: „disopra del manico vedesi un animale in cristallo con un corno

stehend ist das Glasgefäss No. 115 Taf. 51 mit Widdern und vielem
vegetabilischen Ornament [1]). Die Glasgefässe aus dem Halberstadter
und Mindener Domschatz (Fig. 50 u. 52) zeigen dagegen ganz dieselbe Ausführungsweise wie die sogenannten Hedwigsgläser. Es ist
die fantastische Tierwelt des Orientes, welche uns in den Verzierungen
der Gläser und Krystallgefässe entgegentritt und welche durchaus der
Ornamentierung jener saracenischen Seidengewebe entspricht, welche vom
XII. Jahrhundert ab als „*pallia saracenica cum flosculis et bestiolis*"
in Europa eingeführt wurden. (Bock.)

Neben den Tierdarstellungen sind es noch eine Anzahl anderer Mo-
mente, welche auf orientalische Herkunft deuten. Insbesondere das Breslauer Glas, von welchem eine Abwickelung in Fig. 2 gegeben ist, hat
verschiedene bisher nicht beachtete Verzierungen, welche zur Deutung
und Lösung der Frage herangezogen werden können. Das von Luchs
als „steifes romanisches Blattornament" bezeichnete Gebilde findet sich
auch auf dem Glasgefäss des Halberstadter Domschatzes und ist nichts
anderes als eine Darstellung des persischen Lebensbaumes *(Hom)*. Fig. 53.
Ähnlich auf einer in Gold getriebenen Ampulla im Schatz von St. Maurice
zu Valois, wo sich derselbe gleichfalls in Verbindung mit zwei stylisier-
ten Löwen findet [2]). Eine weitere Darstellung des Lebensbaumes auf
den bereits angeführten Ampullen zu Venedig (Pasini 115 u. 118) und
Cöln bezw. Rom. (Mitt. Centr.-Komm. a. a. O. Fig. 6 u. 9.)

Auch auf den Halbmond mit Stern über dem Wasserbecken möchte
ich, in Verbindung mit dem Übrigen, Gewicht legen, obschon mir nicht
unbekannt ist, dass derselbe vielfach in der slavischen (polnischen und
böhmischen) Heraldik als Wappenbild vorkommt und für sich allein nicht
ausreichend ist, die islamitische Herkunft des Gefässes zu erweisen.
Jedoch bin ich auch nicht der Ansicht, dass man aus diesem Grunde
berechtigt ist, dieses Haupt-Symbol des Islam in einem Falle ausser Acht
zu lassen, wo so vieles Andere für orientalische Herkunft spricht; umsomehr als die Darstellung von vasenartigen Gefässen und Palmetten zwischen schreitenden Tieren (Löwen, Greifen) — ein bekanntes antikes Motiv —

---

*lunghissimo, fatto ad arco e che va ad unirsi al corpo presso il groppone;
potrebbe essere un antilope. Attorno al collo gira un iscrizione in carattere
cufici, la quale tradotta suona cosi: „Benedizione d'Iddio per l'iman Azyz-
Billah" (975—996).*

[1]) Pasini a. a. O. S. 99: „*esteramente tutto a fregi e figure in basso rilievo; queste sono
due animali (sembrano arieti) frammezzo a molti ornamenti fantastici e strani;
et disegno non merita molte lode rapporto all'esatezza.* Abbil. Mitt. Centr.-
Commiss. S. 15, Fig. 9.

[2]) Beschr. v. Abbé Martin in s. Mélanges d'Archéologie. T. III. p. 126. Nach
Bock, Mitteil. Centr.-Commiss. a. a. O.

in spätrömischer Zeit wieder vom Orient übernommen, dort viel verwendet wurde und gerade durch den beigefügten Halbmond seine Herkunft
erweist.

Zu diesem gehört auch die Beschaffenheit der Masse der Glases,
welche wie bei allen unzweifelhaft orientalischen Gläsern von vielen Bläschen durchsetzt ist[1]); auch die grosse Dicke[2]) und an Halbedelstein-
Nachahmung (Topas) erinnernde Färbung ist bei andern Gläsern gleicher mor-
genländischer Herkunft festgestellt worden. An Byzanz oder Venedig kann
bei diesen 6 — 7 mm dicken Gefässen nicht gedacht werden, denn das
Bezeichnende für die Glasfabrikation dieser Erzeugungsstätten ist das
Zierliche und Leichte. Nach dem, was wir über den Stand der deutschen Glasmacherei im XIII. Jahrhundert wissen, brachte dieselbe damals
nur schlechtes, grünes Waldglas *(vitrum silvaticum, montanum)* hervor
und war wohl kaum imstande, zum Glasschnitt taugliche, helle und in
so geringem Masse verunreinigte Ware herzustellen, wie die sogenannten
Hedwigsgläser sind. Was Böhmen anbetrifft, so haben wir ein Zeugnis
aus dem XVII. Jahrhundert (1686), dass selbst damals noch kein gutes
(reines und zur Schleifarbeit taugliches) Glas gefertigt wurde, auch die
Glasschleiferei und -Schneiderei sich erst in ihren Anfängen befand[3]).

Auf den letzteren Umstand möchte ich das Hauptgewicht legen. Es
unterliegt gar keinem Zweifel, dass das deutsche Mittelalter in der Edelsteinschleiferei nur die rohesten Handgriffe, wie das Spalten, Zerteilen,
Herstellen von ebenen und gekrümmten Flächen und das Polieren kannte,
dass dagegen die Kunst des Steinschnitts so gut wie verloren war. Es
haben sich ausserordentlich wenig gute in Stein geschnittene Gegenstände
erhalten und diese wenigen sind fast alle nachweislich oder mit hoher
Wahrscheinlichkeit als orientalische anzusehen. Dagegen waren über die
Kunst Edelsteine und Halbedelsteine zu schneiden und namentlich über
das Verfahren, dem Bergkrystall und dem Glase für die Bearbeitung
seine Härte und Sprödigkeit zu nehmen, die abenteuerlichsten Fabeln im
Umlauf, welche sich allerdings bis auf Plinius zurückverfolgen lassen[4]).
Aus der ganzen Art, wie der sogenannte Heraclius[5]) und der Mönch

---

[1]) Vgl. Friedrich a. a. O. S. 190.   [2]) Ebenda S. 190, 197.

[3]) Vgl. S. 179; ebenda Note 5.

[4]) Vgl. über diesen Gegenstand Friedrich u. a. O. S. 181 ff. Plinius h. n. XX
prooem. und XXXVI, 193. (Erweichung durch Bocksblut.)

[5]) Heraclius, v. d. Farben und Künsten der Römer, hsg. v. A. Ilg, Quellenschr.
z. Kunstgesch. IV. Bd. lib. I, c. IV. Vgl. die Anm. d. Hsgbs. ebenda S. 116 ff.,
ebenda lib. III, c. IX. (Erweichung mit Ziegenmilch.)

Theophilus Presbyter[1]) diese wenig ernst zu nehmenden Rezepte wiederholen, geht hervor, dass diesen Compilatoren die Technik des Stein- und Glasschnitts aus eigner Anschauung nicht bekannt war. Ein Schriftsteller, welcher sich mit diesem Gegenstande viel beschäftigt hat, Friedrich[2]), nimmt deshalb auch keinen Anstand, die Erfindung und Verbreitung dieser Fabeln den Sarazenen zuzuschreiben, welche dadurch irreführen, die von ihnen ausgeübte Technik mit erdichteten Schwierigkeiten umgeben und sich so vor einer Nachahmung durch Andere schützen wollten.

Die Glasschneidekunst aber steht zu dem künstlerischen Edelsteinschnitt in engster Beziehung: wie die Technik und die dazu verwandten Werkzeuge die nämlichen sind, so ist auch eine Entwickelung der einen Kunst ohne die andere undenkbar. Es ist dabei wohl zu beachten, dass die sichere Ausführungsweise der sogenannten Hedwigsgläser keineswegs den Anfang dieser Kunstübung bezeichnet; es ist ein weiter Sprung von den wenig gelungenen und rohen Gravierversuchen auf den seltenen mittelalterlichen Gemmen und Siegelsteinen bis zu dem kühnen und in seiner Art vollkommenen Tiefschnitt der ersteren. Wo aber sind die Vorläufer dieser entwickelten Technik im Abendlande, wo sind vor allen Dingen die verbindenden Glieder zu suchen, welche zu der späteren Glasschneidekunst des XVII. Jahrhunderts hinüberleiten und an welche diese etwa hätte anknüpfen können? Etwas müsste sich doch erhalten haben! Es ist nicht anzunehmen, dass diese Kunstübung, wenn sie im XIII. Jahrhundert im Abendlande und speziell in Deutschland vorhanden war, sofort nach der Anfertigung der Hedwigsgläser in völlige Vergessenheit geraten sei, etwa wie dies bei verschiedenen Zweigen der gewerblichen Künste nach dem Untergang des weströmischen Reiches infolge der Völkerwanderung der Fall gewesen ist. Wir wissen, dass die Glasschneidekunst in Deutschland bezw. Böhmen ihre Anregung durch die Ende des XVI. Jahrhunderts am Hofe Rudolfs II. in Prag lebenden italienischen Edelsteinschneider, namentlich die beiden Miseroni, Girolamo und Gaspare erhielt. In Italien selbst entwickelte sich die Kunst durch sarazenischen Einfluss im XV. und XVI. Jahrhundert[3]).

Ferner ist zu berücksichtigen, dass Stil und Verfahren derersten böhmischen und schlesischen Glasschneider sich als wesentlich verschieden von dem jener älteren Glasskulpturen erweisen. Während der orientalische Krystallschnitt, ebenso wie der uns hier beschäftigende Glasschnitt den Grund aushebt und die Darstellung in starkem Relief zeigt, arbeitete der deutsche Glasschneider des XVII. Jahrhunderts die meist zarte, in der Fläche gehaltene Zeichnung in das Glas hinein. Dieses ist thatsächlich eine

---

[1]) Theophilus Presbyter, Diversarum artium schedula, hsg. v. Ilg, Quellenschr. z. Kunstgesch. VII. Bd. lib. III, c. XCIV.   [2]) A. a. O. S. 192.   [3]) Vgl. oben S. 126ff.

Gravierung mit dem Rade; erhabene Darstellungen finden sich nur sehr selten in späterer Zeit und meist als Zuthaten zu gravierten Gläsern in Form von Blattkelchen, Muscheln und Pflanzenornament an einzelnen Stellen, vorzugsweise dort, wo der Kelch der Deckelpokale sich auf den Fuss aufsetzt. Dagegen ist die erhabene, ausgegründete Arbeit bei den Gegenständen aus Bergkrystall, italienischen wie deutschen Ursprungs die Regel.

Ich kann aus allen diesen Gründen nicht umhin, der Ansicht Gerspachs beizupflichten und halte die sogenannten Hedwigsgläser für orientalischen Ursprungs. Darin bestärkt mich der Umstand, dass sie vielfach als Messkelche und Reliquienbehälter gefasst angetroffen werden. Sie verdanken diese Ehre wohl dem Umstande, dass sie von Pilgerfahrten aus dem heiligen Lande mitgebracht wurden.

Ich bin übrigens der Ansicht, dass ausser den vorstehend aufgeführten noch mehr derartige Gefässe vorhanden sind und hoffe, dass sie durch einen günstigen Zufall ans Licht gezogen werden. Vielleicht ergibt sich alsdann bei dem einen oder dem andern noch ein Moment, welches bei der Beantwortung der Frage nach der Herkunft entscheidend ist.

XI. Verzeichnis sämtlicher in Schlesien vorkommenden Glashütten vom XIV. Jahrhundert bis in die Neuzeit.

Name der Glashütte.	Regierungs-Bezirk.	Kreis.	Gründungs-zeit.	Bemerkungen.
1. Adlerhütte, s. Penzig	Liegnitz	Ldkr. Görlitz	in d. 1880er Jahren	Besitzer L. Meyer & Cie.
2. Almahütte, s. Wittgenau	Liegnitz	Grünberg	1859	früher Fr. Förster & Comp., seit 1873 F. v. Fritsche, später C. H. Retsch, gegenwärtig W. Hein.
3. Amalienhütte	Liegnitz	Bunzlau	19. Jahrh.	Besitzer Adolf Hirsch.
4. Annahütte s. Penzig	Liegnitz	Ldkr. Görlitz	in d. 1880er Jahren	Besitzer C. H. Schubert & Cie.
5. Andreashütte s. unter Wehrau, Klitschdorf, Mühlbock	Liegnitz	Bunzlau	in d. 1820er Jahren	Gräflich Solms'sche Glasfabrik.
6. Augustahütte s. Wiesau	Liegnitz	Sagan	1760 (?)	früherer Besitzer Herzog v. Sagan; später A. Klein, jetziger Besitzer Franz Barth.
7. Bernsdorf	Liegnitz	Hoyers-werda		
a) Schlesische Tafel-glashüttenwerke			1870er und 1880er Jahre	Besitzer Pieschel & Hoffmann.
b) Gebr. Hoffmann				Gebr. Hoffmann.
8. Berthahütte s. Leobschütz	Oppeln	Leobschütz		

Name der Glashütte.	Regierungs-Bezirk.	Kreis.	Gründungs-zeit.	Bemerkungen.
9. Bodland	Oppeln	Rosenberg	1746 bezw. 1785	eingegangen 1799.
10. Brieger Glasfabrik s. Koppen	Oppeln	Brieg		
11. Brinnitz s. Czarnowanzer Hütte	Oppeln	Oppeln	1755	ehemals dem Kloster Czarnowanz geh., jetzt H. Ebstein Söhne seit 1834.
12. Brzinitz s. a. Gwosdzian u. Skrzidlowitz	Oppeln	Lublinitz	1761	eingegangen; erscheint nach 1805 nicht mehr.
13. Bujakow	Oppeln	Zabrze	1792	eingegangen seit Anfang des 19. Jahrhunderts.
14. Bunzlau a) Amalienhütte b) Christinenhütte (Karlswerk)	Liegnitz	Bunzlau	19. Jahrh. 1866	Besitzer Adolf Hirsch. vormals W. Nitsche, dann Aktiengesellschaft, gegenwärtig Lippert & John.
15. Busow	Oppeln	Rosenberg	ca. 1790	eingegangen; 1810 für immer gelöscht.
16. Carlsthal s. Karlsthal u. Schreiberhau.	Liegnitz	Hirschberg	1754	früher im Besitz der Familie Preussler; seit 1841 von der reichsgräflich Schaffgotsch-schen Verwaltung in Pacht betrieben.
17. Christinen-hütte (Karlswerk) s. unter Bunzlau	Liegnitz	Bunzlau		
18. Czarnowanzer Hütte, auch nach Brinnitz u. Murow genannt	Oppeln	Oppeln	1755	seit 1834 der Firma H. Ebstein Söhne gehörig.
19. Czeszenska Sklarka s. Tscheschen	Breslau	Wartenberg	Anf. des 18. Jhrb. (1715)	eingegangen.

Name der Glashütte.	Regierungs-Bezirk.	Kreis.	Gründungs-zeit.	Bemerkungen.
20. Dembowagora (Ollschin)	Oppeln	Lublinitz	1796	eingegangen Anf. d. lauf. Jahrhunderts.
21. Dittersdorf	Liegnitz	Sprottau	Anf. der 1870er Jahre	eingegangen; ehem. Firma: Kiecke, Wenzel & Schlöndorf.
22. Eckersdorf	Breslau	Neurode	1796	Concession für den Grafen Magnis ererteilt; eingegangen.
23. Einsiedel	östr. Schles.	Troppau	1636	den Bischöfen von Breslau gehörig; ca. 1736 eingegangen.
24. Ellguth-Tost vgl. Slupsko	Oppeln	Tost-Gleiwitz	Anf. der 1790er Jahre	eingegangen 1799.
25. Ferdinandshof (Ferdinandshütte u. Sklarnia Szymonkowska)	Oppeln	Kreuzburg	1. Viertel d. 19. Jahrh.	eingegangen.
26. Freudenburg	Breslau	Waldenburg	1661	eingegangen 1758.
27. Friedrichsgrund	Breslau	Glatz	1771	jetziger Besitzer Clemens Rohrbach.
28. Friedrichshöhe s. Koppen	Breslau	Brieg		
29. Gardawitz (Moscisk)	Oppeln	Kattowitz	ca. 1753	eingegangen.
30. Gleiwitz	Oppeln	Tost-Gleiw.		
a) Salo Blumenreich			1843	eingegangen.
b) C. Scharff			1863	im Betriebe.
31. Görtelsdorf	Liegnitz	Landeshut	1802	eingegangen seit ca. 1810.
32. Grabczok	Oppeln	Oppeln	Anf. des 19. Jahrh.	zu Brinnitz gehörig; eingegangen.
33. Grünwald s. Kolzig	Liegnitz	Grünberg		
34. Gurschdorf	östr. Schles.	Troppau	1536 genannt	eingegangen.
35. Guttentag s. Rendzin u. Zwoos	Oppeln	Lublinitz	1788	eingegangen.

14

Name der Glashütte.	Regierungs-Bezirk.	Kreis.	Gründungs-zeit.	Bemerkungen.
36. Gwosdzian s. Brzinitz u. Skrzidlowitz	Oppeln	Lublinitz	1761	eingegangen; erscheint nach 1805 nicht mehr.
37. Halbau i. d. Lausitz	Liegnitz	Sagan	1870er Jahre	Firma Gebr. Kleinert.
38. Hausdorf	Breslau	Neurode	1796	Concession f. Baron Friedr. v. Stillfried; eingegangen im ersten Viertel des 19. Jahrhunderts.
39. Helenenhütte s. Niederhartmannsdorf	Liegnitz	Sagan	1864	Firma: Müller & Rothenburger.
40. Herminenhütte s. Rietschen	Liegnitz	Rothenburg O./L.		
41. Hochwald bei Gottesberg s. Liebersdorf	Liegnitz	Landeshut	1826	früher H. Ohm, gegenwärtig Ewald Guttmann.
42. Hoffnungsthal s. Schreiberhau	Liegnitz	Hirschberg	1796	1868 eingegangen.
43. Hohenwald s. Königswalde				
44. Horst (Schwirkle)	Oppeln	Oppeln	Ende 18. Jahrh.	War 1801 im Betrieb und gehörte wahrscheinlich zu Czarnowanz; eingegangen.
45. Jamm	Oppeln	Rosenberg	1812	Concessionsgesuch.
46. Janow s. Myslowitz	Oppeln	Kattowitz	Anf. 18. J. 1755 wieder aufgebaut	1799 als eingegangen bezeichnet.
47. Johanneshütte s. Schlegel	Breslau	Neurode		
48. Johannisthal s. Bernsdorf	Liegnitz	Hoyerswerda	zwischen 1875 und 1885	Firma: Schles. Tafelglashüttenwerke Pieschel & Hoffmann.
49. Josephinenhütte s. Schreiberhau	Liegnitz	Hirschberg	1841	Besitzer: Reichsgraf L. v. Schaffgotsch.
50. Jungferndorf	östr. Schles.	Troppau	1509	eingegangen.

Name der Glashütte.	Regierungs-Bezirk.	Kreis.	Gründungs-zeit.	Bemerkungen.
51. Kaiserswalde	Breslau	Habel-schwerdt	1656 oder 1663	gegenw. Besitzer: W. C. Pangratz; es findet sich ein-mal die Bezeichnung Kronstädter Hütte.
52. Kamin s. Stein	Oppeln	Rybnik		
53. Karlsthal s. Schreiberhau	Liegnitz	Hirschberg		
54. Karlswerk s. Christinenhütte u. Bunzlau	Liegnitz	Bunzlau		
55. Klein-Zabrze	Oppeln	Zabrze	vor 1875	Firma: Wilh. Eisner.
56. Klitschdorf s. Andreashütte Mühlbock u. Wehrau	Liegnitz	Bunzlau		
57. Kochczütz	Oppeln	Lublinitz	1. Viertel des 19. Jahrh.	nach 1848 als ein-gegangen bezeichnet.
58. Königshütte s. Rosdzin	Oppeln	Beuthen	2. Hälfte des 19. Jahrh.	Eigentümer: Schulz & Demski.
59. Königswalde (Waldenburger- od. Weisssteinsche Glasfabrik, auch Hohenwald)	Breslau	Waldenburg	1810	gegenw. Besitzer: Weihrauch & Zimmer.
60. Kohlfurt (Paulinenhütte)	Liegnitz	Görlitz	1870er Jahre	früher Schneider & Hirsch, gegenw. Firma Beyer & Cie.
61. Kolzig (Grünwald)	Liegnitz	Grünberg	1764	n. 1830 eingegangen.
62. Koppen (Friedrichshöhe, auch Brieger Glasfabrik)	Breslau	Brieg	1809	v. 1830 eingegangen.
63. Koselwitz	Oppeln	Rosenberg	um 1790	eingegangen u. 1810.
64. Kottowsky s. a. Medzibor Neumittelwalde, Wilhelmshütte, Sklana Hut	Breslau	Wartenberg	ca. 1670	am Anf. d. 19. Jhdrts. wieder aufgebaut, 1839 erscheint sie in Betrieb, in d. 1870er Jahren eingegangen.

14*

Name der Glashütte.	Regierungs-Bezirk.	Kreis.	Gründungs-Zeit.	Bemerkungen.
65. Krassow s. Wessola	Oppeln	Pless	Auf. des 19. Jahrh.	1805 erwähnt; zu Wessola gehörig; eingegangen.
66. Kronstädter Hütte s. Kaiserswalde	Breslau	Habel-schwerdt		
67. (Alt-)Kupp	Oppeln	Oppeln	19. Jahrh.	zu Murow gehörig; Firma: H. Ebstein Söhne.
68. Leippa	Liegnitz	Rothenburg	in den 1870er J.	Firma: Carl Teubert, eingegangen.
69. Leobschütz (Berthahütte)	Oppeln	Leobschütz	1857	Besitzer: C. Schnurpfeil
70. Leschczin	Oppeln	Rybnik	1740	noch im 18. Jahrh. eingegangen.
71. Liebau	Liegnitz	Landeshut	1873	früher Strecke & Co. gegenw. Besitzer: Berthold & Roser.
72. Liebersdorf (Glasfabrik Hoch-wald)	Liegnitz	Landeshut	1826	früher H. Ohm, gegenw. Ewald Gutt-mann.
73. Marienfelde s. a. Thule	Oppeln	Rosenberg	ca. 1774	eingegangen n. 1790.
74. Medzibor (Neumittelwalde) s. Kottowski Wilhelmshütte, Sklana Hut	Breslau	Wartenberg	um 1670, am Anf. des 18. Jahrh. wieder-aufgebaut	eingegangen.
75. Mokrau	Oppeln	Pless	Ende des 17. Jahrh.	am Anf. des 19.Jahrh. eingegangen; 1805 noch i. Betrieb.
76. Moscisk (Gardawitz)	Oppeln	Pless	ca. 1753	im 19. Jahrhundert eingegangen.
77. Mühlbock s. Wehrau, Klitschdorf, Andreashütte	Liegnitz	Bunzlau	in den 1820er J.	dem Grafen zu Solms gehörig.

Name der Glashütte.	Regierungs-Bezirk.	Kreis.	Gründungs-zeit.	Bemerkungen.
78. Murow (Czarnowanzer Glashütte; s. unter Brünitz, Kupp, Grabczok	Oppeln	Oppeln	1755	Der jetzige Name der ehemals dem Kloster Czarnowanz gehörigen Glashütte, welche früher meist nach Brinnitz genannt wurde. Eigentümer H. Ebstein Söhne.
79. Muskau O/L. a) Raetsch, Schier & Comp. b) Muskauer Glashüttenwerke	Liegnitz	Rothenburg	in den 1880er J.	Firma: Raetsch & Comp.
80. Myslowitz s. a. Janow	Oppeln	Kattowitz	Ende des 17. oder Anf. des 18. Jhdrts; 1764 wieder aufgebaut	um das Ende des vorigen Jahrhdrts. eingegangen.
81. Neu-Heiduk	Oppeln	Beuthen	zw. 1875 u. 1885	Firma: Gehring & Müller.
82. Neumittelwalde s. Medzibor				
83. Neurode	Breslau	Wartenberg	Anfang des 18. Jhdrts.	eingegangen, bestand nur wenige Jahre.
84. Neurode s. Volpersdorf	Breslau	Neurode		
85. Nieder-Hartmannsdorf (Helenenhütte)	Liegnitz	Sagan	1864	Firma: Müller & Rothenburger.
86. Nieder-Schwirklan	Oppeln	Rybnik	1793	1810 für immer gelöscht.
87. Ober-Salzbrunn	Breslau	Waldenburg	in den 1860er J.	Firma: Schlesische Spiegelglasmanufaktur Carl Tielsch.
88. Ollschin s. a. Dembowagora	Oppeln	Lublinitz	Ende des 18. Jhdrts.	eingegangen.
89. Oranienhütte s. a. Schreckendorf	Breslau	Habelschwerdt	in den 1850er J.	Firma: Wilh. Losky.

Name der Glashütte.	Regierungs-Bezirk.	Kreis.	Gründungs-zeit.	Bemerkungen.
90. Ornontowitz	Oppeln	Pless	vor 1875	Firma J. Pollack & Co.
91. Orzesche	Oppeln	Pless	ca. 1719; Neugründung 1838 durch Carl Greiner	gegenw. zwei Glasfabriken a) Moritz Jacobowitz, vorm. J. Panowsky, b) Adolf Sonnenfeld.
92. Paulinenhütte s. Kohlfurth	Liegnitz	Landkr. Görlitz	1870er Jahre	früher Schneider & Hirsch, jetzt Beyer & Cie.
93. Penzig a) Penziger Glashütten - Aktiengesellschaft	Liegnitz	Landkr. Görlitz	1858	früher Behnisch, Menzel & Cie.
b) Gebr. Putzler			1868	
c) Theodor Roeder d) Hoffmann und Schmidt			1872	
e) Meissner, Kleinert & Cie. f) Glasfabrik Annahütte g) Rodowé & Cie. h) Glashüttenwerk Adlerhütte i) Th. Kopf			1870er und 1880er Jahre	Besitzer C. H. Schubert & Cie. Besitzer H. Meyer & Cie.
94. Pless'sche Hütte s. Wessola	Oppeln	Pless		
95. Podasch	Breslau	Militsch	um 1830	eingegangen.
96. Polnisch-Würbitz	Oppeln	Kreuzburg	1806	eingegangen nach 1830.
97. Radau	Oppeln	Rosenberg	Ende des 18. Jhdrts.	1799 als eingegangen erwähnt.
98. Radun	Oppeln	Tost-Gleiwitz	Ende des 18. Jhdrts.	eingegangen.

Name der Glashütte.	Regierungs-Bezirk.	Kreis.	Gründungs-zeit.	Bemerkungen.
99. Ratibor a) Viktor Franke, vorm. A. Kiefer b) C. Greiner	Oppeln	Ratibor	3. Viertel des 19. Jhdrts. ca. 1858	beide eingegangen; die Angabe bezieht sich auf den Stand am Anfang der 1870er Jahre; gegenwärtig besteht in Ratibor k e i n Glasbetrieb; die letzte daselbst vorhandeneFirma,Alb. Schmieder, hat ihre Fabrikanlage 1890 an den Eisenbahnfiscus verkauft.
100. Rauscha a) Rauschaer Glashüttenwerke, b) Hirsch & Greiner, c) A. Hentschel	Liegnitz	Landkr. Görlitz	Anfang des 18. Jhdrts. } 3. Viertel des 19. Jhdrts. 1880er J.	1724 zum ersten mal erwähnt. Besitzer H. W. Röhlich.
101. Rendzin s. a. Guttentag u. Zwoos	Oppeln	Lublinitz	1788	eingegangen nach 1830.
102. Rietschen (Herminenhütte)	Liegnitz	Rothenburg O/L.	1873	Besitzer R. Greiner & Cie., vorm. Gebr. Schober.
103. Röhrsdorf	Liegnitz	Bolkenhain	1782	Concessionserteilung; ungewiss, ob zur Ausführung gelangt.
104. Rosdzin	Oppeln	Kattowitz	2. Hälfte des 19. Jhdrts.	Firma: Schulz & Demski.
105. Schlegel	Breslau	Neurode	Anfang der 1860er J.	Erbaut durch den Grafen Pilati; gegenw. Besitzer Loegel & Cie.
106. Schreckendorf (Seitenberger Hütte) s. a. Oranienhütte	Breslau	Habelschwerdt	1756	ErbauerGrafWallis; um das Ende des 18.Jhdrts.eingegangen;in den 1850erJ. wurde an demselben Orte durch Losky d. Oranienhütte erbaut. Gegenwärtige Firma Wilh. Losky.

Name der Glashütte.	Regierungs-Bezirk.	Kreis.	Gründungs-zeit.	Bemerkungen.
107. Schreiberhau s. a. Karlsthal, Hoffnungsthal, Josephinenhütte	Liegnitz	Hirschberg	1366	Erste Erwähnung einer Glashütte zu Schreiberhau; 1617 durch Wolfgang Preussler die Hütte an der Weissbach erbaut, 1754 die Hütte in Karlsthal; 1796 die Hütte in Hoffnungsthal;1841 dieJosephinenhütte.
108. Schwarzbach	Liegnitz	Lauban	1651	eingegangen, wahrscheinlich Anfang des 18. Jhdrts.
109. Schwirklan s. Nieder-Schwirklan	Oppeln	Rybnik		
110. Seitenberger Hütte s. Schreckendorf	Breslau	Habel-schwerdt		
111. Sklana Hut s. Wilhelmshütte, Medzibor und Kottowsky	Breslau	Wartenberg		
112. Sklarka Międzyborska s. Medzibor und Kottowsky	Breslau	Wartenberg	um 1670; am Anf. des 19. Jhdrts. wieder aufgebaut	eingegangen.
113. Sklarka Czeszyńka s. Czeszenska Sklarka u. Tscheschen	Breslau	Wartenberg	Anfang des 18. Jhdrts. (1715)	eingegangen.
114. Sklarnia Szymonkowska s. Ferdinandshof	Oppeln	Kreuzburg	1.Viertel des 19. Jhdrts.	eingegangen n. 1830.

Name der Glashütte.	Regierungs-Bezirk.	Kreis.	Gründungs-zeit.	Bemerkungen.
115. Skrzidlowitz s. Brzinitz und Gwosdzian	Oppeln	Lublinitz	1761	eingegangen; erscheint nach 1805 nicht mehr.
116. Skrzischow	Oppeln	Rybnik	1790	Concessions-erteilung.
117. Slupsko s. a. Tost	Oppeln	Tost-Gleiwitz	Ende des 18. Jhdrts.	1795 als nicht im Gang befindlich bezeichnet; vielleicht identisch mit Ellguth-Tost.
118. Stein (Kamin)	Oppeln	Rybnik	1745	1811 für immer gelöscht.
119. Thule (Tuły), (Marienfelde)	Oppeln	Rosenberg	ca. 1774	eingegangen n. 1830.
120. Tost, s. Ellguth-Tost vgl. Slupsko	Oppeln	Tost-Gleiw.		
121. Tscheschen Sklarka Czeszyńka oder Czeszenska Sklarka)	Breslau	Wartenberg	Anf. des 18. Jhdrts. (1715)	eingegangen.
122. Volpersdorf (Neurode)	Breslau	Neurode	1796	Concession erbeten für Graf Joseph v. Stillfried auf Neurode, 1805 erwähnt; eingegangen.
123. Waldenburg a) Riedel & Ostmann, b) Waldenburger Glasfabrik, andere Bezeichnung für die Glasfabrik Königswalde, s. das.	Breslau	Waldenburg	1851 1810	im Betriebe. gegenw. Besitzer: Weihrauch & Zimmer.
124. Waldstein	Breslau	Glatz	1840	gegr. durch Major v. Hochberg auf Waldstein; gegenwärtiger Besitzer: H. Klein, i. Firma: F. RohrbachsErben.

Name der Glashütte.	Regierungs-Bezirk.	Kreis.	Gründungs-zeit.	Bemerkungen.
125. Wehrau s. Andreashütte, Klitschdorf und Mühlbock	Liegnitz	Bunzlau		Besitzer: Graf zu Solms.
126. Weissbach (Hütte an der W.) s. unter Schreiberhau	Liegnitz	Hirschberg		
128. Weissstein s. unter Waldenburg und Königswalde	Breslau	Waldenburg		
126. Weisswasser	Liegnitz	Rothenburg O/L.		
a) Gelsdorf, Neubauer & Cie. b) Hirsch, Janke & Cie.			1873 { zw. 1875 u. 1885	früher Zwahr, Neubauer & Cie.
c) Oberlausitzer Glashüttenwerk			in den 1880er J.	Firma: J. Schweig & Cie.
129. Wendrin	Oppeln	Rosenberg	1798	Concessionsgesuch; zweifelhaft, ob die Anlage zustande gekommen.
130. Wendzin	Oppeln	Lublinitz	Ende des 18. Jhdrts.	1799 als eingegangen bezeichnet.
131. Wessola (Pless'sche Hütte im Freudenthale) s. a. Krassow	Oppeln	Pless	in den 1780er J. wahrsch. auf Grund einer älteren Anlage erneuert	1788 zum 1. Male erwähnt; 1825 ausser Betrieb; eingegangen.
132. Wiesau	Liegnitz	Sagan	1657 (1677)	den Fürsten Lobkowitz, später den Herzögen von Sagan gehörig.
a) Augustahütte, Franz Barth, i. F. A. Klein, b) E. Grosse c) Wild u. Wessel			1873 vor 1875	gegenwärtig im Besitz der genannten Firmen.

Name der Glashütte.	Regierungs-Bezirk.	Kreis.	Gründungs-zeit.	Bemerkungen.
133. Wilhelms-hütte (Sklana Hut) s. Medzibor und Kottowsky	Breslau	Wartenberg		
134. Wittgenau (Almahütte)	Liegnitz	Grünberg	1859	früher Fr. Förster & Co.; seit 1873 F. v. Fritsche, später C. H. Ritsch, gegenw. W. Hein.
135. Zabrze s. Klein-Zabrze				
136. Zwoos s. a. Rendzin und Guttentag	Oppeln	Lublinitz	1788	eingegangen n. 1830.

XII. Verzeichnis
der 1890 in Schlesien vorhandenen Glasbetriebe[1]).

Lfd. No.	Kreis.	Ort.	Betriebs- unternehmer.	Arbeiter- Zahl.	Bemerkungen.
			I. Regierungsbezirk Breslau.		
1	Breslau	Breslau	Jos. Schubert	3	Malerei, Glaserei, Sandgebläse.
2			Ad. Seiler	8	
3	Waldenburg	Königs- walde	Weihrauch & Zimmer	38	Flaschen.
4		Ober- salzbrunn	Schles. Spiegelglas- manufactur (Carl Tielsch)	237	Spiegelglas.
5		Waldenburg	Riedel & Ostmann	35	Tafelglas.
6	Glatz	Biebersdorf	Adalbert Oppitz	4	Schleiferei.
7		Frieders- dorf	R. Arnade	7	Wasserschleifereien
8		Friedrichs- grund	Clemens Rohrbach	181	Hohlglas, Schleif- und Kunstglas.
9			Ernst Rupprecht	4	
10			Magdalena Steppich	1	
11			Robert Steppich	2	
12		Goldbach	Aug. Fleischauer	1	Wasser- schleifereien.
13			Franz Vicenz	3	
14			August Weiss	3	
15		Grunwald	Ed. Faulhaber	4	
16		Königs- walde	Hubert Elsner	3	
17		Reinerz	B. Arnade	24	farbige und weisse Gläser u. Malerei.

[1]) Zusammengestellt nach den Angaben der III. (schles.) Sektion der Glasberufs- genossenschaft, mitgeteilt durch Direktor Dreybrodt-Rauschaer Glashüttenwerk. — Die Reihenfolge der Kreise nach dem statist. Handb. f. d. Prov. Schlesien.

Lfd. No.	Kreis.	Ort.	Betriebs-Unternehmer.	Arbeiter-Zahl.	Bemerkungen.
18	Glatz	Rückers	Heinrich Hatscher	3	
19			Gellrich & Hauck	5	
20			Aug. Heinze	3	
21			Franz Hertzig	2	
22			Aug. Ludwig	2	Wasser-
23			Jos. Ullrich	3	schleifereien.
24			Ferd. Viecenz	3	
25		Utschen-	Friedr. Heinze	2	
26		dorf	Karl Kleuner	1	
27			Anton Tautz	1	
28			Ferd. Winkler	1	
29		Waldstein	H. Klein, in Firma F. Rohrbachs Erben	105	Krystallglas, ge-schliffene Waren.
30	Neurode	Schlegel	Loegel & Cie.	165	Beleuchtungsartikel, Lampenschirme und Cylinder.
31	Habel-schwerdt	Kaisers-walde	W. C. Pangratz	149	Krystallglas, ge-schliffene Waren.
32			Armand Riesner	3	Schleiferei.
33		Schrecken-dorf	Wilh. Losky	324	Press-, Farben- und Krystallglas.

II. Regierungsbezirk Liegnitz.

34	Grünberg	Wittgenau (Almahütte)	W. Klein	35	Tafelglas.
35	Sagan	Halbau	Gebr. Kleinert	129	Beleuchtungsartikel, Hohlglas.
36		Nieder-Hartmanns-dorf	Müller & Rothenburger	108	Medicingläser.
37		Wiesau	Franz Barth i. Firma A. Klein	80	
38			Wild & Wessel	133	Beleuchtungsartikel.
39			E. Grosse	59	farbige Tafelgläser, Antikglas, Kathedralgläser.
40	Bunzlau	Andreas-hütte	Gräfl. zu Solmssche Glasfabrik	105	Tafel- u. Hohlglas.

Lfd. No.	Kreis.	Ort.	Betriebs-unternehmer.	Arbeiter-Zahl.	Bemerkungen.
41	Bunzlau	Bunzlau	Adolf Hirsch	44	Tafelglas.
42			Lippert & Sohn	122	Tafel- u. Hohlglas.
43	Landeshut	Glasfabrik Hochwald	Ewald Guttmann	32	Flaschen.
44		Liebau	Berthold & Roser	99	Beleuchtungsartikel.
45	Hirschberg	Giersdorf	H. & W. Exner	5	Wasserschleiferei.
46			Robert Pietsch	70	Krystall- u. Farbenglas.
47		Hermsdorf u/K.	E. Schulze	25	farbiges u.Hohlglas
48			J. Stuckart	5	Gravierung, Malerei, Vergoldung,
49			Paul Stoll Nachflgr.	8	Fassungsware.
50		Petersdorf	Fritz Heckert	156	Kunstgläser, farbige und Krystall, Gravierung,Malerei, Vergoldung.
51			A. Neumann	30	Krystall- und Farbengläser.
52		Schreiber-hau	Gräfl. Schaffgotsch'sche Josephinenhütte	61	Kunstgläser, farbige und Krystall, Gravierung, Malerei, Vergoldung.
53			Wilh. Simm	6	Glasmalerei.
54		Warmbrunn	W. Klose	7	farbiges u.Hohlglas, Gravierung, Malerei, Vergoldung, Fassungsware.
55	Görlitz Ldkr.	Görlitz	Max Pietsch, vorm. Jul. Raschke	3	Glaserei, Sandgebläse.
56	Görlitz	Kohlfurth	Beyer & Cie.	96	Flaschen, Beleuchtungsartikel.
57		Penzig	Penziger Glashütten-Actien-Gesellschaft	283	Tafel- u. Hohlglas, Beleuchtungs-Artikel, Cylinder u. Lampenschirme, farbiges Glas, Pressglas, Malereien, Sandbläsereien.
58			Gebr. Putzler	270	
59			Hoffmann & Schmidt	198	
60			Theod. Roeder	200	
61			Meissner, Kleinert & Cie.	105	
62			Rodowé & Cie.	86	

Lfd. No.	Kreis.	Ort.	Betriebs- unternehmer.	Arbeiter- Zahl.	Bemerkungen.
63	Görlitz	Penzig	Glasfabrik Annahütte C. H. Schubert & Cie.	98	Böhm. Hohlgläser, Beleuchtungsartikel, u. Malereien.
64			Glashüttenwerk Adlerhütten H. Meyer & Cie.	82	Medizinglas, Stöpselware, Malerei.
65			Th. Kopf	40	Flaschen.
66		Rauscha	Rauschaer Glashüttenwerk H. W. Röhlich	127	Tafelglas.
67			Hirsch & Greiner	94	Hohlglas, Beleuchtungsartikel, Flaschen.
68			A. Heutschel	80	
69	Rothenburg O/L.	Rietschen	R. Greiner & Cie.	177	Beleuchtungsartikel, Hohlglas, Dampfschleifereien.
70		Weisswasser	Gelsdorf, Neubauer & Cie.	240	
71			Hirsch, Janke & Cie.	230	
72			Oberlausitzer Glashüttenwerk, H. Schweig & Cie.	86	Beleuchtungsartikel.
73		Muskau	Raetsch, Schier & Cie.	106	Medizinglas, physikalische Apparate.
74			Muskauer Glashüttenwerk, Raetsch & Cie.	50	
75	Hoyerswerda	Bernsdorf	Act.-Ges. f. Glasbrikation, vorm. Gebr. Hoffmann	365	Beleuchtungsartikel. Malerei.
76			Schles. Tafelglas-Hüttenwerk, Pieschel & Hoffmann	36	Tafelglas.

Lfd. No.	Kreis.	Ort.	Betriebs- unternehmer.	Arbeiter-Zahl.	Bemerkungen.

III. Regierungsbezirk Oppeln.

Lfd. No.	Kreis.	Ort.	Betriebs- unternehmer.	Arbeiter-Zahl.	Bemerkungen.
77	Oppeln	Murow	H. Ebsteiu Söhne	194	Tafelglas.
78	Tost-Gleiw.	Gleiwitz	C. Scharff	102	Tafelglas, Hohl-glas, Flaschen.
79	Beuthen	Neu-Heiduk	Gehring & Müller	9	Tafel- u. Hohlglas.
80	Zabrze	Kl.-Zabrze	Wilh. Eisner	17	
81	Kattowitz	Rosdzin	Schulz & Demski	12	Tafel- u. Flaschenglas.
82	Pless	Ornontowitz	J. Pollack & Cie.	17	
83		Orzesche	Moritz Jacobowitz	18	Tafelglas, Hohlglas.
84			Adolf Sonnenfeld	12	
85	Rybnik	Stein	August Spendel	12	
86	Leobschütz	Leobschütz	C. Schnurpfeil	42	Tafelglas, Hohl-glas, Flaschen.

II. Teil.

Beschreibender Katalog der Gläsersammlung

des

Museums schlesischer Altertümer

zu Breslau.

I. Frühgeschichtliche und antike Gläser.

Drei Fläschchen aus stark irisierendem Glase mit dünnem, bei No. 838c. verhältnismässig langem Halse und umgeworfenem Rande in der Art der römischen und früh-christlichen Balsamarien (Lekythen). Aus der Krieger - Paritius'schen Sammlung stammend, nach Angabe der Familie wahrscheinlich bei Oswitz gefunden. *838a—c.89.* Fig. 46.

    H. a) 0,035 *m.*   b) 0,038 *m.* c) 0,038 *m.* D. 0,025 *m.*

Gefäss aus stark irisierendem Glase in Gestalt eines dickbauchigen Fläschchens mit niedrigem, zum Propfenverschluss eingerichteten Halsstück und einer 11 *cm* langen, sich stark verjüngenden Ausgussröhre. Herkunft wie bei der vorhergehenden Nummer. (Destilliergefäss?) *839.89.* Fig. 46.

    H. 0,065 *m.* O. D. 0,025 *m.* U. D. 0,050 *m.* Länge mit Ausguss 0,165 *m.*

Schale aus amethystviolettem Glase und geflammter, maserartiger Zeichnung. Der Gefässkörper wölbt sich nach unten zu ab und ruht auf einem Fussreif von 4,5 *cm* lichter Weite und 1,1 *cm* Höhe. Der obere Rand, nach aussen horizontal abstehend, zeigt zwei konzentrisch eingeschliffene Furchen von ungleichem Abstande; Anfang und Ende der inneren Rille treffen nicht zusammen, laufen vielmehr verlängert ein Stück übereinander hin, so dass der Ring nicht geschlossen erscheint. Die Aussenfläche ist rauh und höckerig, die Innenseite ausgeschliffen und in ihrer ganzen Ausdehnung poliert. Abgebildet bei Grempler, Fund von Sackrau, Taf. VI, Fig. 1. *186.89.*

    H 0,047 *cm.* D. 0,077 *m.*

Trümmer eines schüsselartigen Gefässes aus Mosaikglas mit überhängendem Rande, welches in einer blaugrünlichen Grundmasse zahlreiche gelbe und weisse Flecken aufweist. Die Farbentöne sind auf der Innenseite der Fragmente besser als auf den angegriffenen Aussenflächen und auf der Bruchfläche erhalten. Abgebildet bei Grempler, a. a. O. Taf. VI, Fig. 2a, 2b u. 3. *187.89.*

    Ein ähnliches Stück im Antiquarium in Berlin.

    H. 0,08 *m.* O. D. 0,29 *m.* U. D. 0,14 *m.*

15*

Schale, flache, aus Millefiori-Glas mit niedrigem Fuss und wulstartigem Rand. In der rotvioletten Grundmasse sind kleine Rosetten mit grünen, gelbgeränderten und rosenroten Blättern angeordnet, welche einen ziegelroten, gelbgeränderten Kern umgeben. Abgeb. bei Grempler u. Langenhan, 2. u. 3. Fund v. Sackrau Taf. IV, Fig. 1. — Das Gefäss dürfte mit einer im Paulus-Museum in Worms befindlichen Millefiorischale einige Ähnlichkeit haben. *228.89.*

H. 0,040 m. O. D. 0,097 m. U. D. 0,047 m.

Schale, hohe, aus weinrotem, starkem Glase, auf der Aussenfläche durch Reihen angeschliffener ovaler Felder verziert. Das Glas ist fusslos und ruht auf der 3 *cm* im D. haltenden kreisrunden Schliffläche des Bodens. Im Innern ist es vollkommen glatt, dagegen zeigt es äusserlich in der Nähe des oberen Randes zwei eingeschliffene Rillen; unter diesen zwei Reihen elliptischer und eine Reihe kreisrunder, eingeschliffener Felder, deren Ränder sich berühren. Abgeb. bei Grempler u. Langenhan, a. a. O. Taf. I, Fig. 1. *195.89.*

H. 0,120 m. O. D. 0,092 m. U. D. 0,030 m.

II. Mittelalterliche Gläser.

Hedwigsglas, sogenanntes. Hoher Becher aus heller, leicht grünlich-brauner Masse, dünnwandig (3 *mm*). Der obere Teil des im wesentlichen cylindrischen Gefässes zeigt ein leicht ausgebauchtes Profil, der Boden ist wenig eingestochen. Die Glasfläche ist am oberen Rande und am Fusse durch rund umlaufende, in roter Emailfarbe aufgemalte Züge verziert, welche Ähnlichkeit mit arabischer Schrift haben, jedoch nicht lesbar sind. Das Glas besitzt eine Randfassung von vergoldetem Silber, mit folgender Inschrift: IN . LAUDEM . ET . HONOREM . OMNIPOTENTIS . DEI . AC . MEMORIAM . D . HEDVIGIS . DUCISSÆ . SILESLÆ . B . M . MAGISTER . HOC . POCVLVM . ADORNARE . FECIT. Der Fuss wird gleichfalls durch eine Fassung aus vergoldetem Silber in Renaissanceformen gebildet, auf welcher sich vier rundliche Reliefmedaillons befinden, die Evangelisten mit ihren Attributen darstellend. Zwischen diesen auf vier ovalen Schilden in bunter Emailarbeit die Wappen des Kreuzherrenstifts zu St. Matthias sowie des Vincenzstifts zu Breslau, ferner der Klöster Leubus und Heinrichau. Die Wappenschilde tragen die Initialen der um 1567 und 1568 den genannten Klöstern vorgesetzten Prälaten; St. Matthias die des Stiftsmeisters Bartholomäus Mandel (1561—1586); St. Vinzenz des Abtes Johannes Cyrus (1561—1586); Leubus des Abtes Johannes VII. (1562—1568); Heinrichau des Abtes Andreas (1554—1577). Der Name des letzteren (*Andreas abbas Henrichouensis Anno 1567*) findet sich noch einmal mit dem Diamanten eingeritzt auf dem unteren Teile des Glases. Auf dem Boden der Silberfassung das Breslauer Beschauzeichen (W) und die Marke eines Goldschmiedes E. R. — Ehemals im Matthiasstift zu Breslau befindlich; von dort 1810 in fiskalischen Besitz (Museum der Universität), 1862 ins Museum schlesischer Altertümer gelangt. *4800.* Abbild. Taf. VI.

Vergl. Henelius, Silesiographia renovata c. scholiis M. S. Fibiger 1704. I, 600 ff.

H. mit Fuss 0,234 *m.* O. D. 0,112 *m.* U. D. 0,082 *m.* D. d. Fussfassung 0,130 *m.*

Hedwigskrüglein, sogenanntes. Ein oben und unten offener, glatter Cylinder aus hellem Glase von 65 *mm* Durchm. in einen silbervergoldeten, reich verzierten Fuss eingekittet und mit einer Randfassung nebst Klappdeckel und Henkel aus gleichem Metall versehen. Der ganze Körper des Glases ist durch ein Geflecht aus Silberfiligran, welches mit der Rand- und Fussfassung nicht zusammenhängt, überdeckt. Die Silberarbeit zeigt den Charakter der deutschen Renaissance vom Ende des XVI. Jahrhunderts, die Filigranarbeit scheint jedoch älter, als diese zu sein und von einer früheren Fassung des Gefässes herzurühren. Auf dem Boden das Augsburger Beschauzeichen (Stadtpyr) und die Marke eines Goldschmiedes . Daneben eingeschlagen in Minuskeln die Jahreszahl mccffftttt. — Früher auf dem Breslauer Rathause aufbewahrt. *5612*. Fig. 47.

Vergl. Kundmann, Promtuarium naturalium et artificialium Vratislaviense 1736. S. 22. — Ders., Rariora Naturae et Artis 1737. Sect. II. Artic. 38, p. 661. — Ders., Silesii in nummis 1738. S. 104. — Stief, Schles. Labyrinth 1737. S. 648. — Gomolcky, Merkwürdigkeiten der Stadt Breslau, 1735. II, 20.

H. 0,20 *m*. O. D. 0,07 *m*. U. D. 0,093 *m*.

Hedwigsbecher, sogenannter. Konischer Becher aus dickem, blasigem Glase von heller, bräunlicher Färbung. Der Boden zeigt deutlich die Ansatzstellen des Hefteisens sowie starke Abnützungsspuren, ist mit Fussreif versehen und befindet sich in einer silbernen, gotischen, dem XV. Jahrhundert angehörigen Randfassung, welche auf drei geflügelten Engeln als Trägern ruht. Der Körper des Gefässes ist mit tiefeingeschnittenen Reliefdarstellungen überzogen und zeigt zwei stilisierte Löwen (Löwinnen), welche sich von beiden Seiten einer Art von Becken oder Vase nähern, über welcher ein Halbmond mit Stern schwebt. Die Hinterseiten der Tierfiguren werden getrennt durch eine baumartige Darstellung mit palmettenförmigen Zweigen. Über den Tierfiguren je ein dreieckförmiger Schild, welcher durch Linien nach der Mitte der Gegenseiten (Übereckstellung) geteilt ist. — Früher zusammen mit der vorhergehenden Nummer auf dem Breslauer Rathause aufbewahrt. *5613*. Abb. Taf. VI.

Litteraturangaben s. vor. No.

H. 0,13 *m*. O. D. 0,12 *m*. U. D. 0,10 *m*. Ohne Bodenreif 0,081 *m*. Seitenlänge ohne Fussrand 0,123 *m*. Glasdicke durchschnittl. 0,007 *m*.

III. Gläser der Renaissancezeit und der späteren Perioden.

A. Glatte, am Glasofen oder an anderen Feuern veredelte Gläser.

I. Passgläser, Flöten, Kuttrolf, Angster, Tonne.

Cylinderglas, mit hohem gewölbten Deckel, aus grünlicher Masse, mit eingestochenem Boden und Bodenreif; der Körper ist durch vier herumgelegte gekniffene Bänder abgeteilt. (Passglas); Deckelgriff durchbrochen. *7242*. Fig. 5.

> H. 0,37 *m*. Ohne Deckel 0,247 *m*. O. D. 0,12 *m*. U. D. 0,122 *m*.

Scherben eines dünnwandigen Glasgefässes von anscheinend geringem Durchmesser und beträchtlicher Höhe, welches sich nach oben verjüngte. Über und über mit kleinen unregelmässigen Glasperlen besetzt; gefunden bei dem Bau des Weinhändler Przyschkowskyschen Hauses in der langen Strasse zu Ratibor. 1878. *7425c*.

> D. ca. 0,055 bzw. 0,035 *m*.

Trinkglas, glatt, cylindrisch, von geringem Durchmesser mit breitem Fuss. *5653a*.

> H. 0,532. O. D. 0,025 *m*. D. d. Fussplatte 0,116 *m*.

Desgl. Wie vor. No. *5653b*.

Trinkglas, lang, fusslos, aus heller Masse (sog. Flöte), oben kelchartig erweitert, unten in drei Hohlpuffen und geschliffenen Knopf auslaufend. *9590*.

> Länge 0,92 *m*. O. D. 0,045 *m*.

Trinkgefäss, cylindrisch, nach der Mitte etwas ausgebaucht, aus hellem Glase, mit eingestochenem Boden und Bodenreif. Um die Mitte der Bauchung laufen zwei aufgeschmolzene, gekniffene Bänder; der Zwischenraum zwischen beiden zeigt vier nach innen gestochene, hohle Halbkugeln, welche zum Anfassen des Glases dienen. Auf dem Deckel ein rippenartiges Netzwerk von aufgeschmolzenen Fäden und ein gedrehter Knopf. *3.91*.

> H. 0,272 bzw. 0,21 *m*. O. D. 0,102 *m*. U. D. 0,116 *m*.

Tönnchen aus weissem Glase mit Spund und aufgeschmolzenen Reifen, auf vier Glasfüssen ruhend. *6338*. Fig. 12.

> D. 0,12 *m*. L. 0,19 *m*.

Kuttrolf aus dickem, dunkelgrünem Glase mit aus drei Röhren gewundenem, gekrümmtem Halse und erweitertem Mundstück mit Ausgussschnauze. *7291*. Fig. 13 u. 14.

H. 0,31 m. U. D. a. 0,086 m.

2. Igel, Römer, Pokale, sog. Kreuzschnabel, Eisglas.

Igel, aus trüber, grüner Masse, mit aus der Kugel erblasenem Fuss und aufgeschmolzenem Halsreif. *654*.

H. 0,265 m. O. D. 0,073 m. D. d. Fusses 0,119 m.

Igel, aus grünlich schimmerndem Glase, mit breitem Fuss und mässig eingestochenem Boden. *5614*. Fig. 9.

H. 0,23 m. O. D. 0,072 m. D. d. Fusses 0,106 m.

Igel, aus weisser Masse, im oberen Teil stark ausgebaucht, mit hohem, aus der Kugel erblasenem Fuss und Gravierungen; diese stellen vier Scenen dar: 1. ein tanzendes Paar, Umschrift: *Man springet so hoch man jmer mehr kan, und — — — — —*; 2. eine Kahnfahrt zweier Liebespaare, Umschrift: *Schiff fahren Reithen und jubiliren, thut uns das geldt aus dem beuthel vexiren*; 3. zwei Männer, mit Gläsern in den Händen, Umschrift: *Bleibt noch was übrig nach unserm sterben, so sols der schweinische [1]) keller erben*; 4. drei Kartenspieler, Umschrift: *So pflegt zu halten manch ehrlicher mann vnd leget die gelder jn nasse wahr an*. Auf der Fussplatte die Aufschrift: *Schitte du nicht nihm dich jn acht, Sonst 10xer die Straffe macht. 513.84.*

[1]) d. i. Schweidnitzer; der Breslauer Rathauskeller.

H. 0,362 m. O. D. 0,085 m. D. d. Fusses 0,175 m.

Igel, aus weisser Masse mit eingeschnittenem naturalistischem Rosenzweig. *709.89*.

H. 0.256 m. O. D. 0,062 m., D. d. Fusspl. 0,117 m.

Igel, aus grünlicher Masse mit Hohlcylinderfuss und aufgeschmolzenem, gerieftem Halsring. *400.90*.

H. 0,19 m. O. D. 0,053 m. D. d. Fusses 0,084 m.

Römer, aus trüber, eisglasartiger Masse, Kelch offen und mit dem Mittelstück zusammenhängend; Fuss aus der Kugel aufgetrieben. Am Kelche gravierte Darstellungen von Weinlaub und Vögeln; das Mittelstück ist durch tief eingestochene, nach innen gerichtete, halbkugelige Öffnungen, welche von erhabenen Randreifen umgeben sind, und durch traubenartige Nuppen verziert; zwischen Kelch und Mittelstück ein gerippter Halsreif. Eine der nach innen springende Halbkugeln beschädigt. Auf der Innenseite des Fusses mit Diamant eingeritzt. *Anno 1678*. Fig. 8. *8620.*

H. 0,195 m. O. D. 0,08 m. U. D. 0,108 m.

Römer von grünem Glase, aus geschlossenem Kelch, Mittelstück und Fuss bestehend. Der erste zeigt eingeschnittenes Randornament und das Monogramm P. C. mit Herzogskrone, eingerahmt von zwei Füllhörnern mit Blumen und Früchten. Mittelstück mit Halsreif und Traubennuppen besetzt;

Fuss gesponnen. (XVIII. Jahrhundert.) *836.82.*

II. 0,159 *m*. O. D. 0,075 *m*. U. D. 0,078 *m*.

Trinkglas, römerartig, mit offenem Mittelteil und wellenförmig profiliertem, breitem Fuss. Der obere, vergoldete Rand trägt einen tiefen (Nasen-?) Ausschnitt. Das Mittelstück zeigt einige Schleifverzierungen (Kugel u. Stern). *129.85.*

H. 0,136 *m*, O. D. 0,055 *m*. D. d. Fusses 0,08 *m*.

Essig- und Ölgefäss aus hellem Glase mit Fuss und verschränkten Ausgüssen (sog. Kreuzschnabel). *781.89.*

H. 0,265 *m*. D. d. Fusspl. 0,104 *m*.

Deckelgefäss, cylindrisch, oben etwas erweitert, mit eingestochenem Boden und Bodenreif, auf drei gedrehten Füssen ruhend. Die Oberfläche und der hohe Deckel ist mit einem Netzwerk von erhabenen Rippen verziert, auf letzterem ein gedrehter Knopf. *8.91.*

H. 0,302 bezw. 210 *m*. O. D. 0,127 *m*. U. D. 0,095 *m*.

Glas, (ähnl. wie vor. No.), fusslos, mit ausgeschweiftem, oben erweitertem Körper. Die Oberfläche mit einem Netzwerk von erhabenen Rippen verziert. *650.*

II. 0,158 *m*. O. D. 0,097 *m*. U. D. 0,08 *m*.

Becher, vierzehnkantig geschliffen, aus Eisglas; auf den schmaleren Flächen Kreuz und Stern der Kreuzherrn, abwechselnd mit einem sechsteiligen Stern eingeschnitten. — Aus dem Matthiasstift

zu Breslau, anscheinend sehr alt. *4803.*

II. 0,111 *m*. O. D. 0,098 *m*. U. D. 0,084 *m*.

Pokal aus Eisglas mit hohem Fuss; Kelch in Tulpenform mit spiralig angeordneten Rippen. Die Profilierung des Fusses aus Wulsten und einem gerippten Knauf bestehend. *5638.* Fig. 25.

II. 0,294 *m*. H. d. Fusses 0,160 *m*. O. D. 0,102 *m*. D. d. Fusspl. 0,028 *m*.

Kännchen, gehenkelt, aus hellem Glase mit langem Halse, Mündungsstück und glatter Fussplatte. Körper in Kanten abgesetzt, Henkel S-förmig gebogen. *632.85.*

II. 0,154 *m*. D. d. Fusspl. 0,065 *m*.

3. Gekniffene Gläser.

Schale, doppelhenklig, mit Fuss, aus weissem Glase, mit Rosetten und an den Henkeln mit gekniffenen Verzierungen besetzt. *84.88.*

II. 0,080. O. D. 0,075 *m*. D. d. Fusspl. 0,05 *m*.

Desgl. Wie vorige Nummer. *85.88.*

Vase, doppelhenklig, mit Fuss, aus weissem Glase, mit vielen gekniffenen Verzierungen besetzt. *6325.*

H. 0,175 *m*. D. d. Fusspl. 0,078 *m*.

Gefäss, zweihenklig, aus weissem Glase, mit Fuss und Deckel, der letztere in Gestalt eines Dreispitzes. Alles mit gekniffenen Verzierungen besetzt. *5621.* Fig. 21.

H. 0,225 *cm*. D. d. Fusspl. 0,097 *m*.

4. Vexiergläser und barocke Formen.

Trinkgefäss, Reiterstiefel mit Stulpe und Sporn aus hellem Glase. *768.89.*

H. 0,165 m.

Trinkgefäss, Reiterstiefel mit Stulpe und Sporn aus hellem Glase; die Oberfläche mit einem Netzwerk von erhabenen Rippen verziert. *168.90.*

H. 0,145 m.

Trinkgefäss in Stiefelform, mit Sporn, aus geripptem Glase. *474.84.*

H. 0,085 m.

Trinkgefäss in Gestalt einer Pistole, aus hellem Glase; gerippt. *673.*

L. 0,39 m.

Trinkgefäss in Gestalt einer Pistole. Wie vor. *7684.*

L. 0,61 m.

Blasinstrument aus hellem Glase in Gestalt eines Posthorns. *5618.*

H. 0,16 m.

Tanzbär aus grünem, bläulich schimmerndem Glase, mit Maulkorb und Stock. Der abnehmbare Kopf dient als Verschlussdeckel. *446.83.* Fig. 18.

H. 0,231 m.

Hund aus heller Masse mit gekniffenen Gliedmassen, massiv; Augen und Ohren aus blauem Glase. *7159.*

L. 0,115 m. H. 0,065 m.

Hund aus weisser Masse, hohl, Trinkgefäss. *6336.*

H. 0,1 m. L. 0,2 m.

Taubenpaar, verbunden, aus weissem Glas, hohl. Auf dem Rücken zwei Öffnungen. *674.*

H. 0,091 m. B. 0,091 m.

Trinkgefäss aus hellem Glase in Form eines Bügeleisens mit Henkel und Einguss. *675.*

H. 0,086 m. L. 0,162 m.

Trinkkrug (Vexierglas). Über die Mündung sind fünf gekniffene, einer Knochenhand ähnliche Glasstäbe gezogen; der röhrenförmige Henkel setzt sich als Saugheber innen bis fast zum Boden des Gefässes fort. Fig. 19.

H. 0,165. O. D. 0,07 m. U. D. 0,071 m.

Vexierglas, Doppelbecher, aus heller Masse, die eine Seite durch einen aufgeschmolzenen Deckel mit Rand verschlossen; im Innern eine Glaskugel. Der Fuss, flügelglasartig gestaltet, bildet den Übergang zu einer gewölbten Glasschale, auf welcher das Gefäss steht. *7657.* Fig. 20.

H. 0,220 m. O. D. 0,090 m. U. D. 0,104 m.

Vexierglas in Gestalt eines glatten Pokals; im Hohlbaluster des Fusses ein Würfel eingelassen. *9468.*

H. 0,184 m. O. D. 0,085 m. D. d. Fussplatte 0,106 m.

5. Filigrangläser.

Scherben eines cylindrischen Gefässes aus Fadenglas mit Hohlcylinderfuss, abwechselnd durch schmale und breite Filigranstreifen verziert. *685.81.*

Länge des Stückes 0,120 *m.*

Deckelpokal aus heller Masse; Fussglieder und Fussplatte, sowie der hohe Deckel aus Fadenglas. Der Übergang vom Gefässkörper zum Fuss durch gleichwertige, wellenförmigeGlieder gebildet; Deckel gleichfalls durch Wülste profiliert. Um den unteren Teil des leicht eingezogenen Mittelstückes ein Filigranband. *507.84.* Fig. 22.

H. 0,315 *m.* bezw. 0,218 *m.* O. D. 0,086 *m.* D. d. Fusspl. 0,094 *m.*

Leuchter aus grünlich schimmerndem Glase, die Profilierung aus mehreren Rundknäufen gebildet, mit eingesprengten weissen Fäden; Fuss gesponnen. *5619.*

II. 0,167 *m.* O. D. 0,042 *m.* D d. Fusspl. 0,116 *m.*

Vgl. a. Kat. No. *647* unter den mit Emailfarbe bemalten Gläsern.

B. Gemalte Gläser.

1. Mit Lackfarben bemalte Gläser.

Glas, cylindrisch, aus grünlicher Masse, mit beschädigten Darstellungen in Lackmalerei: Cavalier von Landsknechten begleitet; oben und unten mit der Diamantspitze gerissene Zierbänder. *512.84.*

H. 0,438 *m.* O. D. 0,116 *m.* U. D. 0,147 *m.*

Kelchglas, mit niedrigem, spiralig gedrehtem Fusse. Verziert durch Schleifarbeit, eine Kartusche und Rankenwerk darstellend. In einem Medaillon zwei flammende Herzen. Schnittflächen und Rand vergoldet, ebenso die Mittelkartusche. DieVergoldung z. T. mit Lackfarben bemalt. *732.82.*

— Ein ähnliches Stück aus der alten Schreiberhauer Hütte im Besitz des Hüttendirektors Pohl jun. zu Josephinenhütte.

H. 0,13 *m.* O. D. 0,065 *m.* D. d. Fusses 0,067 *m.*

2. Mit Emailfarben bemalte Gläser.

Trinkbecher, konisch, aus Fadenglas, mit eingestochenem Boden in Zinnfassung, mit Emailfarben bemalt: Wappen (Schild geteilt, oben im blauen Felde wachsender Ritter (Engel) mit Krone und Schwert, geflügelt; unten von Rot und Gold fünfmal schrägrechts geteilt; auf dem Helme die Figur des Schildes wiederholt). — Inschrift: *Hanns Engelhartt Der iünger, 1594.* Die Rückseite zeigt stilisiertes Blumen- und Rankenwerk in bunten Farben. *647.* Fig. 23 u. 24.

H. 0,186 *m.* O. D. 0,115 *m.* U. D. 0,08 *m.*

Cylinderglas aus grünlicher Masse, mit eingestochenem Boden und Bodenreif, mit Emailfarben bemalt: Darstellung der Lebensalter in der typischen Form nebst einem Wappen (Schild von Rot-Weiss-Schwarz schrägrechts

geteilt, im schwarzen Balken drei goldene Sterne. Umschrift: LUCAS REINHART FRÖLICH IN GOTTES FURCHT. 1594. — *6900.*
H. 0,250 m. O. D. 0,122 m. U. D. 0,135 m.

Cylinderglas aus heller Masse mit eingestochenem Boden und Bodenreif. In Emailfarben bemalt mit dem Breslauer Stadtwappen, gehalten von 2 Löwen, der Jahreszahl 1596, und der Umschrift: *Anno: 1595: Seint: auf der Niderloge in Breslaw: Elsten Gewest: Herr: Merten: Scholtz: Herr:Jacob:Birckenhan:Marcktmeister: paul: arnolt: Ambrosy: macht.Röttzeicher:Daniell:proffe: Daniell: krewitz. Auffschleger Matteuss: Ernst:Thomass: Lirch: George Arlett. wachkneht: Matteuss:Behr:mertten:schöneiche*(gekittet). Aus dem Ratsarchiv. *5617.*
H. 0,341 m. O. D. 0,145 m. U. D. 0,155 m.

Cylinderglas aus grüner Masse, oben leicht eingezogen, mit eingestochenem Boden und Bodenreif. In Emailfarben bemalt: Darstellung des Bethlehemitischen Kindermords. Umschrift: 1596. HERODES . LEST . DIE . VNSVL TIGEN . KINDTLEIN . IAMMERLICH . VND . ERBÆRMIGLICH . TÖDEN. — Aus Gottesberg. *5640.*
H. 0,235 m. O. D. 0,110 m. U. D. 0,128 m.

Cylinderglas aus heller Masse mit eingestochenem Boden und cylindrischem Fuss, mit Emailfarben bemalt. Darstellung aus der Tierfabel: Fuchs durch Gänse

zum Galgen geführt und gehenkt; stilisiert. Pflanzenornament. 1598. Der Fussrand durch eine Gipsplatte ersetzt. *508.84.*
H. 0,319 m. O. D. 0,09 m. U. D. 0,128 m.

Cylinderglas, aus heller Masse (Reichshumpen) mit eingestochenem Boden und Bodenreif in Zinnfassung. In Emailfarben bemalt; die Darstellung ist die typische: gekrönter Reichsadler mit den Wappen von 56 Reichsständen auf den ausgespannten Flügeln. Die Brust des Adler zeigt den aufgemalten Crucifixus; auf der Rückseite Schlange am Kreuz. Aufschrift: 1599. DAS HEILIGE ROMISCH REICH MIT SAMPT SEINEN GLIEDERNN. — Aus der Breslauer Stadtbibliothek. *7781.*Fig. 27.
H. 0,364 m. O. D. 0,15 m. U. D. 0,175 m.

Cylinderglas aus grünlicher Masse mit leicht eingestochenem Boden und Bodenreif. In Emailfarben bemalt mit den Wappen der Schwertfeger, Zweckenschmiede und Sattler (zu Glatz); jedes Wappen gehalten von einer männlichen und einer weiblichen Figur (Meister und Meisterin), letztere mit einem Kranz, ersterer mit einem Zunftpokal in der Hand. Zwischen den Wappen stilisierte Blumensträucher, unter denselben eine breite Randbordüre aus Blumen und Rankenwerk. 1601. *7376a.*
H. 0, 312 m. O. D. 0,15 m. U. D. 0,167 m.

Zugehörig: **D e c k e l** mit beschädigtem Rand und Knopf. In Emailfarben bemalt: Darstellung des Osterlammes auf einem Buche, auf der andern Seite Blattkranz mit Krone, und die Buchstaben G. A. M. und F. A. K., ausserdem stilisierte Blumen und Rosetten. 1601. *7376b.*

H. 0,135 m. D. 0,155 m.

B i e r g l a s, niedrig, aus heller Masse, mit Emailfarben bemalt und mit blauen und grünlichen Glasperlen besetzt. Vorn ein Wappen (im Schilde: goldener Hahn auf grüner Bergspitze, einen Regenwurm (?) im Schnabel haltend, auf dem Helme das Wappentier wiederholt). Aufschrift: *F. H.* und *N. P. 1617. Dises kennichen Von geörge Wandern glasmoller zue Friedrichswalde, vorehret den 18. Decemb. dis 1617. Jahres.* Auf der hinteren Seite buntes stilisiertes Pflanzenornament (Maiblumen). Boden, Halsreif und Henkel mit Zinnbeschlag; auf dem Zinndeckel in einem Kranze die Buchstaben R. Z. 1676. Spuren von Vergoldung. *104.80.* Fig. 26.

H. 0,115 m. O. D. 0,085 m. U. D. 0.125 m.

C y l i n d e r g l a s aus grünlicher Masse mit eingestochenem Boden und Bodenreif. In Emailfarben bemalt. Darstellungen einer Treibjagd; das Wild (Hirsch, Hase, Fuchs, Bär, Schwein) wird von Hunden und zwei Jägern in ein aufgespanntes Netz getrieben. 1618. Der Bodenreif mit weissen Emailpunkten besetzt; am oberen Rande ein Goldstreifen mit farbigen Punkten. *6322.*

H. 0,31 m. O. D. 0,13 m. U. D. 0,135 m.

Dazu gehörig ein grün angestrichener Deckel aus Blech mit bronziertem Knopf und der Aufschrift: *Die Natali Mansonis in lucem demum prodii 1818. Joan. Caspar. Frid. Manso. Univ. Vratisl. Philos. Dr. Gym. Magd. Rect. Prof. et Bibl. publ. Praes. nat. d. 26. Maji A. 1760. —* Aus dem Magdalenen-Gymnasium.

C y l i n d e r g l a s aus grünlicher Masse mit eingestochenem Boden und Bodenreif. In Emailfarben aufgemalt das Tuchscheererwappen, darüber *Adam Schmidt*, ferner eine männliche Figur (Handwerksmeister) und ein grüner Ochse. 1620. Die einzelnen Darstellungen sind durch stilisierte Blumen (Maiglöckchen) getrennt. *5615.*

H. 0,245 m. O. D. 0,127 m. U. D. 0,136 m.

C y l i n d e r g l a s aus grünlicher Masse mit eingestochenem Boden und Bodenreif; in Emailfarben bemalt. Die aneinandergereihten Darstellungen zeigen eine Fischreuse, in welcher eine nackte weibliche Gestalt sitzt; mit der Bezeichnung: *Jungfraw Wolust.* Daneben zwei Landsknechte, von denen der in aufrechter Stellung einen Humpen in der Hand hält, der andere knieend in die Reusse hineinguckt. Darüber die Aufschrift: *Ich Hab der List so Viell* erdach: *Das ich dem Fisch in die Reusse gebrach.* — *Gutter gesell ist dir der Fisch auch feil Behalt das obere vnd Lass Mir das vntere Theill.* Darunter: *Ey Wages Mein Gesell Vndt Schleuff Hinein, Wie Mag auff erd dir Besser sein Dann Bey Dem Nackendt Jungfräwelein. Doch Lug Wie du kombest Wiederumb Herauss die Narren Dein Sonst spotten Draus, Im Fischreyss Mustu Halten hauss.* Zu beiden Seiten ein fiedelnder Schalksnarr und ein Mönch, über welchem die Aufschrift steht: *Gebe Man Solche Fische Im Kloster zu essen, Ich Wolt Dess Fleisches gern Vorgessen.* Auf der Rückseite die Jahreszahl 1625 und ein an Krücken gehender Mann. Aufschrift: *Ach, Ach Solche Fische Haben Gemacht, das ich auffen Krucken Muss Gehen hernach.* *509.84.* Fig. 28.

H. 0,287 m. O. D. 0,125 m. U. D. 0,147 m.

Cylinderglas aus gelblicher Masse mit eingestochenem Boden und Bodenreif; in Emailfarben bemalt, sogen. Kurfürstenhumpen. In zwei Reihen der Kaiser und die sieben Kurfürsten; oben der gekrönte Reichsadler mit Brustschild (rot, mit weissen Querbalken), der Kaiser und die drei geistlichen Kurfürsten, als Kanzler des Reiches mit Schriftrollen; unten die vier weltlichen Kurfürsten mit den Abzeichen ihrer Erzämter, alle zu Pferde. 1666. Der hohe gewölbte Deckel zeigt Blumen und Rankenwerk in gleicher Bemalung. (Krieger-Paritiussche Sammlung.) *769.89.*

H. 0,268 m. O. D. 0,134 m. U. D. 0,146 m. H. des Deckels 0,145 m.

Trinkbecher, niedrig, fuss- und henkellos (Maigelein) aus heller Masse, gebuckelt und mit Emailfarben bemalt. Die Buckeln werden getrennt durch farbige Fäden, welche rautenförmige Felder bilden, die mit bunten Rosetten gefüllt sind. *794.89.* Fig. 4.

H. 0,063 m. O. D. 0,065 m. U. D. 0,060 m.

Cylinderglas, gehenkelt, aus heller Masse mit eingestochenem Boden und Bodenreif; in Kleckmalerei bemalt. Darstellung: Hase und zwei stilisierte Blumen in Gelb, Rot und Grau; aus Schreiberhau stammend. Geschenk des Hüttendirektors Pohl. *580.90.*

H. 0,165 m. O. D. 0,087 m. U. D. 0,107 m.

Flasche, gerippt, aus heller Masse, (Angster) mit langem Halse und Zinnschraubenverschluss. Auf der Glasfläche acht Rippen; in Emailfarben mit stilisierten Blumen roh bemalt. *645.* Fig. 16.

H. 0,147 m. Mittl. D. 0,187 m. D. d. Bodenfl. 0,052 m.

Cylinderglas, gehenkelt, aus heller Masse. Mit Emailfarben roh bemalt: Fuchs mit Taube und Blumenwerk. Aufschrift: *Durch mein List hab Sie erwüscht.* *426.81.*

H. 0,138 m. O. D. 0,078 m. U. D. 0,072 m.

Cylinderglas aus weisser Masse mit dickem Boden (Schweidnitzer-Keller-Bierglas, ein schlesisches Quart oder eigentlich zwei Seidel östreichisch fassend), in Emailfarben bemalt. Von zwei Zweigen halb umschlungen ein W (Wratislavia), darüber die Zahl 15 und eine Krone. Um 1700. *4820.*

H. 0,117 *m.* O. D. 0,095 *m.* U. D. 0,09 *m.*

Becherglas, konisch, Glas aus weisser Masse mit eingestochenem Boden und Bodenreif; in Emailfarben aufgemalt eine weibliche Figur mit Fächer und Schleier, ein Pfau und ein reich aufgezäumtes Pferd. 1706. Aufschrift: *Eine Jungfrau Ein Pfau und ein Pferdt sind die 3 Stöltzsten Creaturun auff Erdt;* darunter eine stilisierte Blume. *8188.*

H. 0,167 *m.* O. D. 0,116 *m.* U. D. 0,098.

Becherglas, konisch, leicht ausgeschweift, aus weisser Masse, in Emailfarben bemalt. Darstellung: Wappen der Tuchmacherinnung von zwei Löwen gehalten. Aufschrift: *Johann George Schmidt 1707. Der ist Weisse und wohl gelährt, der alle Ding zum Besten Kehrt.* ES GEH VNS ALLEN WOHL *Gott allein die Ehre.* 447.83.

H. 0,155 *m.* O. D. 0,12 *m.* U. D. 0,095 *m.*

Becherglas, gross, oben ausgeschweift aus grünlicher Masse mit dickem Boden; in Emailfarben aufgemalt das Kürschnerwappen:

im roten Felde ein Stück Hermelin von einer Stange herabhängend, auf welcher eine Taube mit Ölzweig im Schnabel sitzt, zu beiden Seiten des Wappens männliche und weibliche Figur in bürgerlicher Tracht, darüber die Buchstaben G W, rechts und links Blumen. Aufschrift: *Ich bien ein kierschner dass ist wahr / Ich klopp mein Fehl bey Leder undt Hahr, / meine kloppstecken seind von stahl und Eysen / komm hehr mein Feder Fechter / ich wiel diers weisen. — Ich bien ein kierschner dass ist wahr / Ich klopp mein Fehl bei Leder undt Hahr / wass Jch Lieder dass wierdt hartt / und wass ich nehe dass kriegt ein lardt 1713.* 6950.

H. 0,129 *m.* O. D. 0,114 *m.* U. D. 0,083 *m.*

Becher, konisch, (Stämpel) aus weisser Masse, mit dickem Boden, in Emailfarben bemalt. Darstellung: Karl XII. von Schweden mit gezogenem Degen, zur Seite ein steigender Löwe. Aufschrift: *Carolus XII. „Bewundere Dich, o welt ob dieses Löben macht. Dem Gott so wunderbahr auss der Türckey gebracht. Anno 1714 dem 22. November ist Carolus 12. der Schweden gothen und wenden König aus der Türckey zu Stralsundt ankommen.* 4809.

H. 0,094 *m.* O. D. 0,084 *m.* U. D. 0,061 *m.*

Becherglas, konisch, aus weisser Masse, mit dickem Boden. In Emailfarben bemalt; Darstellung:

Inneres einer Schmiede mit Schmieden bei der Arbeit und stilisirtes Blumenwerk (Maiglöckchen). Aufschrift: *An Gotte. Segen ist alles gelegen, vivat. 1715. 700a.89.*

H. 0,125 m. O. D. 0,107 m. U. D. 0,080 m.

Cylinderglas aus weisser Masse mit eingestocheuem Boden und Bodenreif, in Emailfarben bemalt: Darstellung von Hufschmieden bei der Arbeit. Am oberen Rande eine Bordüre von festonartig hängenden, grünen Zweigen. Aufschrift: *An gottess Segen Ist alless gelegen. 1718. 710.89.*

H. 0,197 m. O. D. 0,090 m. U. D. 0,087 m.

Becher, konisch, (Stämpel) aus hellem Glase mit Emailfarben bemalt. Darstellung: männliche Figur mit Blume zwischen zwei stilisirten Ranken. Aufschrift: *Johan Christoph Kahl: Wer Gott libt und betracht, den wechsel aller Sachen. den wird dass glick nicht stoltz, noch unglick traurich machen. 1717. 828.89.*

H. 0,09 m. O. D. 0,065 m. D. d. B. 0,048 m.

Becherglas, klein, konisch (Stämpel), aus weisser Masse mit starkem Boden. Mit Emailfarben bemalt: ein Trinker in runder Umrahmung. Aufschrift: *Brandewein Ist dass leben mein. 1729. 8715.*

H. 0,084 m. O. D. 0,076 m. U. D. 0,054 m.

Cylinderglas aus grünlicher Masse mit eingestocheuem Boden und

Bodeureif. In Emailfarben bemalt; Darstellung: Landschaft mit Bäumen in einer ovalen Umrahmung. In ersterer eine Erdkugel, auf welcher ein Adler mit Zepter steht, mit ausgebreiteten Flügeln der Sonne zugewandt. Darüber: *Christian Glafein.* Zur Seite stilisirte Blumen sowie die Inschrift: *Simbolun | Mitt Raht-schlagen ist nichts gethan | Wann nicht der fleiss legt Hand mit an. | Trincket mit freuden, Vnd haltet mich bescheyden. 5616.*

H. 9,29 m. O. D. 0,147 m. U. D. 0,133 m.

Trinkglas, konisch, ausgeschweift, aus heller Masse mit eingestocheuem Boden und Bodenreif, in Emailfarben bemalt: auf der Vorderseite in grünem Kranze ein roter Adler mit goldener Binde und Bewehrung, darüber die Buchstaben *S. G. T.*, unten *D. S.* Gegenüberstehend in einem Lorbeerkranze das Tuchmacherwappen, Aufschrift: *G. F. H. 1784* An den Seiten Rosetten; Halsreif vergoldet. *5660.*

H. 0,23 m. O. D. 0,149 m. U. D. 0,123 m.

Cylinderglas, aus weisser Masse mit Spuren eines Goldrandes. Miniaturartige Darstellung auf weissem Emailgrund: Ornamente im Rococcogeschmack und geschnittene Taxuswand, vor welcher eine Dame sitzt; gegenüberstehend Rosen. *6657.*

H. 0,119 m. O. D. 0,084 m. U. D. 0,080 m.

Becherglas, 16-kantig geschliffen,

schwach - konisch, mit miniaturartiger Malerei auf weissem Emailgrund; Darstellung einer mäun-
lichen Figur in einer Landschaft,
umgeben von einer Roccoco-
Kartusche. *218.82.*

H. 0,08 m. O. D. 0,079 m. U.
D. 0,06 m.

Becherglas, 16-kantig geschliffen
mit Goldrand und miniaturartiger
Malerei auf weissem Emailgrund.
Darstellung im Rococcoge-
schmack, Pilger und Pilgerin
in einer Landschaft, im Hintergrunde eine Kirche. Auf der
Rückseite eine einzelne Rose.
18. Jahrhundert. *800.82.*

H. 0,087 m. O. D. 0,075 m. U.
D. 0,057 m.

Becher, 16 - kantig geschliffen,
konisch, aus hellem Glase mit
Goldrand, auf weissem Emailgrund eine Schäferscene in
miniaturartiger Ausführung zeigend. 18. Jhdrt. *801.82.*

H. 0,073 m. O. D. 0,065 m. U.
D. 0,050 m.

Henkelglas, etwas ausgebaucht,
aus grünlicher Masse; in Emailfarben aufgemalt eine Blume,
zwei Tauben auf einem Herzen
und die Zahl 3 (Treu). Aufschrift: *Unser Lieb und Treu
sey wie dieser zwei.* *139.85.*

H. 0,006 m. O. D. 0,068 m. D.
d. B. 0,06 m.

Apothekergefäss aus grünlicher
Masse, vierkantig, mit kurzem
engem Halse und der aufgemalten
Aufschrift: *Pulv. Polychrest.*; in
den vier oberen abgerundeten
Ecken bunte Blumen. *7708.*

H. 0,130 m. Grundfl. Seite 0,070 m.

Branntweinflasche aus hellem
Glase mit Zinnschraubenverschluss, in Emailfarben bemalt:
weibliche Figur mit Glas. Aufschrift: *Mutter Brantewein dass
leben mein.* *6708.*

H. 0,015 m. Grundfl. 0,05 : 0,065 m.

Glasflasche, flach, mit gebrochenen Kanten und Zinnschraubenverschluss; in Emailfarben roh
bemalt: springender Hirsch; Aufschrift: *Letta pane 1743 (czech.:
im Jahre des Herrn).* *40.80.*

H. 0,135 m. Grundfl. 0,05 : 0,072 m.

Branntweinflasche, flach, mit
eingedrückten Kanten; in Emailfarben bemalt: weibliche Figur
mit Glas; Aufschrift: *Vivat mein
kindt. 1746.* *5668.*

H. 0,142 m. Grundfl. 0,062 : 0.046 m.

Branntweinflasche, aus hellem
Glase, mit abgeflachten Kanten
und Zinnschraubenverschluss. In
Emailfarben bemalt: weibliche
Figur; Aufschrift: *Vivat Herr
vatter 1753.* *6707.*

H. 0,135 m. Grundfl. 0,044 : 0,062 m.

Branntweinflasche, flach, aus
weisser Masse, mit gebrochenen
Kanten. In Emailfarben bemalt,
Darstellung einer Frau mit Glas;
Aufschrift: *„Brannt-Wein muss
haben Mein Herz zu Laaben“.*
646.

H. 0,130 m. Grundfl. 0,068 : 0,048 m.

Branntweinflasche, aus weisser
Masse mit abgeflachten Kanten;
in Emailfarben bemalt: Frau
mit Glas, Blattwerk und Aufschrift: *Mein geliebter ist mein
vndt ich bien sein.* *6658.*

H. 0,126 m. Grundfl. 0,05 : 0,066 m.

16

242

Branntweinflasche, aus hellem Glase mit abgeflachten Kanten; in Emailfarben bemalt: Mann mit Glas; Blattwerk und Aufschrift: *Mein Hertz in mir theil Ich mit Dir. 8143.*

H. 0,124 *m*. Grundfl. 0,05:0,068 *m*.

Branntweinflasche, flach, mit eingedrückten Kanten und kurzem, engem Halse, in Emailfarben roh bemalt. Darstellung: Mädchen mit Crucifix, gegenüberstehend die Aufschrift: *Ich bin bereuth in ewige Reich. 1770;* auf den schmalen Seitenflächen stilisierte Blumen. *4819.*

H. 0,170 *m*. Grundfl. 0,058:0,075 *m*.

Becher, konisch, (Stämpel) aus weisser Masse mit starkem Boden; in Emailfarben bemalt: springender, weisser Hase zwischen stilisierten Blumen (Maiglöckchen); gekittet. *8619.*

H. 0,085 *m*. O. D. 0,075 *m*. U. D. 0,064 *m*.

Becherglas (Branntweinglas), konisch, mit dickem Boden. In Emailfarben mit stilisiertem Blumenwerk roh bemalt. *829.89.*

H. 0,062 *m*. D. 0,05 *m*. D. d. B. 0,031 *m*.

Cylinderglas, aus weisser Masse, zur Hälfte geschliffen und durch landschaftliche Darstellungen in (durchsichtigen) Schmelzfarben verziert. *S. Mahn fec. 1811.* Am oberen Rande eine Guirlande von Vergissmeinicht. *4823.*

H. 0,102 *m*. D. 0,075 *m*.

3. In Grisaillemanier bemalte Gläser.

Cylinderglas, aus weisser Masse auf drei Kugelfüssen ruhend, durch Goldstreifen und Darstellung einer Bärenjagd in weisser und schwarzer Emailfarbe verziert. *658.*

H. 0,096 *m*. O. D. 0,094 *m*. U. D. 0,084 *m*.

Cylinderglas, aus weisser Masse, oben kegelförmig erweitert, mit eingestochenem Boden und Bodenreif; mit Emailfarben in Grisaillemanier bemalt. Darstellung: eine Kutsche, gezogen von sechs Pferden mit Kutscher und Reitknecht; ein zweiter Reitknecht zu Fuss mit einem sich bäumenden Pferde beschäftigt; darüber ein Wappenschild zwischen zwei verbundenen Zweigen. Aufschrift: *Hanss Heinrich Seyfert Lustgärtner in Warmbrunn 1694. Die Gutschen nach Ihrer aussfuhr Nehmen ihr geld sauffen, gehen nicht zur —. Dieses glass thu ich euch schencken, dass ihr thut an mich gedenken Und soll mein Willkommen seyn Wenn ich zu euch In Stahl kom Nein. Die Reit-knecht reitten gerne gaull, wenn Sie dem Rosse sehn ins Maul.* Oben und unten Randverzierungen in hellblauer Farbe (gekittet). *512.85.*

H. 0,247 *m*. O. D. 0,196 *m*. D. d. B. 0,165 *m*.

Cylinderglas, aus weisser Masse mit eingestochenem Boden und Bodenreif; mit Emailfarben in

Grisaillemanier bemalt. Darstellung der vier Jahreszeiten in Gestalt zweier weiblicher und zweier männlicher Figuren. Unterhalb des durch einen Lorbeerfeston verzierten Randes die Umschrift: *Der frühling Erneidt Der Sommer Erfreidt. Der Herbst Ernehrtt Der Wintter verzehrtt; 1682. T. M.* (gekittet). *571.90.*

H. 0,145 *m*. O. D. 0,106 *m*. U. D. 0,106 *m*.

4. In Kupferstichmanier bemalte Gläser (Schapergläser).

Cylinderglas (sog. Schaperglas). In Schwarz das Wappen des Kardinals und Fürstbischofs von Breslau Friedrich von Hessen (1671 —1682) bekrönt mit Kreuz, Mitra und Fürstenhut, darüber ein Kardinalshut, dessen Schnüre von zwei Engel mit Palmenzweigen gehalten werden. Die Rückseite zeigt drei bewaffnete Krieger in antiker Tracht. *4302.*

H. 0,094 *m*. O. D. 0,098 *m*. D. d. B. 0,089 *m*.

Cylinderglas, aus weisser Masse mit eingestochenem Boden und Bodenreif. Mit Schwarzloth bemalt (sog. Schaperglas) Darstellung eines Betrunkenen, welcher von einer lärmenden Menge in einen Schweinstall gesperrt wird. Auf der Rückseite die Aufschrift: *S. Augustinus | Homo ebrius Superflua | creatura | Nam | abominatur a Deo | despicitur ab Angelis | deridetur a Hominibus | confunditur a demonibus | conculcatur ab omnibus. 6328.* Fig. 30.

H. 0,253 *m*. O. D. 0,14 *m*. D. d. B. 0,148 *m*.

Weinglas, geschliffen, mit Fuss; Kelch 8-kantig mit Ausgussschnautze; in Schwarz und Gold bemalt. Darstellung: Jagdscene, geflügelter nackter Jüngling von Hunden begleitet; auf der anderen Seite ein springender Hirsch, das Ganze von Rankenwerk umgeben. *5665.*

II. 0,12 *m*. O. D. 0,072 *m*. D. d. B. 0,081 *m*.

C. Durch Vergoldung oder Versilberung verzierte Gläser.

I. Gläser mit Goldfolie.

Pokal, 18-kantig geschliffen, (Zwischenglas) mit facettiertem Fuss und Golddarstellung (Jagdscenen). Fussplatte mit Kuglerarbeit. Die Fuge 0,015 *m* unter dem Rande. *668.* Fig. 34.

II. 0,171 *m*. II. d. F. 0,065 *m*. O. D. 0,076 *m*. D. d. Fussplatte 0,083 *m*.

Becherglas, 24-kantig geschliffen, (Zwischenglas), mit Golddarstellungen; auf der Vorderseite die heilige Anna mit Maria auf den Armen, von Weinlaub umgeben. Auf der Rückseite eine von zwei Engeln gehaltene Kartusche mit der Aufschrift: *S. Anna;* im Boden eingekittet rotunterlegtes Medaillon mit Golddarstellung (Blumenvase). Fuge 0,003 *m*. unter dem Rande. *4813.*

II. 0,078 *m*. O. D. 0,066 *m*. U. D. 0,053 *m*.

16*

Becherglas, 16-kantig geschliffen, (Jagdbecher), Zwischenglas, mit Deckel und Golddarstellung (Jagdscenen). Im Boden ein rotunterlegtes Medaillon mit ähnlichen Darstellungen eingekittet. Der gleichfalls eingekittete obere Teil des Deckels mit Knopf zeigt Ornamente in Gold. Fuge 0,008 *m.* unter dem Rande. *5663.*

H. 0,137 *m.* Ohne Deckel 0,087 *m.* O. D. 0,07 *m.* U. D. 0,047 *m.*

Becherglas, 16-kantig geschliffen, (Jagdbecher), Zwischenglas, mit vertieftem Boden und Golddarstellungen (Jagdscenen); beschädigt. Fuge 0,01 *m.* unter dem Rande. *7493.*

H. 0,055 *m.* O. D. 0,058 *m.* U. D. 0,046 *m.*

Stengelglas, 17-kantig geschliffen, mit Goldrand und Golddarstellung (Jagdscene). Aufschrift: *Wen ich mein Jäger-Horn / im Walde ietzt thu blasen / so Jagen also bald,*

die Hunde mit den Hasen. 18. Jhdrt. *9483.*

H. 0,142 *m.* O. D. 0,056 *m.* D. d. Fusspl. 0,073 *m.*

2. Gläser mit Silberfolie.

Becherglas, 19-kantig, (Jagdbecher), Zwischenglas, mit Darstellungen auf mit Lackfarben bemalter Silberfolie; Rand und Fuss mit Goldverzierung. Im Boden eingekittet ein rotunterlegtes Medaillon mit Golddarstellungen. Fuge im Rande. *205.83.* Fig. 33.

H. 0,093 *m.* O. D. 0,073 *m.* U. D. 0,053 *m.*

Pokal, 24-kantig geschliffen, Zwischenglas, mit geschliffenem Fuss. In Kartuschen die Darstellung des hl. Bartholomäus und eines Mannes im Kostüm des 18. Jahrhunderts (Freimaurer?) auf mit Lackfarben bemalter Silberfolie. *711.89.*

H. 0,180 *m.* H. d. Kelches 0,100 *m.* O. D. 0,080 *m.* U. D. 0,095 *m.*

D. Durch Gravierung mit der Diamantspitze verzierte Gläser (gerissene Gläser).

Cylinderglas, aus grünlicher, sehr unreiner, blasiger Masse; Fuss aus der Kugel aufgetrieben. Durch Zierstreifen und Inschriften in Diamantgravierung verziert: *Eliass Zeipelt. Ehrlich und from / ist mein bestess Reichthum / anno 1666. Ein Huffschmidt, werdt Ich genandt / den Hammer führ ich in meiner Hand / damit schlagen wir auff dass Eisen / dass ich mein Hundwerk kann beweissen.* *451.83.*

H. 0,265 *m.* O. D. 0,10 *m.* U. D. 0,12 *m.*

Cylinderglas, aus grünlich schimmerndem Glase. In Diamantgravierung zwei Reiter in der spanischen Tracht vom Ende des 16. Jhdrts. zwischen Blumenwerk. Oben und unten Spuren von Goldstreifen und Randvergoldung. *510.84.* Abb. Taf. I.

H. 0,315 *m.* O. D. 0,076 *m.* U. D. 0,108 *m.*

Cylinderglas, aus grünlicher

Masse mit aus der Kugel aufge-
triebenem Fuss und Diamantgravierungen. Zwischen zwei
Ornamentbändern die Darstellung der Fortuna, als nacktes
Weib, über der Erdkugel schwebend' mit einem geblähten Segel
in der erhobenen Linken, dessen anderes Ende die Rechte
hält. Gegenüberstehend ein Wappen mit Helmdecke und Helmzier (wachsender Hirsch). Das

Wappen zeigt drei sechseckige
Sterne, darüber in Majuskeln die
Aufschrift: *Wie Gott wiel, so
ist mein Ziel 1609. Johannes
Modlig* [1]) *s.* Dazu ein Deckel, in
Emailfarben bemalt mit der Auf-
schrift: *Trink und is, Gott nicht
vergis. 780.89.* Abb. Taf. I.
H. 0,432 *m.* Ohne Deckel 0,372 *m.*
O. D. 0,092 *m.* U. D. 0,032 *m.*

Vgl. Kat. No. *512.84* unter
B, 1 mit Lackfarbe bemalte Gläser.

E. Geschliffene und durch Gravierung mit dem Rade verzierte Gläser.

I. Pokal- und Kelchglasformen.

Deckelpokal, 12-kantig, aus
Krystallglas mit reichem Kugel-
und Sternschliff. Auf der gewölb-
ten Fussplatte von Palmzweigen
umrahmt zwei Monogramme mit
Krone und der Aufschrift: *Vivat
Typographia Grassiana 1769.
Herr D. Friedrich Siegismund
Grass.* Auf dem Knauf des
Fusses die Namen: *J. H. Grimm.
J. G. Berna. J. D. Zaschmar.
J. C. Müller. J. G. Jancke.
E. G. Seibt. J. F. Siebert. G.
Heyn Fact.* eingraviert [2]). Auf
dem Kelch das Buchdrucker-
wappen: Schild mit Doppeladler,
welcher die Abzeichen der Druk-
kerei in den Fängen trägt Auf
dem Helm wachsender Greif mit
zwei Druckerballen. *651.*

H. 0,362 *m.* Ohne Deckel 0,245 *m.*
O. D. 0,095 *m.* D. d. Fusspl. 0,135 *m.*

Deckelpokal, 12-kantig geschliffen, mit geschliffenem Fuss. Auf
dem Kelch, der aus erhaben geschliffenen Kelchblättern ent-
springt, in reicher Gravierung
dargestellt: Gartenlandschaft mit
zwei weiblichen Gestalten, die
eine aufrecht auf einen Anker
gestützt, den ein Band mit den
Buchstaben *M. C. Gr. I. S. E.* um-
schlingt, eine Taube auf der Hand,
die zweite mit einem aufgeschla-
genen Buche, auf welchem die
Worte sichtbar sind: *Saeculum
Typographiae Tertiam* (sic!)
Ferner ein Haus am Meeresufer
und eine vollgetakelte Fregatte.
Auf dem einen Segel ein Wappen
(im linksschräg geteilten Schilde
r. o. Flug, l. u. Arm). Am
Hinterteil des Schiffes die Jahreszahl *MDCCXL.* Ferner in einer
Säulenstellung unter einem Bal-

---

[2]) Vgl. (Scheibel) Gesch. d Bresl.
Stadtbuchdruckerei 1804. — Bresl.
Jubel Gedächtnuss der vor 300 J.
erf. Buchdruckerk. 1740.

[1]) Modlig, Joh. iuris cand. 23. X.
1613, Wappenbrief, — Schimon,
Adel von Böhm., Mähren u. Schles.
Böhm. Leipa 1859.

dachin eine sitzende weibliche Figur. Auf den Säulen die Buchstaben *W. S.* Am Baldachin ein Schild mit dem Monogramm *L. B. 653.*

> H. 0,20 *m.* O. D. 0,087 *m.* D. d. Fusspl. 0,112 *m.*

Pokal aus Krystallglas, mit geschliffenem Fuss; auf dem 14-kantig geschliffenen Kelch eingeschnitten das Bild der Stadt Breslau, darunter ein von zwei Genien gehaltenes Spruchband: „*Es gehe Bresslau wohl*". Gegenüberstehend das Stadtwappen und ein Brustbild (Karl VI.?). Auf dem Deckel Architektur und ein Karawanenzug. Rand und Fussplatte durch Ornamentschliff verziert. *652.* Abb. Taf. II.

> H. 0,315 *m.* Ohne Deckel 0,23 *m.* O. D. 0,092 *m.* D. d. Fusspl. 0,126 *m.*

Pokal aus Krystallglas. Auf dem Kelch in feiner Gravierung das Stadtbild von Breslau mit dem Stadtwappen; gegenüberstehend in einer Anordnung von Trophäen, von Putten umschwebt, ein Brustbild (Karl VI.?). Unterschrift: *Felix sub iova caesar, sub caesare Bresl.* Der Rand und die Fussplatte zeigen Ornamentbänder, letztere in matten Schliff. *5639.* Abb. Taf. II.

> H. 0,295 *m.* Ohne Deckel 0,117 *m.* O. D. 0,095 *m.* D. d. Fusspl. 0,098 *m.*

Kelchglas, 14-kantig geschliffen, mit geschliffenem Fuss. Auf dem Kelche eingeschnitten das Stadtbild und Wappen der Stadt Breslau. Aufschrift: *Vivat senatus*

populisque (sic!) *Wratislaviensis. 425.89.*

> H. 0,155 *m.* O. D. 0.067 *m.* D. d. Fusspl. 0,084 *m.*

Kelchglas, starkwandig, mit konischem Körper und breiter Fussplatte. Die Gravierung zeigt, von Zweigen umrahmt, das Breslauer Stadtwappen. Gegenüberstehend in gleicher Umrahmung ein *L* (Leopold?) mit Krone. Auf der Fussplatte ein Blattkranz eingraviert. *5.91.*

> H. 0,174 *m.* O. D. 0,105 *m.* D. d. Fusspl. 0,116 *m.*

Pokal, flach-oval geschliffen, mit niedrigem geschliffenen Fuss und ausgeschweiftem, vergoldetem Rande. Die reiche Gravierung stellt chinesische Scenen dar. *655.*

> H. 0,166 *m.* O. D. 0 072 *m.* bezw. 0,08 *m.* D. d. beschädigten Fusspl. 0,08 *m.*

Deckelpokal, mit konischem Kelch und hohem profiliertem, an Dreharbeit erinnerndem Fuss; die Gravierung stellt eine Landschaft mit Architektur und den Raub der Dejanira dar. Fussplatte und Deckelknopf fehlt. *4811.*

> H. 0,222 *m.* Ohne Deckel 0,198 *m.* O. D. 0,082 *m.*

Doppelpokal, aus zwei Teilen, mit Deckel; der Fuss des oberen Gefässes bildet den Deckel für das untere. Die Übergänge zu den Kelchen sowie die Deckel mit gekniffenen Rippen besetzt; Fuss, Zwischenglieder und Knopf aus Wulstprofilen gebildet. Beide Gefässe sowie der Deckel durch Blattkränze, Architektur, Baumschlag und Vögel in mattem Schliff verziert. *5629.*

Ges. H. 0,341 m. Ohne Aufs. 0,156 m.
O. D. 0,086 bezw. 0,066 m. U. D. 0,116 m.

Pokal, mit hohem geschliffenem Fuss und fehlender Fussplatte. Eingraviert: Darstellung der Schlacht bei Striegau (Hohenfriedeberg). Überschrift: *Prospect der bey Striegau den 4. Juni 1745 zwischen der Königl. preussischen und Combinirten Oesterreich und Sächsischen Armee vorgefallenen Bataille.* Gegenüberstehend Friedrich d. Gr. auf steigendem Ross, den Kommandostab in der Hand, in einer Anordnung von Fahnen und Waffen; auf einem Spruchband: *Friedericus Rex Borussorum.* Unten zwei kämpfende Reiter, miniaturartig. *5637.*

II. 0,208 m. O. D. 0,097 m.

Deckelpokal aus Krystallglas; im spiralig gedrehten Hohlbaluster des Fusses rote und gelbe Fäden eingelassen. Die Gravierung stellt dar: Das Maria-Magdalenengymnasium zu Breslau mit Vorgarten und das Breslauer Stadtwappen, darüber Dreieck mit יהוה (Auge Gottes) im Strahlenkranze. Umschrift: *dabit incrementum Wratislaviae.* Gegenüberstehend: *den 6. Januar 1713.* Am oberen Rande: *Seminarii vratisl. Magdalen. professoribus et Collegis dd. Casspar Rehnisch.* Der Deckel mit Ornamentwerk verziert; Knopf gedreht, die Fuss-

platte in mattem Schliff verziert. *6323.*

II. 0,293 m. Ohne Deckel 0,215 m.
O. D. 0,103 m. D. d. F. 0,117 m.

Deckelpokal, mit tulpenförmigen Kelch und spiralig gedrehten Fusse, in welchem rote und goldene Fäden eingelassen sind. Auf dem Kelch in feiner Gravierung das Maria-Magdalenengymnasium zu Breslau mit dem Breslauer Stadtwappen. Umschrift: *Deo Caesari, Patriae, Wratislaviae Sacrum.* Gegenüberstehend drei Wappen: a) Anker mit 6 Rosen (von Hofmannswaldau), b) links schräggeteilter und gerauteter Schild (von Haunold), c) viergeteilter Schild l. o., r. u. springender Hirsch; r. o. drei Rosen, l. u. Anker (Kretschmer). Aufschrift: NOVUS GYMNASIO MAR. MAGDALENÆO LOCUS DATUS ANNO MDCCX. QUÆ RES BENE ATQUE FELICITER EVENIAT OMNIBUS. Nachbildung der Klippe, welche bei Einweihung des neuerbauten Magdalenengymnasiums zu Breslau ein Wohlthäter der Anstalt, namens Kretschmer, prägen liess [1]). *6324.*

H. 0,177 m. O. D. 0,081 m. D. d. Fusspl. 0,094 m.

---

[1]) Vgl. Solennia, welche bei offentlicher Inauguration und Einführung der Schul-Jugend in das neu erbaute Gymnasium zu Sanct Maria Magdalena in Bresslau den 26. Juni Anno 1710. vorgegangen. Breslau Verlegts Christian Brachvogel. — Gomolcky, Merkwürdigkeiten der Stadt Breslau. III. 89.

Deckelpokal mit hohem, glockenförmigem Kelch, Fuss mit geschliffenem Hohlknauf. Der Gefässkörper zeigt erhabenes geschnittenes Blattwerk von lappiger Bildung und ein Wappen: links schräggeteilter und geranteter Schild; Helmzier Arm mit Schwert (von Haunold). Auf der Fussplatte Blattkranz und ausgebogter Rand in mattem Schliff. *506.84.* Abb. Taf. IV.

H. 0,265 *m.* Ohne Deckel 0,185 *m.* O. D. 0,092 *m.* D. d. Fusspl. 0,104 *m.*

Deckelpokal mit niedrigem, angekitteten Fuss und konischem Kelche. Die eine Hälfte des letzteren mit einer grossen, erhaben und klar geschliffenen Palmette verziert; auf der anderen in reicher Gravierung der Parnass mit Apollo und den Musen in Renaissancekostümen. Darunter bekröntes Kartuschenwerk mit Monogramm. Inschrift: *Ingenium nobis mite Thalia dedit. 1740. 6327.*

H. 0,20 *m.* O. D. 0,096 *m.* D. d. Fusspl. 0,081 *m.*

Pokal, fusslos, mit kegelförmigem Körper und geschliffenem Knauf, mit Goldrand. Die reiche Gravierung stellt dar: Haus mit Garten in der Nähe eines Seehafens; in einem Garten ein lustwandelndes Paar, ferner mehrere Personen, mit dem Verladen von Gütern in Schiffe beschäftigt; einen Mann mit Laterne in Begleitung eines Knaben; sodann Schiffe auf bewegtem Meere, eines mit dem Untergang kämpfend.

Aufschrift: *Man fragt nach gutten Leuten: — eiS dnis oW* (Spiegelschrift: wo sind Sie?) *Hoffnung besserer Zeiten — eiS tmok naW —* (Spiegelschrift: Wan komt Sie?) *6337.*

H. 0,142 *m.* O. D. 0,094 *m.*

Deckelpokal mit geschliffenem Fuss und ergänzter Fussplatte, reich geschliffen. Landschaftliche Darstellungen, umgeben von Ornament. *7437.*

H. 0,256 *m.* Ohne Deckel 0,198 *m.* O. D. 0,085 *m.* D. d. Fusspl. 0,096 *m.*

Deckelpokal aus Krystallglas, Deckel und Kelch mit Goldrand verziert. Auf dem Kelch eingeschnitten Darstellung der Stadt Glatz; Aufschrift: *Prospect der Stadt und Vestung Glatz.* Gegenüberstehend: In Roccocoumrahmung Monogramm *G. L.* und die Jahreszahl *1769,* auf dem Deckel und Fussrand mattgeschliffenes Zackenornament. *7767.*

H. 0,27 *m.* Ohne Deckel 0,209 *m.* O. D. 0,092 *m.* D. d. Fusspl. 0,097 *m.*

Deckelpokal, mit reicher Gravierung; Landschaft und Ornament in ausgesprochenem Roccocostil, mit teilweiser Betonung der Schnittflächen durch Vergoldung. Zwischen den eingeschnittenen Verzierungen sind einzelne mit der Nadel radierte Golddarstellungen figürlichen, vegetabilischen und ornamentalen Charakters verstreut. Deckel in derselben Weise behandelt; Fuss und Deckelknopf mit Facettenschliff; Fussplatte glatt. Am

Rand und Deckelknopf Vergoldung. *8149.* Fig. 35.

H. 0,394 *m.* Ohne Deckel 0,278 *m.* O. D. 0,118 *m.* D. d. Fusspl. 0,134 *m.*

Deckelpokal mit geschliffenem Fuss und kegelförmigem Kelche, auf letzterem erhaben geschliffenes Muschelwerk und in drei Feldern, welche von Roccocoornament umrahmt sind, in sehr feiner Gravierung drei Paare: Gärtner, Gärtnerin, Jäger und Jägerin, Schäfer und Schäferin. *9469.* Abb. Taf. IV.

H. 0,168 *m.* O. D. 0,072 *m.* D. d. Fusspl. 0,089 *m.*

Deckelpokal aus Krystallglas mit geschliffenem Fuss. Die äussere Fläche des Kelches ist in vier Felder geteilt, welche durch gequaderte Streifen getrennt sind. Drei der Felder zeigen Füllungen mit Roccocoornament, das vierte den preussischen Adler in ebensolcher Umrahmung und *F. R.* Auf den mugelig geschliffenen Quadern Rosetten und Arabesken. *9470.*

H. 0,22 *m.* O. D. 0,15 *m.* U. D. 0,08 *m.* D. d. Fusspl. 0,085 *m.*

Pokal, 12-kantig geschliffen, mit geschliffenem Fuss. In einem Kranze zwei Arme, aus Wolken hervorgestreckt, welche in den Händen zwei Herzen tragen, aus denen Palmen emporwachsen. Gegenüberstehend die Inschrift: *Hertzen die Sich gott ergeben Können also in friede leben.* In dem geschliffenen Knauf des Fusses goldene und rote Streifen; Fussplatte glatt. *9474.*

H. 0,189 *m.* O. D. 0,09 *m.* D. d. Fusspl. 0,106 *m.*

Deckelpokal, 14-kantig geschliffen, (Deckel fehlt). Die Gravierung zeigt in reicher Roccocoumrahmung das Wappen der Grafen Karwath[1]) (im viergeteilten Schilde, 1 und 4 eine Lilie, 2 und 3 drei Querwellen; im Herzschilde ein Adlerkopf). Gegenüberstehend eine Schäferscene. Fuss mit Kugelschliff und mattgeschliffenem Zackenornament. *9479.*

H. 0,291 *m.* Ohne Deckel 0,205 *m.* O. D. 0,085 *m.* D. d. Fusspl. 0,096 *m.*

Deckelpokal aus Krystallglas mit hohem geschliffenem Fuss, glockenförmigem Kelch und gewölbtem Deckel. Die Gravierung zeigt einen von Trophäen umgebenen 8teiligen Stern mit dem preussischen Adler und dem Wahlspruch: „*Suum cuique*", darüber eine Krone. Hohlfuss, aus mehreren Profilen zusammengesetzt. *9817.*

H. 0,35 bezw. 0,23 *m.* D. 0,093 *m.* D. d. Fusspl. 0,116 *m.*

Einst dem Kommandanten von Kosel, Generallt. Gerh. Alex. v. Sass († 1790, den 7. Juli) auf Borislawitz, Kr. Kosel, gehörig.

Pokal mit hohem profiliertem Fuss und glatter Fussplatte. Der Ansatz des Kelches ist durch gekniffene Rippen betont. Die Gravierung des letzteren stellt einen Blütenzweig mit Vogel und den österreichischen Doppeladler (im Brustschild das Wappen der

---

[1]) Grafen 1715, 16. III. Die Familie ist 1765 ausgestorben.

Habsburger) mit Kaiserkrone, Schwert und Reichsapfel dar. Deckel gebuckelt und mit spitzem Knopf versehen. *205.82.*

H. 0,282 m. Ohne Deckel 0,21 m. O. D. 0,07 m. D. d. Fusspl. 0,109 m.

Deckelpokal, 15-kantig geschliffen, aus Krystallglas mit Goldrand und Arabeskenschliff. Die Gravierung stellt dar: auf einer Säule zwei flammende Herzen, zwei Arme, die aus Wolken hervorgestreckt sind; darüber die Inschrift: *Ein aufrichtig getreuer Freund Der es jtzt Treu und Ehrlich meint.* Gegenüberstehend Landschaft mit Architektur in Roccocoumrahmung. Deckel mit Arabesken und Goldrand verziert. *762.82.*

H. 0,225 m. Ohne Deckel 0,194 m. O. D. 0,072 m. D. d. Fusspl. 0,086 m.

Deckelpokal mit geschliffenem Fuss. Auf dem Kelch sieben Felder, welche oben bogenförmig abgeschlossen und durch gekugelte Streifen getrennt sind; eines der Felder breiter. In letzterem zwei weibliche geflügelte Figuren, welche ein Herz und einen Ring halten. Darüber die Inschrift: *„Redlich wehrt Ewig“.* Auf den sechs kleineren Feldern die allegorischen Figuren des Friedens, der Gerechtigkeit, Hoffnung, Geduld, Liebe, Treue. *41.83.*

H. 0,205 m. Ohne Deckel 0,156 m. O. D. 0,07 m. D. d. Fusspl. 0,084 m.

Pokal mit hohem Fuss. Die reiche Gravierung stellt in zwei ovalen Feldern einen Engel mit Schwert und Wage, über einer Stadt schwebend und eine weibliche Figur mit einem Knaben in einer Landschaft dar; dazwischen Festons mit Fruchtbündeln. Profilierter Balusterfuss mit gekniffenen Wülsten; auf der Fussplatte ein Kranz eingeschliffen. *264.83.*

H. 0,22 m. O. D. 0,09 m. D. d. Fusspl. 0,112 m.

Pokal mit hohem Fuss, dessen Profilierung an Dreharbeit erinnert. Auf dem Kelch eingraviert Architektur und Jagdscenen. Auf der Fussplatte ein Lorbeerkranz. *481.84.*

H. 0,21 m. O. D. 0,072 m. D. d. Fusspl. 0,112 m.

Deckelpokal, 12-kantig geschliffen, aus Krystallglas, mit eingeschnittenem, lambrequinartigem Ornament, Früchten und naturalistischen Blumen, dazwischen ein Altar mit Kelch, und zwei verschlungenen Händen als Symbol der Freundschaft. Aufschrift: *Dieses glas sol zeugniss geben Dass wir recht als Freunde leben.* *482.84.* Einzelh. Fig. 43.

H. 0,215 m. Ohne Deckel 0,144 m. O. D. 0,058 m. D. d. Fusses 0,074 m.

Deckelpokal, 12 - kantig geschliffen. Auf dem Kelch in reicher Gravierung ein Altar mit dem österreichischen Doppeladler im Lorbeerkranze; auf demselben Symbole der Freundschaft: flammendes Herz mit der Zahl 3 (Treu); darüber in Wolken das Auge Gottes. Das Ganze umrahmt von der Inschrift: *Wass Gott und dem Keyser Treu.*

Im pyramidenförmig geschliffenen Knauf des Deckels und Fusses rote und goldene Fäden eingelassen. *511.84.*

H. 0,585 m. Ohne Deckel 0,256 m. O. D. 0,122 m. D. d. Fusspl. 0,14 m.

Deckelpokal, 12-kantig geschliffen aus Krystallglas mit geschliffenem Fuss. Die Gravierung stellt dar: in einem Blattkranz eine Felsgruppe, an welche ein ovaler Schild mit einem Palmzweig angelehnt ist. Aufschrift: *Je ne change point.* Gegenüberstehend in einem Blattkranze Kugelschliff. Auf dem hochgewölbten Deckel Streublumenmuster; in dem mit Facettenschliff verzierten Deckelknauf goldene und rote Streifen; im Hohlbaluster des Fusses rote, blaue und goldene Fäden. *626.85.*

H. 0,30 m. Ohne Deckel 0,192 m. O. D. 0,09 m. D. d. Fusspl. 0,107 m.

Deckelpokal aus Krystallglas mit Ornament-Gravierungen verziert und mit braunen Glassteinen besetzt. Deckel ebenso, mit geschliffenem Knopf. *628.85.*

H. 0,232 m. Ohne Deckel 0,164 m. O. D. 0,072 m. D. d. Fusspl. 0,092 m.

Desgl. wie vor mit grünen Glassteinen. *629.85.*

Deckelglas, oval, konische Form. Die Gravierung stellt eine Landschaft mit Schäferscene in Roccococartusche dar. Kelchrand und Deckel mit Vergoldung versehen; Fuss durch Facettenschliff, Fussplatte durch Zackenornament und Kuglerarbeit verziert. *7.91.*

H. 0,187 bzw. 0,139 m. O. D. 0,063 bzw. 0,054 m. D. d. Fusspl. 0,072 m.

Pokal, mit geschliffenem Fuss und glockenförmigem Deckel. Der Kelch mit festonartiger Gravierung verziert. Darunter das Monogramm *H. L. v. W.*, umrahmt von den Worten: *Vive Le* (sic!) *Maison Winterfeldt*, gegenüberstehend: *Il florisse toujours.* Auf dem Deckel und der Fussplatte Kugelschliff und Blattkranz. *9816.*

H. 0,271 m. Ohne Deckel 0,197 m. O. D. 0,074 m. D. d. Fusspl. 0,096 m.

Kelchglas mit Goldrand und geschliffenem Fuss. Der Kelch zeigt neben drei erhaben geschliffenen und vergoldeten Palmetten in Kartuschenwerk das Wappen der v. Winterfeldt (Fuchs über eine Garbe springend), ferner Landschaft mit Architektur und neun zum Tanz aufspielende Musikanten, darüber 16 Takte Noten eines Musikstückes mit der Bezeichnung *Polonoise.* — Der Deckel mit Goldrand und Arabeskenschliff versehen. *627.85.*

H. 0,175 m. O. D. 0,072 m. D. d. Fusspl. 0,087 m.

Deckelglas mit Messingfuss. Der Kelch ist durch vergoldete Streifen in vier Felder geteilt, die unten mit erhaben geschliffenen und vergoldeten Palmetten verziert sind. Auf dem einen Felde inmitten naturalistischer Blumen und Früchte ein Beil; darüber auf einem Bande die Inschrift: *Caedit non perdit.* Auf dem gegenüberliegenden Felde in ähnlicher Umrahmung: *Auf die Alte Hacke.* Auf den beiden anderen Flächen folgende Verse: *Die Hacke haut nicht zum Verderben | Den was sie hackt formiert sie auch; | Und das ist auch des Schicksals brauch | Man muss durch unglück Glück erwerben.* — *Die Hacke schlägt und machet Späne | Doch sie nicht, sondern der sie führt | So werden auch des Unglücks Zähne | Auf uns von höher hand gerührt.* — Deckel mit Goldrand u. z. T. vergoldetem Knopf. *648.*

H. 0,255 *m.* Ohne Deckel 0,184 *m.* O. D. 0,082 *m.*

Kelchglas, mit niedrigem massiven Fuss und quadratischer Fussplatte. Auf dem Kelch eingraviert das Bild einer Hacke und der Name *Gringmuth;* oben geschliffener Randstreifen aus Strichverzierungen bestehend. *7439a.*

H. 0,116 *m.* O. D. 0,056 *m.* D. d. Fusspl. 0,056 *m.*

b. Zugehörige kleine silberne Axt in einem Lederfutteral; auf dem Stiel eingraviert: *J. E. G. 1800.*

Kelchglas mit konischem Körper und geschliffenem Fuss; die Hälfte des Gefässkörpers zeigt erhaben geschnittenes Rankenwerk mit lappigen Blattformen nebst Kartusche; zur Seite zwei Vögel, welche Palmzweige im Schnabel tragen. Auf der anderen Hälfte des Glases Roccocokartusche mit

einer Kaiserkrone und zwei den Orden vom goldenen Vlies tragende Adler. Überschrift: *Triumph et Carolus VIctor. 649.*

H. 0,178 *m.* O. D. 0,075 *m.* D. d. Fusspl. 0,103 *m.*

Kelchglas, mit glattem Hohlbalusterfuss und geschliffenem Deckel. Auf dem Körper in mattem Schliff drei von Weinlaub umrahmte Felder mit stilisierten Blumenzweigen. *661.*

H. 0,244 *m.* O. Deckel 0,17 *m.* O. D. 0,081 *m.* D. d. Fusspl. 0,096 *m.*

Kelchglas mit geschliffenem Fuss. Die Gravierung stellt dar: Merkur auf einem Warenballen sitzend in einer Landschaft. *664.*

H. 0,135 *m.* O. D. 0,056 *m.* D. d. Fusspl. 0,061 *m.*

Kelchglas, 12-kantig geschliffen, aus trüber Masse, mit geschliffenem Fuss (beschädigt). In dem geschliffenen Knauf sind rote und grüne Fäden eingelassen. Die Gravierung stellt dar: die Kniefigur Marlboroughs in voller Rüstung mit Marschallstab. Aufschrift: *Johannes . . . . von Marlborough.* Gegenüberstehend eine Anordnung von Trophäen. Auf der Fussplatte stilisierte Ranken und Blätter. *4808.*

H. 0,215 *m.* O. D. 0,092 *m.* D. d. Fusspl. 0,112 *m.*

Kelchglas mit konischem Oberteil und geschliffenem Fuss; auf dem Kelch 6 bogenförmig begrenzte Felder mit Ornamentfüllungen in reicher Gravierung. 18. Jhdt. *4812.*

H. 0,151 *m*. O. D. 0,066 *m*. D. d. Fusspl. 0,075 *m*.

Kelchglas mit 8-kantigem flachem Körper und geschliffenem, niedrigen Fuss. In feiner Gravierung, von Roccocoornament umrahmt ein Wappen: ovaler Schild mit aufrechtem, doppelt geschwänztem Löwen, auf dem Helme drei Rosen. *1816*.

H. 0,145 *m*. O. D. 0,06 bzw. 0,065 *m*. D. d. Fusspl. 0,075 bzw. 0,079 *m*.

Kelchglas mit Goldrand und geschliffenem Fuss. Auf dem Kelch zwei erhaben geschliffene und vergoldete Palmetten. Zwischen diesen in Roccocorankenwerk Herr und Dame an einem Tisch sitzend und sich zutrinkend in einer Gartenlandschaft. Aufschrift: *„ Wenn anders soll mein Wunsch in die Erfüllung gehn, muss gelück und heyl mein freud stets bey dir steh'n"*. *5627*.

H. 0,167 *m*. O. D. 0,073 *m*. D. d. Fusspl. 0,081 *m*.

Kelchglas mit profiliertem Fuss; die Gravierung zeigt in drei bogenförmigen Feldern in mattem und klaren Schliff Blumen. *5630*.

H. 0,168 *m*. O. D. 0,073 *m*. D. d. Fusspl. 0,09 *m*.

Deckelglas, 12-kantig geschliffen, mit niedrigem geschliffenem Fuss und Deckel. Die reiche Gravierung bildet pilasterartige Streifen, welche sich abwechselnd über je zwei und je eine der geschliffenen Flächen erstrecken; auf den einfachen Flächen steigendes Ornament mit Vasen, aus welchen Blumen entspringen, auf dem doppelten Ornamentwerk, von einem Maskaron bekrönt. Darüber ein Blattkranz; die Fussplatte und der Deckel zeigt Rankenwerk. *5635*. Abb. Taf. IV.

H. 0,243 *m*. D. Deckels. 0,168 *m*. O. D. 0,078 *m*. D. d. Fusspl. 0,092 *m*.

Deckel-Kelchglas mit Goldrand und geschliffenem Fuss. Auf dem Kelch eingraviert vier weibliche Figuren mit den Symbolen der Jahreszeiten und den entsprechenden Überschriften: *Frühling, Sommer, Herbst, Winter*. *5636*.

H. 0,232 *m*. O. Deckel 0,164 *m*. O. D. 0,075 *m*. D. d. Fusspl. 0,082 *m*.

Kelchglas, 12-kantig geschliffen, mit Fuss; in mattem Schliff Gartenarchitektur mit Taxushecken und Wasserkünsten im französischen Geschmack. *5656*.

H. 0,153 *m*. O. D. 0,066 *m*. D. d. Fusspl. 0,08 *m*.

Kelchglas, 12-kantig geschliffen, mit Arabesken und naturalistischem Blumenwerk reich verziert, welches ein Symbol der Freundschaft, zwei auf der Spitze einer Felsgruppe stehende Herzen einrahmt; Umschrift: *Unsere Freundschaft sol bestehn nimmermehr zu grunde gehn*; Fussplatte geschliffen. *5657*.

H. 0,21 *m*. O. Deckel 0,155 *m*. O. D. 0,067 *m*. D. d. B. 0,087 *m*.

Kelchglas, fusslos, mit Kugel und Sternschliff verziert. In zwei ovalen Feldern Gravierungen: Amor mit verbundenen Augen und Stab, durch ein Hündchen geführt in einer Landschaft; darüber die Inschrift: *Die 3 führet mich zu dich.* Gegenüberstehend: Landschaft mit Palmen und einem flammenden Herzen sowie einem Frauenportrait. Aufschrift: „*Dein allein bin ich.*" *6320.*

H. 0,118 *m.* O. D. 0,073 *m.*

Kelchglas, dünnwandig, durch mattgeschliffene Blumen verziert. Auf der rund abgewölbten Fussplatte ein Blattkranz. *6332.*

H. 0,125 *m.* O. D. 0.093 *m.* D. d. Fusspl. 0,102 *m.*

Gefäss, flach-oval, mit geschliffenem Kelch, Deckel und Fuss. Die feine Gravierung stellt dar: umgeben von Rankenwerk auf der einen Seite den österreichischen Adler, auf der anderen das Bildnis Kaiser Karls VI. Umschrift: *Carol VI. D. G. R. J. S. A. Ge. Hi. Hu. Bo. Rex.* Das Zickzackornament der Fussplatte in mattem Schliff. *6952.*

H. 0,115 bzw. 0,146 *m.* O. D. 0,085 bzw. 0,063 *m.* D. d. Fusspl. 0,09 *m.*

Kelchglas, mit konischem Körper und geschliffenem Fuss. Auf der gekugelten und mit mattem Schliff versehenen Fussplatte Monogramm mit Krone. Die äussere Fläche des Kelches durch den Schliff in drei Felder geteilt. Zwischen diesen gequaderte Streifen mit Rosetten, landwirtschaftlichen Darstellungen und Jagdscenen. In den Feldern, von Roccocoorna-

ment und einer lambrequinartigen Umrahmung umgeben Gartenarchitektur, zwei sitzende weibliche Figuren und die Inschrift: *Zum Zeugniss das ich offt mein Freund an Dich gedacht, hab ich Dir dieses Glas aus warmbrunn mitgebracht. 6953.*

H. 0,145 *m.* O. D. 0,065 *m.* D. d. Fusspl. 0,072 *m.*

Kelchglas mit geschliffenem Fuss. Die Gravierung des glockenförmigen Kelches stellt einen Altar dar, auf dessen Vorderseite der kaiserliche Doppeladler eingeschnitten ist; auf diesem ein flammendes Herz, die Zahl 3 (Treu), und aus Wolken hervorleuchtend das Auge Gottes. Umschrift: *Was Gott und dem Kayser treu.* Gegenüberstehend ein Wappen, (von einem Dornenkranze umgebenes Herz) und die Buchstaben *M. G. H.* Das Ganze von Zweigen umrahmt. *6954.*

H. 0,157 *m.* O. D. 0,075 *m.* D. d. Fusspl. 0,082 *m.*

Deckelglas mit niedrigem Fuss. Die reiche Gravierung stellt die Vorbereitungen zu einem Pferderennen dar. Auf dem Deckel Architektur mit Pferdescenen; auf dem Mittelknauf des Fusses Ornamentschliff. *8159.*

H. 0,235 *m.* O. Deckel 0,156 *m.* O. D. 0,096 *m.* D. d. Fusspl. 0,083 *m.*

Kelchglas, mit glockenförmigem Kelch und profiliertem Fuss, in dessen Knauf spiralig gewundene Fäden eingelassen sind. Die matte Gravierung zeigt fein gezeichnetes Rankenwerk und Blüten, ferner in einem von vier Bogen eingefassten Feld Symbole der Freundschaft: Herz auf einem Postament, über welchem zwei aus Wolken hervorgestreckte Hände eine Krone halten. Umschrift: *Freundschafft machen steht wol fein, Freundschafft halten krönt allein.8379.*

H. 0,184 *m.* O. D. 0,085 *m.* D. d. Fusspl. 0,098 *m.*

Kelchglas mit reicher, sehr fein ausgeführter Gravierung, Landschaft mit Architektur, umgeben von Ranken und Blumenwerk in ausgesprochenem Roccocostil, unten am Kelch in erhabenem Schliff Palmetten mit Schnittvergoldung. Der Knauf des Fusses geschliffen. *8716.*

H. 0,165 *m.* O. D. 0,075 *m.* D. d. beschädigten Fusspl. 0,082 *m.*

Kelchglas, 13-kantig geschliffen, mit Deckel und reichem Ornamentschliff in Roccocogeschmack. Die Gravierung stellt dar: zwei Wilde mit Federschmuck und Keulen, zwischen Bäumen sitzend, welche einen Würfel mit drei Augen in die Höhe halten. Gegenüberstehend die Namen: *J. R. Herrmann, D. G. Oelssner Med. Pract. Anno 1734 den 10. Nov.* Umschrift: *Zum denkmahl dieses glass, worauf zwey wilde Männer Dir schenckt diss neue paar beym schlaffen geh'n mein Gönner Es ruffet das redliche Brautpaar jetzt auss Es lebe das Christian Wirfflische Hauss. 8767.*

H. 0,16 *m.* O. D. 0,072 *m.* D. d. Fusspl. 0,09 *m.*

Kelchglas, 12-kantig geschliffen, mit ebensolchem Fuss und quadratischer Fussplatte mit abgerundeten Ecken. Inmitten einer von Blumen und Arabesken gebildeten Roccocoumrahmung ein gekröntes Monogramm. *9471.*

H. 0,17 *m.* O. D. 0,07 *m.* D. d. Fusspl. 0,082 bzw. 0,093 *m.*

Pokal, 16-kantig geschliffen, mit geschliffenem Fuss. Die Gravierung stellt dar: Gartenarchitektur mit Wasserkünsten, im Hintergrunde ein Schloss, im Vordergrunde eine weibliche Figur mit Mandoline, eine männliche mit Harfe. Gegenüberstehend ein unausgefülltes Feld mit Roccocoumrahmung von einem Baldachin bekrönt. *9473.*

H. 0,182 *m.* O. D. 0,075 *m.* D. d. Fusspl. 0,096 *m.*

Kelchglas, 10-kantig geschliffen, mit breitem Fuss, in dessen geschliffenen Knauf goldene und grüne Fäden eingelassen sind. Auf dem konischen Kelch in einem Kranze zwei verwachsene Palmenstämme. Aufschrift: *Wer unss wiel trennen heissen, Der mus uns zerreissen. J. E. F. V. S. G. V. H. 9475.*

H. 0,20 *m.* O. D. 0,09 *m.* D. d. Fusspl. 0,123 *m.*

Kelchglas, konisch, mit niedrigem Fuss. Der untere Teil des Kelches zeigt im Tiefschnitt Facetten und Palmetten, im oberen Teil ein flott gezeichnetes Rankenwerk im Roccocogeschmack mit einem Putto und einem Adler. Auf der Fuss-platte matte Ornamentgravierung. *9476*. Abb. Taf. IV.

H. 0,185 *m*. O. D. 0,093 *m*. D. d. Fusspl. 0,103 *m*.

Kelch, 3-kantig, mit abgestumpften Kanten und hohlem, profiliertem ebenfalls abgestumpftem 3-kan-tigem Fusse. Die Schleifarbeit beschränkt sich auf das Ein-schleifen von Feldern, Strich-und Kugelornament. *9481*.

H. 0,163 *m*. O. D. 0,082 *m*. D. d. B. 0,098 *m*.

Kelchglas, glatt, dünnwandig, mit trichterförmigem niedrigem Fuss; in dem kleinen Wulst des Fusses rote Fäden. *204.82*.

H. 0,10 *m*. O. D. 0,095 *m*. D. d. Fusses 0,084 *m*.

Kelchglas mit konischem Körper, durch Streifen mit Rautenschliff verziert. Im geschliffenen Fuss-knauf rote Fäden; Fussplatte ergänzt. *206.82*.

H. 0,19 *m*. O. D. 0,09 *m*. D. d. Fusspl. 0,102 *m*.

Kelchglas mit Fuss; in dem kleinen Wulst des Fusses rote Fäden; der Kelch durch klaren Kugelschliff verziert, welcher mit matt geschliffenem Ornament ab-wechselt. *207.82*.

H. 0,18 *m*. O. D. 0.085 *m*. D. d. Fusspl. 0,097 *m*.

Kelchglas auf niedrigem Fuss mit gedrehtem Knauf. Am oberen Rande Rankenwerk in mattem Schliff. *211.82*.

H. 0,136 *m*. O. D. 0,066 *m*. D. d. Fusspl. 0,069 *m*.

Deckelglas, 12-kantig geschlif-fen, mit konischem Körper und niedrigem Fuss. Die Gravierung stellt dar: in Roccocoumrahmung zwei Wappen a) im längsgeteil-ten Schild links ein aufgerich-teter Greif, rechts eine wachsende männliche Figur; auf dem Helm die gleiche Figur zwischen Ochsenhörnern, b) im viergeteilten Schilde, 1 und 4 blutender Eber-kopf, 2 und 3 je drei Muschel-reihen (v. Strachwitz). *763.82*.

H. 0,187 *m*. O. D. 0,082 *m*. D. d. Fusspl. 0,093 *m*.

Kelchglas mit Deckel und niedri-gem Fuss. Der Gefässkörper zeigt in mattem Schliff und roher Ausführung abwechselnd bogen-förmig und mit Spitzgiebeln ab-geschlossene Felder. Im Knauf des Fusses gedrehte rote Fäden eingelassen; auf der Fussplatte ein Kranz. *448.83*.

H. 0,264 *m*. O. Deckel 0,162 *m*. O. D. 0,074 *m*. D. d. Fusspl. 0,097 *m*.

Kelchglas, konisch, mit glattem Hohlbalusterfuss, auf der Fuss-platte ein Blattkranz. Auf dem Körper zwischen Zweigen und Blumenwerk das alte Wappen der Sauermann (jetzt d. protest. Linie von Sauerma-Ruppers-dorf): im längsgeteilten Schilde links ein halber Adler, rechts ein Fuchs im Schrägbalken. Helmzier: Fuchs mit Schwert im Maule. Gegenüberstehend ein Monogramm aus den Buchstaben *H. S.* *449.83*.

H. 0,194 *m*. O. D. 0,069 *m*. D. d. Fusspl. 0,114 *m*.

Kelchglas, konisch, mit niedrigem Fuss, im spiralig gedrehten Knauf ein roter Faden. Am oberen Rande bogenförmige Gravierung. *185.84.*

> H. 0,115 *m.* O. D. 0,065 *m.* D. d. Fusspl. 0,067 *m.*

Kelchglas, 12-kantig geschliffen, der Kelch durch vier eingravirte, längliche Lorbeerkränze in Felder geteilt; Darstellungen: Fortuna auf rollender, geflügelter Kugel, Leda mit dem Schwan und zwei bekränzte weibliche Figuren mit Zweigen in den Händen. In den Knäufen des aus mehreren Profilen zusammengesetzten Fusses rote und gelbe Fäden. *480.84.*

> H. 0,156 *m.* O. D. 0,063 *m.* D. d. Fusspl. 0,089 *m.*

Kelchglas, 16-kantig geschliffen, konische Form, mit Deckel und geschliffenem Fuss. Die reiche Gravierung zeigt Roccocoornament. Gegenüberstehend ein anscheinend aus den Buchstaben A. R. v. O(berg) (s. unter 630 c) zusammengesetztes Monogramm mit Krone darüber. *630 a. 85.*

> H. 0,135 *m.* Mit Deckel 0,186 *m.* O. D. 0,060 *m.* D. d. Fusspl. 0,070 *m.*

Desgl. Wie vor. Nr., ohne Deckel, im Ornamentschliff nur unwesentlich verschieden. *630 b. 85.*

> Masse wie vor.

Desgl., In Form und Schliff wie v. No. Die Gravierung zeigt ein Wappen (im dreimal quergeteilten Schilde je ein schreitender Löwe, Helmzier Flug mit Querspangen; von Oberg). Gegen-überstehend Gartenarchitektur mit Springbrunnen, von Roccoco-ornament umrahmt. *630 c. 85.*

> Masse wie vor.

Desgl., In Form, Schliff und Wappendarstellung mit 630 c. übereinstimmend. Die Gravierung stellt eine Jagdscene, umgeben von einer Kartusche im Roccocogeschmack, dar. *630 d. 85.*

> Masse wie vor.

Kelchglas, niedrig, dünnwandig, mit glockenförmigem Kelch und mattgeschliffenem Blumenornament. Die Blumenkelche sind durch aufgeschmolzene, geschliffene rote Glassteine hervorgehoben. In dem gedrehten Fuss ein roter Faden eingelassen. *412.90.*

> H. 0,129 *m.* O. D. 0,076 *m.* D. d. Fusspl. 0,074 *m.*

Kelchglas, mit Goldrand und niedrigem, geschliffenem Fuss. Der Kelch zeigt in mattem Schliff das Riesengebirge, Hirschberg und Warmbrunn; die letzteren Darstellungen durch ein Medaillon getrennt, welches ein Frauenporträt (Brustbild) enthält, von einem Perlenrande umgeben und einem Merkurhaupt bekrönt ist. Die Örtlichkeiten sind durch Inschriften gekennzeichnet: *Ries. Kopp, Teiche, Kynast, Schneegruben, Hirschberg, Warmbrunn.* Gegen-überstehend in Roccocoumrahmung die Inschrift: *O Freundin nihm diss glas jetzt als ein Zeugniss an / Dass meine Freundschafft nicht wie Glas zerbrechen kann.*

17

Auf dem Boden eingraviert eine Wiege mit Zwillingen, von einem Engel gewiegt und von der Sonne bestrahlt. *4818.*

H. 0,129 m. O. D. 0,072 *m.* D. d. Fusspl. 0,078 *m.*

Kelchglas mit geschliffenem Fuss und Goldrand; der Kelch durch zwei vergoldete Längsstreifen in zwei Felder geteilt; in dem einen Darstellung des schlesischen Gebirges und der Stadt Warmbrunn, in dem anderen Hirschberg und Breslau. *5633.*

H. 0,167 m. O. D. 0,074 *m.* D. d. Fusspl. 0,087 *m.*

Kelchglas mit Goldrand und niedrigem geschliffenem Fuss; die Gravierung stellt dar das schlesische Gebirge, Hirschberg und Warmbrunn; Aufschriften: *Riesen Kop, Teiche, Kynast, Schneegruben, Hirschberg, Warmbrunn.* Gegenüberstehend die Buchstaben *S. G. B.* Fussplatte beschädigt. *718.89.*

H. 0,128 m. O. D. 0,072 *m.* D. d. Fusspl. 0,077 *m.*

Kelchglas mit glockenförmigem Körper und angesetztem, glatten Fuss, in dessen Stengel ein spiralig gewundenes, weisses Band eingelassen ist. Die Gravierung stellt dar: Hirschberg und Warmbrunn, darüber den Zug des Riesengebirges mit den Aufschriften: *Riesen Koppe, Teiche, Kynast, Schneegruben.* Gegenüberstehend ein hängendes Medaillon mit einem Monogramm aus den Buchstaben *S. U. S.* Kelch

und der nicht zugehörige Deckel mit Goldrand verziert. *6.91.*

H. 0,17 bzw. 0,134 m. O. D. 0,068 *m.* U. D. 0,079 *m.*

Kelchglas in römerartiger Form. Glasfarbe, trüb, eisglasartig. Darstellung: Jäger und Jägerin, eine Büchse spannend, in einer Landschaft unter einem Baume sitzend. Aufschrift: *Es Leben die Schönen Finger u. die angenehmen dinger / die unter Eichen u. Tannen dem Jäger die Hahnen Spanen.* Das Figürliche und der Baumschlag ist schwach erhaben geschliffen. Hohlbalusterfuss, Fussplatte gekugelt. *672.*

H. 0,167 m. O. D. 0,064 *m.* D. d. Fusspl. 0,08 *m.*

Kelchglas, römerartige Form, mit Hohlbalusterfuss; der Kelch in mattem Schliff durch Weinlaub und Ornamentbänder verziert; gekittet. *7436.*

H. 0,21 m. O. D. 0,08 *m.* D. d. Fusspl. 0,12 *m.*

Vgl. die Nummern *8620, 836.82, 513.84* u. *120.85,* unter III. A. 2 Igel, Römer etc.

Kelchglas, konisch, mit Knauf und ergänztem Fuss. Am unteren Teil des Kelches erhaben geschliffene Palmetten. Die Gravierung stellt eine Schäferscene in einer Landschaft und eine leere Roccocokartusche dar. Gegenüberstehend am Kelchrand Zackenornament; der Fussknauf mit Facettenschliff versehen. *2.91.*

H. 0,194 m. O. D. 0,082 *m.* D. d. Fusses 0.092 *m.*

2. Flöten und Stengelgläser.

Trinkglas, eng, cylindrisch, oben
leicht erweitert, mit breitem Cylinderfuss. Die Gravierung zeigt
reiches Blumenornament. Am
oberen Rande *D. W. Anno
1692*[1]). *4696.* Abb. Taf. II.

H. 0,435 m. O. D. 0,046 m. D.
d. Fusspl. 0,131 m.

Trinkglas, eng, cylindrisch, mit
breitem Cylinderfuss. Am oberen
Rand in dreimaliger Windung eine
Blumenranke eingraviert. *5654 a.*
Abb. Taf. IV.

H. 0,27 m. O. D. 0,025 m. D.
d. Fusspl. 0,104 m.

Desgl. Wie vor. *5654 b.*

Trinkglas, fusslos, cylindrisch,
aus weisser Masse, (sog. Flöte)
geschliffen und in einen facettier-
ten Knopf auslaufend. *5658.*

Länge 0,39 m. D. 0.065 m.

Desgl. wie vor. *5659.*

Stengelglas mit glattem, kantig
geschliffenem Stiele. In einem
Kranz ein Monogramm aus den
Buchstaben *K. W.* Geschliffene
Randstreifen. *667.*

H. 0,169 m. O. D. 0,064 m. D.
d. Fusspl. 0,072 m

Spitzglas, 8-kantig, flach, mit
niedrigem, geschliffenem Fuss,
dessen 8-eckige Platte durch
Kugelschliff verziert ist. Ein-

graviert: Darstellung der Schneekoppe und dreier Personen, von
welchen zwei sich die Hände reichen, die dritte auf der Wan-
derung nach dem Gipfel begriffen
ist. Umschrift: *„Gutte freunde
überall beym oderstrandt und
Riebezahl."* *669.*

H. 0,149 m. O. D. 0,054 bzw.
0,06 m. D. d. Fusspl. 0,068 m.

Stengelglas, kegelförmig, glatt;
auf dem Kelche eingraviert:
Schwert, Bogen und zwei gekreuzte Pfeile; gegenüberstehend
die Inschrift: *Bleibt Der Gott-
los Vnbewogen So hat Gott
schwert, pfeil und bogen.* Auf
der Fussplatte *D. W. 671.*

H. 0,275 m. O. D. 0,068 m. D.
d. Fusspl. 0,107 m.

Vier Stengelgläser, geschliffen,
mit Goldrand und Gravierung, letztere darstellend: bei a) städtischer
Marktplatz (Breslau, Ring, Stadt-
wage?) mit Fuhrleuten, Fracht-
wagen und Schlitten, auf deren
einem ein Fass liegt; b) Männer,
welche eine Masse (Wolle?) in
Fässer stampfen, daneben Woll-
säcke; c) Landleute beim Ein-
pflanzen und Begiessen einer
Pflanze beschäftigt; d) grosses
städtisches Gebäude im Renais-
sancestil (Breslauer Leinwand-
haus?) mit davor haltenden Wagen. *9941 a—d.*

H. 0,112 m. O. D. 0,042 m. D.
d. Fusspl. 0,04 m.

---

[1]) Von der Bolkoburg, vgl. Schles.
Provinzialblätter, Neue Folge, 2. Bd.
1863, S. 185.

3. Becher mit Fuss.

Becherglas, mit Fuss, niedrig, dickwandig, durch Rauten- und Diamantschliff verziert. Der Kelch, zur Hälfte vergoldet, zeigt die Embleme der Freimaurer eingraviert. *9472.*

H. 0,126 *m.* O. D. 0,062 *m.* D. d. Fusspl. 0,065 *m.*

Becher, 16-kantig geschliffen, aus Krystallglas, mit Fuss. In einer Umrahmung von Arabesken und Blumenwerk im Roccocogeschmack eine Jagdscene. Darunter *F. M. 4817.*

H. 0,100 *m.* O. D. 0,068 *m.* U. D. 0,063 *m.*

Becherglas, 8-kantig geschliffen, konisch, ovale Form, mit Fuss und Deckel. Die reiche Gravierung zeigt: In lambrequinartiger Umrahmung und Blumenwerk auf der vorderen Seite eine Palme, auf deren Stamm eine aus Wolken hervorgestreckte Hand das Wort „beständig" schreibt. Umschrift: *Redligkeit schreibt eigenhändig wahre freundschaft ist* —. Gegenüberstehend: Wappen, Stern mit Krone. Über beiden Darstellungen Jagdscenen. *5664.* Abb. Taf. IV.

H. 0,19 *m.* O. Deckel 0,12 *m.* O. D. 0,065 bzw. 0,055 *m.* U. D. 0,065 *m.*

Becher, 12-kantig geschliffen, konisch, mit niedrigem Fuss. Der Körper zeigt Roccocoornament, ferner Symbole der Liebe (schnäbelnde Tauben, darüber ver-

schlungene Hände). Umschrift: *Viel Wesenss mach Ich nicht / der falschheit bin Ich feindt / wem Redligkeit gefält / der Ist mein bester freundt. 5666.*

II. 0,108 *m.* O. D. 0,075 *m.* U. D. 0,07 *m.*

Becherglas, niedrig, cylindrisch, mit kegelförmigem, massivem Fuss; Kelch durch Facettenschliff verziert. Auf dem Boden ein neunteiliger Stern eingeschliffen. *6330.*

H. 0,12 *m.* O. D. 0,081 *m.* D. d. B. 0,076 *m.*

Becher, 3-kantig, mit abgerundeten Kanten, geschliffenem Deckel und niedrigem Fuss. Mit miniaturartigen, eingeschnittenen Darstellungen, umgeben von Roccocoornament, verziert; auf zwei Seiten Landschaft und Jagdscene, auf der dritten bekröntes Monogramm über der Darstellung eines Kindes in der Wiege und der Umschrift: *bald wünsch ich dir zu gehn wie mir. 6331.*

H. 0,152 *m.* O. Deckel 0,092 *m.* O. D. 0,065 *m.* D. d. Fusspl. 0,056 *m.*

Becher, 12-kantig geschliffen, konisch, mit niedrigem Fuss, der Kelch aus erhaben geschliffenen Kelchblättern entspringend. Die Gravierung stelt Schäferscenen in einer Landschaft mit Architektur und reichem Baumschlag dar. Auf der Fussplatte Zackenornament. *675.81.*

H. 0,124 *m.* O. D. 0,084 *m.* D. d. Fusspl. 0,075 *m.*

Becherglas, 12-kantig geschliffen,

konisch mit niedrigem, geschliffenem Fuss. Die Gravierung stellt dar: drei weibliche Figuren mit den Symbolen der Züchtigkeit, Frömmigkeit und Gerechtigkeit, die mittlere an einer Pyramide sitzend, welche eine Tafel mit der Inschrift trägt: *„züchtig, gerechtig und gottsehlig"*. Gegenüber eine sitzende weibliche Figur mit Anker, Palme und Buch; Inschrift: *Die Hoffnung besser zeiten, wen kompt sie? Sie fragt nach gutten Leuten; wo sind sie?* Zwischen beiden Darstellungen geschliffenes Rankenwerk. Fussplatte gekittet. *212.82.*

H. 0,182 *m*. O. D. 0,092 *m*. D. d. Fusspl. 0,097 *m*.

Becherpokal aus Krystallglas, dickwandig, mit niedrigem Fuss. Auf dem kegelförmigen Kelch die eingeschnittene Darstellung einer Weinlese (14 Putti zu einem Bacchantenzuge geordnet). Der Knauf mit Ornament verziert. *571.89.* Abb. Taf. III.

H. 0,15 *m*. O. D. 0,096 *m*. D. d. Fusspl. 0,076 *m*.

Cylindrisches Gefäss, unten abgerundet, mit profiliertem, niedrigem Fuss, aus dünnem, hellem Glase, durch matte Schleifarbeit verziert, welche einzelne Früchte in ziemlich grossem Massstabe darstellt. Aufschrift: *WUNDER BURGER GEDECHTNUS ANNO 1662. 1.91.*

H. 0,119 *m*. O. D. 0,094 *m*. D. d. Fusses 0,07 *m*.

4. Fusslose Becher (Stampen).

Becherglas, dickwandig, 12-kantig geschliffen, konisch, mit massivem, innen spitz ausgeschliffenem Boden. Die Gravierung zeigt ein Wappen: im viergeteilten Schilde, 1 u. 4 aufgerichteter, doppeltschwänziger Löwe, 3 u. 4 sechsmal schräg geteilt. Auf dem Helme ein Flug mit dem Wappentiere. — Auf dem Boden ein anscheinend aus den Buchstaben A. J. W. zusammengesetztes Monogramm mit Krone. *662.*

H. 0,104 *m*. O. D. 0,081 *m*. D. d. Bodens 0,056 *m*.

Becher, flachoval, 12-kantig geschliffen, der obere Rand durch Roccocoornament verziert. Monogramm mit Krone von Zweigen umrahmt; gegenüberstehend zwei Hände, von welchen eine ein Glas hält. Umschrift: *Wer die Tugend wil vermehren, Der mus seine Eltern ehren. 4821.*

H. 0,093 *m*. O. D. 0,076 *m*. bezw. 0,062 *m*. U.D 0,048 *m*. bezw. 0,052 *m*.

Becherglas mit schwerem, massivem Fuss. Der wenig ausgebauchte Oberteil zeigt in mattem Schliff die Symbole der Freimaurer. *4822.*

H. 0,139 *m*. O. D. 0,074 *m*. U. D. 0,064 *m*.

Becher, konisch, unten eingezogen und zugespitzt; durch Muschelschliff verziert. Eingraviert Felsgruppe mit drei flammenden Herzen in einer Landschaft, umgeben von Roccocoornament. Aufschrift: *Die Liebe treibt sehr hoch.* *9477.*

H. 0,070 m. O. D. 0,056 m. U. D. 0,023 m.

Cylinderglas, oben etwas erweitert, aus weisser Masse mit dickem Boden. Um den Körper läuft ein c. 2,7 cm breites Band mit feinem Rautenschliff, die Bodenfläche ist in gleicher Weise verziert; über dem Bande das kaiserliche N. (Napoleon) mit Krone.

Mundglas Napoleons I.; der Name nebst Krone sind durch einen Sprung verletzt. Das Glas wurde 1813 in Löwenberg zurückgelassen, wahrscheinlich um dem Kaiser die als schlechte Vorbedeutung angesehene Verletzung zu verheimlichen. Eigent. d. Fam. Streckenbach. *783.82.*

H. 0,089 m. O. D. 0,081 m. D. d. B. 0,061 m.

Becher, 14-kantig geschliffen, mit Goldvignette und verblasstem Goldrand. *476.83.*

H. 0,043 m. D. 0,055 m. U. D. 0,050 m.

Becherglas, konisch, aus trüber Masse mit starker Wandung und Boden (Stampe). In unbeholfener Gravierung Kaiser Leopold I. zu Pferde mit Zepter und Krone. Überschrift: *Vivat Leopoldus.* Gegenüberstehend der österreichische Doppeladler mit dem Habsburger Wappenschild (gekittet). *4807.*

H. 0,112 m. O. D. 0,096 m. U. D. 0,069 m.

Desgl. wie vor. Aufschrift: *Vivat Carolus VI.* *716.89.*

Becherglas, konisch, mit dickem Boden (Stampe). In einem

Oval graviert: Daniel in der Löwengrube, von einem Engel geleitet. Umschrift: *Gott Hat seinen Engel gesand, Der den Löwen den Rachen gehalten, Dass sie mir kein leidt Gethan haben.* Gegenüberstehend eine Anordnung von Blumen und Früchten. *5641.*

H. 0,127 m. O. D. 0,105 m. U. D. 0,07 m.

Becher, konisch, mit starkem Boden (Stampe), die äussere Fläche ist durch eine Säulenstellung in vier bogenförmige Felder geteilt. Um den oberen und unteren Rand ein Bandornament von Weinranken eingeschliffen. Auf den Feldern folgende Darstellungen: 1. ein Gastmahl, darüber die Inschrift: *Schmecket vnd sehet wie frevndlich der herr ist, wohl allen die avf ihn trawen;* 2. Christus segnet den Ehebund zweier Verlobten, darüber die Inschrift: *Wass Gott zv sammen fügt Dass sol der Mensch nicht Scheyden;* 3. ein Gastmahl, an welchem Jesus teilnimmt (Hochzeit zu Kana). Darüber die Inschrift: *Der Speissemeister kostet den wein, der wasser gewessen war;* 4. ein Monogramm mit Krone, darüber ein Totenkopf und die Inschrift: *Mensch sey fröhlich doch in dem herrenn vnd bedencke dass Ende So wirstv nimmer mehr vbels thvn.* *9478.*

H. 0,12 m. O. D. 0,097 m. D. d. B. 0,073 m.

Becher, konisch, aus trüber Masse mit dickem Boden (Stampe); in zwei ovalen Feldern, die durch

Gravierungen (Anordnungen von Blumen und Früchten) getrennt sind, Aktäon von Hunden verfolgt. *4480.*

H. 0,111 m. O. D. 0,095 m. U. D. 0,070 m.

Becherglas mit dickem Boden (Stampe) durch Kuglerarbeit und reichen Ornamentschliff verziert. *425.81.* Abb. Taf. IV, Einzelh. Fig. 40.

H. 0,118 m. O. D. 0,105 m. U. D. 0,087 m.

Becherglas mit 7-kantigem ausgeschweiftem, dickem Boden (Stämpel) und kreisförmigem Rand, in welchen die Kanten spiralig verlaufen. Matte Schliffverzierung der Flächen; abwechselnd Medaillons mit Vögeln und geometrisches Ornament (Kuglerarbeit). *213.82.*

H. 0,081 m. O. D. 0,075 m. D. d. B. 0,051 m.

Becherglas, konisch, mit dickem Boden (Stampe); am oberen Rande Kugelschliff. In reicher Gravierung eine Hirschjagd dargestellt. *214.82.*

H. 0,118 m. O. D. 0,100 m. U. D. 0,072 m.

Becherglas, konisch, mit dickem Boden (Stampe), und den eingeschnittenen Bildern der zwölf Apostel in ovalen Medaillons; Schnittflächen vergoldet. *5655.*

H. 0,102 m. O. D. 0,080 m. U. D. 0,065 m.

Becher, konisch, aus Krystallglas mit dickem Boden (Stampe); in runden Medaillons die Bilder der zwölf Apostel eingeschnitten; in den Zwickeln Punktverzierungen. *184.84.* Abb. Taf. IV.

H. 0,111 m. O. D. 0,095 m. U. D. 0,065 m.

Becher, konisch, mit dickem Boden (Stampe). Der untere Teil der Wandung durch Sternschliff verziert, auf dem oberen die Symbole der Freimaurer eingraviert. Um den oberen Rand Blätter und Rankenwerk. *902.84.*

H. 0,094 m. O. D. 0,073 m. U. D. 0,049 m.

Becher, konisch, mit dickem Boden (Stampe). In reicher Gravierung Blumen und Kartuschenwerk im Roccocogeschmack; Monogramm aus den Buchstaben L. E. C. gebildet mit fünfzackiger Krone darüber. Gegenüberstehend die Inschrift: *Glas geht gar bald entzwey nicht aber wahre treu 1712. 717.89.*

H. 0,112 m. O. D. 0,097 m. D. d. B. 0,064 m.

5. Kannen und Krüge.

Krug von kugeliger Form mit Zinnbeschlag des Fussrandes und der Mündung, Zinndeckel und Zinnhenkel, welcher den abgebrochenen Glashenkel ersetzt; durch Kugel und Sternschliff verziert. In einem Medaillon zwei verschlungene Hände mit der Umschrift: *Es leben treue Freunde* auf dem Deckel eingraviert: *G. F. R. 1729. 4810.*

H. 0,15 m.   O. D. 0,068 m.   D. d. B. 0,096 m.

Krug aus Krystallglas, der Henkel, obere Rand und Fuss in Zinnfassung; mit reichem Kugel- und Sternschliff verziert. Auf dem Zinndeckel eine Frau mit Wage und Schwert: *Friede ernährt, Unfriede verzehrt.* 1740. *32.82.*

H. 0,236 m.   O. D. 0,080 m.   D. d. B. 0,123 m.

Henkelkrug mit kugelförmiger Bauchung und langem nach oben sich erweiterndem Halse. Die matte Gravierung stellt stilisiertes Ornament dar. Auf dem Halse die Arche Noah und Taube mit Ölzweig. Aufschrift: *ich brine gutte Bottschafften. 450.83.*

H. 0,225 m.   O. D. 0,095 m.   D. d. Fusspl. 0,095 m.

Krug, kugelig, mit zinnernem Beschlag des Randes und Fusses und Zinndeckel. Der Körper des Kruges ist über und über mit schön gezeichnetem, eingeschnittenem Ornamentwerk verziert. In einer Kartusche ein Wappen: im längsgeteilten Schilde zwei rechts und links gewandte Angelhaken. Stechhelm mit Flug, auf welchem sich die Angelhaken wiederholen (v. Hagen)[1]. Auf der Innenseite des Deckels drei Stempel. *713.89.*

H. 0.158 m.   O. D. 0,08 m.   D. d. B. 0,093 m.

[1] Adelstand für Böhmen, Mähren und Schlesien. 1719. 16. XII.

6. Flaschen,
Karafinen und Flacons.

Flasche, flach, mit Kugel- und Sternschliff; auf der einen Seite ein rotunterlegtes Medaillon mit Golddarstellungen: Symbole der Liebe (zwei in einander gelegte Hände, flammendes Herz von der Sonne bestrahlt). *642.*

H. 0,262 m.   O. D. 0,04 m.   D. d. B. 0,076 bzw. 0,091 m.

Flasche, flachoval, gehenkelt, aus hellem Glase mit Fussplatte. Auf dem Körper geätzt in ovalen Feldern springende Hirsche, dazwischen Ornament. Fussplatte und Henkel in Zinn gefasst, auf dem Zinndeckel *G. F. HB.* graviert. *5669.*

H. 0,222 m.   O. D. 0,04 m.   D. d. Fusspl. 0,105 m.

Flasche, 13-kantig geschliffen, mit dickem Boden und Schraubenverschluss, durch Kugelschliff verziert. Im Schraubendeckel eine Medaille von König Ferdinand I. und seiner Gemahlin Anna von Ungarn von 1536 eingelassen. Hs. Brustbild beider. Umschrift: *Ferdinand et Anna Ro. Vng. Bo. Rex e. Re;* Rs. Adler mit habsburgischem Wappenschild. Umschrift: *Inf. Hispa. Archidux. Aust. Dux Burgund. Slesi. March. M. 6326.*

H. 0,192 m.   D. d. B. 0,10 m.

Flasche, flach, mit schlankem Halse und Fussreif, reichem Kugel- und Sternschliff. In der Mitte der Vorderseite im runden Felde ein

Wappen (ein Vogel mit einer Rose im Schnabel, auf einem Anker sitzend), darüber die Buchstaben *R. A. G. K.* Knopf des Stöpsels gedreht, mit roter Fadeneinlage. *6333.*

H. 0,315 *m.* Ohne Stöpsel 0,272 *m.* D. d. B. 0,092 bzw. 0,072 *m.*

Glasflasche, flach, gehenkelt, mit langem Halse, der Körper durch Kugel- und Sternschliff und rotunterlegten Medaillons mit Golddarstellungen verziert; in diesen Jagdscenen. *6334.*

H. 0,257 *m.* D. d. Fusses 0,080 bzw. 0,104 *m.*

Flasche, 12 - kantig geschliffen, profiliert, mit niedrigem Fuss und Stöpsel. Die Gravierung zeigt das Wappen d. v. Satzenhofen[1]: Im gevierten Schilde, 1 und 4 3 Pfähle, 2 und 3 quer geteilt mit einem Kurhut belegt, im bekrönten Mittelschilde das Stammwappen: Schild mit 3 Querbalken; gegenüberstehend: Landschaft mit Straussenjagd in Roccocoumrahmung. Auf dem Hals und dem 6-kantig geschliffenen Stöpsel Ornamentgravierung. *9815.80.*

---

[1] Franz Sigismund v. Satzenhofen 1723 Comthur der Deutschordenshäuser Eilenburg, Freudenthal und Namslau i/Schl. Ledebur II, 242. Gritzner, Standeserhebungen der deutschen Landesfürsten, S. 85. Ein Freiherr von Satzenhofen war Geh. Rat und Obrist-Kämmerer bei dem Bischof von Breslau, Kardinal Friedrich v. Hessen (1671—1682). Gomolcky Merkwürdigk. d. St. Breslau III, 68.

H. 0,305 *m.* Ohne Stöpsel 0,245 *m.* D. d. Fusspl. 0,079 *m.*

Flasche, 8-kantig geschliffen; eingeschlossen ein tempelartiger, auf 8 Glassäulen ruhender Bau, in diesem eine kleine tanzende weibliche Figur mit grünem Schleier, oben auf einer mit Vasen geschmückten Balustrade zwei klein aus Elfenbein geschnitzte Figürchen. Verschlossen wird die Flasche durch einen Stöpsel mit Holzkreuz, welches das Herausnehmen des Stöpsel verhindert. *356.80.*

H. 0,165 *m.* D. d. B. 0,089 bzw. 0,076 *m.*

Flasche, flach, mit langem Halse, Henkel und 8-eckiger Fussplatte. Die Kanten des vierseitigen Körpers sind gebrochen. Auf drei Seiten Gravierungen, Landschaften und Schiffe. — Stöpsel facettiert. *667.82.*

H. 0,296 *m.* O. Stöpsel 0,25 *m.* D. d. Fusses 0,078 bzw. 0,082 *m.*

Flasche, flach, mit langem Hals und Messingdeckel. Der Körper mit Kugelschliff und einem rotunterlegten Medaillon verziert, welches in Golddarstellung einen springenden Hund zeigt. *311.81.*

H. 0,225 *m.* O. D. 0,036 *m.* D. d. B. 0,08 bzw. 0,066 *m.*

Karaffe aus Krystallglas mit Stöpsel. Am Halse und am unteren Teil des Körpers durch Kuglerarbeit verziert. Auf der Mitte der Bauchung das kaiserliche N (Napoleon) unter einer Krone eingraviert [1]). *759.89.*

H. 0,28 m. O. Stöpsel 0,223 m.
D. d. B. 0,073 m.

Flasche, vierkantig, gehenkelt, mit abgeschrägten Kanten, langem Halse und silbernem Deckelbeschlag. Drei Flächen sind durch Gravierungen verziert. Die Vorderseite zeigt ein aus den Buchstaben A. C. R. gebildetes Monogramm mit Krone, die beiden anderen Seiten zwei Schiffe und einen auf der Landstrasse fahrenden Lastwagen. Überschrift: *Floreat Commercium. 714.89.*

H. 0,252 m. D. d. Fusspl. 0,076 m.

Flasche mit plattgedrücktem Körper, Hals, Fuss und Henkel; reich mit Kugel- und Sternschliff verziert. Auf der Bauchung in rotunterlegten Medaillons in Golddarstellung auf der einen Seite: Symbole der Freundschaft (Herz und zwei in einander gelegte Hände, die von einer durch ein Schloss verbundenen Kette umschlungen sind) auf der anderen Seite ein Vollschiff. Deckel und Fassung der Fussplatte aus Silber, das auf dem Deckel das Beschauzeichen der Stadt Breslau (Johannishaupt), den Jahresbuchstaben *C* und das Meisterzeichen: ICM trägt. *712.89.*

H. 0,25 m. O. D. 0,042 m. D. d. Fusspl. 0,085 bzw. 0,10 m.

[1]) Aus dem Nachlasse des Geh. Reg.- und Baurats a. D. Drewitz; gekauft in Thorn von einem Diener Napoleons, als dieser nach Russland aufbrach.

7. Sonstige Formen.

Glas, geschweifte, konische Form, mit eingestochenem Boden und Bodenreif. Die drei Füsse, vermutlich in Gestalt von Kugeln, sind abgeschlagen. Auf der äusseren Wandung in ovalen Feldern drei Wappen eingeschnitten: 1. der v. Gaffron (zwei Büffelhörner im Schilde); 2. der v. Frankenberg (drei Ziegelsteine im Schilde); 3. der v. Biedau (drei Fahnen im Schilde). Auf dem vierten Felde, aus Wolken hervorgestreckt zwei Arme mit Herzen, von der Sonne bestrahlt über einem Teich mit Schilf. Die Aufschriften lauten: *Aus einem treuen hertzen in dein treues hertz und aller träuen hertzen gesundtheit".* — *Bricht gleich hertz und glas entzwey / so bleibt dir doch die aschse träu.* Über dem Wappen der Gaffron: *Vergies mein nicht / gedult uernvnft und Zeit / macht möglich die Vnmöglichkeit.* Über dem Wappen der Frankenberg: *Treu aufrichtieg und ohne falsch. / Es lebe der recht wohl / dem dieses glas sol.* Über dem Wappen der Biedau: *Nihm hin das glas zum pfandt / die perschon ist dir wohl bekandt. / Was freundt uom gutten freundt / vnd gutter freunde freundt / vnd anders nicht kan sein / als wies das hertze meindt.* Um den oberen Rand ein gemalter Blütenzweig und die Umschrift: „*Ach seht doch alle her das macht die gorgel nas, / drum kom vnd kisse mihr jm ontersten das glas. /*

Vnd trincks du das glas recht folaus / So wirst du gehn baldt schlaffen naus". Auf dem innern Boden: *Heisa viua! 5671.*

H. 0,242 m. O. D. 0,154 m. U. D. 0,132 m.

Bierglas, geschliffen, mit dickem Boden und Henkel. Am Rand ein Mäanderband, am unteren cylindrischen Teil Pfeifenornament eingeschliffen. Der obere, leicht eingezogene, geschweifte Teil zeigt in Gravierung einen weidenden Hirsch und eine Vase mit angelehntem Schilde, auf welchem die Inschrift: *Andenken*; das Ganze in einer Landschaft. Anfang des XIX. Jahrh. *660.*

H. 0,147 m. O. D. 0,098 m. U. D. 0,085 m.

Cylinderglas, unten mit gekniffenen Rippen besetzt und auf drei aufgerollten Füssen ruhend, mit hohem, gewölbtem Deckel, welcher ebenfalls gekniffene Rippenverzierungen trägt. Die Gravierung stellt in mattem Schliff stilisiertes Blumenwerk dar; ferner in einem Blattkranz ein Herz, welches von drei mit gekrümmten Handhaben versehenen Stäben durchbohrt ist und die Buchstaben *G. F. S. 1695. 7154.*

H. 0,174 bezw. 0,262 m. O. D. 0,108 m. U. D. 0,085 m.

Cylinderglas mit starkem Boden. Auf einer staffelförmigen Anordnung die Darstellung der Lebensalter (männliche und weibliche Figuren in den Kostümen von der

Wende des XVIII. Jahrh.) mit den typischen Inschriften. Darunter in einem Bogenfelde, welches durch eine Anordnung von Rosen, Ähren, Weintrauben und dürrem Holz (Symbolen der vier Jahrzeiten) geteilt ist, auf der einen Seite ein bespannter Galawagen mit Personen, Unterschrift: *zur Taufe*, auf der anderen Seite Männer einen Sarg einem offenen Grab zutragend. Unterschrift: *zum Grabe.* — Auf dem Schlussstein des Bogens ein Januskopf, darüber eine Sanduhr mit Fledermausflügeln. Gegenüberstehend der Name *Pick* eingraviert. *211.83.*

H. 0,114 m. O. D. 0,08 m. U. D. 0,07 m.

Bierglas, 10-kantig geschliffen, mit Henkel und Deckel. Glas und Deckel mit Goldrand verziert; die Gravierung im Roccocogeschmack. In der Mitte *C. F.* verschlungen, darunter *Blumenau 1790* und eine alte Frau mit einer Last und Stab. Zur Seite Scenen aus der Landwirtschaft, Schäferei, Jagd und Fischfang. *112.86.*

H. 0,212 m., ohne Deckel 0,147 m. O. D. 0,102 m. U. D. 0,106 m.

Bierglas (Kuffe) mit Henkel, dickem Boden- und Bodenreif, mit Goldrand und durch Kugelschliff verziert. Die Gravierung zeigt in roher Darstellung: Hirschberg, Warmbrunn und das schles. Gebirge; in der Mitte ein kreisförmiges Medaillon mit einem verschlungenen, aus den Buchstaben

J. J. C. H. gebildeten Monogramm. Die dargestellten Orte sind durch die Inschriften oben: *Riesen Kop., Teiche, Kynast, Schneegruben,* unten *Hirschberg, Warmbrun* gekennzeichnet. *715.89.*

H. 0,129 m. O. D. 0,09 m. U. D. 0,096 m.

Cylinderglas mit bandförmigem Henkel und eingestochenem Boden. Die rohe Gravierung stellt eine offene Halle dar, in der eine Frau an einer Spuhle und eine andere am Webstuhle beschäftigt sind, von Arabesken und Voluten umgeben. Aufschrift: *Vivat es leben die Schleyer Weber vnd Schleyer Messer. Die Spuhl Medel nicht zu vergessen.* Am oberen Rande Zackenornament. *9.91.*

H. 0,142 m. O. D. 0,092 m. U. D. 0,099 m.

Maigelein mit flachabgeschliffenem Boden, durch Goldrand und Muschelschliff verziert. *S105b.*

H. 0,028 m. O. D. 0,058 m. D. d. B. 0,026 m.

Glasgefäss, flachoval, mit geschweiften Kanten, ebensolchem Deckel und geschliffenem Fuss; durch sehr reiche und feine Gravierung ornamentaler Art im Roccocogeschmack verziert. Inschrift: *Einmahl allzeit G. V. F.* Fussplatte ausgeschweift mit mattem Zackenschliff. *6799.* Abb. Taf. IV.

H. 0,175 m. Ohne Deckel 0,114 m. O. D. 0,067 m. bezw. 0,084 m. U. D. 0 075 m.

Deckelglas, flach, 8-kantig, mit geschliffenem Fuss und 8-kantiger Fussplatte, welche mit Kuglerarbeit und Zackenornament verziert ist; die schmäleren Seiten flächen leicht geschweift. Die Gravierung zeigt reiches Roccocoornament und eine Anordnung von Früchten unter einem Baldachin. Der gewölbte und geschweifte Deckel in Form eines hohlen Kastens mit Ranken und Arabesken verziert. *8378.* Einzeln. Fig. 41.

H. 0,21 m. Ohne Deckel 0,165 m. O. D. 0,074 bezw. 0,062 m. D. d. Fusspl. 0,084 m.

Trinkglas, tonnenförmig, mit Henkel und Deckel; auf der vorderen Seite 10-kantig geschliffen. Die Gravierung zeigt in reicher Roccocoumrahmung ein Monogramm aus den Buchstaben J. L. K. E. M. mit Krone: *Hirschberg den 30. Mai 1760.* Der obere Rand vergoldet und durch eine vergoldete Metallwulst geschützt. Deckel geschliffen, mit Goldrand. *218.81.*

H. 0,095 m. O. D. 0,073 m. U. D. 0,064 m.

Schale, flachoval, mit geschliffenem Fuss. Mit Facettenschliff verziert. *665.*

H. 0,126 m. O. D. 0,088 m. bezw. 0,076 m. D. d. Fusspl. 0,091 m.

Schale aus Krystallglas, in Muschelform auf niedrigem, geschliffenem Fuss, durch Kugel- und Sternschliff verziert. *5624.*

H. 0,105 m. O. D. 0,122 m. bezw. 0,086 m. D. d. Fusspl. 0,082 m.

Schale, flachoval, mit ausgeschweiftem Rande in Muschelform,
auf hohem geschliffenem Fuss, mit
Goldrand. *208.82.*

H. 0,190 *m.* O. D. 0,118 *m.* bezw.
0,084 *m.* D. d. Fusspl. 0,084 *m.*

Glas in Muschelform, die feine Gravierung zeigt .Roccocoornament,
Gartenarchitektur mit Springbrunnen, gegenüberstehend das Wappen d. v. Gruttschreiber (im
gespaltenen Schilde ein springender Hund mit Halsband; Helmzier: wachsender Hund). Fussplatte mit Zackenornament und
Kuglerarbeit verziert. *4.91.*

H. 0,118 *m.* O. D. 0,082 *m.* bezw.
0,065 *m.* D. d. Fusspl. 0.068 *m.*

Fussglas mit Brillantschliff, niedrigem Fuss und dicker, quadratischer Fussplatte. Der untere
Teil des Kelches zeigt Rautenschliff, Pfeifenornament und
Kuglerarbeit; der obere eingraviert einen Kosaken zu Pferde,
eine Pistole abfeuernd, und eine
Tischgesellschaft von vier rau-
chenden und trinkenden Männern.
Überschrift: *im Hauptquartier.*
Mit Goldrand und Schnittvergoldung. *212.83.* Anf. XIX. Jhdrt.

H. 0,158 *m.* O. D. 0.08 *m.* D.
d. Fusspl. 0,064 *m.*

Becken aus Krystallglas mit horizontal abstehendem Rande nebst
kleiner Henkelkanne (Giesser);
beides über und über mit feinstem,
graviertem Rankenornament im
Roccocogeschmack überzogen.
837.82. Abb. Taf. IV.

Becken: D. 0,162 bzw. 0,20 *m.*
Kännchen: H. 0,115 *m.* O. D.
0,082 *m.*

Tönnchen aus weissem Glase mit
reichem Kugel- und Sternschliff,
durch eine Zinnschraube ver-
schliessbarem Spundloch und höl-
zernem Hahn, auf einem hölzernen Lagerbock ruhend. *6339.*
Fig. 39.

Länge 0,235 *m.* Breite 0,09 *m.*

F. Farbenglas, insbesondere beinweisses (Milchglas).

I. Durch Malerei verziert.

Zwei Fläschchen aus opalisie-
rendem Milchglas, welches Flecken
und Adern in roter und blauer
Emailfarbe zeigt. Die Grundfigur
ist die zweier übereck gestellter
Quadrate, deren Ecken in stumpfe
Rippen auslaufen und so den
Gefässkörper bilden. Der Hals
geht in schräggestellte Schalen
über, deren Ausgussschnauzen
sich, wie beim Kuttrolf, an
der höchsten Stelle befinden.
643.44.

H. 0,116 *m.* U. D. 0,043 *m.*

Sechs Tassen, henkellos, nebst Untertassen aus durchscheinendem
Milchglas mit roter, blauer und

gelber Bemalung, chinesische Scenen darstellend. *686—691.*

H. d. Tassen 0,040 *m.* O. D. 0,065 *m.* D. d. B. 0,037 *m.*
H. d. Untertassen 0,022 *m.* O. D. 0,114 *m.* D. d. B. 0,050 *m.*

Becher aus opalfarbigem Milchglas mit eingestochenem Boden und Bodenreif. In bunter Malerei ein Pelikan, der seine Jungen mit seinem Blute nährt. Aufschrift: *Gleichwie der belican seinen jungen treu gedahn 1688.* Fig. 29. *5622.*

H. 0,124 *m.* O. D. 0,08 *m.* D. d. B. 0,07 *m.*

Glasbecher, gehenkelt, (Brunnenglas) aus Milchglas. In bunten Farben dargestellt stilisierte Blüten und zwei Tauben auf einem Herzen mit der Zahl 3. Aufschrift: *Unsser Lieb und Treu, sey wie diesser zwey. 5661.*

H. 0,087 *m.* O. D. 0,06 *m.* D. d. B. 0,053 *m.*

Sahntöpfchen, tonnenförmig, mit Henkel, aus opalfarbigem Milchglas. Mit Goldrand verziert; die bunte Bemalung zeigt zwei schnäbelnde Tauben, ein Herz in einem Blattkranze, zu beiden Seiten stilisiertes Blumenwerk. Aufschrift: *mein hertz in mier / theil ich mit dier. 1756. 6335.*

H. 0,058 *m.* O. D. 0,043 *m.* D. d. B. 0,039 *m.*

Becher, gehenkelt, (Brunnenglas) aus Milchglas mit bunten Blumen festonartig verziert. *6662.*

H. 0,072 *m.* O. D. 0,052 *m.* D. d. B. 0,04 *m.*

Kaffekrug, gehenkelt, aus weissem Glase mit weiter Bauchung und Deckel, bunt bemalt: ein Mann im Roccocokostüm in einer Landschaft, Kaffee trinkend; darunter die Buchstaben *J. F. F.*; ferner Rosen, Primeln etc. An den Seiten zwei Rosenbouquets. Oben ein Goldrand. *8658.*

H. 0,150 *m.* O. D. 0,057 *m.* D. d. B. 0,076 *m.*

Tablet aus Milchglas in geschweifter Form mit hohem Rand und Randvergoldung; die Bemalung zeigt verstreute Blumen und Rosenbouquets sowie eine männliche und eine weibliche Figur in Roccocokostümen in einer Landschaft. Darunter die Buchstaben *J. F. F. 8659.*

H. d. Randes 0,039 *m.* D. 0,317 bzw. 0,252 *m.*

Napf aus Milchglas mit bunter Bemalung: Blumen (Rosen, Lilien) und ein Angler mit einem Knaben in einer Landschaft, umgeben von Roccocoornament; ferner die Buchstaben *J. F. F.* — Der obere Rand vergoldet. *8660.*

H. 0,132 *m.* O. D. 0,19 *m.* D. d. B. 0,109 *m.*

Becher, gehenkelt, aus opalfarbigem Milchglas mit Goldrand und Malerei: Kamele von einem Hunde bewacht unter einem Baum. *8661.*

H. 0,069 *m.* O. D. 0,047 *m.* D d. B. 0,043 *m.*

Becher, gehenkelt, aus Milchglas, mit Goldrand und Golddarstellung. (Chinesische Scenen.) *8730.*

H. 0,054 *m.* O. D. 0,042 *m.* D. d. B. 0,04 *m.*

Schale, mit Deckel aus Milchglas,

auf vier kurzen Füssen ruhend.
Mit Streublumen (Rosen, Nelken,
Astern u. dgl.) bemalt; den Griff
des Deckels bildet eine natura-
listische Birne mit zwei Blättern.
440.89.

H. 0,135 m.   O. Deckel 0,083 m.
O. D. 0,118 bzw. 0,083 m.   D. d.
B. 0,085 bzw. 0,065 m.

Henkelglas, cylindrisch, mit
Deckel, aus Milchglas, bemalt mit
einem männlichen Brustbilde in
einer Pelzmütze und Streublumen
in bunten Farben. Auf dem Deckel
als Knauf eine Birne. Körper
und Deckel mit Goldrand verziert. *830.89.*

H. 0,175 m.   O. Deckel 0,121 m.
O. D. 0,086 m.   D. d. B. 0,078 m.

Krause, 4-kantig, aus Milchglas,
mit kurzem Hals und runder
Mündung. Mit rohem Ornament
in Rot, Blau und Gelb bemalt.
596.90.

H. 0,052 m.   O. D. 0,037 m.   D.
d. B. 0,047 m.

2. Durch Gravierung verziert.

Deckel mit Knopf aus Beinglas,
mit eingeschliffenem Rankenwerk,
welches teils Schnittvergoldung,
teils bunte Bemalung zeigt. *5623.*

H. 0,064 m.   D. 0,07 m.

Becherglas aus Beinglas, 8-ecki-
ger Form, nach oben etwas erweitert, die schmalen Seitenflächen
leicht geschweift; Boden profiliert, mit eingeschliffenem Stern
auf der Unterseite; eingraviert eine
vergoldete lateinische Inschrift:
STYX   TORTUM   FORNACE
ROGO   TAMEN   HORRIDA

TORQUET / EXTORRI SUC-
CUM DULCIA VINA DATE. *F.
F. Johann Christianus Kundmann phil. et med. doctor Caesareae S. R. J. academiae
natur. curios. membrum. 5634.*

H. 0,096 m.   O. D. 0,076 m. bezw.
0,064 m.   D. d. B. 0,068 m. bezw.
0,05 m.

Ständer aus opalfarbigem, graviertem und vergoldetem Milchglas in
Form eines Armleuchters mit oberer Schale und 8 Armen, an welchem je ein kleiner Eimer hängt.
Auf jedem Arm eine kleine Schale
in Muschelform mit Handhabe;
defekt. *783a.89.*

H. 0,355 m.

Kompottschüssel, rechteckig,
aus opalfarbigem, graviertem und
vergoldetem Milchglas. *783b.89.*

H. 0,160 m. Ohne Deckel 0,063 m.
O. D. 0,247 m. bezw. 0,181 m.   D.
d. B. 0,124 m. bezw. 0,092 m.

Vier Kompottschüsseln, kreis-
rund, paarweise gleich, mit glok-
kenförmig gewölbtem Deckel, aus
opalfarbigem, graviertem Milchglas, mit vergoldeten Schnittflächen. *783c.89.* Fig. 45.

a) H. 0,16 m.   Ohne Deckel 0,068 m.
O. D. 0,18.   D. d. B. 0,084 m.
b) H. 0,140 m.   Ohne Deckel 0,052 m.
O. D. 0,177 m.   D. d. B. 0,078 m.

Zwei Schalen, kreisförmig, mit
gewölbtem, hohem Deckel aus
opalfarbigem, graviertem Milchglas mit vergoldeten Schnittflächen. *783d.89.*

H. 0,14 m.   Ohne Deckel 0,046 m.
O. D. 0,132 m.   D. d. B. 0,08 m.

G. Nachahmungen venetianischer Millefiori, Filigran- und Netzgläser, seit 1839 durch Pohl auf der Josephinenhütte gefertigt.

Kännchen, gehenkelt, aus Rubinglas, an der Öffnung und Schnauze vergoldet, am Bauche mit Gold und weisser Emailfarbe (Blümchen und Arabesken) bemalt. Henkel aus Überfaugglas. *431.89.*

> H. 0,084. O. D. 0,072 *m.* D. d. B. 0,051 *m.*

Becher, gehenkelt, aus Achatglas, mit verblasstem Goldrand. *275.87.*

> H. 0,046 *m.* O. D. 0,044 *m.* D. d. B. 0,035 *m.*

Tasse, henkellos, mit Untertasse aus Rubinglas. *430.89.*

> H. 0,045 *m.* O. D. 0,068 *m.* D. d. B. 0.022 *m.* Untertasse: O. D. 0,062 *m.* D. d. Bodens 0,102 *m.*

Tasse, henkellos, mit Untertasse, aus blauem Glase mit Ornamentmalerei in weisser Emailfarbe verziert. (Wahrscheinlich Egermann-Haida.) *4815.*

> H. 0,043 *m.* O. D. 0,071 *m.* D. d. B. 0,035 *m.* Untertasse 0,113 *m.* D. d. B. 0,046 *m.*

Glasblase aus heller Masse, oben in eine Spitze ausgezogen und mit einer Fussplatte versehen. Inwendig durchscheinende Malerei; Fasanen auf einem Blütenzweig und stachliges Gewächs. 1878. *581.90.*

> H. 0,135 *m.* D. d. Fusspl. 0,042 *m.* bezw. 0,045 *m.*

Schale, flach, aus Aventuringlas mit geschweiftem, wellenförmig auf- und abgebogenem Rande. 1881. *582.90.*

> Durchmesser 0,14 *m.*

Vase, fusslos, mit langem Halse und erweiterter Mündung; in der weissen Masse abwechselnd Streifen aus rosarotem und goldfarbigem Glase. 1881. *583.90.*

> H. 0,127 *m.* O. D. 0,054 *m.* D. d. Bodens 0,034 *m.*

Vase, mit umgebogenem Rand, Hohlknauf und Fuss aus resedafarbigem Netzglas. 1878. *584.90.*

> H. 0,094 *m.* O. D. 0,092 *m.* D. d. Fusses 0,092 *m.*

Kännchen, gehenkelt, mit geschweiftem Rande, aus Netzglas, welches in sog. schottischer Musterung rote, blaue und weisse Fäden zeigt. 1844. *585.90.*

> H. 0,10 *m.* O. D. 0,05 *m.* D. d. Bodens 0,04 *m.*

Kanne, langhalsig, gehenkelt, mit Ausguss und erweiterter Mündung, der Körper in Form einer gedrückten Kugel aus Netzglas. Die Musterung zeigt in heller Grundmasse feine spiralige Fäden, abwechselnd weiss und blau. 1843. *586.90.*

> H. 0,19 *m.* O. D. 0,067 *m.* D. d. Bodens 0,091 *m.*

Kännchen, gehenkelt, aus Millefioriglas; in blaugrüner Grundmasse bunte Rosetten und Streifen. 1842. *587.90.*

> H. 0,10 *m.* O. D. 0,065 bezw. 0,061 *m.* D. d. B. 0,045 *m.*

Vase aus blau und weiss gestreiftem Glas; die Streifen sind spiralig angeordnet. *588.90.*

> H. 0,11 *m.* O. D. 0,092 *m.* D. d. Fusses 0,059 *m.*

Vier rechteckige Platten aus Millefioriglas; bunte Rosetten in schwarzer Grundmasse. 1840. *589.90. a—d.*

> Br. 0,020, 0,030 und 0,015 *m.*

Schale mit profiliertem Fuss und Fussplatte, aus Netzglas. 1839. *590.90.*

> H. 0,142 *m.* O. D. 0,173 *m.* D. d. Fusses 0,111 *m.*

Schale mit Fuss und Hohlknauf, aus Netzglas. 1839. *591.90.*

> H. 0,095 *m.* O. D. 0,094 *m.* D. d. Fusses 0,064 *m.*

Rechteckige Platte aus Millefioriglas; in moosfarbiger Grundmasse weisse Rosetten. 1840. *592.90.*

> L. u. Br. 0,05 u. 0,032 *m.*

Messergriff aus Millefioriglas; bunte Rosetten in marmorartiger, in der Hauptsache grüngefärbter Grundmasse. 1840. *593.90.*

> L. 0,08 *m.* Br. 0,020 *m.*

Flacon mit eingeschliffenem Glasstöpsel; Filigranglas, aus sehr feinen gewundenen Fäden in Weiss, Rot und Blau bestehend. *594.90.*

> H. 0,085 *m.* O. D. 0,025 *m.* D. d. B. 0,032 *m.*

Kännchen, gehenkelt, aus Filigranglas, mit Rand und Schnautze. In der weissen Glasmasse sind senkrechte Streifen spiralig gewundener Fäden von abwechselnd weisser und rötlicher Färbung eingelassen. 1839. *595.90.*

> H. 0,05 *m.* O. D. 0,052 *m.* bezw. 0,058 *m.*

—— ✕ ——

Nachträge und Berichtigungen.

S. 12 Z. 7 von unten lies Krinsdorf statt Kriesdorf.

S. 20. Zu Kaiserswalde. Im Kgl. Staatsarch. zu Breslau (Ortsakten) hat sich nachträglich der Vertrag über die Anlage der dortigen Glashütte, geschlossen 1662, Juli 26. zwischen dem Oberregenten der Grafschaft, Ferdinand v. Gött und dem Glasmeister Adam Peterhansel, gefunden. Peterhansel stammte von der benachbarten böhmischen Hütte Friedrichswald bei Kronstadt; er starb 1693. Im nämlichen Jahre, Sept. 24. wurde sein Sohn Joh. Franz in den Besitz der von ihm käuflich erworbenen Hütte eingewiesen. 1721 u. 1723 ist die letztere im Besitz eines anderen, 1710 unter dem Namen Peterhansel von Retzburg in den Ritterstand erhobenen Sohnes des Gründers namens Franz Ferdinand. 1728 verkauft dessen Sohn, Franz Anton von Retzburg die Hütte an den Reichsgrafen Franz Paul Anton von Wallis.

S. 21 Z. 16 v. o. l. Magnis st. Magnus.

S. 28 Z. 19 v. u. l. im Rosenberger Kreis st. im Kreuzburger Kr.

S. 32 Z. 5 v. o. Genauer ist st. 1789 zu setzen 1792, da der letzte Herzog von Öls aus dem Hause Württemberg, K. Christian Erdmann 1792 starb. Sein Besitznachfolger war sein Schwiegersohn, Herzog Friedr. August v. Braunschweig.

18

S. 33 Note 4 l. G u r a st. gura.

S. 34 Z. 15 v. u. l. W ü r t t e m b e r g - Ö l s st. Braunschweig-Öls.

S. 47 Z. 1 v. u. fehlt Anm. [4])

S. 48 Z. 14 v. o. l. „ca. 1596" st. 1597.

S. 50 Z. 4 v. u. einmal d u r c h zu streichen.

S. 59 Z. 14 v. o. l. 6. st. 5.

S. 61 Z. 10 v. u. l. Flussplatten st. Fussplatten.

S. 66 Z. 3 v. o. l. B a u c k e st. Bauke. Über die Sage vgl. den Aufs. v. Dr. J. Benzinger: „Peter Schoff v. Maschkowitz. Zur Berichtigung einer Neisser Tradition in d. demn. ersch. XXIV. Bd. d. Zeitschr. d. Ver. f. Gesch. u. Alt. Schles. 318—328.

S. 77 Z. 6 v. u. l. C o u c k e, franz. Schreibweise d. Namens; die vlämische ist K o e k.

S. 78 Z. 6 v. u. l. *5614* st. *5612.*

S. 89 Z. 10 v. o. l. *474.84* st. *474.* E b e n d a Z. 5 v. u. zuzufügen: *5618.*

S. 95 Z. 7 v. u. Zu „Nachrichten" über Fadenglas in Schlesien. Eine von 1672 u. 1675 herrührende Inventaraufnahme im fürstl. Schlosse zu Liegnitz (Hinterlassenschaft d. letzten schles. Piasten G e o r g W i l h e l m; Br. Staatsarch. vorl. Sign. L. B. W. I, 45 a.) führt u. a. an: *Ein streiffichter gläserner Willkommen mit einem silbernen Fuss und Deckel.* Wir gehen wohl nicht fehl, wenn wir hier ein Faden- oder Filigranglas voraussetzen.

S. 101 Z. 10 v. o. l. z e i g t st. zeigen.

S. 103 Z. 8 v. u. Eine Abbildung des in Rede stehenden Glases findet sich in der Bayerischen Gewerbezeitung 1890. No. 22. S. 507, wo der dargestellte Vorgang als die Freisprechung eines Glasmachergesellen erklärt wird. In derselben (während des Druckes der vorliegenden Arbeit erschienenen) Nummer ein Aufsatz von O. O d r i c h *„Zur Geschichte der Glasfabrikation im oberen Hirschberger Thale."* Derselbe enthält nur bereits bekannte Auszüge aus den Preussler'schen Familienpapieren.

S. 109 Z. 2 v. u. l. *7376 a.* st. *7367 a.*

S. 114 Z. 19 v. u. l. *6328* st. *6528.*

S. 121 Z. 2 v. u. Ein Inventar der Ölsnischen Rentkammer v. 1569 (im Bresl. Staatsarchiv F. Öls VIII. 1 a.) führt an: *Ein Glas darein mit Dehmut* (Demant) *geschnitten.*

S. 125 Anm. 2 l. d e n s st. deus.

S. 141 Z. 7 u. 9 v. o. l. es und ist st. sie und sind.

S. 143 Z. 12 v. o. l. w e l c h e r st. welchen.

S. 143 Z. 5 v. u. l. *591* u. *425.89* st. *625.*

S. 144 Z. 8 v. o. l. eine F l a s c h e st. ein Pokal.

S. 145 Z. 6 v. o. l. *VIctor* st. *victor.*

S. 145 Z. 9 v. u. l. *Caedit* st. *laedit.* Z. 1 v. u. l. *gerührt* st. *geführt.*

S. 148 Z. 16 v. o. l. *628.85* u. *629.85* st. *628* und *629.*

S. 176 Z. 16 v. u. l. *angebracht werden* st. *eingebracht verden.*

S. 199 Z. 7 v. o. l.: „sind Augen, zwischen d e n halbkreisförmigen Stege stehen geblieben."

S. 208 B r i e g e r Glasfabrik, lies Regierungsbezirk B r e s l a u st. Oppeln.

S. 208 bei B u n z l a u, Christinenhütte, Firma, l. L i p p e r t und S o h n st. L. u. J o h n.

S. 209 Zeile 11 v. u. l. Gardawitz, l. Kreis P l e s s st. Kattowitz.

S. 220. Z. 7. v. o. hinzuzufügen unter B r e s l a u: Moritz W e n t z e l, Gravierung.

S. 234 r. Spalte Z. 15 v. o. hinzuzufügen *Kat. No. 4814.*

S. 240 l. Spalte Z. 7 v. o. l. *710a.89* st. *700a.89.*

Register.

18*

Druck von Robert Nischkowsky in Breslau.